首都师范大学「首都新农村社会与文化建设研究中心」主办

首都新型城镇化与农业人口

转移研究

首都新农村建设论丛 第六辑

梁景和 主编

田国秀 副主编

首都师范大学出版社

CAPITAL NORMAL UNIVERSITY PRESS

图书在版编目(CIP)数据

首都新型城镇化与农业人口转移研究/梁景和主编.一北京:首都师范大学出版社,2015.1

(首都新农村建设论丛)

ISBN 978-7-5656-2209-0

Ⅰ.①首… Ⅱ.①梁… Ⅲ.①城市化一研究一北京市 ②农业人口一研究一北京市 Ⅳ.①F299.271 ②C924.24

中国版本图书馆 CIP 数据核字(2014)第 312163 号

SHOUDU XINXING CHENGZHENHUA YU NONGYE RENKOU ZHUANYI YANJIU

首都新型城镇化与农业人口转移研究

梁景和 主编

田国秀 副主编

首都师范大学出版社出版发行

地 址 北京西三环北路 105 号

邮 编 100048

电 话 68418523(总编室) 68982468(发行部)

网 址 www.cnupn.com.cn

三河市博文印刷有限公司印刷

全国新华书店发行

版 次 2015 年 1 月第 1 版

印 次 2015 年 1 月第 1 次印刷

开 本 710mm×1000mm 1/16

印 张 26.75

字 数 462 千

定 价 55.00 元

目录

序

　　首都师范大学是一所包括文、理、工、管、法、教育、外语、艺术等学科专业的综合性师范大学。作为北京市属重点大学，长期以来，学校充分发挥人才培养、科学研究、社会服务和文化传承创新等方面的优势和特色，以服务首都发展为己任，积极围绕北京经济、政治、文化和社会建设方面的理论和现实问题开展应用对策研究，服务政府决策，为北京市基础教育和经济社会文化发展做出了积极贡献，学校的核心竞争力和社会贡献率明显提升，取得了良好的社会反响。

　　服务政府决策是高等学校义不容辞的责任，是新形势下提升协同创新能力的关键环节。首都师范大学牢固树立社会服务意识，先后与教育部、北京市有关政府部门成立了文明区划研究中心、中国教育政策评估研究中心、北京市发展与决策研究院、首都教育政策与法律研究院、北京文化研究院、首都新农村社会与文化建设研究中心、北京基础教育研究基地等，依托这些机构平台，整合学科资源、凝练研究方向，组建科研队伍，以现实问题和需求为导向，以具有实践价值的项目为抓手，以推出高质量的应用型研究成果为目标，实现产、学、研、用有效衔接，为首都经济社会文化发展提供决策咨询和理论支持。

　　自 2008 年 6 月首都新农村社会与文化建设研究中心成立以来，在北京市委社会工作委员会、北京市社会建设工作办公室等相关部门的指导和支持下，围绕首都经济社会发展的重大理论和现实问题，发挥首都师范大学学科优势和特色，精心组织，认真策划，坚持深入京郊、深入农村、深入实际，开展年度专题课题研究工作。先后开展了"首都新农村社会建设应用对策研究"、"首都新农村生态文明建设与对策研究"、"世界城市与城乡一体化建设研究"、"首都社会管理与区域协调发展创新研究"、"北京农村社区建设与管理创新研究"等专题研究工作，推出了一批有思路、有对策的高质量研究成果和报告，分别在"首都新农村建设论丛"中结集出版，部分成果得到了北京市相关领导的批示并荣获"北京社会建设研究优秀成果特等奖"。经过六年多的研究实践，有效形成了学术研究与成果应用转化的合力，大大增强了研究工作的针对性、实效性和可操作性。

2013 年以来，研究中心围绕"首都新型城镇化与农业人口转移研究"这一课题，从政治学、社会学、管理学、经济学、法学等多学科角度，组织政法学院、文学院、管理学院的师生队伍，多次深入京郊区县进行问卷调查、入户访谈、数据采集、跟踪分析，掌握了大量的第一手研究资料，形成了"首都新型城镇化与文化建设问题研究"等十个子课题，在此基础上提出了可供操作的对策建议，确保了研究成果的质量和水平。本书就是十个子课题研究成果的汇编。

本项目的子课题主持人包晓光、聂月岩、李敬德、张静波、孙咏梅、李昕、刘亚娜、程世勇、李水金和冯跃等老师为完成这项研究任务付出了辛勤的努力。北京市农村工作委员会李成贵研究员、北京市农村经济研究中心焦守田高级经济师、北京师范大学经济与工商管理学院胡海峰教授对课题研究提出了宝贵的意见和建议，首都师范大学社科处刘丁鑫为本书的出版做了重要的编辑工作，在此一并表示衷心的感谢！

梁景和

2014 年 4 月

首都新型城镇化与文化建设问题研究

课题负责人：包晓光（首都师范大学文学院 教授）

课题组成员：赵捷、赵诗雯、王维维、李嗣茉

改革开放三十多年来，我国的城镇化水平不断提高。特别是 21 世纪以来，城镇化建设速度明显加快，城镇人口比例大幅度提升。与此同时，城镇化进程中的人口、资源、环境问题日益突出，城乡差距不断扩大，产业结构升级与就业压力与日俱增，城乡居民收入增长乏力。中国的城镇化进程向何处去，正在成为一个严峻的时代课题。

党的十八届三中全会通过的《中共中央关于全面深化改革若干重大问题的决定》明确指出："坚持走中国特色新型城镇化道路，推进以人为核心的城镇化，推动大中小城市和小城镇协调发展、产业和城镇融合发展，促进城镇化和新农村建设协调推进。优化城市空间结构和管理格局，增强城市综合承载能力。"这一论断为我国今后的新型城镇化建设指明了前进的方向。

新型城镇化要以人为核心，只有围绕这个核心，扎实推进城镇化建设，才能有效克服城乡二元结构长期固化造成的矛盾，缩小城乡差距，使城乡发展真正一体化，"形成以工促农、以城带乡、工农互惠、城乡一体的新型工农城乡关系，让广大农民平等参与现代化进程、共同分享现代化成果"。本文认为，既然把"人"作为新型城镇化的核心，就要做好"人"的建设。而"人"的建设中最重要、最核心的问题是文化建设。在新型城镇化进程中，无论是城市，还是乡村，抑或是城乡结合部，人的文化素质、文化水平、文化能力都应得到建设与提高；文化资源、文化资本应该合理配置与流动；文化产品与文化服务应该公平惠及城乡全体人民。只有做到这些，我们的城镇化才是新型城镇化，我们的新型城镇化才是以人为核心的城镇化。

在新型城镇化浪潮中，首都的新型城镇化建设具有典型意义和示范作用，首都有特色的文化建设应该成为新型城镇化建设的引领者。本文拟从首都新型城镇化进程中文化建设的成就与问题、文化资源及文化资本配置、公民文化素质教育、文化生态建设四个方面入手，深入阐述首都新型城镇化进程中

文化建设的重要地位与价值，并提出相应建议。

一、首都新型城镇化进程中文化建设的成就与问题

李克强总理指出："我们要积极稳妥地推进城镇化，注重提高城镇化质量"，"未来几十年最大的发展潜力在城镇化"。诺贝尔经济学奖得主斯蒂格利茨曾经预言："21 世纪对世界影响最大的两件事，一是美国的高科技产业，二是中国的城镇化。"诚如斯言，2012 年，我国的城镇化率已经达到 52.57％，城镇人口达到 7.12 亿。13 亿人口中的中等收入城市居民的增长正在成为拉动中国经济的强劲动力。在一定意义上可以说，中国的城镇化进程正在对世界产生深刻影响。在这一进程中，文化建设对人的影响、规范和塑造作用是其他任何要素都不能取代的，因此，要实现城乡一体化，一方面要在物质层面消除城乡二元结构造成的差别，另一方面，也许是更为重要和艰巨的，是要在精神与文化层面消除城乡二元结构造成的差别。

（一）新型城镇化的界定

1. 什么是城镇化

城镇化这一概念最早诞生于 20 世纪 70 年代，对城镇化问题予以集中关注的是区域经济学和城镇经济学。国际学术界对城镇化问题的研究已有数十年的历史，但到目前为止，由于受到各个学科对城镇化问题研究侧重点不同的限制，关于城镇化的概念还没有一个完整、统一的解释，也未形成完整、系统的城镇化理论。

国内学者胡顺延等人认为，城镇化实质上是一个"以人为中心的、以产业为驱动，实现人口、生产要素向城镇聚集，并形成规模经济，进而影响地域空间结构演变的过程，是一种从传统社会向现代文明社会的全面转型和变迁过程"[①]。学者陆益龙也曾指出："城镇化的真实内涵并不是人口意义上的和地理意义上的居住集中化，而是代表着一种文明、文化的过渡与转型，即从农业、农村文明和文化向工业、城市文明和文化的转型；同时城镇化也代表着社会发展的基本趋势和方向，是社会结构转型的过程和结果。""城镇化不等于人口的迁移和流动，城镇化的实质或核心是结构的转型，也就是职业结构、

---

① 胡顺延等：《中国城镇化发展战略》，北京：中共中央党校出版社，2002 年版，第157 页。

社会结构、文化观念结构和生活方式结构的转变。"①美国著名城市地理与区域规划学家约翰·弗里德曼(J.Friedmann)也对发展中国家的区域空间发展趋势进行了细致的研究,提出了著名的"核心—边缘"理论。他将城镇化过程区分为城镇化Ⅰ和城镇化Ⅱ。所谓城镇化Ⅰ是指狭义的城镇化,包括人口和非农业活动在规模不同的城镇环境中的地域集中过程、非城镇型景观转化为城镇型景观的地域推进过程;所谓城镇化Ⅱ是指广义的城镇化,包括城镇文化、城镇生活方式和价值观在农村的地域扩散过程。本文所研究的城镇化概念均属于广义的城镇化范畴。

城镇化既是一个人口向城市集中和城镇数量不断增加的过程,也是"城市型生活方式"的传播过程。城镇化的表面形式是人口和经济活动大量向城市集聚,随着人口的增加,城市面积不断扩张;但从城镇化的实质来看,只有实现经济增长方式、就业方式、居民生活习惯、市民精神素质的转变,才能真正完成城镇化改革。而这些转变,只有通过城镇化进程中的文化建设才能实现。文化是城市的灵魂,城镇化正是以城市为代表的现代文化拓展其影响的过程。简言之,城镇化是指第二、三产业的规模性集聚,人们的职业由从事农业向非农业转变,乡村人口转化为城市(镇)人口并向城市聚集,城市生产生活方式向农村扩散普及。城镇化所带来的影响不只是城市空间的向外延伸、城市整体经济结构的调整、农村人口转换为"准市民",更意味着一种现代文化的建构,象征着新型城市发展模式的形成。

2. 什么是新型城镇化

所谓新型城镇化,新就新在坚持以人为本,以新型工业化为动力,以统筹兼顾为原则,推动城市现代化、城市集群化、城市生态化、农村城镇化。全面提升城镇化质量和水平,走科学发展、集约高效、功能完善、环境友好、社会和谐、个性鲜明、城乡一体、大中小城市和小城镇协调发展的城镇化建设道路。相对于传统的城镇化道路,新型城镇化道路不单单是"人口转移",而是更加强调"结构转移"的作用,新型城镇化是城镇化的高级阶段,当城镇化发展到一定阶段时,创新化的城镇发展模式是其必然趋势。

新型城镇化的提出,意味着对以往城镇化道路的深刻反思。以往的城镇化是简单粗放的城镇化,虽然在较短时间内拉动了经济增长,但却在资源、环境、社会结构和人的发展方面造成了损害,付出了沉重的代价。比如:大

---

① 陆益龙:《多元城镇化道路与中国农村发展》,《创新》,2010 年第 1 期。

批青壮年农民进城务工，为城市发展提供了大量的廉价劳动力，但是，与城市的繁荣形成鲜明对照的是农村的凋敝、农民的相对贫困化。由于文化资源的分配不公，进入城市的农民工无法真正融入城市社会，成为城市中的贫困阶层。据统计，目前仍有 2.5 亿农民工无法享受与城镇居民一样的公共服务待遇。盲目追求增量的"摊大饼"式的城镇化扩张导致的人口剧烈膨胀、交通拥堵、生态环境破坏以及居民生活幸福感下降等一系列"城市病"亟待解决。所以，我们不仅需要从城镇化质量方面出发，构建科学合理的城市布局，走一条人口、经济、环境、资源协调发展的新型城镇化道路，更要以文化建设来推动城镇化发展。

（二）首都新型城镇化的文化内涵

随着我国经济建设的发展，人们的物质生活水平日益提高。与物质生活水平相适应的精神文化需求的满足变得日益重要。北京是全国政治、文化中心，在完成新型城镇化、建设有特色的世界城市的过程中，文化对构建北京城市品格和城市灵魂的关键作用日益凸显。

2008 年 10 月，北京市委领导明确提出，建设北京的三大理念是"人文北京、科技北京、绿色北京"。北京市在成功举办奥运会之后，"人文北京"被提到首位。所谓人文北京，"就是要在首都各项工作中全面落实'以人为本'的要求，尊重人民主体地位，发挥人民首创精神，真正做到发展为了人民、发展依靠人民、发展成果由人民共享；就是要切实保障人民群众的经济、政治、文化、社会权益，不断提高群众的思想道德素质、科学文化素质和健康素质，提高城市文明程度；就是要深入发掘首都丰厚的文化资源，大力发展文化事业和文化产业，充分展现首都文化的魅力；就是要妥善协调好各方面的利益关系，切实维护公平正义，不断促进首都的和谐与稳定。"①"人文北京"是北京市根据自身的资源特点在全方位审视和思考后，提出的一种新型城市建设和发展的定位理念，这一理念与新型城镇化道路相辅相成。

建设人文北京，意味着要充分发挥文化教育在新型城镇化进程中的辐射和带动作用。通过教育、培训等方式提高包括农民工、外地务工者、郊区县农民在内的全体市民的文化素质和思想道德素养，使他们通过掌握劳动技能和文化知识，平等地享受城市现代文明的成果，从根本上缩小城市与乡村、

---

① 《贯彻落实科学发展观与中央经济工作会议精神，建设有北京特色的实体经济》，《科技智囊》，2009 年第 1 期。

市民与农民之间的文化差距。

建设人文北京，意味着要充分发挥文化遗产资源在新型城镇化进程中的产业结构转型作用。北京作为世界历史文化名城，各郊区城镇拥有丰富的旅游资源，如延庆县的八达岭长城、古崖居、十里画廊；怀柔区的红螺寺、雁栖湖；昌平区的明十三陵等。这些依靠旅游产业引导的新型城镇化方式不但解决了农民的身份问题，促使农民工就地就业，转化为服务人员，也实现了无污染的城镇化发展，改善了传统城镇化依托重工业发展所造成的环境污染问题。

建设人文北京，意味着要充分发挥政府在新型城镇化进程中的政策指导作用，加大统筹城乡发展的力度，加强北京城镇体系公共文化配套设施的建设，把公共文化产品和服务项目、公益性文化活动纳入北京市的财政预算中，进一步实施好文化惠民工程。

推进新型城镇化，不是简单地将城市功能延伸到郊区，也不是惠农倾向性政策的重复叠加，而是根据中国国情和北京市的具体发展要求，结合时代特征，坚持科学发展观，以人为本，全面可持续地发展。

(三)首都新型城镇化进程中文化建设已取得的成就

1. 首都新型城镇化的发展现状

城镇化发展水平有两个重要的衡量标准：一是城镇人口在总人口中的比重，城镇人口占人口总数的比例与城镇化程度成正比；二是第二、三产业在该地区经济总量中所占的比重，其比重越大，表明城镇化水平越高。

据统计，2012 年北京市域常住人口 2018.6 万人，其中城镇人口 1740.7 万人，乡村人口为 277.9 万人，城镇化率为 86.2％。主城区常住人口 1201.4 万人，其中城镇人口 1192 万人，乡村人口为 9.4 万人，主城区城镇化率为 99.2％。郊区常住人口 817.2 万人，城镇人口 548.7 万人，乡村人口 268.5 万人，郊区城镇化率为 67.1％。主城区与郊区二者城镇化率相差 32 个百分点。[①] 再从人口历年的增长情况看：1990—2000 年，常住人口从 1080 万人增加到 1363.6 万人，10 年增长了 283.6 万人，年均增长 31.5 万人。2000—2011 年，常住人口规模从 1363.6 万人增长到 2018.6 万人，11 年增长了 655 万，年均增长 65.5 万人。其中户籍人口从 1107.5 万人增长到 1276.4 万人，

---

① 资料来源：根据《北京统计年鉴 2012》整理，http://www.bjstats.gov.cn/nj/main/2012－tjnj/content/mV40_0303.htm。

增加了 168.9 万人。外来人口从 256.1 万人增长到 742.2 万人，增长了 486.1 万人。① 由以上数据我们可以得出，近十年北京的城镇化程度发展较快，尤其是主城区的发展更为明显，已达到 99.2% 的国际化水平；但对比户籍人口和外来人口近十几年的数据，我们不难看出北京市城镇化水平的提高与外来人口的大量迁入关系颇大。

再观北京市 2000—2011 年的地区生产总值：从 2000 年到 2011 年，地区生产总值从 3161.7 亿元增加到 16251.9 亿元，共增长了 13090.2 亿元。其中第二产业由 1033.3 亿元增加到 3752.5 亿元，增长了 2719.2 亿元；第三产业由 2049.1 亿元增加到 12363.1 亿元，增长了 10314.0 亿元；2000 年第二、三产业占地区生产总值的比重为 97.5%，2011 年第二、三产业占地区生产总值的比重为 99.2%。② 以上数据充分说明北京市城镇化水平显著提高，其中一个重要的原因就是近十年第三产业的飞速发展所带来的产业结构、就业结构的转型。当下，第三产业已成为吸纳劳动力的主要行业，尤其是当第二、三产业的就业比例不断上升，农业的就业比例就会持续下降，有效地转移了农村的剩余劳动力。因此我们更应该大力发展第三产业，尤其是以文化产业的开发与发展来推进首都的新型城镇化建设。

2. 文化建设在首都城镇化进程中已取得的成就

(1)郊区人口素质显著提高。

改革开放以来，首都郊区(包括大兴、通州、门头沟、顺义、房山、昌平、怀柔、平谷 8 个区和延庆、密云 2 个县)各级政府不断提高教育投入，全面普及九年义务教育。据统计，2011 年全市郊区小学达到 269 所，计算机 9645 台；初中 69 所，计算机 17913 台。其政策的倾斜降低了因家庭贫困而无法支付学费造成的辍学情况。通过提高教师待遇的方式鼓励和吸引大学优秀毕业生到农村支援教育建设，壮大师资队伍，使更多的农村青少年有机会接受良好的教育。针对农村的青壮年文盲，大力发展职业技术教育和成人教育，设立农民技术协会，定期组织专门的培训。通过技术学习、经验交流、培养技术骨干等方式，结合不同地区的资源优势，开展相应的实用技术课程，如：建筑、装修、汽车驾驶、花草种植、家政等，使其不断积累经验、开阔眼界，

---

① 资料来源：根据《北京统计年鉴 2012》整理，http://www. bjstats. gov. cn/nj/main/2012—tjnj/content/mV39＿0302. htm。

② 资料来源：根据《北京统计年鉴 2012》整理，http://www. bjstats. gov. cn/nj/main/2012—tjnj/content/mV21＿0201. htm。

大幅度提升农村就业主体的能力。

(2)图书馆、博物馆、电影院等公共服务设施明显改善。

北京市把建设大型文化基础设施作为城镇化的重要切入点。据调查，全市郊区 107 个村子中有图书馆的共计 82 个，占总村数的 76.64%，其中朝阳区占 87.5%，平谷区占 83.78%，门头沟区占 83.33%，密云县占 73.52%，怀柔区占 66.67%，通州区占 62.50%。[①] 而且很多区的县城基本已实现"一县三馆一剧院"(文化馆、图书馆、博物馆、影剧院)、"一乡一站一影院"(乡镇综合文化站、综合影剧院)、"一村一室一广场"(综合文化活动室、文化广场)的标准，用以开展丰富的文化活动，满足人们的精神文化需求。政府大力的财政投入为推进城乡一体化提供了必要的支持。

(3)以旅游产业为代表的文化产业在农村快速发展。

2009 年年末，国务院颁布的《关于加快旅游业发展的意见》具有里程碑意义，《意见》提出要把旅游业发展成为让"人民群众更加满意的现代服务业"。根据这一指导精神，北京市旅游发展委员会在《北京市国民经济和社会发展第十二个五年规划纲要》《北京城市总体规划(2004－2020)》的基础上，特制定《北京市"十二五"时期旅游业发展规划》。以区县旅游资源整合、周边区域联合发展为重点，开发建设了包括丰台、石景山、门头沟、房山、大兴五区在内的"永定河百里旅游休闲带"、"西部自然山水体验区"、"古村落文化游板块"、"农业观光游板块"、"古遗迹寻访游板块"五大旅游功能地域。很多郊区大力发展乡村原生态旅游，打造精品主题旅游乡镇，如昌平区的草莓采摘节，每年都吸引数以万计的国内外游客；而延庆县承办的 2014 世界葡萄酒大会，也将打造 50 公里葡萄酒庄产业带，努力建成"一带、一园、一场、三中心"，即：一条葡萄酒庄产业带，一个鲜食葡萄产业园，一个葡萄大会主会场和国家级葡萄科研与产业服务中心、国家级葡萄酒质量鉴定评级中心、葡萄及葡萄酒交易中心。劳动密集型的旅游产业在京郊的快速发展促使农民从粗放式的第一产业中解放出来，开始从事第二、三产业的生产，收益能力的提高也显著改善了居民的生活水平，大大提高了城镇化率和城市品质。而低污染、低能耗的旅游业不仅将游客从市区搬到郊区，同时也将消费搬到了郊区，大到环境绿化，小到景区游览等，都减轻了政府的负担。

---

① 贺玢、刘清水等：《北京农村社区图书馆发展现状分析》，《农业图书情报学刊》，2009 年第 9 期。

(四)新型城镇化进程中文化建设面临的问题

1. 城镇文化品牌缺乏特色，开发程度不够

随着城镇化进程的快速推进，很多城市实现了城市旧区的改造，虽然城市面貌焕然一新，但城市缺乏特色、千城一面的弊端也同时出现，各种各样的"城市病"亟待解决。2013 年 1 月，在北京大学举办的第十届中国文化产业新年论坛上，奥地利维也纳广播交响乐团团长克里斯蒂安·沙伊布的发言直指中国城镇化发展的尴尬境地："我去过很多中国的城市，看到那里发生了翻天覆地的变化。现代的城市面貌很让人羡慕，但总感觉城市之间比较雷同，缺少一些让人印象深刻的特色化的东西。"①在城市文化建设中要体现文化多元性和文化差异性，因为城镇文化承载着城镇的历史，展示着城镇的风格，彰显着城镇的特色与质感。但是，目前国内很多城市的文化建设过多关注于城市文化元素的外在展现，却忽略了更为重要的内在层面，即一个城市的文化内涵和文化根脉。真正打造高品质的宜居城市，不能简单地追求城市空间的扩张，而应摒弃"造城"运动带来的基建热，把重点放在针对城镇自身的文化资源、历史遗迹、民风民俗的开发和培育上，落实"保持风貌，发扬特色"的发展要求，在保护与城市血脉相连的山水风景和世代传承的风土人情的基础上，充分发掘城市的文化特色，打造出具有社会普遍认同感的城市文化品牌定位，把城镇内在的文化符号、文化脉络和文化氛围作为走向世界的靓丽名片。

2. 城镇化建设造成传统文化的断裂

2013 年 3 月，北京大学文化产业研究院副院长向勇关注并转发了一条微博："我成了这座拥有 500 年历史的逸美山村的最后见证者。她自然形成用了 5 个多世纪，然而消亡仅用了 11 个月，这组照片是从我初见她的完整，到被拆得七零八落，再到灰飞烟灭的全过程⋯⋯这就是基层城乡一体化的成果。"②这条微博生动而又残酷地反映了粗暴式的城镇化过程造成的很多历史古村落遭到破坏的景象，也迫使人们反思盲目的城镇化带来的种种弊端。自 20 世纪八九十年代以来，某些城市建设的规划者与领导者就认为传统文化会阻碍城镇化的发展，甚至把古建筑当成"负担"。就是这种对文化遗产保护意识的弱化、对乡土民间文化传承的忽视，导致太多的历史文物遗迹、民间艺

---

① 郭人旗：《新型城镇化建设需要文化血液》，《中国文化报》，2013 年 1 月 17 日。
② 李文：《行走在"准公共空间"》，《文化产业》，2013 年第 4 期。

术形式大批量消失，其后果不仅与传统文化断裂，也切断了中国千百年来珍贵的文化品格和精神纽带。

据 2012 年住房和城乡建设部与国家文物局联合开展的首次"国家历史文化名城、中国历史文化名镇名村保护工作检查"的报告结果显示："全国 119 个国家级历史文化名城中，13 个名城已无历史文化街区，18 个名城仅剩一个历史文化名城，一半以上的历史文化街区已经面目全非，与历史街区的标准相差甚远。"①城镇化进程中最容易损伤的就是古老的历史文化遗迹。城镇化与文物保护工作不应是对立的、矛盾的，而应是相辅相成的，新型城镇化就是要改变传统的粗放模式，坚持通过人文理念引导城市规划，认真统计、实地调查村庄的建筑遗产、人文遗产和习俗遗产，坚持保护与开发的科学结合，将古老的乡土文化合理开发，在尽量不损坏文物建筑、布局和历史风貌的原则下，改善交通、水电、互联网等基础设施，鼓励当地居民回到原始古村落，按照其传统的文化生活方式生活，并尽早制定颁布相关的文物建筑使用和管理政策，将有纪念意义和历史价值的古村落名、古乡镇名和古巷子名挂牌保护，将民俗、戏曲、杂技、曲艺、口头文学等以活态形式存活于古村落中的宝贵财富及时记载下来，减少文物遗产的消亡，尽可能多地保存农业文明的样貌和活力。

3. 城镇文化建设模式有待创新

目前，城镇文化建设还处于起步阶段，文化建设的模式还不够成熟，存在单一、无特色等问题，主要原因在于没有充分发挥文化产业在城镇化进程中的关键作用。这就需要在以下两方面有所改革创新，即文化组织形式的创新和文化活动形式的创新。

过去的文化活动都是由政府包办，群众参与的积极性不高，所以新型城镇化的文化建设应改变原有政府单向支持的局面，鼓励文化企业积极投身于乡村公共文化服务的建设当中。强化市场的导向作用，充分调动城镇内的文化资源，还可成立文化中介组织，根据市场需求使民间文化产业化，通过组织形式的多样化实现文化建设的全面繁荣。

目前，城乡基层文化设施虽已普及，但总量远远不能满足人们的精神文化需求，图书馆、文化馆设备落后，与城市里功能先进的大型设备有很大差

---

① 郭人旗、李珊珊等：《新型城镇化要延续传统文化根脉》，《中国文化报》，2013 年 3 月 18 日。

距，导致农民无法开展大型的业余文化活动，公共设施成为摆设。针对这些问题，应鼓励文化企业投资发展乡镇文化产业，大力推进公共文化服务城乡一体化，定期组织文艺骨干培训乡镇综合文化站的工作人员，开展不同规模的文艺汇报表演、民俗文化节。各地应结合自己的文化优势自主招商引资发展特色文化产业，只有拥有独特的、民族的地域文化才能增强城镇的核心竞争力，提升文化产业对城镇经济的拉动作用。

二、新型城镇化建设与首都文化资源及文化资本配置

在新型城镇化建设战略中，文化资源的开发、利用和配置是重要的命题。作为历史与现代双重文化之都的北京有着极为丰富的文化资源，我们理应将这些文化资源利用、开发、转换为文化资本，进而转变为经济资本，创造出具有北京地域特色、民族特色和中国风格的文化精品，为北京的新型城镇化建设注入高度的文化质感。

（一）文化资源和文化资本的开发和利用

文化是人类生存、发展所需的重要资源，但并非所有的文化资源都能被称作文化资本，为了更好地探讨文化资源向文化资本的转化以及文化资源和文化资本的开发、利用、配置等问题，首先应对文化资源和文化资本的概念界定做简要梳理。

1. 文化资源、文化资本的概念

文化资源是指人类生存发展需要的，以一切文化产品和精神现象为指向的精神要素，它是人们从事文化生活和生产所必需的前提准备。文化资源包括广义和狭义两个部分，广义上泛指人们从事一切与文化活动有关的生产和生活内容的总称，它以精神状态为主要存在形式；狭义上则是指对人们能够产生直接和间接经济利益的精神文化内容。有学者指出："人类发展过程中所创造的一切含有文化意味的文明成果以及承载着一定文化意义的活动、物件、事件以及一些名人、名城等，我们都把其认为是某种形式的文化资源。"[①] 从文化学的角度，可以分为物质类资源、精神类资源、制度类资源和行为类资源。从形式上，文化资源又可以划分为有形的文化资源如历史遗存、名城名镇等和无形文化资源如语言文字、风俗习惯等。

文化资本的概念最先由孔德提出，后来经过法国社会学家布尔迪厄的拓

---

① 丹增：《文化产业发展论》，北京：人民出版社，2005 年版，第 103 页。

展，在当代人文学科等众多领域中掀起层层波澜。它是指一种被视为正统的文化趣味、消费方式、文化能力和教育资历等标志行动者社会身份的价值形式。布尔迪厄在其著名的论文《资本的形式》中，第一次完整地提出了文化资本理论。他通过对马克思资本理论的非经济解读，从区分经济资本、社会资本及文化资本三种资本形态的角度确立了文化资本的概念。布尔迪厄认为这种资本可以以三种形式存在：(1)具体的形式，即以精神或肉体的持久的或性情的形式存在；(2)客观的形式，即以文化产品的形式(如图片、图书、词典、工具、机械等)存在，这些产品是理论的实现或客体化，也可以是某些理论、问题的批判等；(3)体制的形式，即以一种客观化的、必须加以区别对待的形式。文化资本是文化力与经济力结合的产物，与文化及文化活动相关的、承载着文化意义和文化价值的财富累积，是资本的一种特殊形式。在资本的作用下，文化资本可以进行"文化生产"和"文化经营"。而文化资本三个构成要素(文化能力、文化产品、文化制度)的有机组成，共同促进了文化资本的生产与再生产。可以说，在某种意义上文化资本算是一种"软资本"。①

文化资源则是以有形(遗址、文物、古建筑等)或无形(文本、语言、音乐等)的资源形态出现，承载着一定的思想意义和精神价值，因而是客观存在且不可再生的。但不是所有的文化资源都具有资本属性，只有其中经过社会的交易、流通、服务等领域，以转化的形式，即文化产品来满足和引导人们的需求，从而产生价值增量效应的那部分文化资源，才可称为文化资本。文化资本更多的是和文化产业资源相联系的。那些能够对经济建设和城市发展产生积极推动作用的文化资源，也是文化资本。文化资本的运作对于城市发展的增值作用是双重的，不仅体现在经济上，也体现在文化上。一是促进文化在经济总量中的增加，从而使文化资本转化为经济资本；二是促进对文化资源的开发、利用以及文化的传承、创新和发展。这些增值属性和运作法则将会促进文化资本的再生产和可持续发展。

2. 首都文化资源与文化资本的开发和利用

北京拥有丰富的文化资源和广袤的文化市场，但这些资源宝藏是否已经得到有效的开发和利用仍值得思考。丰富的文化资源与经济的可渗透性强、文化可开发程度较高等，都是北京发展文化产业的突出优势。可以看到，近

---

① 薛晓源、曹荣湘：《文化资本、文化产品与文化制度——布迪厄之后的文化资本理论》，《马克思主义与现实》，2004年第1期，第43页。

年来北京的文化产业在"政府引导、企业主体、市场主导"发展方式的推动下，取得了不俗的成绩。从总体上看，文化产业已成为北京市区域经济发展的第二大支柱产业。但当下的文化资源和资本开发仍存在一些问题，主要表现在：第一，开发利用的方式单一。文化资源的开发主要集中在文化旅游业，如对古建筑、遗址这些有形文化资源的开发，对无形的文化资源市场化开发不足。第二，注重文化资源数量的增长，而忽视其内涵的挖掘。第三，文化资源深度开发不足。现代文化产业的核心就是创意。许多文化资源开发的创意能力不足，加之现代化生产技术和手段的缺乏，使文化资源未得到系统的开发，多重文化价值不能得到深入挖掘，因而不能形成规模价值效应，导致文化精品缺失。试想，如果资源优势不能转化为资本优势，也不能产生新的价值形态，就很难真正推进文化发展和城市建设。那么，我们该如何改进呢？

(1)文化资源转化为文化资本应该坚持社会效益和经济效益兼顾的原则。

文化资源自身的特性决定了它不但和一般商品一样具有使用价值，更具有独特的思想价值、知识价值和审美价值，因为它往往包含、渗透和体现着社会的意识形态、思想道德意识和价值观。学者胡惠林曾指出："文化资源是有属性的，当我们说文艺复兴、启蒙主义、浪漫主义和批判现实主义之时，我们所要表达的不仅仅是对某一特定人类文明史中一个时期的表达，还是对产生于这一时期文化产品以及由这些产品的共同特性所形成的一种资源属性的认同。"①文化资源转化为文化资本，不仅要最大限度地挖掘资源的文化价值，发挥其社会效益，进而使经济效益达到最大化，还要强调社会效益和经济效益的双重统一，从而避免资源开发过度功利化、商业化。在开发过程中还应该注重因地、因材制宜。很多文化产业项目对资源缺乏有效的调查、评估和市场调研，定位模糊，难以形成自己的特色和品牌。目前，由文化资源到文化资本的转化过程鱼龙混杂、泥沙俱下，虽然大部分文化资源内容健康积极，但也存在开发不力、重复经营、同质化严重的倾向。

(2)对文化资源和文化资本的开发和利用应注重满足人民的文化消费需求。

目前，北京居民的文化消费进入了快速增长期。按常住人口统计，2012年北京人均 GDP 达到 13797 美元，依据世界银行划分各国贫富程度的标准已

---

① 胡惠林：《文化资本：现代文化产业和谐发展的能源形态》，《探索与争鸣》，2007年第1期，第29页。

达到中上等国家水平，同时也到了文化消费的爆发期。但另一方面，北京市文化消费水平却只有人均 700 多元，巨大的文化消费潜力亟待挖掘。① 所以，北京丰富而优秀的文化资源如何转化为可供消费的优秀文化产品是当下亟待解决的问题。不可否认的是，文化消费市场的培育和建设都离不开政府的引导，忽视了政府的主导作用，文化市场的发展难免会偏离正途。因此就需要政府一方面大力推动、鼓励优秀文化产品的生产，逐步提高文化品位和档次；另一方面对文化消费群体加以细分，了解不同年龄、地域群体文化需求的差异，注重满足其差异化的需求。同时，消费者也要坚决抵制低俗的不良文化产品，净化文化市场。

(3)在文化资源和文化资本的开发和利用中应当处理好开发与保护的关系。

文化产业资源的保护与利用并不矛盾，在文化资源的开发和利用中，必须处理好开发与保护的辩证关系，避免优秀文化资源遭受劫难。特别是文化资源，作为人类宝贵的文化遗产，其消亡的损失无法弥补，而文化产业的可持续发展、文化资本的价值创造，都依赖于文化资源的持续供给。这就要求我们做好不可再生的文化资源的保护工作，注重文化生态保护，做好物质文化和非物质文化的保护工作，并在科学研究的基础上，把保护工作放在首位进行适度开发和利用。

(4)文化资源和文化资本的开发和利用应该更加注重与其他不同行业之间的整合。

文化资源的开发、文化产业的发展并不是一个孤立的存在，其发展效益并不仅仅取决于自身，如高新技术产业、城市基础设施建设、交通运输等都对文化产业的发展有着一定程度上的制约作用。因此文化产业必须用最新的科技包装文化艺术，不断对文化产业进行创新，才能拉动消费。

(二)新型城镇化建设中文化资源、文化资本的配置问题

文化资源是一种特殊的、具有稀缺性的资源。为了解决资源稀缺性的矛盾，就必然涉及资源如何在可利用的范围内合理分配的问题。在新型城镇化建设的视角之下，城乡文化之间应该在地位平等的前提下进行整合和交流，使北京的文化资源得到最合理的利用和分配。

---

① 温源：《问道北京文化消费》，《光明日报》，2013 年 3 月 28 日。

1. 政府和市场作为调节文化资源和资本配置的手段及其现状

在文化资源和文化资本的配置过程中，政府和市场是两个重要的调节手段。市场配置，就是由市场主体按照经济效益原则自主投资配置文化资源。其基本特征是：文化生产经营单位为了实现自己的利润最大化，按照价格反映的供求关系，各自独立决策生产经营什么、生产经营多少文化产品与服务，并对自己的生产经营决策承担风险责任。市场配置能够最大限度地满足消费者的文化需求，在实现文化供求均衡方面具有不可替代的优越性。但市场配置的完全放任自流、不受约束，会使得文化的社会效益被忽视，纵容文化的媚俗化倾向，并可能产生文化资源和文化资本分配过度集中的现象，忽视公平和均衡。这就需要政府的调控手段作为引导，即政府制定政策，对文化产品的生产进行规定、约束、引导和扶持，通过建立健全相应的文化政策来对文化市场进行宏观调控。

以文化产业园区为例，目前北京的文化产业园区的发展模式主要有两种：一是市场导向模式，即依靠本地资源，吸收外来资金、技术和经验，通过自我转化形成独具特色的、进行自我发展和创新的模式。如798艺术区、潘家园古玩艺术品交易区、中关村软件园区等文化产业集聚区。而政府对于市场创新的接纳和宽松的政策使得新的文化氛围与文化地区得以产生并延续。例如798艺术区在2004年面临拆迁，原本要按照中关村模式规划建设电子城，但聚集于此的艺术家们通过向北京市人民代表大会提交议案使得这个地区得以保留，目前该地区已发展成为北京最具有文化影响力的地区之一。二是政府导向模式，即依托原有资源，政府加以政策性扶持，从而改造和提升原有产业。例如北京的CBD，央视、北京电视台以及众多外媒的中国总部均设于此，政府有目的地引导其他传媒巨头在此设立办公地点，并有针对性地给予政策性扶持和优惠。

由于长期以来计划经济思维和条块分割现状的影响，北京在文化资源的配置上仍存在着方式单一、效率低下、分配不均等现象。首先，是文化资源配置方式单一，效率不高。以公共文化服务体系为例，鉴于文化事业具有非营利性质，充足的资金成为公共文化服务发展的保障和基础。近年来北京政府不断加大对公共文化服务体系的资金投入，但相对于北京庞大的常住和外来人口数量来说仍显不足。同时，资金来源单一，主要依靠政府拨款也是突出的问题。一些国际都市如巴黎、东京，资金来源的渠道很多，包括各级政府经费、各种基金会、公司和个人的捐赠等，社会融资往往比政府投入还多。① 其次，是文化资源和文化资本在北京市内区域发展不平衡的问题。以文化旅游业为例，北京市城乡发展存在明显的不均衡。北京城市文化旅游资源主要由皇家园林、博物馆、展览馆等组成。乡村文化旅游则是由具有当地特色的民俗文化及生态环境等资源构成内容主体。据有关统计数据统计：2012 年北京市旅游总收入达 3626.6 亿元，同比增长 12.8％。其中朝阳区、东城区、西城区、海淀区及近郊区占北京市旅游业综合总收入的 78.2％。2012 年北京市乡村文化旅游增速快、发展态势好，共接待游客 3635.7 万人次，旅游收入达 35.9 亿元，同比增长 18.2％。② 但与北京城市文化旅游的收入相比，仍相差悬殊。虽然近年来，从北京市周末出行目的地可以看出，居住在城市的人们争相远离城区，到乡村去享受自然美景和农家生活，但北京周边乡村文化旅游业整体上由于交通不便、基础设施不足等问题，仍不能完全满足居民的消费需求，存在许多需要发展和完善的地方。

2. 对首都文化资源、文化资本配置的思考和建议

近年来，国家开始大力发展文化产业，使得文化产业在各个层面上的市场化发展突飞猛进。但由于长期以来实行的计划经济体制，企业的主体作用并未得到充分发挥，致使文化资源开发和配置效率低下。因此，文化资源的配置必须转向依靠市场机制，并应树立文化资源配置的市场优先理念。

要充分发挥市场在文化资源和文化资本配置中的作用。文化产业的发展离不开市场化运作，因此需要将文化资源进行资本化升级。首先，根据市场规律来配置资源，注重满足城乡居民的文化需求。以文化作为内容来生产文化商品，以满足消费者的精神需求，这就要求文化产品必须转变为文化商品，当资本和商品规定了文化的身份时，也决定了文化必须投入到最广大、最自由的市场当中，在市场中实现自身价值和带动资本增值。由市场来配置文化资源可以打破对文化生产的垄断，使文化成为人民大众日常生活的消费品。其次，要注重加大多元化的文化投资。如文化资源产业开发的研发投资、文化基础设施投资、对各种文化遗产的发掘和保存等。可以运用市场化手段，把文化历史资源的经营权用出租、承包、合资、合作、联营、股份等形式出

---

① 唐莹莹、王松霞：《北京：比较视野中的国家文化中心建设》，《北京联合大学学报》，2012 年第 1 期。

② 毛俊玉：《专家：北京文化资源需合理配置》，《中国文化报》，2013 年 6 月 22 日。

让给企业。引入市场机制和竞争机制。文化投资既包括资金、技术的硬投资，也包括知识和人才的软投资。同时，对文化资源的开发和配置要在政府相关部门的指导下来发挥市场作用，提高文化产业的市场竞争力。要强化政府在文化资源和文化资本配置中的调控作用，保障文化资源和文化资本的开发、利用和分配合理、有序进行。具体建议如下：

首先，政府应该加强对文化资源和文化资本配置的监管，明确职能。在西方城市，尤其是大多数欧洲城市，都有专门的文化经济政策制定机构，并且此类机构往往都是该城市议会的核心机构之一。而目前北京缺少对文化产业各行业进行有效规范的专门行业协会，进而也就难以规范各个企业在贸易中理性有序竞争。文化产业管理的条块分割是一个遗留问题，建立有效的信息交流平台，这是比较切实可行的策略之一。

其次，政府需要创造宽松优良的政策环境来促进文化投资和文化消费。一是文化投资需要一个公平公正的环境。一个新兴产业的快速发展，离不开消费需求和投资拉动，文化产业也不例外。政府应该鼓励多渠道的资金投入，促进各类文化产业共同发展。二是政府可以对不发达地区实行政策优惠。可以利用资金扶持和政策优惠来鼓励不发达地区的文化生产。如运用税收手段对大力扶持的行业和地区实行税收优惠政策；扶持精品创作，为打造原创文化产品提供支持；通过设立专门基金来鼓励不发达地区的文化产品创作和文化经营；对于优秀文化创作给予资金奖励并通过优惠政策促使它尽快转变为文化产品。三是可以制定消费性文化经济政策，通过鼓励消费、拉动需求，来带动地区文化经济的发展。如制定举办艺术节、博览会等文化经济活动的政策，不仅对演出业、会展业的拉动作用相当显著，而且能够促进相关行业发展，增加城市知名度。北京现在每年都有大量的文化艺术节，数量、规模和品质均居全国之首。如著名的迷笛音乐节、草莓音乐节在北京通州、怀柔等地区举办，虽然作用时效并不持久，但带动作用大、社会效益好。

最后，政府应通过完善各项法规体系，为文化资源和文化资本的合理开发、利用和分配提供保障。最重要的是要完善知识产权保护体系，这是实现文化资本创造价值的关键。

总之，新型城镇化的活力，是以资源和资本的充分流通为基础的。而文化资源、文化资本的合理开发，利用和在整个城市范围内的合理配置，是文化产业推动新型城镇化发展的必要条件。文化产业推动新型城镇化，必须打造多种形态的产业公共服务平台，鼓励社会各界的参与和共享，进一步刺激城乡人民在经济和文化方面的巨大需求,推动产业要素的流通和集聚,让一切文化财富充分涌流;必须扩大社会各界参与和共享的资源空间和流通渠道,不只是扩大企业和个人在投资中的参与度,更是扩大公众在文化活动、文化资源利用、文化产品消费中的参与度,共享文化产业发展成果,创造更多平等的发展机会。唯有这样,文化产业发展才能助力北京的新型城镇化建设,形成广泛的文化号召力和影响力,凭借包容性文化政策,肥沃的、有利于文化发展的社会土壤,把北京建设成为重要的文化产品生产中心和文化市场中心。

三、新型城镇化建设与首都公民文化素质教育

(一)新型城镇化对首都公民文化素质教育提出新要求

新型城镇化不仅需要加强城镇的基础设施建设,同时还需要对城镇公民的文化素质教育进行重点建设。"公民"一词,英文为 Citizen,由 City 一词演变而来,代表着一个国家或社会成员,是一种资格,是具有某国国籍、根据该国宪法享有权力,承担义务的自然人。公民和国家民族之间的主客关系和国家成员之间的平等关系构成了现代公民的主要特征。[1] 通过教育使个体成为一个合格的公民,这是民族国家对个体发展最基本的期望,也是教育最基本的目标。公民文化素质教育一直以来都是政治和教育的核心问题,也是民族国家得以凝聚、延续、稳定的根本所在,而良好的人文素质更是新型城镇化的必然要求。新型城镇化是对现有生产生活的一次质的提升,这迫切需要"新公民"在价值观念、行为方式、文明素养等方面与城镇化相适应、与环境相协调、与发展相同步,这就对首都公民文化素质教育提出了诸多新的要求。

1. 确立全社会教育平等的观念

新型城镇化的一个显著特点,就是城乡统筹、城乡一体,在城乡之间实现包括文化素质教育在内的社会服务均等化。社会现代化是一个工业化和城镇化的过程,改革开放的历史就是中国人口大规模流动、移民改变和创造城市的历史。城市的管理者和城市的公民需要顺应这一社会发展潮流,认识在城镇化进程中人口流动的正当性、长期性和复杂性,调整心态,树立正确的价值立场,避免出现过分排外的情绪,阻碍教育公平的实现。缺少了教育公平,新型城镇化就是不全面、不可持续、不成功的。近年来,各地政府的主

---

①   Ray M. Northam, *Urban Geography*. New York: John Wiley & Sons, 1975。

要工作是将流动儿童义务教育纳入公共服务范围。一些地方还将这一服务扩大到了学前教育和中等职业教育。在城乡一体化的户籍制度改革中，逐渐放开城乡二元户籍限制，使外来农民工真正成为新市民。

2.降低教育的准入门槛

提高农民工的就业能力和收入水平也等同于降低了城镇化门槛。要降低进城务工和落户条件，将符合条件的进城务工人员转化为城镇人口，为其子女提供充足的教育资源和平等的教育条件。这样有利于改变城镇化滞后、半城镇化和贵族化城镇化的状况。首先，要适当降低农民工落户条件，允许符合条件的农民工市民化。根据城市的规模和综合承载能力，以就业年限、居住年限和城镇社会保险参加年限为基准，制定公平、公正的农民工落户标准，免去农民工子女"借读"费用等。其次，不仅要放宽小城镇的落户条件，也要放宽大中型城市的落户条件，促进农民工等城镇外来人口被城市接纳，与城市融合，使包括农民工在内的城市贫困阶层享有平等的受教育的权利。再次，适当扩大城市规模也是建设包容性和谐城镇的重要内容。有研究表明，城市规模的扩大有利于提高劳动力个人的就业机会，而不像有些人感觉的那样，外来移民会挤占原有居民的就业机会，而且较低技能的劳动力群体从城市规模扩大的就业增加效应中受益最多。

3.重视城镇优秀传统文化的继承和延续

一个区域或城镇在历史发展过程中，会不断积累、沉淀形成一套属于本区域的、完整的文化价值体系，它们不仅为当地提供生活规范、德行操守，支撑起社会的伦理关系，而且深刻影响着当地政治、经济制度的建设和政策的施行。这种文化价值理念是城镇居民的精神家园，千百年来在心灵稳定、社会和谐方面发挥了重要而积极的作用。

在新型城镇化建设的过程中，如何继承优秀传统文化，建设先进文化，在生产发展的同时不断增强城镇的文化力，以文化氛围推进城镇发展，凝聚高素质人才的向心力等问题，将成为城镇化建设中亟待解决的问题。

4.转变思路，发展民办教育

由于快速发展的城镇化进程、大规模的人口流动和学龄儿童减少，今天的农村教育正处于前所未有的大变革之中。持续十年之久的"撤点并校"政策，使乡村教育出现"城挤、乡弱、村空"的局面，也导致"上学远、上学难、上学贵"等问题的出现。同时，出现了两个新的边缘化群体：城市的流动儿童和农村的留守儿童。这些现象都凸显了城镇化背景下教育问题的严重性和复杂性。

在此背景之下，仅仅依托公共教育是远远满足不了城乡适龄儿童对教育的需求的。

在建设新型城镇的道路上，需要改变政府包揽包办教育的思路，构建由政府、公办学校、民办学校、农民工子女家长、社会公益组织等多元主体共同治理的新体制。不仅要发展民办教育，而且可以将符合基本条件的外来人员自办的打工子弟学校合法化；还要鼓励社会公益组织兴办公益学校，通过多种渠道、多种体制扩大教育供给，满足城市不断增长的需求。

(二)在城镇化进程中首都公民文化素质教育体系存在的问题

改革开放以来，北京郊区城镇化进程开始步入快速发展的阶段，未来的几年，北京市更是要大力建设产业集聚区，培育特色经济，壮大集群经济，发展配套经济。这些举措是农民增收致富的稳定来源，不仅能够不断促进农民就近、就地转移就业，实现生活、生产方式的转变，还能稳步推进配套的教育设施和社区服务。据统计，2012 年北京市城镇居民恩格尔系数为31.3%，农村居民恩格尔系数为 33.2%。按照国际标准，包括农民在内的北京市常住居民基本达到富裕状态。农民对教育的需求更加强烈，用于教育的消费支出相应扩大。因此，农村教育的发展为农村城镇化进程提供了基础条件，同时，也为农村产业结构、就业结构调整和农村人口向城市转移做出了贡献。

农村劳动力向城镇转移的庞大数量与农村人口偏低的文化教育水平对农村教育提出了严峻的挑战。新型城镇化建设中农民对教育消费支付能力的上升，必然有利于农村教育进一步发展，同时对农村教育质量也将提出更高要求。虽然我们在城镇化方面做了很大努力，但不得不承认，北京郊区城镇化的进程依旧相对滞后，教育体系仍存在盲区，城"强"乡"弱"现象明显，主要表现在以下几个方面：

1. 北京周边农村经济基础薄弱

改革开放以来，农村的经济发展水平有了很大提高，但总体上依旧处于一种分散的、非规模化的经济发展模式，并没有从根本上提高农村的市场化程度，人们之间因缺乏普遍的经济联系和共同的经济利益而难以形成社会交往的"公共领域"，从而未能构筑起进行公民文化素质教育的经济基础。现实情况表明，经济发展程度比较高的农村，农民教育工作做得就比较好；而经济落后的地区，农民教育的发展水平就比较低。目前我国农村经济发展水平较低，农民收入增长缓慢，是造成我国农村公民文化素质教育落后的根本原因。就目前而言，在广大农村，多数农民依然依附于土地，以农产品为主要收入来源。这几年尽管中央加大了对农民的扶持力度，取消了农业税，进行了粮食直补，在一定程度上减轻了农民负担，但农产品产量的不稳定和农产品生产资料价格的不断上涨致使农民的收入始终得不到实质性的提高。① 而面对物价上涨、城乡收入差距扩大，提高农民生活水平、缩小城乡收入差距依然是城镇化建设的头等大事。在这种情况下期望农民拿出自己为数不多的收入投入到子女的教育之中，显然与实际有些脱节。

毋庸置疑，薄弱的经济直接导致教育投入的不足，阻碍着农村教育的发展。农村学校办学经费严重不足，产生的主要原因有三：一是教育投入的保障机制并没有真正建立起来，中小学的人均公用经费偏低，设备添置没有经费来源。二是农村税费改革、教育费附加被取消后，没有其他稳定的经费来源给予补充。② 三是乡村经济发展滞后，投入教育的财力有限。在财政包干制改为分税制之后，乡镇财政受到了很大削弱，特别是山区一些乡镇第二、三产业不发达，实际可用财力只能保障基本工资，有的乡镇甚至连保障工资都很困难，因此只能靠其他渠道集资或争取上级支持，勉强维持学校的正常运转。我国公民文化素质教育程度的落后一方面表现在组织类型过于集中在经济方面，其功能单一直接限制了组织对农民进行教育的内容；另一方面则表现在农村文化教育设施普及率比较低。

2. 教育资源分配不公

由于工农业的不均衡发展，我国城市和乡村在教育资源的分配上也形成了较为明显的二元结构状态。教育资源的差异性是由于社会经济发展的不平衡性造成的，而教育资源的地区和城乡差异则是教育发展的一个突出矛盾，也是教育差异性的具体体现。国家财政对农村教育的投入远远低于对城市教育的投入，农村教育基础设施相对薄弱，农村教育人才相对城市而言平均素质较低，这导致并加剧了城乡公民教育发展的不公平。教育投入的差异，教育环境及条件的差异，人均教育经费的差异，教师收入的差异，师资水平及教学质量的差异等，归根结底都是教育资源的差异。这种差异在地区和城乡之间明显地、普遍地存在着，直接影响着教育的整体平衡发展，是制约教育

---

① 廖清成：《农村公共品供给优先序问题研究》，《江西社会科学》，2004 年第 12 期。

② 蓝光喜、聂爱云：《社会主义新农村建设视角下的政府责任》，《中国行政管理》，2007 年第 7 期。

战略实施的关键因素。

城乡公民教育发展的不均衡性是发展乡村公民教育必须面对的基本问题之一。然而，随着经济的发展，城乡差距的拉大，城市择校风日盛，优质教育资源过度集中，进一步加剧了城乡教育发展的失衡，这不仅加重了家长负担，而且易于引发教育腐败，滋生诸多社会问题。因此，解决中小学择校的问题，推进基础教育的均衡化，办人民群众满意的教育，是促进城镇教育资源合理配置的关键。

3. 乡村公民文化素质教育的组织和实施体制落后

现代公民文化素质教育实际上是一个和现代民主社会生活同质同构的教育过程，公民教育应以培养社会成员参与社会公共领域必须具备的知识、价值观和能力为目标。但是，已有的农村组织结构单一，组织化程度低，又因为分工过细、专业性强，导致综合服务功能、社会生活参与力较弱。在经历了长期的去组织化后，由于乡村内部缺乏有效的组织对接，政府在向农村传递教育资源的过程中普遍会遇到交易费用过大的问题，使得教育资源传递的公平性和有效性均难以保证。①。

而传统的公民教育管理体制通过行政性力量直接干预和控制教育过程。在这种集中倾向较明显的管理体制下，各类教育工作者以主管部门的指令和好恶为实施教育的依据，以计划经济色彩显著的量化指标作为教育效果评估的主要参考，而那些无法量化但与提升公民品格、完善公民素质紧密相关的教育内容普遍被忽视，这种现象在教育资源相对匮乏的农村地区尤其明显。在我国实施义务教育过程中，曾充分利用"财、税、费、产、社、基"等多渠道，筹集了大量的资金，实现了九年义务教育的普及。税费改革之后，农村教育附加费被取消，面向农民的集资也受到了严格的限制，这对于减轻农民负担、保持社会长期稳定是非常必要的。但是，涉及面很广的义务教育集资一律被取消，政府投入又相对不足，将不利于农村义务教育的健康发展。因此，大力发展农村经济组织也顺理成章地成为农民组织化的首选形式，而发展多种组织类型也成了适应全面建设新型城镇化的要求。

4. "留守"现象较普遍，教育普及难度加大

据国家民政部统计，目前全国有4700万留守妇女，而来自全国妇联的统

① 袁桂林：《我国农村学校教育诸政策评析》，《中国教育学刊》，2009年第2期，第17—20页。

计则显示，妇女已占中国农村劳动力的 60％以上。① 根据第二次全国农业普查资料显示，2012 年年末全国农业从业人员有 3.49 亿人，其中女性占53.2％，男性占46.8％，劳动力男女性别比例为 87.97％。② 与此同时，很多儿童也是农村家庭劳动力的重要组成部分，直接参与到农业生产中。妇女权益受到侵犯，青少年家庭观念和情感淡漠，不少青少年误入歧途，留守老人老无所依，这些不仅成为农村和谐稳定和新型城镇化建设过程中迫切需要解决的问题，也使得发展农村公民教育组织化的难度加大。

农村留守儿童的教育情况令人担忧、双亲关爱缺位导致留守儿童孤独感增强、性格行为存在缺陷、安全方面得不到保障等多方面问题和困难逐一浮出水面，因此对留守儿童的引导、教育成了公民文化素质教育组织化的重要内容。此外，对于留守群体而言，除了维持基本生计的需求外，其养老、安全、娱乐等方面的需求也相对更加强烈。③ 所以，在农村社会主体发生改变的背景下，农村发展的关注点也需要从单一的经济收入的提高，转向满足弱势群体社会、文化需求的综合性可持续发展目标上来。

（三）在城镇化进程中完善公民文化素质教育体系

北京作为中国文化教育的领先城市，具有一流的教育资源和成熟的教育体系，但是北京周边的区县却不能像内城一样得到同样的教育资源。所以在城镇化进程中，应将北京郊区的公民文化素质教育作为统筹发展的重要内容。如何提升区县公民的受教育程度是现阶段理应解决的问题。加大对北京郊区教育环境改善的支持力度，具体包括如下几个方面：

1. 增加教育投入，科学规划教育基础设施建设

在市场经济条件下，教育应该是政府向社会提供的公共服务内容之一，政府的财政拨款应是我国筹措教育经费的主要渠道。教育基础建设规划首先要有一定的超前意识，要注意坚持因地制宜、合理布局的原则，统一规划，分期实施，降低教育资金投入成本，讲究发展质量和效益，保证新型城镇人口快捷、低成本地接受教育。其次还要进一步强化北京区县政府对义务教育

---

① 《中国五千万农村留守妇女的艰辛与期盼》，新华网，http：//news. xinhuanet. com/society/2013 － 03/07/c ＿ 121159626. htm。

② 中华人民共和国国家统计局：《第二次全国农业普查主要数据公报（第二号）》，2008 年。

③ 王雄、朱正标：《重建学校公共生活——中小学公民教育的理论与实践探索》，《中国德育》，2007 年第 8 期，第 33—39 页。

经费负担方面的责任和行为，确保义务教育所必需的经费。各级政府要研究与财政、税费体制改革相一致的教育投入的具体办法及措施，推动教育基础设施建设，多渠道整合筹集教育建设资金，全面推进教育基础设施建设和教育教学发展。而资金来源除了政府投入、国家项目资金外，可以依据相关政策和法律吸收社会资金、企业投资、银行贷款和农民自筹的资金，如果各地能够针对不同地理位置、不同实际特点，因地制宜地选择符合自身的发展模式，调整教育附加专项资金在各区县间的分成比例，势必能够推进教育资源的均等化。

明确北京区县政府财政负担的比例，固化转移支付中用于教育的比例，加大转移支付的力度，在有限的资金与师资条件下统筹分配、均衡配置教育资源，优先支持依据城镇规划布局调整的中小学及幼儿园建设，在城市新区开发、老城区改造中按标准和规范配套建设中小学校及幼儿园，实现与居民区同步规划、同步建设、同步交付使用。以全日制公办中小学为主，保证随迁农民子女平等接受义务教育，并做好与高中阶段教育的衔接。使对教育的投入保持税费改革前的水平并逐年提高，使北京区县的教育走上良性的、可持续的发展轨道，在不断加强新型城镇化建设的同时，引导新型城镇人口积极参加教育。①

此外，政府要把人力、物力、财力向资源薄弱的学校倾斜，以满足社会发展对教育的多样化需求，满足民众希望自己的子女受到更好教育的需求。有计划地加大农村教育资源投入力度，利用公共财政的转移支付机制从根本上改变农村教育落后的局面，使公共财政公平覆盖城乡社会，改善乡村公民教育条件。这样的做法能够对地方经济发展和新型城镇化建设起到重要的促进作用，从而使教育资源布局优势逐渐转变为地区经济、社会、文化发展的优势。

2. 逐步建立与北京近郊区实际相适应的公民文化素质教育体系，推进新型教育发展

目前，北京区县的教育存在着目标定位不明确、机制不灵活、教学组织方式不适应要求等多方面问题。在公民文化素质教育管理和实施的过程中，建立符合发展需要的培训和教育机制，是被历史经验和当代实践证明了的培

---

① 冯广兰：《当前中国农村教育的困境及解决对策——国际比较的视角》，《当代教育科学》，2007年第1期，第25—28页。

养人民群众公民人格和生活技能的有效形式，是公民文化素质教育的重要途径。区县的职业教育发展要明确"为农业产业化服务，为农村富余劳动力转移服务，为农村劳动密集型产业发展服务"的办学目标。

对于已经开始融入城市生活的农民来说，让他们重新回到学校接受教育并不现实。因此，对他们进行分期分段的文化教育培训就显得尤为重要。特别是各类职业培训机构、成人院校、职业学校是对郊区居民进行教育的有效渠道，因此，应大力开展对郊区居民的职业技能和综合素质的培训，并在逐步加大政府对农村职业教育投入的同时，改革农村职业教育的办学机制与教学组织的形式，促进农村职业教育的多样化发展。

农村职业教育可以采用新的教学组织形式，提供以各种媒体呈现的多样化教学内容，同时用于学习的投资相对较少，使学习者的主体地位得以凸显。另外，郊区居民尤其期望接受教育后能学以致用，以便提高自己的就业能力和创业能力。因此，各类职业院校和技术培训院校可以根据郊区居民不同的文化背景、不同的社会阶层以及技能水平、文化程度、就业心理等方面的差异，进行分类、分层的引导，按照不同的就业需求分别提供不同的培训，以满足郊区居民的文化教育需求和技能需求，全面开展职业技能培训工作，从而提高其技能和文化素质，促进北京郊区居民市民化的转变过程。

3. 落实乡镇政府在农村义务教育中的相应责任，加强教育基础建设监管

在对北京郊区进行教育改革的过程中，必须有保障措施和职责界定。在组织机构上，不仅需要加强乡镇教育机构的建设，还需要乡镇党委、政府加强对教育工作的领导与支持力度；在财政投入上，乡镇每年的财政收入应按一定比例投入到教育资源上，将上级下拨的转移支付资金也按一定比例用于教育投入；在工作方法上，县、乡(镇)两级要加强沟通和协商，在教师聘任、学校负责人任命、学校布点等方面，充分听取政府意见；在教育体系评价标准上，要转变以分数定高低的旧观念，由注重教育条件转向注重教育结果，将学生入学时的学习状况同毕业时的状况作比较，考核每一个学生在原来基础上的发展情况，形成平等条件下开展合理竞争的良好局面，为每一个人创造平等的竞争机会；在具体工作内容上，需明确县负责初中以上的学校布局、校舍建设、危房改造，乡镇负责本行政区划内小学的布局、校舍建设、危房改造和教学设备配置，而村负责本行政区划内村小学的具体事项。

不仅如此，我们还需加强对教育基础建设项目的法律监督、社会监督和

舆论监督，建立规划实施责任追究机制，严肃查处违法违规的行为。认真执行和不断完善各项监督制度，健全权力运行监控机制，拓宽监督渠道，增强监督合力，加大监督制度创新力度，出台健全的决策权、执行权、监督权政策，既相互制约又相互协调权力结构和运行机制，为教育的基础建设保驾护航。① 根据乡级政府的职能和属地管理的原则，政府对其所辖范围内的中小学精神文明建设、治安管理、法制宣传教育、组织适龄儿童接受义务教育等各项工作负有管理、检查、指导的职责。

党的十七大报告曾提出："培育有文化、懂技术、会经营的新型农民，发挥亿万农民建设新农村的主体作用。"而"新农村建设的核心是文化建设，是重建农民生活方式，恢复农民生活的主体性价值，通过农村娱乐活动等方式，增加农民之间的公共交往，并在这种交往中获得人生的体验和价值。最后达到一种'低消费、高福利'的生活状态。"②完善城镇公民文化素质教育体系，在农民的思想意识、价值取向、发展理念方面发挥着巨大的精神动力作用，这往往是经济实力、物质财富等有形载体无可比拟的。良好的教育能够活跃农民的思想，规范农民的行为，启发农民的智慧，促使农民形成共同的理想信念，从而推动社会主义核心价值体系的构建。

四、新型城镇化与首都文化生态建设

一个城市的文化应是这个城市的魂，显然，文化作为"软实力"不仅为城镇化发展提供着巨大的精神动力和智力支撑，也为城镇化发展中的经济空间提供着推动作用。因为新型城镇化的实质并不仅是让一部分农民进城而已，更重要的是通过进城农民的就业和收入结构的改变，使他们能有尊严地参与和分享城镇化的成果，分享新型城镇中的现代文化生活。毕竟城市不仅是经济的发展体，更是文化的共同体。北京作为超大型国际化大都市，在世界城市建设的进程中，应率先实现城乡居民之间，包含外来务工人员在内的常住人口和户籍人口之间，在文化权利和文化义务上的平等，使文化生态建设达到更高水平。

（一）北京的城乡二元结构

计划经济体制下我国形成了以户籍制度为核心的城乡二元结构，给我国

---

① 钟民援、王冠群：《培育公民社会：构建社会主义和谐社会的基础工程》，《学习与探索》，2007 年第 6 期。

② 贺雪峰、谢丁：《乡村建设的中心是文化建设》，《文史博览》，2005 年第 12 期。

的社会经济发展带来了深刻影响。20世纪70年代末以来，国家相继在农村和城镇推动了各项制度和改革，扩大了对外开放。但是，伴随着工业化和城镇化的不断深入，城乡二元结构不仅没有消除，反而在某些领域和环节上有固化的趋势。在城市中存在着以身份差别为基础，因制度因素和社会因素而人为造成收入差距不断扩大、社会分化日益严重的两个阶层，即城市居民和外来务工人员。这种二元结构的日益强化，将对我国经济发展产生更为深远的影响。

北京作为我国的首都和特大型城市，二元结构尤为典型。1978年以后，我国实行了农村经济改革，使得农村经济有了前所未有的全面发展，而到了20世纪80年代中期全国各地又先后提出了城乡一体化的战略。北京的特殊地位为农村经济发展提供了有利的条件，改革开放后北京城乡产业结构发生了巨大变化——城乡二元结构削弱，城乡之间从分割对立向协调融合方向转变，城乡差距减小，逐渐向一个有机整体的方向发展。城乡产业结构、功能分工的变化改变了北京原有的城乡关系。乡镇工业成为农村经济的支柱产业，城乡二元结构减弱，城镇居民与农民的消费水平差距不断减小。城乡之间在优势互补、利益分享的基础上不断扩展合作的领域，城乡社会经济融合程度增加，一体化进程也开始逐步推进。虽然当下已经出现了一些良好的发展势头，但面对快速发展的国民经济和外来务工人员的剧增，首都城乡二元结构问题依然存在。

改革开放以来，中国城市的人口来源和构成发生了巨大变化，城市居民主要由本市户籍市民、本市户籍农民和外来人口三大部分组成，他们共同构成了城市的常住人口，共同为城市的发展贡献力量和智慧。北京要想真正破解城乡二元结构，就必须解决城市中的户籍农民问题与外来人口问题，建设以开放、包容、平等、自由为文化内核的现代城市，由此来破除双重二元结构，推进城乡一体化进程。

第一，要树立全面的城乡一体化思维。要既统筹兼顾本地城乡居民的权益，又要统筹兼顾本地户籍居民与外来人口的权益，实现市民与农民、本地居民与外来人口的身份平等、机会平等和权利平等。要使本市户籍农民和外来人口共同享受城市发展的成果。

第二，要重新认识城市的外来人口。对于现代城市来说，其居民只应有职业的差别，而不应有身份的歧视；其居民也只应有先后之分，而不应有内外之别。各个城市的外来人口实质上都是所在城市的新移民、新市民，更是城市发展不可分割的重要组成部分。在城乡一体化的进程中，北京要让普照农村的公共财政阳光同样普照城市中的外来人口，要将覆盖城乡的基本公共服务同样覆盖城市中的外来人口，消除对外来人口的制度歧视，使广大外来人口平等参与现代化进程，共享改革发展成果。这才应当成为北京城乡一体化进程中的重中之重。

第三，以公民权为基础深化体制改革。双重二元结构的实质在于没有赋予农民及外来人口平等的公民身份，没有保障和实现其平等的公民权利。因此，首先应该创新户籍制度改革思路，消除户籍差别与歧视，无条件赋予农民及外来人口与市民平等的户籍身份。其次，要废除外来人口或流动人口管理体制，将所有外来人口或流动人口视为城市的新移民，将其纳入社区化管理和服务。最后，再平等地向农民以及城市中的外来人口提供均等的基本公共服务，确保农民与外来人口有序参与公共事务。

对首都北京的发展来说，只有破除二元结构，全面推进城乡一体化，才能使城市郊区农民、外来人口与城市户籍市民融为一体，休戚与共，也才能从根本上使得城市中的全体常住人口都生活得更加幸福，更有尊严，使城乡社会更加公正，更加和谐。因为，对于现代城市来说，没有包容和平等关怀的品格，就没有城市的文明和未来。①

(二)外来人口如何融入首都文化圈

1. 外来人口进京的驱动力

众所周知，北京自申奥成功以来，城市发展提速，但城市快速发展的同时，北京市的人口也在快速膨胀。人口规模的高速膨胀给资源、环境带来了巨大的压力，人口问题已经成为北京可持续发展所面临的最大挑战，而其中外来人口占北京市总人口的比重正在逐年加大。为什么近年来北京会吸引如此多的外来人口呢？主要原因有二：

第一，北京是中国政治、经济、文化的中心，是一个城市功能发展完善的大都市，其中心的影响力注定会吸引大量的人群。无论是经商、求学、打工或是旅游，北京总是人们使用频率最高的一个城市名词。特别是在 2008 年奥运会之后，更多就业机会的提供在很大程度上吸引着越来越多的外来人口流入。因此，外来人口造成的北京人口压力已成为亟待解决的问题。

---

① 参见张英洪：《破除双重二元结构：城乡一体化的根本》，《调研世界》，2011 年第12 期。

第二，在庞大的外来人口中，大多数人是因为看中了北京优厚的政策待遇，例如讨论最激烈的高考录取分数问题——外地学生"进京难"就是因为北京的政策倾斜。类似的这种优厚政策在北京还有很多，这就造成了人们为了自己以及子女将来的考虑大量迁入北京的现象。

2. 外来人口在京生存特点

(1)人口特点

从在京务工的外来人口中不难发现，男性比例要大于女性，其主要原因是由于男性身体素质普遍好于女性，尤其是在从事体力劳动的过程中优势明显。而女性由于身体素质条件的限制大多从事非重体力劳动，比如从事轻工业、服务业等。但近年来，随着北京科技的发展，产业结构的变化使得重工业的需求越来越少，而服务业的比重却在不断提升，最明显的反应就是在外来人口的性别比例上，即男性比重逐渐下降，而女性比重逐渐上升。不过由于技术产业对外来人口的需求有限，所以外来人口中体力劳动者仍是大部分，因此对劳动适龄人口的需求量仍然很大。而且由于外来人口在京的生活条件并不是很好，偕老扶幼的情况也不是很多，因此还是劳动适龄人口占大多数。

(2)教育特点

近年来我国一直在不断加强着教育投资，目的就是为了提高全民素质。就外来人口而言，其素质也在普遍提高，尤其是进入21世纪以来，提高的速度明显加快。这对北京来说是一个好现象，因为高素质的人力资源会成为推动北京快速发展的一股强大动力。然而我们也要看到不足的一面，外来人口中的大部分仍只能从事体力劳动，即那些低酬劳、高危险、高强度的工作，这就直接导致了这部分人群对社会及现实的不满，从而形成了城市发展中的不安定因素，容易导致城市的犯罪率升高。

(3)职业及分布特点

通过观察，从事第三产业的外来人口偏多，且大多数为体力劳动者及经营小本生意者，分布在商业和服务业的较多。而外来人口在京居住地点的分布情况，以朝阳区为流动人口密度最大的地区，更多的外来人口聚集区则处于北京近郊区。究其原因如下：

第一，由于外来人口处于来京的创业初期，经济实力不如本地居民，因此没有足够的财力在市中心购房，因而只能选择地价相对较低的郊区。

第二，北京市中心的就业机会虽然很多，但竞争激烈且普遍需要的是高学历、高技术人才，而根据上文提及的北京大多数外来人口受教育程度仍在大专水平以下，因此可以推测这部分人群在创业初期可能也没有充分的竞争力在市中心觅得理想工作。而相比之下的近郊，由于第二产业发达，如重工业、建筑业等，有较大的劳动力需求，因此比起市中心来说，近郊能为他们提供更多的工作机会，也就自然成为吸引他们迁入的首选地。

第三，外来人口在城市中容易受到排斥，不管是在政策上还是待遇上都远远比不上城市居民，有时还会受到城市居民的歧视。郊区反倒可以使他们稍微远离一些这样的歧视，成为他们可以在北京继续生存下去的避风港。

3. 外来人口在京的文化现状

（1）文化现状

国家文化部、人力资源和社会保障部会同中华全国总工会下发了《关于进一步加强农民工文化工作的意见》。根据这一意见，到2015年，我国将形成相对完善的"政府主导、企业共建、社会参与"的农民工文化工作机制，建立相对稳定的农民工文化经费保障机制，农民工文化服务将切实纳入公共文化服务体系。所以，保障农民工群体相对丰富的文化生活，提高农民工群体的精神世界质量，是关乎我国长治久安、持续发展的战略举措，是保障和谐社会稳定发展的重要途径之一，也对提高我国的国民素质、发展和建设小康社会具有重要意义。

农民工群体生活在城市之中，对城市的建设有不可磨灭的贡献，但是作为处在城市边缘的群体，他们却未能被城市所完全接受。虽然生活与工作在这座城市之中，却未能拥有与城市居民相同的文化权利，即丰富多彩的城市文化在这个数量庞大的群体中十分匮乏，我国的社会学者称之为"农民工文化生活孤岛化"。正是因为当前的孤岛化状态，使得农民工在闲暇时间的休闲娱乐方式只能是单一的自我娱乐或群体内娱乐。而据《中国农民工生活质量研究》[1]报告显示，目前我国农民工生活质量指数为0.532，仅为城镇居民的一半。此数据之所以这么低，很大程度上是由于农民工群体的文化生活贫乏、文化消费不足、文化需求不能得到基本的满足。综上所述，目前农民工的文化生活"孤岛化"现象仍然比较普遍，而且这一现状的发生与农民工群体所处的"半城市化"状态有直接关系，正是因为夹在城市与农村之间，才会使得农民工群体在城市的文化生活中呈现出远离城市居民的"孤岛"状态，这种"孤

---

① 国家统计局课题组：《中国农民工生活质量指数评价研究》，《统计研究》，2007年第2期。

岛"体现在他们不愿回农村,却又不能很好地融入城市,他们就像城市边缘一个依附于城市却不又属于城市的孤独小岛。所以,我们应该警觉,如果这一现状不能得到扭转,那么农民工不仅难以真正融入城市的文化生活中去,还会由此产生对城市社会抵触、厌恶等情绪,这将严重影响到农民工群体的文化生存状态,甚至会影响到社会的和谐与稳定。

(2)产生原因

第一,政府公共设施配套不足。农民工的公共文化服务缺失是一种普遍现象,尤其是北京市政府在投资公共文化服务时,更愿意把重点放在一批具有代表性的文化设施和文化公益性事业的发展上,主要考虑的对象是居住在城市的市民,尤其是政府经常联合房地产开发企业在一些人口集中的较大社区开展的公共文化服务活动。相比之下,对农民工的公共文化服务的投资机制还不完善、不健全。农民工没有城市身份,缺少进入城市文化生活的能力,因此政府提供给他们的公共设施就显得尤为重要,所以应该把政府的公共设施配套方向向农民工群体偏转。

简单来讲,如果政府能够提供足够的免费文化生活,那么这些外来人口群体将不需要支付任何费用就能平等地参与到文化生活中去,但现实是这种免费的文化服务非常有限,使得农民工只能自掏腰包去获取文化生活,那么这就直接关联到其经济收入,这样使得他们根本无法承担这种"额外"的文化消费。农民工文化生活成为社会公共服务的一个重要组成部分,作为社会公共政策的制定部门,政府有义务也有责任为外来人口群体提供更多的公共文化设施,以保障农民工能够获得充足的文化生活。

第二,企业对文化服务投资缺失。在外来人口文化资源供给方面,除了政府要承担起责任外,农民工工作所在的企业也是一个重要的角色。企业着眼于自身利润的追求,无暇顾及农民工的文化生活。在节假日或者双休日,一般的企业都很少开展各式各样的文娱体育活动;部分企业加长农民工的劳动时间,使其无力在闲暇时间主动追求文化生活;而企业一般又只提供住宿与餐饮保障,缺少像乒乓球室、健身房等文化活动场所和文化活动设施。如果政府部门能够及时有效地与企业沟通,通过政策引导、鼓励这些企业加强农民工文化服务的投资、建设力度,能够在很大程度上改善农民工现有的文化生活缺失的现象。

第三,农民工主体因素。在现有文化生活状况的成因中,农民工群体自身的因素也不容忽视。首先,文化水平较低。虽然近些年来随着新生代农民工群体的成长，农民工群体的平均文化水平得以提升，但是整体水平依旧偏低，绝大多数还处于本科以下水平，这在大学文凭泛滥的当今社会已成为严重的劣势。其次，没有充足时间。农民工群体在较长时间的劳作下，身体和心灵都比较疲惫，需要时间休息与调整，长时间的劳动占据了他们能够用来享受文化服务的时间。

最后，群体生活较为封闭。农民工群体是一个相对封闭的群体，这就成为他们与城市沟通的障碍。

4. 外来人口对北京文化的影响

外来人口对北京文化的影响既有积极的一面，也有消极的一面。

（1）为北京文化注入了较为强烈的竞争意识和创新进取精神。

近年来，北京的人才市场和竞争机制已初步形成，北京的工作岗位不再只留给北京当地居民了。许多外地的优秀人才陆续进入北京的各个行业，国家机关、科研院所、大中学校、公司企业等单位都引进、录用了一批高职称、高学历的专业人才，他们很快挑起了重担，做出了成绩。一些有实力的外地投资经营者也进入北京抢占滩头，加入了市场角逐。这两部分外来人口普遍反应机敏，创新进取。北京人的意识中潜藏的自我优越感减少了，心理压力增强了，在竞争中明显受到了冲击。这些外来人口的强烈的竞争意识和创新精神，影响着北京的社会观念和社会心理，并开始进入北京文化。

（2）刺激了北京传统文化中的惰性因素。

现如今，往往是北京市出台政策，但成功的典型却在外地，当社会舆论呼吁北京人转变观念、放下架子的时候，外地人以创业者的形象为北京人做出了榜样。很多文化不高的外地人，在北京人觉得差得不能再差的生存条件下生活、奋斗着，他们在北京人赔钱的行业赚得盆满钵满，在北京人丢弃的工作岗位上干得红红火火。北京的老板多，可大多是外地人，这着实令北京人气短，但另一方面也激励着北京人，促使北京人彻底转变观念，丢掉官本位的思想，改变轻商鄙利的观念，尽快树立起市场经济意识。

（3）丰富了北京的多元文化。

近几年来，人们普遍感到北京的京味特色不那么浓了。其原因应归结于北京的文化特色被其他的地域文化冲淡了，而其他的地域文化就是被外来人口带入北京的。以饮食文化为例，粤菜、川菜、湘菜等已与过去在北京唱主角的鲁菜平分秋色；而语言文化亦是如此，兼收并蓄的北京话一直在不断地融入各地语汇中的新养分。其实首都文化本身就应该是一种包容性极强的文化，不断吸收、不断消化，以多元为特色正是北京文化有别于其他地域文化的根本特色。

(4)带有地域特点的从业状态重新形成。

过去北京的职业分布是有地域特点的，即某一乡籍的人多从事同一种职业，居住地点也较为集中，这是由于长时间的同乡援引介绍的结果。但近些年来这种情况有所改变：如浙江人从事服装加工，新疆人从事烧烤餐饮，温州人从事美容美发，河南人从事蔬菜贩运，安徽人从事家政服务，湖南人从事家居装修……北京有些工作岗位已经基本上被外地人包揽了，如保安人员、收费厕所的管理保洁工、以修鞋修包修拉锁为主的街头小修理工等。

(5)对北京的传统社会道德和职业道德的负面影响。

一些外来人口中的品行不端者，用行乞和欺诈等手段骗取钱财，践踏了北京人惜老怜贫、扶危济困的同情心，也亵渎了北京人的善良感情。少数外地来京经商人员，缺乏职业道德，制假售假、缺斤短两、非法牟利，使得北京的社会职业道德水准下滑。曾引以为豪的侠肝义胆、见义勇为、仗义执言、挺身而出的北京人少了；原有的真诚和热心也随之淡漠了。可以说，北京文化中的传统道德文化像北京的蓝天绿水一样，被污染了。

5. 对外来人口的管理问题

对城镇外来人口的管理涉及国民经济的发展、社会秩序的稳定、环境污染的控制以及计划生育和义务教育国策的实行等很多方面。在我国当前城乡二元经济结构之下，各个地方在政策上、制度上、生活上带给外来人口各种歧视，使其不仅要忍受生活、工作条件之艰苦，还要遭受人格之践踏，这些都导致了他们心理的不平衡，并激发了外来人口的逆反心理，由此产生的暴怒、非理智行为及施行报复性手段，给社会治安及社会稳定带来了诸多负面影响。实际上，外来人口也是有血有肉之人，也需要别人的尊重和理解。作为一个流动群体，他们的生存环境更为严峻，除了必须直面困难，更需要来自社会的理解、关心和尊重，得到情感上的满足。试想，假如我们能真正满足外来人口的内心需求，帮助他们解决实际的困难，尊重他们的知情权、教育权、选择权、就业权……那么，我们在维护社会秩序、防控突发传染疾病等方面就能做得更好。因此，从长治久安、标本兼治的角度考虑，北京市政府应该从"以人为本"的角度来构建满足需要、强化服务、科学管理的新模式，以实现外来人口管理效果的最优化。本文提出以下几点实施建议：

(1)建立外来人口调研制度，深入了解其社会心理状况。

与当下高速发展的互联网技术相联系，北京市政府应建立由公安、交通、商业、教育、就业、社区、医疗等相关行业和部门构成的全面掌控外来人口相关信息的网络体系，充分利用现有的政府政策研究机构和科研单位、高等学校的研究部门以及民间相关组织，积极开展针对外来人口社会心理状况的调查和研究工作，为今后有针对性地开展管理工作打好基础。

(2)根据马斯洛层次需求理论，努力满足外来人口的各层次需要。

首先，要确保外来人口的基本生理需要。给他们营造一个稳定的生存环境，保证他们和家人有足够的可以维持生计的物质基础；并要以立法的形式保障外来人口的合法收入，避免拖欠、克扣工资等事情发生。其次，要加强社会治安和医疗保险工作，满足外来人口的安全需要。要加强对外来人口的法制意识的教育，提高外来人口遵纪守法的意识和处理治安危机的能力。还要提高社会公共卫生水平，建立疾病的预防控制体系，条件成熟时可以将外来人口纳入社会医疗保险体系。再次，组织社区内外来人口互帮互助，满足其情感和归属的需要。可以在外来人口较为集中的地方，建立社区外来人口互帮互助机构，并使之成为外来人口交流感情、互通信息、追求情感归宿的港湾。第四，充分挖掘和展示外来人口的潜能，满足他们自尊的需要。不仅要纠正个别人对于外来人口的偏见，还要号召全社会都要公平地对待外来人口，尽早消除制度上、心理上、生活上存在的各种歧视现象，管理者在工作中也要对他们充分地信任与理解。最后，就是要注重外来人口的自我管理工作和继续教育工作的开展，满足其自我实现的需要。社会和管理机构要做到所制定的有关外来人口的一切法律、法规都应当有利于外来人口潜能的发挥，有利于体现他们在城市建设、生活中的主体性。围绕部分外来人口渴望充实自己、追求成名成才的需要，鼓励社会有关机构开办有利于外来人口自我提高的教育项目，使他们通过学习，达到更新知识、提高能力的目的，为其成才和发展扫清障碍。还可以挑选部分文化水平高、法律意识强、思想修养好的外来人口参与到管理工作中，以满足其自我实现的需要。

(3)建立服务机构，强化服务意识。

一是建立由政府主导、财政出资、常设、免费或低费的职业中介和法律援助一体化的工作站。工作站的宗旨就是提供就业信息、进行岗前培训、给予法律援助。二是鼓励开办面向外来人口子女的教育机构，解决外来人口子女接受义务教育的问题。对于城乡来源不同的学生，要一视同仁，允许外来人口子女就近加入各级学校就学。三是建立面向外来人口的社区基本医疗卫生服务机构，扩大医疗保险覆盖范围。给外来人口提供质量有保证的、收费低廉的、一站式的基本医疗卫生服务，以保障外来人口的健康。

（三）文化准入问题

近年来，北京市为了在外来人口中实行文化准入，已出台了多个相关政策，甚至具体到各个区县，都有针对外来人口的准入政策。

1. 北京的"绿卡"

第一，北京市工作居住证。1999年6月北京市出台了针对外来人口如何申请《北京市工作居住证》的政策。具体的申请条件为：凡本市高新技术企业、民营科技企业和跨国公司地区总部及研究开发机构，因发展需要引进本市紧缺的人才时方可办理。申请者要求为35周岁以下且身体健康者，并需符合下列条件之一：A. 具有学士学位且成绩突出者；B. 具有中级专业技术职称的业务骨干；C. 在国外获得学士学位并取得一定研究成果的留学人员。或45周岁以下且身体健康者，符合下列条件之一可办理人才引进手续：A. 具有本科及以上学历且取得高级专业技术职称的专业技术人员和管理人员；B. 在国内外获得硕士及以上学位的专业技术人员和管理人员。

申请到此证后可享受的优惠是：持有该证的劳动者不再办理户口或《暂住证》，在购房，子女入托、入中小学等方面享受本市市民待遇。

第二，北京市（留学人员）工作居住证。2000年5月北京市出台了针对留学归国人员在北京市如何申请工作居住证的政策。具体的申请条件为：必须具有学士以上学位，或者是拥有高级技术职称的专业人员（含管理人员），必须到北京就业或创业。

持有此居住证可以享受到的优惠是：有效期为两年；在有效期内，持证人可以选择在北京长住，也可以短住；在出入境时享受免签证待遇；在购买住房、购买汽车、子女入学等方面，享受国民待遇，也就是和北京市民一样，不必缴纳额外费用。

第三，"海淀绿卡"。北京市海淀区在2002年10月1日出台了申请海淀区"绿卡"的政策，此举可以说是海淀区对高素质外来人口准入的一大力措。"海淀绿卡"具体分为企业卡和个人卡两类。享有企业卡的应为区内重点投资企业，包括世界500强企业，内资注册资本在2亿元人民币以上的企业，外资注册资本在1000万美元以上的企业以及跨国公司在区内设立的地区总部。而个人卡则将发给这些公司的董事长、总经理。据了解，目前海淀区内符合这些条件的企业有 260 多家，个人有 500 多位，接下来海淀区政府将陆续向这些符合条件的企业和个人发放"海淀绿卡"。

持有这两类卡的劳动者可以享受以下优惠：A. 企业卡：由海淀区外商投资绿色通道为持卡企业全程无偿代办各种审批手续。持卡企业所需人才符合条件的给予办理《北京市工作居住证》，其员工也可办理"边境证"、"临时身份证"。企业在接收普通高等学校非北京生源应届毕业生时可办理进京手续。同时，在政府采购活动中，同等条件下优先采购持卡企业生产的产品和提供的服务。B. 个人卡：持卡个人可申请办理小城镇户口，凡符合办理北京市常住户口条件的可优先办理。持卡个人的子女在义务教育阶段，享受本区学生同等入学待遇或优质教育。高中教育阶段，可照顾 10 分入学。同时，持卡个人还将以优惠价格从区政府归集的房源中购买住房。值得注意的是，海淀区还为符合北京市解决夫妻两地分居条件的持卡个人办理调京手续。海淀区还设定了定点医疗机构每年为持卡个人体检一次，并且免费建立健康档案。住院治疗时，可入住高诊病房。

2. 北京"绿卡"的局限性

(1)在北京的外来人口不能仅是因为在北京住满多少年而去申请绿卡，也不会仅凭通过某种对于本市文化的考核获得申请的机会，而是需要各种累加的资格才能有机会申请。这对于大量的外来人口，尤其是文化水平较低的人来说，无疑是平添了迁入的困难。

(2)在国外，那些具有特殊能力的人士和某些拥有高学历的人士，无论持有何种非移民签证，大多都能通过"国家利益豁免"的方式，直接申请移民。而北京市因其是国家的首都，还不能设立如此容易的申请绿卡政策，更因其目前人口压力过大，所以对特殊人士的门槛恐怕就更添条条框框。

(3)北京市是没有针对以学生身份、在毕业后获得工作合同而能申请绿卡的机会的，不仅是因为北京的高学历人才过多，更是因为这样的条件在北京不能算是特殊，反而只是较为普通而平凡的一般现象。

所以我们不能仅是看到国外申请绿卡的宽松条件，而是应该切实根据北京市的实际情况来因地制宜。当下北京市政府在文化准入方面已有所举措，但如何给予外来人口更大的准入空间，能否把绿卡申请条件放宽，抑或是将地区性的绿卡范围扩大到全市还有待进一步研究。

3. 外来人口的文化权利

1997 年 10 月 27 日我国签署了联合国的《经济、社会及文化权利国际公约》，此公约规定："本公约缔约各国承认人人有权参加文化生活；享受科学进步及其应用所产生的利益；对其本人的任何科学、文学或艺术作品所产生的精神上和物质上的利益，享受被保护之利。"①

首先，人人有权参加文化生活是前提条件。因为，只有获得参加文化生活的权利，个人才有可能发挥自己的才能，致力于发明创造，促进科学进步，并将其应用到社会现实从而使人人从中获益；其次，规定里还强调知识产权制度必须保证创造者的知识产权得到尊重，同时还要保证这种权利应该促进而不是限制社会公众参与文化生活并分享科学进步及其应用所带来的利益。这表明，联合国的这款公约充分体现了兼顾保护个人的文化权利和促进社会科学进步并使之惠及社会大众的思想。

但是，文化权利的保障与实现，不可能指望国际社会发表一些宣言与公约就能解决问题，这些毕竟都还只是纸上的权利。为使文化权利落到实处，世界文化和发展委员会付出了不懈努力，提出了一系列措施，如建立健全文化权利、制定国际行为法、设立国际文化权利监察办公室、建立国际法庭、处理对个人和组织提出的文化诉讼案等。但现实的情况是，这些措施并不完善。"体现在一系列国际准则的人权普遍性，仍然要通过各国积极行动的特殊性才能实现"，② 所以说文化权利的实现终究还是要靠主权国家来执行，而外来人口文化权利的保障更是需要我国以及北京市当地政府出台实施细则和监督机制。

(四)公共文化服务均等化

1. 国外公共服务成功模式

世界各国由于历史、国情、政治制度和公共管理等方面的差异，形成了不同的公共文化服务制度与模式，主要可分为三种。③

第一种是以法国、日本等为代表的"中央集权"或称"政府主导"模式。在这种模式中，从中央政府到地方政府均设有文化行政管理部门，各级政府文化部门对文艺团体进行有限的资助并提供比较完善的公共文化服务。

第二种是以美国、德国等为代表的"市场分散"或称"民间主导式"模式。

---

① 《经济、社会及文化权利国际公约》，第十五条第一款，http：//www.un.org/chinese/hr/issue/esc.htm。

② 肖巍、钱箭星：《人权与发展》，《复旦学报(社会科学版)》，2004 年第 3 期。

③ 毛少莹：《世界各国公共文化服务制度与模式》，参见《中国高校人文社会科学信息网》，http：//www.sinoss.net/2010/0109/17932.html。

中央政府和地方政府都没有正规的文化行政主管部门，政府财政对文化的投入主要通过各类通常被称为"国家艺术理事会"的准行政机构进行分配。政府主要以政策法规营造良好的文化生态，鼓励各类文化团体或机构自我生存。

第三种是以英国、澳大利亚等为代表的政府与民间共建的"分权化"模式。这些国家普遍建立起相对自主的、半官方的、专业的文化艺术基金管理组织，置于国会和中央政府的监督下，通过独立分配国家文化基金的方式执行国家的文化政策。这些组织与民间"建立伙伴关系"，进行文化资源的分配、文化事务的管理和文化服务的提供。

2. 北京城乡公共文化服务均等化

与国外相比，我国的公共文化服务均等化强调的价值观是：以人为本的服务观念和以人为本的社会责任。但公共文化服务均等化并不意味着要消除绝对差距，而是指应根据实际努力把差距控制在合理幅度之内，即在实现地区之间和城乡之间基本公共文化服务阶段性均等化目标后，进而实现全国范围内每个公民的公共文化服务均等化的终极目标。

农民工的公共文化服务缺失是一种普遍现象，但北京市政府针对农民工的公共文化服务政策一直在完善，例如在建设工地内配备电视、设立报刊栏。虽然建立一个公平而有效率的公共文化服务体系本身就意味着要让全体国民平等享有基本的公共文化产品，但由于现阶段北京市区域、城乡间政府财力、居民收入、消费标准、生活水平存在较大差异，并且国家层面的公共文化服务体系尚无统一标准，所以提供的文化产品也就必然具有差异，这也实际表明现阶段当地居民和外来人口享受的文化权益并不均等。这就需要北京市政府建立以外来人口为服务对象，以政府提供服务为主导方式，以公共文化服务机制、服务设施、服务机构和队伍建设为核心，逐步形成结构合理、发展平衡、网络健全、运营高效、服务优质的覆盖全社会的公共文化服务体系。

公共文化服务差别化现象的形成并不是朝夕所至，在短时间内彻底消除这种现象是不现实的，但是通过有效的措施，缩小当地居民与外来人口的公共文化差距，却是可以做到的。

（1）逐步推进。经济基础决定上层建筑，公共文化服务不可避免地要受经济发展水平的制约。北京市政府在推进公共文化服务均等化的过程中，不仅要使文化资源及设施的配置与北京市的经济社会发展相适应，还要在统筹经济社会发展的前提下，逐步提升公共文化服务水平，绝不能超越现实，更不能盲目追求高标准、无差异的文化服务。因此，推进首都公共文化服务均等化只能根据北京市的当地情况，从实际出发，因地制宜，逐步完善，才能确保构建一个科学的、成熟的公共文化服务体系。

（2）区别对待。北京市政府在推进公共文化服务均等化过程中，要根据不同年龄结构、教育背景、民族文化底蕴等特殊性，有区别地配置文化资源，有区别地进行公共文化服务建设。诚然，公共文化服务均等化追求覆盖面的普遍性和广泛性，但并非意味着向全体社会成员提供无差别的服务。一味追求绝对的均等，必将导致公共文化资源的严重浪费，导致公共文化服务合理性的缺失，最终也将阻碍经济社会健康发展。因此，市政府在推行基本公共文化服务均等化过程中，要正确处理好"普惠"与"照顾"的关系，不能把均等理解为绝对平等。

（五）建设首都文化高地

北京市委、市政府在《关于发挥文化中心作用，加快建设中国特色社会主义先进文化之都的意见》中确立了"深化文化体制改革，推动首都文化大发展大繁荣，发挥首都全国文化中心示范作用，建设中国特色社会主义先进文化之都"[1]的宏伟目标，为未来首都文化事业的发展和市民的文化生活勾勒出了一幅幅令人向往的蓝图。《意见》特别提出："到2020年，把首都建设成为在国内发挥示范带动作用、在国际上具有重大影响力的著名文化中心城市。"因此，首都的文化就不同于一般城市的文化，应当是集全国之大成者而兼容并包的文化，更是集全国之精英的国际窗口型文化。

（1）北京具有3000多年的建城史和800多年的建都史，具有完整的明、清两个朝代的皇家建筑文化遗存。而且北京是东方文化中唯一现存规模最大、最完整的皇家建筑文化的所在地。

（2）首都具有强大的凝聚功能。北京作为中国三个朝代的首都，文化、经济高度发达，数百年来不断凝聚着全国最优秀的文化，形成了北京特有的、集全国文化精英之大成的文化现象，而这种凝聚活动至今仍没有中断。

（3）北京政治、经济、文化相对发达，对全国优秀人才、资本、技术都具有巨大的吸引力。这些优秀人才也在不断地形成一个个"北京模式""北京现象"向全国推广，为其提供着各种世界一流的文化服务。

（4）以知识经济为特征的文化现象提升了首都的文化品牌和文化影响力。

---

① 《中共北京市委关于发挥文化中心作用 加快建设中国特色社会主义先进文化之都的意见》，《北京日报》，2011年12月26日。

北京高校、科研院所云集，发展中关村高科技园区成为中国的"硅谷"，在全国形成良好的示范作用。中关村软件园、金融大街、CBD 等城市功能区在全国具有行业控制地位。

如何把北京建设成为首都文化高地，是当下新型城镇化建设中应积极思考的问题，笔者认为，可以从以下角度切入，推动首都新型城镇化建设。

第一，北京文化中最具排他性的是明清皇家建筑文化、园林文化，这是人类几千年文明的结晶。北京的皇家文化每年都吸引着上千万国内外旅游者，成为北京重要的文化旅游支柱产业。

第二，近年来，首都文化产业在发展中探索，在探索中前进，经历了艰难曲折的过程。先是改革开放初期歌舞厅在大学校园遍地开花，后是各种档次的卡拉OK见缝插针，如今发展到世界三大男高音歌唱家故宫午门同台演唱，再至图兰朵、阿依达的火爆演出。而目前各国的政要仍以登上北大、清华的讲台演讲为荣，例如对我国进行国事访问的韩国总统朴槿惠就选择了在清华大学进行演讲。

第三，北京依据雄厚的政治、人才资源优势，每年创造的文化产品在全国占有绝对优势，影视制作、出版发行、文化演出等构成了北京核心文化的主体。"北京制造"这一品牌在全国深入人心，市场巨大，前景广阔。文化出版业随着激光照排技术的发明取得了蓬勃的发展；影视创作登上了国际舞台，取得了一个又一个桂冠。

第四，传统文化不甘落后。随着人们生活水平、生活质量的提高，传统文化再次表现出了巨大的魅力。收藏热逐渐深入到寻常百姓家，门墩瓦当老窗根、砖雕壁画老照片等成为人们竞相收藏的文物；而长久以来就深受欢迎的硬木家具、古玩工艺品更是愈发地遍布京城，从天坛东门的红桥市场，到潘家园旧货市场，再到高碑店的古家具一条街……文化产业不断制造热点。在西方人的眼中，红墙绿瓦的四合院和京腔京味的老字号才是北京，所以以传统文化为内容的庙会也已形成了巨大的经济市场，比如四合院餐饮、胡同旅游就成为眼下北京吸引西方游客的重要旅游产品。

第五，加快首都文化软实力建设。北京市委、市政府今后可以积极推动有优势、有条件的特色文化企业上市，大力实施重大产业项目带动战略，打造一批特色的街区和经典文化旅游项目。比如近年来发展迅速的文化产业集聚区——通州九棵树现代音乐集聚区、朝阳区尚8创意园区等。

发展至今，北京的文化产业与世界城市的要求仍有差距。为此，今后北京市还应继续着力在推动高端化、品牌化上下功夫，重点打造综合收入超千亿的文化创意产业集聚区，增强有中国气派的自主文化品牌在国际上的竞争力和影响力。

近年来，全国先后出现过多种新型城镇化的改革尝试。例如成都模式是以大城市带大郊区的发展；天津模式是以宅基地换房集中居住；广东模式则是通过产业集聚带动人口集聚。每个城市都有着自己在新型城镇化进程中的特色思路和方法。而北京选择什么样的新型城镇化发展思路和路径，不仅在于对城乡二元结构的单纯人口整合，更是在于文化软实力的建设。北京市委、市政府若能稳扎稳打地解决好新型城镇化发展中的文化建设问题，就会对未来 10 年甚至更长时间的首都社会经济文化发展产生巨大影响。

参考文献

[1]陆铭等：《城市规模与包容性就业》，《中国社会科学》，2012 年第 10 期。

[2]樊纲、武良成主编：《城镇化：一系列公共政策的集合》，北京：中国经济出版社，2009 年。

[3]张秀雄主编：《公民教育的理论与实施》，台北：师大书苑公司，1998 年。

[4]龚海泉等：《当代公民道德教育》，北京：中央文献出版社，2000 年。

[5]冯契：《人的自由和真善美》，上海：华东师范大学出版社，1996 年。

[6][苏]苏霍姆林斯基：《关于全面发展教育的问题》，长沙：湖南教育出版社，1984 年。

[7]邱伟光、张耀灿主编：《思想政治教育学原理》，北京：高等教育出版社，1999 年。

北京市户籍改革制度与农业转移人口市民化研究

课题负责人：聂月岩（首都师范大学政法学院　教授）
课题组成员：张亚匀、侯辰龙、石硕、樊晓晨

党的十八大报告明确提出，要"加快改革户籍制度，有序推进农业转移人口市民化"。这是积极稳妥推进城镇化，不断提高城镇化水平的重大战略举措。所谓城镇化，是指随着工业化进程，农业人口不断向非农产业转移、向城镇转移，从而使城镇数量增加、城镇规模扩大、城镇人口比重提高的历史过程。城镇化是经济社会发展的客观趋势，推进城镇化、提高城镇化率的实质，就是随着工业化的发展，推进农业人口非农化、非农业人口市民化。当前和今后相当长的一段时间，我国应以农业转移人口市民化为重要任务，积极稳妥推进城镇化，为调整优化城乡区域经济结构，扩大内需，促进经济持续健康发展创造条件。党的十八届三中全会明确提出要积极稳妥推进城镇化，让广大农民平等参与改革开放的过程和享受改革开放的伟大成果。当前各级政府的首要任务是要围绕提高城镇化质量，因势利导、趋利避害，积极引导城镇化沿着健康的轨道向前发展。要构建科学合理的城市格局，把有序推进农业转移人口市民化作为重要任务抓实抓好，把生态文明理念和原则全面融入城镇化过程，走集约、智能、绿色、低碳的新型城镇化道路。2014 年 8 月，国务院印发了《关于进一步推进户籍制度改革的意见》，文件明确了户籍制度改革的时间表和具体目标，其中最引人注目的一条是"建立城乡统一的户口登记制度。"这标志着我国实行半个多世纪的"农业"和"非农业"二元户籍管理模式将退出历史舞台。

北京是我国的首都，是政治、文化中心，在城镇化进程中理应走在全国前列。围绕北京户籍改革制度与农业转移人口市民化问题进行研究，对于贯彻落实党的十八大和十八届三中全会精神以及国务院关于户籍制度改革文件精神，推进城镇化进程，具有重要的理论意义和现实意义。

一、推进户籍制度改革和农业转移人口市民化的历史背景与意义分析

户籍制度指的是户籍管理制度，"是政府职能部门对所辖居民的基本状况进行登记（包括常住人口登记、暂住人口登记、出生登记、死亡登记、变更更正登记等），依法搜集、确认、提供本国住户的身份、住址、亲属关系等人口基本信息并进行管理的一项国家行政管理制度，其目的在于维护社会治安和提供人口统计资料。"①它是世界各国普遍实行的一项重要的社会管理制度。我国目前实行的户籍制度主要是在 1958 年户籍制度的基础上形成的城乡二元户籍制度。

农业转移人口市民化的内涵是指农业转移人口在实现职业转变的基础上，获得与城镇户籍居民均等一致的社会身份和权利，能公平公正地享受城镇公共资源和社会福利，全面参与政治、经济、社会和文化生活，实现经济立足、社会接纳、身份认同和文化交融。要充分理解"农业转移人口市民化"的内涵，必须首先全面认识"农业转移人口"这个群体概念。农业转移人口主要包括两类人：一类是户籍仍在农村，但已经从农村迁移到城镇工作、生活或在农村与城镇之间流动的农业人口，另外一类则是户籍已在城镇，且已在城镇工作、生活的一小部分城镇居民。前者在农业转移人口群体中占据了较大比重，后者则是在城市向外扩张的过程中，因为承包地、宅基地被征用，才较为被动地从农村居民转变为城镇居民。此处我们主要是就拥有北京户籍的农业转移人口的市民化问题进行研究。

农业转移人口市民化是我国城镇化建设的一个重要内容，没有农业转移人口的真正市民化就没有真正的城镇化，而没有现行户籍制度的彻底改革就不可能有真正的农业转移人口的市民化。因此，推动户籍制度改革和农业转移人口市民化迫在眉睫。北京市作为政治中心，理应在理论和实践方面走在全国的前列。探索出一条科学合理、大胆创新而又切实可行的户籍制度改革的路子，并以此带动农业转移人口市民化，进而推动我国城镇化建设的进程。

（一）推进户籍制度改革和农业转移人口市民化的历史背景

户籍制度改革和农业转移人口市民化是在推动中国社会主义现代化建设

---

① 俞德鹏：《城乡社会：从隔离走向开放》，济南：山东人民出版社，2002 年版，第1 页。

的大背景下提出的，现行的城乡分离的户籍制度和滞后的农业转移人口市民化已经严重影响我国城镇化的建设。就北京市来说，据北京市统计局、国家统计局北京调查总队发布的《首都城镇化发展分析报告》显示，截至 2012 年年末，北京城镇化率达到 86.2%，与高收入国家城镇化水平接近。① 然而由于户籍的束缚，高城镇化率的背后是低城镇化质量，农业转移人员在收入水平、教育、医疗、社会保障等方面与真正的北京市居民存在很大的差距，难以实现真正的市民化。由此，推进户籍制度改革和实现农业转移人员市民化的呼声愈演愈高。现行的户籍制度在我国根深蒂固，要推进它的变革，就必须正确认识其形成与演变的历程以及改革的方向问题。此外还必须正确认识户籍制度改革和农业转移人口市民化的关系。

1. 现行户籍制度的形成和演变

我国现行的二元户籍制度主要是在 20 世纪 50 年代的计划经济体制中形成的，其形成有着特殊的社会和经济背景。它经历了筹备和确立、强化、微调与改革四个阶段。

(1)筹备和确立时期

1950 年 8 月，公安部制定了《关于特种人口管理的暂行办法(草案)》，把特种人口管理放在了突出的位置上。接着，1951 年 7 月，公安部颁布了《城市户口管理暂行条例》，这是一部治安户籍法。之后，在 1953 年我国第一次人口大普查的基础上，1955 年 6 月，国务院通过的《关于建立经常户口登记制度的指示》，规定在全国范围内建立经常性的户口统计制度。从 1953 年开始，农村人口涌入城市的规模和数量逐渐增大，超出城市的就业、住房、教育、医疗等基础设施的承载能力，国家连续出台《关于劝止农民盲目流入城市的指示》以及《关于继续贯彻〈劝止农民盲目流入城市〉的指示》等文件，严格限制农村人口向城市迁移。在此基础上，1958 年 1 月，全国人大常委会第 91 次会议通过了《中华人民共和国户口登记条例》，第一次以法律的形式将新中国成立以来逐渐形成的城乡有别户口登记制度与限制转移制度固定下来。《中华人民共和国户口登记条例》的通过，标志着我国现行的城乡有别的二元户籍制度正式确立。这一条例与以前及以后颁布的相关法律、法规、规章、政策结合在一起，共同构建起中国独特的二元户籍制度体系。

---

① 《北京城镇化水平居全国第二》，《北京日报》，2014 年 2 月 10 日。

（2）强化时期

随着《中华人民共和国户口登记条例》的通过和生效，为了进一步控制农村人口进入城市，国家分别于 1958 年 2 月和 1959 年 1 月发布《关于制止农村人口盲目外流的指示的补充通知》和《关于立即停止招收新职工和固定临时工的通知》作为《条例》的补充文件，进一步巩固了二元户籍制度。之后，由于 20 世纪 50 年代后期至 70 年代前期我国特殊的社会环境和经济体制，国家又陆续通过了《关于制止农村劳动力流动的指示》、《关于处理户口转移问题的通知》等多个文件，严格控制人口从农村迁往城市，尤其是向大城市迁移。

（3）微调时期

"文化大革命"后，我国的户籍制度在原来的基础上得到了局部的调整。1977 年 11 月，国务院批转了《公安部关于处理户口迁移的规定》，虽然这个《规定》旨在控制农村人口向城市迁移，但相较于之前却有一些新的改变，如规定中首次提出"农转非"的概念，即由农业户口转为非农业户口；并且系统规定了"农转非"的具体政策。但由于"农转非"的具体指标及条件控制得很严格，城乡二元结构的户籍制度并未有所缓解。直到 1980 年 9 月公安部、粮食部和国家人事局联合颁布了《关于解决部分专业技术干部的农村家属迁往城镇由国家供应粮食问题的规定》，相对增加了"农转非"的指标，才使得有着坚固壁垒的二元户籍制度出现一些松动。

（4）改革时期

20 世纪 80 年代，随着我国进入改革开放和社会主义现代化建设的新时期，严格的城乡二元户籍制度表现出越来越多的不适宜性，要求放宽户口限制的呼声越来越高。一些部门和地方甚至试图突破中央部门的控制，探索改革户籍制度，放宽了"农转非"的条件。1984 年 1 月，《中共中央关于一九八四年农村工作的通知》提出："1984 年，各省、自治区、直辖市可选若干集镇进行试点，允许务工、经商、办服务业的农民自理口粮到集镇落户。""这是中国小城镇户籍制度改革的最先声。"①1984 年 10 月，国务院发布《关于农民进入集镇落户问题的通知》，宣布允许农民进入集镇落户，除了自理口粮外，和城镇人口享有一样的权利和义务。这个文件是户籍制度改革的一个大的突破。1985 年 9 月，第六届全国人民代表大会常务委员会第二次会议通过了《中华人

---

① 宋嘉革：《中国户籍制度改革与农村人口城镇化转移》，东北财经大学博士学位论文，2006 年。

民共和国居民身份证条例》，建立了居民身份证制度，这也是我国户籍制度的一大变革。之后中央又连续出台了一些规定和通知，这些举措共同推动了户籍制度改革的步伐。直到今天，我国的户籍制度改革仍在进行。

2. 户籍制度改革与农业转移人口市民化的关系

户籍制度改革是城镇化进程中农业转移人口市民化的必然要求；而农业转移人口市民化则是户籍制度改革的主要动力。

(1)户籍制度改革是农业转移人口市民化的必然要求。

进入21世纪后，我国城镇化的速度不断加快，城镇化率也在不断攀升。但是由于传统的二元户籍制度的限制，使得农业人口市民化率的增长速度相对滞后于城镇化率的增长速度，导致二者之间产生了很多诸如政治、经济、文化等方面的矛盾。这些矛盾使得农业转移人口很难真正地融入城市，严重背离了我国城镇化的价值取向。因此，户籍制度改革就成了加快推进农业转移人口市民化的必然要求和主要步骤。近年来，我国城市，尤其是像北京这样的大城市，户籍制度改革的步伐明显加快，力度明显加大，在解决农业转移人口落户城镇方面取得了一定成效。

(2)农业转移人口市民化是推动户籍制度改革的主要动力。

目前，我国改革开放的力度前所未有，这一改革涉及社会各领域的方方面面，新时代对我国的户籍制度改革提出了新要求。现行的城乡二元户籍制度的弊端主要是在城镇化的过程中显现出来的，因此它的改革也应该在这个过程中慢慢推进。

马克思主义实践论告诉我们：认识是实践的需要，实践是认识的动力，实践是检验真理的唯一标准。城镇化进程中农业转移人口市民化问题首先对我国户籍制度改革提出要求：以往的户籍制度已经不能适应，甚至阻碍社会的进一步发展，需要探索改革的思路和途径；然后，经过对农业转移人口市民化过程中所遇到的问题进行认识、解析和思考，探求解决问题的方法，推动户籍制度改革的具体认识和实践；最后，户籍制度的改革是否成功，需要在农业转移人口市民化的过程中进行检验。二者在不断碰撞和摩擦中共同前进。

现阶段，我国正处于社会转型期，社会的各种矛盾凸显；城镇化建设也进入了高速发展时期，城乡二元户籍制度与农业转移人口市民化之间的冲突不断激化，由此引发的社会问题引起了党和国家的高度重视，推进户籍制度改革和农业转移人口市民化的呼声与日俱增。近些年，我国在不断探索的过程中逐渐进行了一些有效的户籍制度改革。

2009年12月召开的2009年中央经济工作会议，在部署2010年经济工作的主要任务时明确提出：要把解决符合条件的农业转移人口逐步在城镇就业和落户作为推进城镇化的重要任务，放宽中小城市和城镇户籍限制。2010年6月6日，新华社播发经党中央、国务院批准的《国家中长期人才发展规划纲要（2010—2020年）》，该规划提出"逐步建立城乡统一的户口登记制度"。2011年6月，我国首个全国性国土空间开发规划《全国主体功能区规划》规定："优化开发和重点开发区域要实施积极的人口迁入政策，加强人口集聚和吸纳能力建设，放宽户口迁移限制，鼓励外来人口迁入和定居，将在城市有稳定职业和住所的流动人口逐步实现本地化"，"改革户籍管理制度，逐步统一城乡户口登记管理制度，加快推进基本公共服务均等化。"2012年2月，国务院办公厅发布《关于积极稳妥推进户籍管理制度改革的通知》，《通知》要求各地区、各有关部门认真贯彻国家有关推进城镇化和户籍管理制度改革的决策部署，积极稳妥推进户籍管理制度改革。放开地级市户籍，清理造成暂住人口学习、工作、生活不便的有关政策措施；今后出台有关就业、义务教育、技能培训等政策措施，不要与户口性质挂钩。继续探索建立城乡统一的户口登记制度，逐步实行暂住人口居住证制度。2013年2月，国务院批转了发展改革委、财政部、人力资源和社会保障部制定的《关于深化收入分配制度改革的若干意见》。《意见》提出"实行全国统一的社会保障卡制度"、"全国统一的纳税人识别号制度"、"全民医保体系"、"农业转移人口市民化机制"、"全国统一的居住证制度"，努力实现城镇基本公共服务常住人口全覆盖。2013年6月，在第十二届全国人大常委会第三次会议上，国家发改委做了《国务院关于城镇化建设工作情况的报告》。《报告》中称："我国将全面放开小城镇和小城市落户限制，有序放开中等城市落户限制，逐步放宽大城市落户条件，合理设定特大城市落户条件，逐步把符合条件的农业转移人口转为城镇居民。"这是我国第一次明确提出各类城市具体的城镇化路径。以上都是我们党和政府在积极地摸索户籍制度和推进农业转移人口市民化的过程中，所取得的一些成效。此外，和全国相比，像北京、上海、浙江、江苏等比较发达的城市和地区已经在户籍制度改革方面探索出了一条适合其自身的路子，并且取得了显著成效。

我们应该看到，推动户籍制度改革和农业转移人口市民化是一个过程，不是一蹴而就的，需要我们分步骤、分层次逐步进行。

农业转移人口市民化的实质是公共服务和社会权利均等化的过程，它包括四个基本阶段：①转移就业，实现职业身份的转换；②均享服务，自身和家庭融入就业地城镇公共服务体系；③取得户籍资格，获取完整的市民权利，实现社会身份的转换；④心理和文化完全融入城镇，成为真正的市民。四个阶段可以有跨越。总体来看，中国农业转移人口市民化已进入第二阶段，即均享公共服务的阶段，并在加快进入第三阶段。尽管农业转移人口市民化进程中存在障碍性因素和诸多困难，但随着我国改革开放和社会主义现代化建设的全面深入，农业转移人口市民化势在必行，是推进新型工业化、农业现代化、信息化、城镇化的题中应有之意。

（二）推进户籍制度改革和农业转移人口市民化的意义

推进农业转移人口市民化这一课题，对于学习宣传贯彻落实党的十八大精神，拓宽和加深政治社会学理论研究和应用研究不仅具有重要的理论意义，而且对于加快北京户籍制度改革，有序推进京郊农业转移人口市民化，促进京郊城镇化的进程，为北京市政府相关部门决策服务，具有重要的现实意义。

1. 推进户籍制度改革和农业转移人口市民化是推进城镇化的必然要求

城镇化是经济社会发展的客观趋势，推进城镇化、提高城镇化率的实质，就是随着工业化的发展，推进农业人口非农化、非农业人口市民化。城市人口在总人口中的比重是一个国家现代化水平的标志之一。当前和今后相当长的一段时间，我国应以农业转移人口市民化为重要任务，积极稳妥推进城镇化，为调整优化城乡区域经济结构，扩大内需，促进经济持续健康发展创造条件。目前，由于实行农业户口和非农户口严格限制的二元户籍制度，我国城镇化水平相对滞后于工业化。

2011年年底，中国社会科学院社会学研究所和社会科学文献出版社发布的2012年《社会蓝皮书》指出，2011年我国城镇化率首次超过50%，城镇化建设取得历史性突变，但是我们也应看到，与发达国家80%～90%的城镇化率相比，我国的城镇化还处于一个较低的水平。此外，《蓝皮书》指出：工作和居住在城市中的农业户籍人口大多处于"半城镇化"状态，也就是成为城市中的非农就业人口或常住人口，但难以像本地的非农户口居民那样分享到城镇化带来的城镇居民的社会待遇，他们面临着劳动保障和社会保障覆盖不足等困境。① 迄今为止，各大中城市约有2.5亿农民工，相当一部分没有稳定工

---

① 汝信等主编：《社会蓝皮书：2012年中国社会形势分析与预测》，北京：社会科学文献出版社，2011年版，第8页。

作和固定居所。即使是一些已经长期生活在城镇的农村户籍居民，也难以得到与城镇居民同等的权益，成为被边缘化的"市民"。这些都严重影响了我国城镇化建设的步伐。"在城乡分割体制长期延续和行政等级化的城市管理体系并存的现实国情下选择城镇化发展道路……人口迁移与户籍制度是城镇化政策的核心。"①因此，积极探索户籍制度改革的途径，有序推进农业转移人口市民化，是有效推进城镇化的必然要求和重大举措。它不仅有利于逐步实现农民工在劳动就业、子女上学、公共服务、住房租购以及社会保障等方面享有与当地城镇居民同等的权益，让这部分农民在城市能够定居下来，发展得好，而且对于促进投资和消费（当前城镇化建设是国内拉动投资的巨大动力，它的广阔空间可以容纳社会中剩余的生产力），进而促进城镇化沿着正确的轨道健康发展起着十分重要的作用。

2. 推进农业转移人口市民化有利于创新社会治理体制

创新社会治理体制是社会发展的需要，是实现社会稳定的需要，也是实现社会公平正义的需要。十八届三中全会提出：创新社会治理体制，增强社会发展活力，提高社会治理水平。推进农业转移人口市民化为创新社会治理体制提供了一个契机。

当前我国城镇化水平不高的主要问题是农业转移人口市民化相对滞后。在我国城镇化进程中，大批农村劳动力异地转移，即农民从原来务农的村庄转入镇、县城、地级市、省城或跨省进入全国的大中小城市务工，这是典型的城镇化发展形态。最近一个时期，我国一些城市积极探索，相继出台了农业转移人口落户城镇的政策措施，积极推进城镇化，积累了一些经验。北京市作为首都更是走在制度的前沿，分别从农业转移人员户籍安置、医疗、子女教育等方面进行了改革。但是从总体上看，我国城镇化水平还不高，存在一些不容忽视的问题，主要表现在以下几个方面：一是土地城镇化速度快于人口城镇化速度。"相对于土地的大量占用，我国农村人口的城镇化速度和产业增长并没有相应地得到较大幅度的提高，许多地区存在大量的'空心镇、空心村'。"②二是户籍人口城镇化速度慢于常住人口城镇化速度。至今生活在城市中的很多农业转移人员没有取得城市户籍，这是影响我国城镇化质量的一

---

① 汝信等主编：《社会蓝皮书：2012年中国社会形势分析与预测》，北京：社会科学文献出版社，2011年版，第8页。

② 刘文俭、陈玉光：《城镇化中的问题与对策》，《中国地产市场》，2006年第6期。

个主要问题。三是影响社会和谐稳定。农民工与城镇居民经济社会地位长期不平等，成为引发一系列社会问题的重要原因。如何有效治理城镇化进程中出现的各种不好的现象，一方面对我国的社会治理提出很大挑战，另一方面也推动社会治理体系的不断完善。

此外，如何调动流动人口建设流入地的积极性，保障流动人口在流入地的各项社会福利，让流动人口不至于因心态失衡引发行为失控，已经成为加强和创新社会治理不可回避的紧迫问题。因此，加快户籍制度改革，有序推进农业转移人口市民化，保证农村转移到城市的居民依法享有与当地城镇居民同等的权益，实现社会公平正义，促进社会和谐稳定，是各级政府创新社会治理的一项重要举措。

3. 有利于促进农村经济社会发展，缩小城乡居民收入差距

推进农业转移人口市民化，有利于促进农村经济社会发展。农村实行家庭联产承包责任制，在一定程度上发挥了土地的生活保障功能，但其作为生产资料的经济发展功能尚未充分体现。人多地少的农村土地供求状况造成过多的农村劳动力被束缚在有限的耕地上，农民难以通过提高生产效率来实现增产增收。解决"三农"问题的关键就是要减少农村人口。通过有序推进农业转移人口市民化，有利于推动农村土地流转，促进农村土地规模化和集约化经营，加快转变农业发展方式，提高农业综合生产能力、抗风险能力和市场竞争能力，走中国特色农业现代化道路，实现农业及农村经济社会的可持续发展。农业转移人口市民化还可以有效缓解农村基础设施的压力，推动农村教育、医疗卫生、社会保障等关涉民生领域的建设，进而推进社会公共服务的均等化，实现农村社会既充满活力又和谐有序。

另外，推进农业转移人口市民化有利于缩小城乡居民收入差距。目前，我国城乡居民收入差距较大，2011 年全国农村居民人均纯收入 6977 元，城镇居民人均总收入 2.3979 万元，二者之比为 1∶3.43，而国际上城乡差距标准通常是 1∶1.5。十八大报告提出，到 2020 年城乡居民收入要比 2010 年翻一番。这就要求加大统筹城乡发展力度，增强农村发展活力，逐步缩小城乡差距，促进城乡共同繁荣。而推进农村人口有序转移，减少农村人口，是增加农民收入、缩小城乡差距的有效途径。此外，农业转移人员进入城市，促进了城市经济发展，激发了市场活力，优化了人力资源的合理配置等，这一系列的变化又带动了周围附属农村的经济发展，不仅有利于农村生产力水平的提高，而且增加了农民的收入。这对于缩小城乡居民收入差距具有重要意义。

4. 贯彻落实党的十八大精神，以有序推进农业转移人口市民化为重点，提高城镇化质量

长久以来，由于经济发展水平和发展阶段的限制，我国城镇化建设的导向存在较大偏差。"突出表现为片面追求物质形态的城镇化，而忽视人特别是农民工的市民化，城镇化走上'化地不化人'的歧路"①，导致人口的城镇化即人口市民化，明显滞后于土地城镇化，城镇占地面积快速扩大，城镇数量快速增加，城镇形态快速变化，但农业转移人口的问题却日益凸显。农业转移人口市民化是城镇化的一个重要内容，也是衡量城镇化建设的一个重要尺度。十八大以来，党和政府高度重视推进农村转移人口市民化，逐步解决农村转移人口市民化所遇到的难题，提高城镇化的质量。并且，在今后 5 年乃至更长时间，我国在城镇化建设过程中，要以促进人口城镇化为核心，以有序推进农业转移人口市民化为重点，以创新体制机制为动力，推动城镇化健康发展。北京作为全国的政治、经济中心，应当在这方面起到带头示范作用，努力创新户籍制度改革的思路，突破固有的模式，优化京郊地区城镇化的结构质量。

其中主要有三个重大步骤：一是科学规划城市群的规模和布局。以大城市为依托，以中小城市和小城镇为重点，逐步形成辐射效应大、人口积聚能力强的城市群，促进大中小城市和小城镇协调发展。二是加快改革户籍制度。"全面放开建制镇和小城市落户限制，有序放开中等城市落户限制，合理确定大城市落户条件，严格控制特大城市人口规模。"大城市要继续发挥吸纳外来人口的重要作用，中小城市、小城镇特别是县城和中心镇要从实际出发放宽落户条件，有序推进符合条件的农业转移人口在城镇落户，享有与当地城镇居民同等的待遇。要切实保护农民的土地权益，无论是承包地换户口，还是宅基地置换，都要严格遵守法律法规，充分考虑农民的当前利益和长远生计，在农民自愿的基础上进行，决不能脱离实际，更不能搞强迫命令，坚决杜绝强征农村土地现象。赋予农民更多的财产权利，探索农民增加财产性收入的渠道。三是努力实现城镇基本公共服务常住人口全覆盖。明确城镇政府对农民工及其家庭成员的基本公共服务职能，加大相关公共支出力度，拓展投融资渠道，加强基础设施建设，把进城落户农民完全纳入城镇住房和社会保障体系，在农村参加的养老保险和医疗保险规范接入城镇社保体系，努力促进

---

① 沈和：《提高城镇化质量需要五大突破》，《中国发展观察》，2013 年第 7 期。

农业转移人口融入城镇。

二、国外主要国家城镇化与农业转移人口市民化的经验与启示

城镇化与工业化是现代化的基本内容和重要标志，二者相互促进、相辅相成。产业结构的变化决定了人们居住方式的变化，农业人口转移和城镇数量的增加又能为工业化提供充足的劳动力和必要的消费市场。城镇化在发达国家已经有了 200 多年的历史，第二次世界大战以后，大量的发展中国家和新兴工业国家也加速了城镇化进程，形成了多种模式和路径。它山之石，可以攻玉。通过观察其他国家城镇化的经验和教训，剖析国外城镇化的典型模式，可以为我国积极稳妥地推进城镇化建设提供借鉴参考。

（一）欧美国家城镇化的经验

欧美国家是近代产业革命的发源地，也是较早完成城镇化进程的发达国家，积累了丰富的经验，通过对欧美国家城镇化进程的全面分析，可以为我国的城镇化建设提供有益的参考。

1. 欧洲主要国家城镇化的不同路径

英国的城镇化进程发端于 18 世纪中叶，是与工业化进程同步发展的。18 世纪早期，英国的城市人口约占总人口的 20％～25％，到 1801 年就已经增加到 33％。1800 年，伦敦的人口达到 100 万，成为当时世界上人口最多的城市。1851 年，英国已有 580 多座城镇，城镇人口达到总人口的 54％。19 世纪晚期，英国 70％ 的人口都已经居住在城市中，成为世界上第一个实现城镇化的国家。在英国工业化过程中，英国政府采取了"自由放任"的政策理念，对工业布局不加以行政干预。这也使得英国的城市发展更多地围绕工矿区展开，许多新城市都是以某种工业原料的出产地而闻名。这些新兴工业城市一般都有着比较便捷的运河、港口、铁路交通优势，有利于工业发展，创造出大量的就业机会。反过来，劳动力聚集又促进了相关服务业的发展，使得城市规模迅速扩大。曼彻斯特、格拉斯哥、伯明翰等英国大中型城市，都是按照这种模式建设起来的。

相比之下，同一时期的法国小农经济势力较强，工业化发展较慢，城镇化进程也相对缓慢。究其原因，法国一直是一个传统上的农业国，虽然是一个典型的中央集权国家，但国家财政收入的大部分都用来维持贵族阶级奢靡

的生活以及历代君王对外扩张的野心，这就限制了法国大革命前的政府推进工业化和城镇化的能力。而在法国大革命后，包括英国在内的欧洲工业化国家对法国实施经济封锁，进一步影响了法国的工业化进程。直到1815年，拿破仑帝国覆灭之后，法国才进入和平发展时期。政府通过一系列的立法强化国内市场统一，增强国家财政能力，介入基础设施建设领域，法国的工业化进程随即进入高速发展时期。以铁路建设为例，1846年，法国的铁路总里程只有1800公里，而到1870年就达到17500公里。与工业化进程类似，法国的城镇化也受到了政府行为和本国传统的影响，由于工厂主要集中在巴黎、里昂、波尔多和马赛等传统政治中心城市周围，法国的城镇化主要是通过这些城市的扩张而实现的，其他中小城镇直到二战之后才有所发展。因此，法国城镇化进程的速度比英国慢得多。1800年，法国的城市人口为10％，到1880年才增加到35％。直到1931年，法国才彻底实现城镇化。

与英、法相比，德国的城镇化进程尽管开始的较晚，但却后发先至，这与德意志帝国的推动是分不开的。在德国政府的指导下，19世纪中期，德国资本家把劳动力和资本大量转入采矿、机械化工、化学制品和电气设备等新兴工业，并大量采用最新的生产技术提高劳动生产率。这种人为推进的工业化路径下的德国城镇化也因此具备两个特点：其一是速度快，从1871年到1910年，德国用不到40年的时间就实现了城镇化；其二是以原有城镇为基础，没有完全依照工业发展的需要另建新城市。德意志帝国是由38个各自为政的小邦国合并组成的，这些邦国都有各自的政治、经济中心城市，德国的城镇化基本是以这些城市为基础完成的。这使得德国的城镇化进程比较均匀地在全国铺开。直到现在，德国城市发展的特点仍是中小城市居多，各类城市协调发展，布局较为合理。

通过对英、法、德三国的城镇化进行比较可以发现，任何国家的城镇化都应当充分发挥政府的作用，尽管从历史上看，欧洲国家的政府在其现代化过程中所承担的职责和发挥作用的方式有很大差别。但政府因势利导，综合考虑经济规律和其他因素的作用，推进城市布局的合理化却是事关城镇化进程顺利开展的一个重要因素。

2. 美国城镇化的主要特点

美国是目前世界上城镇化水平最高的国家，城镇化率高达85％。美国的城镇化特点不仅体现在其数量上，也体现在其质量上。城市体系层次分明，城镇分布合理，已达到城乡一体化和农村城镇化。

(1) 以大城市群建设为主体，构建多层次城镇体系。

在美国的城镇化进程中，整体统筹，着力打造大"都市圈"和"城市带"是其突出特点。美国的大都市区在20世纪出现后，很快就成为美国城市发展的主导，大都市区的数量不断增加，规模急剧扩大，大都市区的人口占全国人口的比例也迅速提高。1910年，美国大都市区的数量还只有58个，大都市区的人口比例只有31%；而到1940年，大都市区的数量增加到140个，大都市区的人口比例上升到48%。从地区分布看，全国形成了三大城市群：东北部城市群包括波士顿、纽约、华盛顿、费城等中心城市和一系列中小城镇，绵延700公里，宽约100公里，是美国第一大城市群；第二大城市群分布于五大湖南部，从密尔沃基开始，经过芝加哥、底特律、克利夫兰到匹兹堡；第三大城市群位于美国的西海岸，它北起旧金山湾区，经洛杉矶、圣地亚哥直到墨西哥边境。三大城市群成为美国的政治、经济、文化中心，在其辐射带动下，大量的小城市获得了快速的发展，在城市空间布局上形成了层次分明、定位明确、功能互补的城镇体系。

(2) 以中小城镇建设为重点，实现城镇的均衡发展。

20世纪60年代，美国政府实行了"示范城市"的试验计划，开始对大城市中心区进行再开发。试验计划的目的是分流大城市人口，充分发展小城镇。在整个20世纪70年代，美国10万人以下的城镇人口从7700多万增长到9600万，增长了25%左右。据美国人口调查局的最新数据，美国城市中10万人以下的小城市(镇)约占城市总数的99%左右。在小城镇建设中，美国政府非常注重整合各种要素，培育龙头城镇和城镇群，提升聚集效能，以点带面，在城镇群向都市圈和城市带的发展中消除城乡差别，推进区域城乡一体化、公共服务均等化，实现均衡发展。

(3) 以工业化、产业化、信息化为动力，积极探索城镇化道路。

美国在推进城镇化建设的过程中，没有简单地、孤立地进行城镇化建设，而是注重工业化、产业化、信息化与城镇化的并行发展，以工业化、产业化、信息化作为城镇化发展的内在动力，积极探索城镇化发展道路。一是工业化引导大量的就业人口从第一产业转向第二、三产业。二是着力推进城镇化的良性增长模式，注重产业布局优化、产业转型升级、产业发展与城镇化的内在协调联动。三是通过信息化、高新技术使用和对传统产业的信息化改造提升城镇化发展的水平。四是城镇化与工业化、产业化、信息化协调发展，为工业化、产业化提供完善的基础设施和丰富的人力资本。

(4)以交通运输设施建设为先导,积极完善公共基础设施。

交通运输是经济社会发展的基础性和先导性产业,在美国城镇化发展中,交通运输在促进经济要素跨域流动、支持城镇经济协调发展、保障城镇社会有序运行、引导城镇产业合理布局、完善城镇空间格局形态等方面具有重要作用。19世纪60年代,美国国会先后通过《太平洋铁路法案》和《现金补偿法》支持铁路建设,随后,太平洋铁路、圣斐铁路等相继通车,贯通美国领土东西,带动了铁路沿线新城镇的建设。1956年美国国会通过《高速公路法》,在12年内拨款250亿美元修建了4.1万英里的洲际高速公路。截至2011年年底,美国高速公路通车里程达88730公里,约占世界高速公路总里程的一半,连接了所有5万人以上的城市。安全高效的综合交通运输体系,对于推动美国城镇化健康持续发展,实现区域性城镇化与城乡一体化的相互渗透和融合,具有重要作用。

(二)拉美地区城镇化的缺憾

拉美地区曾在20世纪50年代创造了"拉美奇迹"。在进口替代战略的影响下,在1950年到1980年间,拉美地区人均GDP年平均增长率达到5.6%,1980年人均GDP达到2288美元,在发展中国家中名列前茅。正是在这样的背景下,拉美地区开始了城镇化进程,1950~1980年间,拉美地区的总人口增长了一倍,城市人口却增长了四倍,除了中美洲的少数国家外,主要拉美国家城市人口都超过了总人口的一半。1980年拉美地区城市人口约占总人口的64%,1990年为71.9%,1997年约为77%,已经成为发展中国家城镇化水平最高的地区。城镇化进程时间短和大量人口集中于少数几个城市成为拉美地区城镇化的主要特点。拉美地区实现城市人口超过总人口的50%比欧洲少用了一半的时间,而城市人口高度集中于一个或少数几个城市,如秘鲁首都利马集中了全国1/3的人口,阿根廷首都布宜诺斯艾利斯人口占全国人口的45%,墨西哥首都墨西哥城占32%。而在全球25个超大城市中,拉美地区就占了5个,这也导致了拉美地区城镇化出现了一系列问题。

一是农村人口大量涌入城市造成混乱。拉美城市人口增长有40%来自农村移民,在许多人看来城市的条件比农村好,有较多的工作机会,有较好的服务设施和较大的市场潜力,可以得到较好的社会服务。城市相对优越的条件吸引着来自农村地区的穷人。但由于缺乏规划,城市没有能力为迅速增加的外来人口解决住房问题和基本服务,导致了城镇化过程的混乱。

二是城市中出现大量的贫民窟,并对城市治安造成影响。城市并未就接纳新进入的人口做好准备，而新来的人群由于收入较低，不足以负担房租，便会在闲置的土地上搭建非法建筑，由于政府未能做好相关规划，这些违规住宅区便形成了贫民窟。贫民窟里缺少基本的卫生设施，其居住者多为社会底层人员，因此便成为暴力犯罪的频发地，破坏城市的稳定和秩序。

三是过度城镇化导致一系列"城市病"。"城市病"是指在城市发展进程中，在城市内部产生的一系列经济、社会和环境问题，这是所有进行城镇化的国家都曾经或者正在面对的一个难题。由于城市的过度扩张，拉美地区的"城市病"表现得比其他地区更加严重，主要表现为：第一，自然环境遭到破坏。由于长期贫困和缺乏就业，穷人被迫在环境非常脆弱的地方建立住所。大量居民一旦在这些地区定居，必定会导致本已十分脆弱的自然环境的恶化。第二，生活环境恶化。政府在城市基本维护和服务供应方面支出有限，而城市在地域和空间上又无限扩张，产生了一系列不利于民众生活的环境。第三，社会环境恶化。"城市病"在自然环境和经济环境诸方面的表现会进一步传导到城市的其他系统。在不断恶化的自然、社会和经济环境中，为求得基本生存条件，公民个人的行为可能会发生变异，对社会公德、传统价值、公共设施产生怀疑和抵触，甚至会漠视国家的法律。在部分拉美国家，由于贫困长期得不到缓解，一些城市经常出现暴力活动和各种骚乱事件，社会治安状况差、犯罪行为猖獗是拉美国家大城市普遍存在但又长期得不到解决的问题。

(三)东亚地区城镇化的得失

东亚地区是当今世界经济中最具活力的地区之一。从 1950 年到 2011 年，东亚地区城镇化率由 17.8% 迅速提高到 55.6%，平均每年提高 0.62 个百分点，而同期世界城镇化率年均提高幅度仅为 0.37 个百分点。由于发展阶段和条件不同，东亚国家城镇化模式和特点也存在较大差异。

1. 日本的城镇化

作为亚洲进行工业化较早的国家，日本是目前东亚地区城镇化最为完善的国家。由于独特的地理位置和工业结构，日本逐渐形成了首都圈、中京圈和近畿圈三大都市圈，在城镇化不断加速发展的 20 世纪 50 年代到 70 年代，迁入大都市圈的人口呈逐年增加的趋势，这使其城镇化形成了以三大都市圈为主导的模式。但日本同时也注重中小城镇的建设，将小城镇纳入大城市圈整备计划，小城镇和中小城市共同发展，利用小城镇的资源优势，建立工业及高新技术产业园区，不断振兴区域经济发展。为了缩小小城镇与大城市的经济差距，防止大城市规模过大从而拉大与小城镇和中小城市的差距，日本政府采取了全国综合开发规划地方都市圈等措施，努力实现全国的均衡发展。二战后，日本建制镇的数量在 1965 年创下历史新高，达到 2005 个，此后略有减少，到 20 世纪 90 年代城镇数量趋于稳定。

在日本城镇化的经验中，比较突出的就是政府的引导行为以及详细完备的法律体系。日本在城镇化过程中，尽管以市场机制为主导，但是政府在其中也起到了重要的引导作用。如在资源合理配置过程中，政府制定产业政策以在市场配置失灵时进行修正；在农村人口涌入城市的过程中，政府注重建立统筹管理体制，不断完善农村劳动力转移体系，为农村劳动力提供职业技能培训，改善农村地区的处境。日本国内详细完备的法律体系，也在日本的城镇化进程中发挥了重要作用。1947 年颁布的《基本教育法》和《学校教育法》将日本的义务教育年限延长至 9 年，教育投入持续不断的增长，使日本的劳动力综合素质得到了极大的提高。为了使农民免受城镇化的冲击，保护其合法权益，1947 年，日本颁布了《农业协同组合法》，提高农村的生产力水平，不断缩小农村与城市的差距。1961 年，日本颁布了《农业基本法》，将农民的生活水平提高至非农业从业人员的生活水平并提供一系列农业保护措施，如实施价格保护农业补贴、限制进口、调整农产品结构等。这一系列的法律法规不但在促进城镇化发展的同时保护了农民的基本权益，而且极大地改善了整个农村地区的状况。

2. 韩国的城镇化

与其他国家类似，韩国的城镇化水平也是依靠其工业发展和产业升级来提升的。韩国于 20 世纪 60 年代进入城镇化快速发展的阶段，而其工业的快速发展也开始于 20 世纪 60 年代初。在韩国的工业化过程中，轻工业和重工业优先发展程度在不同时期有所不同。自 1962 年开始，韩国制定并实施了符合本国国情的出口导向型发展战略。从 20 世纪 60 年代起，迅速推进的国家工业化过程使韩国城市数量不断增加，城市规模不断扩大，居住在城市的人口数量直线上升。从 1965 年到 1990 年，韩国城镇化率从 32.4％迅速提高到 73.8％，平均每年提高 1.66 个百分点，仅用 20 多年时间就完成了美国近 90 年才走完的城镇化历程。之后，韩国进入高度城镇化时期，逐步形成都市圈、城市群和城市带。到 2011 年，韩国城镇化率达到 83.2％，高于较发达地区的平均水平。为了追赶发达国家，韩国长期奉行"工业为主、大企业为主、大城市为主"的政策，依托工业化优先发展大城市，依托既有城市集中布局工业，使得人口和产业向少数大城市高度集聚。目前，韩国近 60％的城市人口集中在 8

个百万人口以上的大城市。特别是以首尔为核心的首都圈,国土面积仅占全国的12%,但曾经一度集中了韩国近一半的人口、近六成的制造业和七成的国内生产总值,因此也被人笑称为"首尔共和国"。这种以首都圈为核心、大城市主导型的城镇化模式适应了韩国二战后的追赶战略,有利于迅速提升国际竞争力,充分发挥集聚经济效应,但也加剧了地区间发展的不均衡。有鉴于此,韩国先后编制了四次国土综合规划和两次首都圈整备计划,制定实施新都市计划和地方都市圈战略,积极引导人口、产业和机构扩散,对缓解首都圈的过度集聚起到了一定的作用。

(四)国外的城镇化经验对我国的启示

国外的城镇化既有成功的地方也有不尽如人意之处,因此,我国的城镇化道路要从本国的基本国情出发,积极借鉴国外的经验教训,争取少走弯路,快速稳妥地提升我国的城镇化水平。

1. 要加强大城市与中小城市和小城镇之间的联系

世界上城镇化水平较高的国家都建立了具有不同功能和不同层次的城市体系,而目前我国的城镇化进程中大城市与中小城市和小城镇之间缺乏紧密的联系,尤其是中西部地区的大城市发育不健全,以资源型中小城市为主体,城镇发展层次较低。未来我国应充分发挥中小城市与城镇的各自优势,在已经存在的大城市中重点建设培育国际性的大都市,依托大中城市,充分发挥中心城市的辐射带动作用,构建集聚度高、开放式、多层次的城镇体系,形成国际性大都市、全国性中心城市、区域性中心城市、地方小城市和中心城镇等不同层次的城镇体系。

2. 要竭力促进城镇的建设与发展,尤其是中西部地区城镇的发展

城镇是我国农村劳动力转移的重要渠道,大力发展和建设城镇是基于我国基本国情的科学考虑。针对我国各地的经济发展水平和实际情况,要制定不同的城镇发展政策,东部地区应该走分散型道路,在大城市发展的基础上,积极发展中小城市,重点培育有活力的小城镇;中部地应走集中型和分散型的双重道路,最终形成大、中、小城市结合发展的格局;西部地区经济基础薄弱,应根据实际情况制定发展路线。

3. 要积极发挥政府的引导作用

不同于欧美以市场为主导的城镇化模式,政府在我国经济建设中所扮演的角色和地位十分重要。在我国的城镇化建设中,一方面,政府部门应该加强对城市的规划管理,通过财政、土地、投资等政策引导城镇发展,提高中小城市和小城镇基础设施建设的能力，并加大力度提高公共服务质量；另一方面，为了给农村劳动力的流动提供便利，消除阻碍城镇化进程的障碍，政府应给广大农民提供基础教育和职业培训的机会。当前，我国农村教育较为落后，农民由于文化素质和职业技能的限制只能在城市中从事低端劳动，加大了城镇化的阻力。政府应加强农村教育，提高农民的素质，减轻城镇化的压力。

4. 要适当调整产业布局，促进工业化与城镇化协调发展

产业带动是城镇化发展的根本动力所在，我国城镇发展的历史也基本符合这一规律，许多新崛起的城市地区都是产业带动的结果。改革开放后，东部城镇发展快于中西部城镇的重要原因，就在于东部的产业发展远远快于中西部。中国城镇人口的迁移和布局基本遵循着产业的转移和布局，产业发展是城镇化的前提。目前，我国区域发展失衡的根本原因在于产业布局的失衡，中西部地区与东部地区巨大的发展差距的根本原因在于产业发展上的差距。因此，解决我国区域发展失衡、城镇发展失衡、人口分布失衡和"大城市病"以及大中小城镇发展不协调等问题的关键在于调整产业布局，由产业布局的调整来引领人口分布，进而解决其他问题。

5. 要建立健全法律法规来保障城镇化的顺利进行

完善的法律体系是城镇化得以顺利进行的重要前提，以日本为例，在日本的城镇化过程中，分别颁布《农村地区引进工业促进法》《工业重新配制促进法》以促进工商业的发展；颁布《农业法》《农业基本法》为农民的生活提供保障；颁布《基本教育法》《学校教育法》以保障农民接受职业培训和基本教育的权利；颁布《生活保护法》《国民健康保险法》等以健全社会保障体系，正是有了这些法律的保障，日本的城镇化才能够取得巨大的成就。未来我国城镇化的法制建设应首先打破城乡二元的户籍制度，简化农村人口进城落户的手续和要求，并保障农村人口享受与城市人口同等的待遇，实现农村人口自由流动。其次针对城镇化进程中出现的高污染、高耗能的问题应当积极出台法律，有效保护农村的环境。最后要依据《中华人民共和国物权法》和《国有土地上房屋征收与补偿条例》对土地流转、土地征用、补偿标准等做出明确规定，切实保障农民的利益。

三、北京市户籍改革制度与农业转移人口市民化的现状分析

北京作为首都，不仅是政治、文化中心，也是实施国家政策的先行者和试验场。户籍制度与福利、社会保障、教育、医疗等一样，是与群众切身利益密切相关的行政制度，对于施政者和老百姓来说都具有重大意义。此事如处理得当，群众是直接受益者；相反，如果处理得稍有偏颇，便会影响数以亿计的群众，甚至造成恶劣的社会影响。从中国 1978 年改革开放以来的施政经验——"摸着石头过河"来看，户籍制度也是从有代表性的大中型城市开始，然后逐步向全国推广的。北京、上海、广州等城市成为户籍制度改革以及农业转移人口市民化的试点城市。那么首先了解全国范围内户籍制度改革的情况就显得尤为重要，在考察过全国正反两方面的经验之后，就会对户籍制度改革以及农业转移人口市民化有更直观的感受。

(一)全国户籍制度改革情况分析

户籍是与福利捆绑的。户籍制度本来是一种按住户登记的人口管理制度，但我国的户籍制度在政治、经济社会的发展过程中，被附加了过多的权利，演变成了与户口性质和登记地挂钩的权利界定和利益分配制度。据课题组调查，目前与户籍挂钩的个人权利有 20 多项，涉及政治权利、就业权利、教育权利、社会保障、计划生育等各个方面，其他还包括义务兵退役安置政策和标准、交通事故人身损害赔偿等。我国的户籍制度之所以广受关注和饱受争议，正是因为它与公民的权利分配挂钩。我国现有的户籍政策呈现出高门槛、高待遇的显著特点。

有一种形象的比喻，户籍是横亘在城乡或地区之间的一道屏障。在计划经济时期，这道屏障一般人难以逾越，多少人在这道屏障面前望而却步，只有极少数人通过招工、上大学等国家控制的渠道或方式，才能跨越。

20 世纪 80 年代以来，户籍制度改革使得跨过这道门槛的方式明显增多，例如购房、投资、知识技能提升等，但门槛依然比较高，没有为普通劳动者提供一定的进入机制。特别是在大中型城市，购房、投资必须达到一定金额才能入籍(甚至只给予临时户口)。而一旦越过了这道门槛，入籍者就可以享受到当地原户籍居民能够享有的政治、经济、文化、教育、医疗等方面的诸多权利。

当逐步意识到户口准入制度存在诸多缺陷和不公平时，以放宽户口准入条件为主要内容的户籍制度改革首先从小城镇开始了。1984 年，国家就开始允许在集镇有固定住所、有经营能力或在乡镇企事业单位长期务工的农民在集镇落户，口粮自理，统计为非农业户口，打开了二元户籍制度的一个口子。中共十四届三中全会在《关于建立社会主义市场经济体制若干问题的决定》中明确提出了改革小城镇户籍管理制度。经过几年的试点后，国务院于 2001 年批转了公安部《关于推进小城镇户籍管理制度改革的意见》，无疑为小城镇户籍制度改革又添加了一个助推器。

但大中型城市的户籍制度改革则较为缓慢和谨慎，我国的改革向来都是由地方自发零星推进的，且多有反复。大中型城市改革的思路与小城镇基本一致，基本都是以购房、投资、知识技能提升为入籍条件。只是入籍门槛高得多，获得的也多是"蓝印户口"，能够享有的权利和福利少于原户籍人口。1994 年以来，上海、深圳、广州、厦门、宁波、海南等一些改革开放的前沿城市，都实行过"蓝印户口"。实行"蓝印户口"事实上也只是权宜之计，存在着许许多多的问题尚未解决，特别是实行这一制度后，使得买卖户口合法化。购房、投资等虽然也算稳定居住和就业的标志，但并不是公民的法定义务，这样，户口实际上被商品化了。与户口挂钩的权利大多数是公民的基本权利，户口的商品化，实质上就是权利的商品化，使得权利从属于金钱，不利于社会公平正义，这种倾向必须得到遏制。

户籍制度改革的关键在于去除掉依附于户籍背后的公共服务与福利，让流动人口在就业、医疗卫生、教育、社会保障等方面享受与原户籍居民基本相同的权利与待遇，这在学界和政策部门已有广泛的共识。[1] 而在户籍制度改革的背后，似乎隐藏着一个很重要的问题，就是户籍制度改革的成本。国务院发展研究中心课题组(2011)根据对四个城市的调研测算，平均每人需要投入 8 万元，其中，即期平均成本为 4.6 万元。中国发展研究基金会动态估算得到，平均每人成本约 10 万元，未来 20 年，平均每年需要 2 万亿元，累计成本高达 40 万亿元。[2] 如此之高的成本让我们觉得短期之内想解决户籍制度改革问题几乎成为幻想。"科学地评估户籍改革成本必须要考虑几个关键问

---

[1]　彭希哲等：《户籍制度改革的政治经济学思考》，《复旦学报(社会科学版)》，2009年第 3 期。

[2]　国务院发展研究中心课题组：《农民工市民化进程的总体态势与战略取向》，《改革》，2011 年第 5 期。

题：一是成本的范围。与户籍直接关联的公共服务与福利应该是成本核算主体，城市基础设施、公共管理等投入内化到城镇化发展中，不应该纳入户籍改革成本中。二是成本的地区差异。不同城市的户籍含金量和流动人口规模差异较大、分布不均，以平均值或几个城市的情况来测算户籍改革成本偏差较大。三是城镇化的动态推进。户籍改革成本估算直接服务于城镇化发展战略，基于预期的城镇化推进步骤进行估算才更有参考价值。而已有研究缺乏上述考虑，以至于没有政策应用价值甚至导致更大的改革阻力。"①

但是面对如此艰巨的户籍制度改革任务，也不能妄自菲薄，中共十八届三中全会《关于全面深化改革若干重大问题的决定》就指明了道路，坚定了信心，鼓足了干劲。《决定》要求："推进农业转移人口市民化，逐步把符合条件的农业转移人口转为城镇居民。创新人口管理，加快户籍制度改革，全面放开建制镇和小城市落户限制，有序放开中等城市落户限制，合理确定大城市落户条件，严格控制特大城市人口规模。"②

关于加快户籍制度改革的问题，公安部副部长黄明在 2013 年年底接受人民网专访时强调，加快户籍制度改革，必须把握一些重要原则：

一是尊重意愿。要坚持以人为本，充分尊重群众自主定居的意愿，群众要不要进城、进哪个城、何时进城，都要让群众自主选择，不能把农业转移人口"拉进城"、"被落户"。要逐步提高基本公共服务水平，切实保障农业转移人口及其他常住人口的合法权益。二是分类实施。在国家层面做出政策安排、明确总体要求，由各地根据不同地区资源环境综合承载能力和发展潜力，因地制宜地制定具体办法，并向全社会公布，让农业转移人口及其他常住人口了解不同城市的落户条件，合理安排自己的未来，给大家稳定的预期和希望。三要有序推进。要立足于我国正处于社会主义初级阶段和人口大国的基本国情，遵循城镇化发展规律，优先解决存量，有序引导增量。既要积极，又要稳妥，更要扎实；不刮风，不冒进，不搞运动。

党的十八届三中全会明确提出"加快户籍制度改革，全面放开建制镇和小城市落户限制，有序放开中等城市落户限制，合理确定大城市落户条件，严格控制特大城市人口规模"，为加快推进户籍制度改革明确了路径和要求。按

---

① 屈小博等：《地区差异、城镇化推进与户籍改革成本的关联度》，《改革》，2013 年第 3 期。

② 《中共中央关于全面深化改革若干重大问题的决定》，北京：人民出版社，2013 年版。

照党中央、国务院的部署要求，公安部会同国家发展与改革委员会等12个部门组成工作班子，在深入调查研究和广泛总结各地经验的基础上，研究提出了具体的政策措施，形成了《关于加快推进户籍制度改革的意见》稿，并由6个部门负责同志带队组成工作组，分赴东、中、西部部分省、区、市听取意见。目前，正在根据中央城镇化工作会议精神和各地的意见对《意见》稿做进一步修改完善。国务院总的考虑是，整个户籍制度改革工作要遵循规律、因势利导、统筹配套、有序推进，确保取得好的效果。待报中央审批和部署后，将会同有关部门抓好组织实施，由各地因地制宜地研究制定差别化的落户政策和实施方案。

加快户籍制度改革的进程，要与全面建成小康社会相适应，与推进新型城镇化进程相一致。具体到户籍制度本身，到2020年，要基本形成以合法稳定住所和合法稳定职业为户口迁移基本条件，以经常居住地登记户口为基本形式，城乡统一、以人为本、科学高效、规范有序的新型户籍制度。[①]

（二）北京市户籍制度改革情况分析

中央提出，要加快推进户籍管理制度改革，探索"以证管人、以房管人、以业管人"的流动人口服务管理新模式。"以证管人"就是将暂住证制度废止，用居住证等有效形式取而代之，体现以人为本的户籍管理理念；"以房管人"是把户籍和房产挂钩，房子买在哪个区域，业主就划归哪个区域管理；"以业管人"则是以工作属地管理为主，以工作单位来管人。"以证管人"、"以房管人"、"以业管人"三者是相辅相成的关系，这三种管理方法都能够触及流动人口，各有长短。没有就业，只是居住在北京，那么以"业"很难管人。必须贯彻三"管"齐下并以"以房管人"为主的政策，才能对流动人口进行科学的管理。

正如罗尔斯（John Rawls，1921～2002）在其著作《正义论》一书中指出的那样："正义是社会制度的首要价值，正像真理是思想体系的首要价值一样。一种理论，无论它多么精致和简洁，只要它不真实，就必须加以拒绝或修正；同样，某些法律和制度，不管它们如何有效率和有条理，只要它们不正义，就必须加以改造或废除。每个人都拥有一种基于正义的不可侵犯性，这种不可侵犯性即使以社会整体利益之名也不能逾越。因此，正义否认为了一些人分享更大利益而剥夺另一些人的自由是正当的，不承认许多人享受的较大利

---

① 《进城农民如何实现"市民梦"》，人民网，http：//politics.people.com.cn/n/2013/1218/c1001-23869101.html。

益能绰绰有余地补偿强加于少数人的牺牲。"①

所以在接下来的一段时间里，尤其是到 2020 年我国全面建成小康社会之时，将会对"以证管人"、"以房管人"、"以业管人"的制度设计更加完善，户籍政策会更加成熟，户籍管理制度会更加体现社会公平正义。

北京市作为中国的政治、文化中心，在推进城乡一体化以及社会公平正义方面走在全国前列。尤其在近几年，北京市对于户籍管理制度改革也做了一些有益的尝试，并取得了显著成效。北京市在 7 年前已开始试点"以房管人"制度。从 2006 年 5 月起，北京市朝阳区率先在全市推行"以房管人"试点，按照要求，房东要对租赁房屋的外来人口负责，既要监督其不违法，同时要负责其安全。这就将租户、承租人的权利和义务统一起来，做到有效监督和管理。

2012 年 1 月，北京市政府公布的《北京市"十二五"时期城乡经济社会一体化发展规划》指出，北京市将启动户籍制度改革试点，二元户籍管理制度将向居民统一户籍登记管理制度过渡。所谓的二元户籍制度就是指从法律意义上划分农业户口和非农业户口，这一做法源于新中国成立之初。当时，政府优先发展工业，让农业为工业"输血"，因此吸引了大量的农村人口进入城市，农村却开始出现了劳动力短缺，而城市则出现了食品供给紧张。为改变这种状况，1958 年，中央政府颁布了《中华人民共和国户口登记条例》，严格控制农业人口迁往城市，而最重要的控制手段，就是严格划分农业户口和非农业户口。户籍制度一诞生，就带有浓重的命令色彩，并为之确立了一套完善的具体管理制度，内容包括常住、暂住、出生、死亡、迁出、迁入、变更等 7 项人口登记制度。这个条例以法律形式严格限制农民进入城市。所以改革户籍制度对于实现社会公正、公平是必要的，而且是迫切的。

《规划》要求，北京将深化对破除二元户籍制度改革的研究，启动改革试点。条件成熟时，全面推进二元户籍管理制度向居民统一户籍登记管理制度的平稳过渡。在 2012 年 1 月结束的北京"两会"上，时任北京市副市长刘敬民指出，北京已经围绕流动人口分布、工作情况、具体困难、暂住证申领以及享受公共服务方面的情况开展了居住证政策制定的前期调研，居住证政策有望出台。根据国家政策制定出的有北京特色的居住证方案，不会是仅仅在一

---

① （美）罗尔斯著，何怀宏等译：《正义论》，北京：中国社会科学出版社，1988 年版。

些区县搞试点，而是会在全市范围内全面铺开。暂住证主要是面向务工人员，而居住证则是面向流动人口。与暂住证不同，流动人口凭居住证还可以享受相关的公共服务，而相关部门则可以凭居住证来掌握北京的资源、人口等情况。

北京市正在酝酿的居住证制度，可能的方向是取得居住证满一定年限后，才有资格申请入籍或采取积分制。从全国范围来看，其中规定时限最短的是太原，外来人口需持有居住证 5 年才能申请入户；时限最长的则是深圳，需要 10 年。据测算，2012 年北京市常住人口 2069 万人，比 1990 年增加近90%。从 2000 年到 2012 年的 12 年间，北京市人口增加了近 690 万人，是前一个 10 年增加的人口数量的两倍多。在全市 2069 万人口中，外来人口接近750 万人，比 2000 年的 256 万人增加了近 490 万人，接近两倍。换言之，10多年来，北京市人口增量中，户籍人口增加对全市人口增长的贡献率不到四分之一，另外超过四分之三的增长是外来人口造成的。所以根据现在的北京市人口、环境、资源等情况，还不适宜全面放开户籍限制，北京市应在尽可能引进高端人才入京的同时最大限度地控制户籍人口规模。并且在此基础上，合理设计准入门槛，在社会公平公正和全国人口资源有效配置中找到平衡点。

在 2013 年 12 月 22 日开幕的中共北京市委十一届三次全会上，北京市委书记郭金龙向全会做市委常委会工作报告时指出，人口无序过快增长问题，已严重影响到北京的可持续发展、首都形象和人民群众的生产生活，必须痛下决心进行治理。与此同时，北京市市长王安顺在作关于全市经济社会发展工作的报告时，谈到 2014 年的重点任务，他列在首位的是：着力破解人口资源环境矛盾，坚决控制人口过快增长。疏堵结合，综合施策，切实把常住人口增速降下来。王安顺指出，坚决控制人口过快增长，是解决北京交通、环境等许多问题的关键，也是中央对北京市提出的明确要求。强调要以控制总量、优化布局、改善结构为重点，切实把常住人口增速降下来；实施人口评估和交通评价，推进服务业转型升级、提高质量；要制定房屋租赁条例，实施居住证制度，强化流动人口基础登记办证工作，做到实有人口服务管理全覆盖。王安顺特别强调，面对人口资源环境矛盾，北京将坚持打持久战、攻坚战，务求每年都有新突破、新进展，积小胜为大胜，积跬步至千里。要把握首都城市性质，加快治理"城市病"，坚持"有所为、有所不为"，提高城市可持续发展水平。

除了常住人口政策，北京市的流动人口管理办法也随着改革形势的发展而不断发生变化：1986年1月1日北京市正式开始实施暂住证制度；1995年4月14日，北京市人大常委会通过了《北京市外地来京务工经商人员管理条例》，《条例》规定，如外来务工经商人员未取得《暂住证》，工商行政管理机关不予办理营业执照等；2005年3月25日，"暂住证"不再成为外地人在北京经商务工的"通行证"，但是，外地人在北京居住要办理暂住证的规定，并没有因此而废止；2009年12月2日，相关负责人透露，目前已开始采集流动人口与出租房屋的信息，取消暂住证，启动推广居住证，已纳入2010年的立法调研项目。

（三）农业转移人口情况分析

农业转移人口市民化的进程中，国务院智囊提出户籍制度改革的新思路，即户籍制度改革的重点，是要剥离附加在户口上的权益和福利，同时又必须找到一种替代性的人口管理手段，以保证人口的有序流动，这也是提供公共服务和进行社会管理的基础。农业转移人口市民化的内涵是指农业转移人口在实现职业转变的基础上，获得与城镇户籍居民均等一致的社会身份和权利，能公平公正地享受城镇公共资源和社会福利，全面参与政治、经济、社会和文化生活，实现经济立足、社会接纳、身份认同和文化交融。正如有的学者认为，市民化就等于就业、安居、公共服务均等的总和。

1. 北京市农业转移人口的实际情况

在对待农业转移人口市民化的问题上，北京市走在了全国的前列。在原有的政策基础上，通过"整建制转居"和"绿岗就业"两项实践创新，加快推进北京市农业转移人口市民化的进程，这两项政策也成为北京市处理农业转移人口市民化的主流做法。

整建制转居，顾名思义，就是指将农村行政村全体农业户籍人口一次性转为城镇户籍人口。就像部队的军、师、团一样，城市的建制也分区、县、村等。通常情况下，随着城镇化和工业化进程的加快，集体土地全部或绝大部分被征收，为了保证农村社会稳定和剩余少量农业人口的权益，将剩余农业人口进行整建制转居。北京市政府为加快推进城乡一体化进程，现阶段把整建制转居作为促进农民市民化、农村城镇化的重要举措。

早在2002年，石景山区就在农业转移人口市民化和整建制转居问题上迈出了一大步。来自全区50个自然村的15535名农业人口整建制一次性变更为城镇居民。石景山区成为继东城区、西城区、原崇文区、原宣武区四个城区之后，北京市第五个不再有农业户籍人口的城区。据调查，石景山区当年的整建制一次性农转居不同于以往的征地农转非。一是转居不征地，原农村集体土地性质不变；二是原农村集体经济组织继续保留，采取资产变股权，社员做股东形式，经过改革发展逐步改造成为城镇新型的社区股份合作制企业；三是一次性农转居后，原农民可同城镇居民一样参加正常的社会保险。这就确保了转居居民与城镇居民同等享受社会保障与福利，符合农业转移人口市民化的初衷。

在实践迈出一大步之后，制度的保障就显得尤为重要。2004 年，北京市政府和北京市劳动与社会保障局出台《北京市整建制农转居人员参加社会保险试行办法》，用制度保护转居居民的正当权益与权利。

经过多年的探索，处理整建制转居问题的方法日臻成熟，2011 年 10 月 16 日，北京市政府发布《关于城乡接合部地区 50 个重点村整建制农转居有关工作的意见》。50 个重点村农村户籍人员和未加入城镇社会职工保险的农转居人员实施整建制农转居的重点村，必须做到集体产权和集体财产处置与农转居同步。村民变居民后，所需补缴社保等资金，由征地方、项目投资方承担。

除了"整建制转居"在实践层面的不断进展，一项新的举措惠及了更多的失地农民——"绿岗就业"。"绿岗就业"就是从生态发展这一角度入手，运用第三产业能广泛提供就业岗位这一特性，对农业转移人口进行吸纳和支持。自北京市郊区县实行"绿岗就业"以来，数以万计的人口被吸纳进有机种植园、科技创新企业、生态产业等岗位、行业，创造了十分可观的生态和社会价值。以顺义和怀柔为代表，"绿岗就业"的优势在近年逐步发挥出来。

顺义区在 2012 年下发了《2012 年开展绿色就业的通知》，对"绿色岗位"进行了界定：直接性绿色岗位指从事环境和生态保护的工作，间接性绿色岗位指绿色产品生产和服务岗位，绿色转化岗位为转型期非绿色岗位转型升级后的绿色岗位。由项目建设带动"绿色就业"是顺义区发展的政策导向，在 2012 年的平原造林工程中，顺义区造绿 3.4 万亩，直接产生的就业岗位就能达到 3000 余个。

怀柔区则通过本身的区位优势和资源特性，大力发展"板栗产业"，通过特色产业带动、发展绿色生态农庄带动以及生态产业带动"三管齐下"，实施三大产业带动就业，同样也取得了显著的成效。通过顺义区与怀柔区成功的案例我们可以看出，北京市现在主要通过各种形式的产业创新、制度创新来带动就业。这样才能使广大的转移人口都能合理地安置下来，并且让他们在新的生活环境、就业环境下尽快开展生产，享受福利。

2. 现存问题

现今，虽然在农业转移人口市民化问题上，不管是全国还是各省市，都在实践层面取得了一些成果，但是应该看到，农业转移人口市民化是一项高成本的改革，时刻挑战的中央财政和地方财政。具体表现在以下几个方面：

(1)成本障碍

中国社会科学院发布的《社会蓝皮书》指出，农业转移人口市民化，人均成本为10万元。今后20年内，中国将有近5亿农民需要实现市民化，至少需要40万亿至50万亿元的成本。还有的学者测算出，农民工市民化的人均公共成本全国平均约为13万元，人均个人支出成本约为1.8万元/年；除此之外，绝大多数农民工还需要支付平均约为30万元/户的购房成本。对政府而言，较高的集中公共投入，加上后续的持续性投入，降低了地方政府尤其是大城市政府推进市民化的积极性。就个人而言，大部分农业转移人口很难承受年均支出成本之外的购房成本。所以，农业转移人口市民化看似是一个政策导向的问题，但是其实质更倾向于经济导向。在市场化机制运行的今天，只要符合国家法律法规和地方性政策，作为人才满足市场需求，户籍的变更相对容易，但是市民化绝非一件容易的事，在北京的生活成本、教育成本、住房成本都需要考虑在内。我们也许可以这样比喻：户籍变更只需"一时一刻"，市民化进程却需"多时多刻"。

(2)制度障碍

一项制度的出台不是孤立存在的，往往牵一发而动全身。如果中央与地方政策倾向于加速农业转移人口市民化，那么势必要降低城市入籍门槛，加大对其的政策、资金、福利投入，但会造成城市加速膨胀、资源环境承载力不足等问题。那么反过来，如果过多地控制城市入籍标准，农业转移人口市民化的进程必被阻隔，所以制度困境是摆在施政者眼前的一个很现实的问题。近年来，虽然国家出台了一系列促进农业转移人口在城镇就业和居住的政策，但由于制度变革涉及较高的成本和利益再分配问题，农民工进城就业并享受市民待遇的政策支持体系至今仍没有完全建立，影响农业转移人口市民化的户籍制度及其附属的公共服务和社会保障、土地制度等方面的制度障碍依然根深蒂固。而与此同时，全国各大中型城市都在解决转移人口市民化问题的同时提高了入籍门槛，这无疑是雪上加霜的。

(3)能力障碍

农业转移人口通常受教育程度较低，缺乏职业技能培训，工作技能相对不足，由此限制了他们所能从事的职业和工种，工资收入较低，难以负担较高的在城镇定居、生活和发展的成本，也很难满足部分城市积分入籍的条件。如上海市 2013 年年底出台的异地高考政策规定，来沪人员持有《上海市居住证》且积分达到标准分值（目前为达到 120 分），其子女也满足相应要求的，可在上海参加普通高等学校招生考试。根据上海市积分标准中的基础指标，持证人按照国家教育行政主管部门规定取得的被国家认可的国内外学历、学位可获得相应积分。具体积分标准是：大专（高职）学历，积 50 分；大学本科学历，积 60 分；大学本科学历和学士学位，积 90 分；硕士研究生学历学位，积 100 分；博士研究生学历学位，积 110 分。而强烈期待享受该政策照顾的人群多为进城务工人员的子女，但是由于进城务工人员教育背景普遍偏低，学历多为初、高中水平，所以其子女享受异地高考政策难上加难。

(4) 文化障碍

由于中国长期处于城乡隔离状态，城乡之间已经越来越具有两个时代或两个文明的含义。文化与行为方式的不同、经济生活差距以及部分城镇居民的偏见等，造成农业转移人口缺乏对城市生活的适应性与归属感，导致农业转移人口与城市原户籍居民两大群体间存在隔阂、疏离，甚至是摩擦和冲突，形成了农业转移人口市民化的文化障碍。多数农业转移人口进入城市的最初原因是向往城市的繁荣和羡慕城市的文明，希望过上跟城里人一样的高水平生活，通过进城从事劳动摆脱贫困落后的现状。因此，农业转移人口在进城之初是认同城市文化的，试图并努力在行为习惯、生活方式、价值观念等方面逐渐向城市文化靠拢。但是，他们在短时期内无法摆脱早已内化于身体里的带有浓厚乡土气息的文化传统、价值观念和风俗习惯的影响，许多行为习惯、生活方式等都不符合城市文化的规范和要求，甚至被城市居民认为是愚昧无知、不可理喻的表现，因此受到城市居民的歧视、偏见甚至排斥。这两种文化间的无法融合和彼此对立造成了农业转移人口与城市居民间的隔阂和对立，并阻碍了农业转移人口对城市文化的认同感和归属感的形成。

(5) 社会排斥

社会排斥根据戴维在其著作《社会学》中的解释，原意是指多数民族完全地或部分地排斥少数民族的种族歧视和种族偏见。这种偏见和歧视建立在一个社会有意达成的政策基础上——"主导群体已经握有社会权力，不愿意别人分享之"。①

而在农业转移人口市民化的学术语境下，尤其是指个人、团体和地方由于国家、企业和利益团体等施动者的作用而全部或部分被排斥出经济活动、政治活动、家庭和社会关系系统、文化权利以及国家福利制度的过程。这也就意味着在农业转移人口市民化的进程中，会受到多维度、多层次、动态的阻断。社会排斥会把一定比例的人口排斥在主流社会之外。城乡二元制度使部分城市居民形成了城市中心主义的心理优越感，部分城市居民在思想和行为上排斥外来人口的融入，而个别外来人口违法犯罪、不遵守社会公德的行为，又加重了部分城市居民对外来人口的社会排斥。这其中既有在户籍、就业、教育、医疗、社会保障等方面显性的制度排斥，又有在思想观念、社会认同等方面隐性的心理排斥。各城市在接受农业转移劳动力的同时，排斥作为社会成员的外来人口享受城市的各种权益。这就使得这些人成为"城墙中的城外人"。

(6)承载力约束

由于资源配置的行政化倾向，加上公共服务、就业机会和工资水平的悬殊差异，农业转移人口高度集中在大中城市。一些大城市特别是超大型城市规模急剧膨胀，出现了交通拥堵、房价高涨、环境污染、资源短缺等"城市病"；而小城市和小城镇由于缺乏产业支撑，公共服务缺失，人气不足，发展相对落后，所以人口的集聚与城市的承载力之间的矛盾日益凸显。以北京市为例，在外来人口大量涌入的同时，北京市的环境资源承载能力显得捉襟见肘。有统计数据表明，北京人均土地面积不足全国平均水平的1/6，人均水资源占有量不足全国平均水平的1/10、世界的1/35。目前北京100％的天然气、100％的石油、95％的煤炭、64％的电力、55％的成品油均需从外地调入。②而这些不可再生资源却需要向2000多万常住人口提供日常基本生活供给，压力之大可想而知。除了资源供给对北京市来说存在不小的压力，资源的回收和利用也是一道难题，北京市每年的生活垃圾总量在2009年就达到672万吨，生活垃圾的处理现在主要有焚烧和填埋两种途径，几年之后，北京可能就会出现垃圾无处可埋的窘境。

---

① （美）戴维著，李强等译：《社会学》，北京：中国人民大学出版社，1999年版。
② 《北京确定明年重点任务控制人口过快增长居首》，《京华时报》，2013年12月23日。

综上，由于政治、经济、社会等种种因素的限制，并且这些阻碍因素在短时间内难以移除，户籍制度改革和农业转移人口市民化进程就显得难上加难。因此就必须从体制机制等维度入手，找出解决户籍制度改革和农业转移人口市民化问题的途径。

四、北京市户籍改革制度与农业转移人口市民化的对策思考

如前所述，"以证管人"通俗地说就是"公安局管户口"，身份证属地在哪儿，户口就在哪儿；"以房管人"是把户籍和房产挂钩，房子买在哪个区域，业主就划归哪个区域管理；"以业管人"是以工作属地管理为主，通过工作单位来管人。课题组经过调查研究认为，北京市户籍改革制度与农业转移人口市民化问题应该从以下几个方面着手。

（一）扩大北京市户籍制度改革范围，进一步加快农业转移人口的市民化进程

根据党的十八届三中全会和中央城镇化工作会议关于城乡一体化发展的要求，统一规划制定北京市户籍制度改革方案，分步有序推进。2011 年《北京市国民经济和社会发展第十二个五年规划纲要》虽然提出要启动户籍制度改革试点，但并没有将户籍制度改革提上公共政策议程，如果户籍制度改革没有完成，则谈不上破解城乡二元结构，实现城镇化的目标。

北京的城镇化进程应该坚持以人为本、公平共享的城镇化，核心是人的城镇化。以往的城镇化经验更多地体现在城市建设水平的提高和城市居民生活水平的提高上，并没有相应转移更多农业人口。因此，下一步加快农业转移人口的市民化进程中户籍制度改革是关键。目前，全国已有十多个省、自治区、直辖市出台了以取消"农业户口"和"非农业户口"性质划分、统一城乡户口登记制度为主要内容的政策措施，不同程度地改革了延续 50 多年的二元户籍制度，反映了城乡的不平等和二元性。在户籍制度改革上，应做到以下两点内容：

1. 确定户籍制度改革的总体目标

户籍制度改革的总体目标一是要化二元户籍制度为一元户籍制度，完善户口登记制度。实行北京城乡统一的北京市户口，加快推进去除附加在户籍上的各种福利，消除二元户籍管理模式，恢复户籍制度其作为国家对人口统

计和对社会实施有效管理功能的最初职能。二是推行户籍与人口的自由迁徙相适应的、城乡统一的、以居民身份证为准的一元户籍制度配套措施改革。进一步健全和完善人口迁移制度，根据北京各区县的实际情况，采取迁入地管理的办法，各区县可以因地制宜地设立准入条件，即以一些可以量化的指标，比如受教育程度、有无合法稳定的职业和收入来源、居住年限等作为迁入条件。三是健全和完善户籍管理配套制度。革除二元化户籍制度，不仅是按居住地登记户口的管理形式，更需破解二元户籍制度后面的城乡待遇不平等。

2. 进行一系列制度的配套改革

要完成户籍制度改革的总体目标，必须进行一系列制度的配套改革。主要包括两方面：一方面为的是让转移出来的农民能在城市定居，找到正规的工作，接受正规的教育，享受同等的医疗、住房和其他社会保障的改革；另一方面就是要进一步加大力度推进北京城市优质的资源进入北京农村和城乡结合部，优化资源的配置改革。首先，推进建立北京城乡一体的教育体系，发挥教育事业在推动城乡一体化过程中的重要作用，鼓励更多的优秀毕业生到基层锻炼，使更多的优质教育资源流向郊区，努力缩小城乡差距。其次，推进建立北京城乡一体的卫生服务体系，按标准化建设乡镇卫生院、卫生站，同时把聚集在老城区的优质的医疗资源向郊区转移，满足公民就医的不同层次需求。再次，推动建立首都城乡一体化的文化娱乐体系，把加强信息化作为重要的基础设施建设，使公共服务内容逐步丰富，建设标准的运动场所和文化馆、图书馆等基本设施的配套建设。最后，推动建立统筹城乡的投入机制，改变以往的城乡二元投资体制，加大在郊区的公共设施、基础设施建设。

可以预见，随着北京市户籍制度改革范围的扩大，在此基础上，稳步推进北京市基本公共服务均等化，逐步实现农业转移人口在劳动报酬、就业培训、子女教育、公共卫生及社会保障方面与城镇居民享有同等待遇，按照科学发展观"以人为本"和"可持续发展"的思想，北京最后的城乡管理制度应当是取消户籍制度的人口登记制度，公民可以完全摆脱户籍的束缚，实现社会的公平正义和人的全面发展。

（二）以土地制度改革为重点，给农业转移人口吃"定心丸"

土地制度改革是提高城镇化水平的重中之重。近年来，北京城镇占用土地的速度远远快于吸纳人口的速度，城镇化进程中用地空间不足的矛盾十分突出，一些地方为了追求高城镇化率，采用行政手段取得农民的土地，使农民被动地实现城镇化，失地农民拆迁易、入住难，健全农村土地流转机制的任务十分迫切。根据党的十八届三中全会和中央城镇化工作会议的精神，在认真研究北京土地流转改革的经验教训与充分吸收借鉴广东等省市改革经验的基础上，我们对健全农村土地流转机制提出以下对策建议：

1. 要注重发挥市场在资源配置中的决定性作用

要注重发挥市场在资源配置中的决定性作用，让农民的农用土地使用权享有可转让与可收益权。土地流转一定要遵循公平、公开、自愿的原则，切实保护农民财产利益。首先，通过市场机制确定土地价格，建立公开竞争的农村产权流转交易市场，充分发挥市场的决定性作用，指定明确、公平的交易规则和条件，这有利于农村集体及个人土地财产在流转过程中实现价值最大化。同时监督、制约交易过程中可能出现的侵犯农民利益的各种违约行为。一方面要从法律上赋予农户物权性质的农用土地承包权，允许其自由转让、出租、抵押、入股、继承；另一方面，给农民私有和集体所有的房产办理房地产证，允许其上市交易和抵押。积极推进社区股份合作制，把农村集体经营性建设用地资产量化为其成员的股份，明晰集体资产的产权，促进集体资产保值和增值，特别是地处城郊地区的村集体经济组织应普遍推行这一制度。其次，农村土地流转前，农民作为所有者拥有知情权、参与权和决策权。必须完善和严格履行土地流转程序，有关事项要经过公示及村民大会或村民代表会议充分讨论，并得到 2/3 以上的多数同意，否则不能进行土地流转，以此保证土地流转的公开、公正，保障农民的主体地位。

此外，建立城乡统一的建设用地市场，形成兼顾国家、集体、个人的土地增值收益分配机制，合理提高个人收益。在符合规划和用途管制的前提下，允许农村集体经营性建设用地出让、租赁、入股，实行与国有土地同等入市、同权同价的政策。缩小征地范围，规范征地程序，建立对被征地农民合理、规范、多元的保障机制，比如要加快建立被征地农民的就业安置和社会保障制度，努力把失地农民纳入城镇职工再就业体系和社会保障体系。

2. 要解决农村宅基地确权问题

要解决农村宅基地确权问题，逐渐完善农民的宅基地和住房产权制度。"只有产权明确才能形成市场主体，才能走上市场经济道路。如果没有产权，农民就没有财产性收入，就不是市场主体，中国的产权改革之路就不算完成。"首先，产权清晰是土地承包经营权流转的前提，《农村土地承包经营权流转管理办法》第六条规定："承包方有权依法自主决定承包土地是否流转、流转的对象和方式。任何单位和个人不得强迫或者阻碍承包方依法流转其承包土地。"该条款首先明确了流转的主体：承包方，也就是目前农村土地使用产权所有者，并且是依法自主决定，也就保障了农民对使用产权拥有的排他性，符合产权的特性，也是产权清晰的具体表现。第七条还规定："农村土地承包经营权流转收益归承包方所有，任何组织和个人不得侵占、截留、扣缴。"更是产权排他性收益权的具体描述。其次，建立切实可行的产权确定程序，既要尊重历史，也要照顾现实。采用政府积极介入与村庄自治相结合的方式来加快确权的进程。需要政府的宏观调控来强力推动，比如通过设立确权基金，让产权确认后的农民获得一定的补助，来诱发农民的积极性，将目前产权主体不明晰的土地集体所有制，明确界定为农民按份共有的新型产权制度。对农民的宅基地，补发颁发产权证。在时间上要有明确、统一的起始和截止日期，"生不增，死不减"，以稳定现有农民的土地权利，不能随意调整。

此外，在土地确权过程中要发挥基层民众自主决策的独特作用，成立由村民信任的基层干部对入户调查和实测的结果进行评议，他们在协调关系和对本村历史的辨认上相对政府有着天然的优势，更具有操作性。特别对有异议、纷争的疑难案例，要把评议的结果公开公示，经过民主协商后，再向区县级政府上报确权方案，这样不仅解决了问题，减少了矛盾，也有助于推动基层民主建设。在发挥基层民主作用的基础上，政府在程序和结果上要保证确权的公开、公平、公正。以避免一些基层民主还不健全的地方在评定时出现不公平的现象，进而用具有法律效力的政府文件的形式来巩固产权明晰成果的权威性和有效性。

3. 建立宅基地置换制度

要允许符合条件的农民带着确权后的宅基地指标，置换城镇的经济适用房，并将他们纳入住房公积金制度的覆盖范围。所谓宅基地置换制度，就是将分散居住的农民集中起来，搬入新建的多层或规划合理的住宅中，"腾出来"的农村非农建设用地可以从事其他用途，包括复耕、工业用地等，宅基地置换可以大大提高土地资源的利用率，有利于基础设施和公共服务设施集约配套，这样一来不仅给农民生活带来了方便，还可以实现合理归并自然村落、盘活市郊建设用地存量的目的。目前出现的问题是在一定程度上对农民房产、宅基地的补偿不足，新建的住宅地的公共服务配套设施建设的资金不足以及没有落实社会保障，特别是老年生活得不到保障等现实问题。应该积极鼓励探索宅基地流转、抵押的办法，保障并实现农民对宅基地的应有权益。同时要杜绝因宅基地置换导致北京特有的传统文化消失的现象出现。

(三)以产业为支撑，为农业转移人口提供更多的就业机会

北京城镇化要得到健康发展，一定要有产业支撑。没有产业的发展和集聚，就无法解决农业转移人口就业不足、就业质量差等问题。

1. 要优化第一产业结构，推动城镇化进程

优化第一产业结构，推动城镇化进程，即推进农业产业化经营，加快发展现代农业，大力提升农业的专业化生产、产加销一体化、经营管理企业化、标准化产品、市场化服务和区域化布局，创设可持续发展的经济基础和环境。首先，加大投入，引导建设大基地。立足当地区域特色和资源优势，面向广阔的市场需求，以发展名、优、特农产品经营带为重点。要重点发展绿色经济、绿色产业，打造有机农产品、种植业、养殖业等产销一条龙的产业经济链条。其次，要扶持好重点龙头企业，有针对性地加大引进对农村经济发展有较强带动作用的国内外龙头企业的力度，通过制定优惠政策，鼓励其通过并购、参控股等形式来集中生产要素，做大做强，形成品牌效应，发挥其带头作用。最后，要以技术进步与创新为动力，以城镇工业园区为载体。集中力量突破技术瓶颈，强化关键技术的科研和攻关，加快农业科技成果转化。一方面要充分利用首都天然的技术、信息、人才、资金等优势资源，重点提升自主创新能力使农村工业获得跨越式发展，加快高新技术的推广应用。另一方面要在科学合理规划建设工业园区的基础上，加大招商引资力度，推进社会资本的投入，推动产业升级。要鼓励相关区县和环北京经济圈合作共建产业园区，促进环北京经济圈的建设。

2. 要加强对第三产业、创意产业的支持

加强对第三产业、创意产业、文化产业和高新技术产业的支持，增强就业带动能力，特别是要强化服务业的支持作用。"到 2012 年，北京市服务业增加值达到了 1.36 万亿元，服务业占地区生产总值的比重达到了 76.4％。"但进入像东京、纽约、伦敦一样的世界一流国际城市的行列还有一些差距。服务业是城镇就业的最大"容纳器"。随着城镇化人口的聚居和生活方式的转变，北京城市居民旅游消费的不断向外扩张都会扩大生活性服务业的发展，产业的发展和聚集也会带来生产性服务业的大市场，这两者都是创造就业岗位的源泉。所以要取消市政府对于所辖区县的 GDP 的考核，限制低端工业的进入，鼓励辖区内各区县以及建制镇的服务业的发展规划，如旅游业、采摘业、会议经济、老龄经济、教育经济、医疗服务、农家乐等。注重打造集商务活动、观光度假、淳朴民俗旅游等高附加值的高端产业群，将首都独特的历史优势、生态优势转化为发展优势，吸纳更多农业转移人口就业。

3. 大力推进"绿岗就业"

加大对园林绿化的扶持力度，发挥其带动就业等多功能效益。按照北京市园林绿化局提出的"提升生态环境、惠及民生福祉"的要求，运用财税政策等方面进行宏观调控，促进大项目的开发建设和绿色产业的进一步升级。实现绿色就业、绿色环境、绿色产业的良性发展，不断增加在护水护林、环境保洁、园林绿化等方面的就业岗位，实现经济效益和社会效益双丰收。

4. 要加强对农民的教育培训

加强对农民的教育培训，提高其就业技能。农业转移人口市民化是一次巨大的社会变迁运动，随着整个过程的发展，农民身份将会消失，取而代之的是城市职业工作人员身份，对每一个劳动者来说都是一次脱胎换骨的考验和压力，为此就要强化教育职能，建立和发展农民技能培训体系。一方面要开展基本权益的保护、法律知识、城市生活常识、寻找就业岗位等方面知识的培训，提高其遵守法律法规和依法维护自身权益的意识，树立新的就业观念。另一方面，根据劳动力市场的需求以定点和定向为主，对农民进行职业技能培训，当前的培训重点是家政服务、餐饮、酒店、保健等行业的职业技能，要突出实用性、实效性、职业性和技能性，对有条件、有意向就业的农民开展对口培训，可以通过与北京一些职业院校的合作来加强和促进农民技能的提高。同时要建立城乡统一的就业信息网，健全劳动力市场网络，规范劳动力市场秩序。提高农业转移人口的就业收入，保护劳动者利益，使他们能够更好地融入城市生活，真正在城市中安居乐业。随着北京市的"去中心化"政策的引导，市内的一些产业和人口在向郊区转移，缓解主城区承载压力，郊区农民要把握对接转移致富的机会，农民可以从中获得长期、稳定的收入，为他们的身份转变和城镇化进程创造有利条件。

(四)以统筹安排为思路，分层分批地推进农业转移人口市民化

党的十八届三中全会提出严格控制特大城市人口规模。近年来北京城市人口规模不断加大，形成了交通拥堵、就业紧张、住房困难、水资源紧缺、环境污染等城市问题，严重影响了北京的可持续发展，但特大城市的人口问题是城镇化进程中的一个世界性的棘手问题，为此，在研究农业转移人口市民化的过程中，不能闭门造车，必须借鉴国际特大型城市人口调控的经验，通过上述我们对国外主要国家城镇化与农业转移人口市民化的研究，结合北京的实际情况。我们提出以下建议：

1. 鼓励整建制"农转居"

继续研究并落实整建制"农转居"的政策，同时要及时总结"农转居"的宝贵经验，对于经实践证明了的好措施要巩固提高，把握好原则性和灵活性的统一。一是加强政策扶持，发展集体经济，一次性"农转居"后，由于人们的技能缺乏，思想落后，生产生活方式没有发生大的变化，只能通过做大做强集体经济来吸收就业并稳定增加收入，从物质基础上保证了他们的安居乐业。有些地方可以把增加就业和项目的开发建设结合起来。二是针对农业转移人口中的老年人可采取上下联动的方式解决老年人的生活保障困难，办理基本的养老和医疗手续解决其退养问题，对于没能拥有社保的特殊困难的年龄偏大的老人要降低门槛，减轻参保个人压力，综合多方面因素适当增加老年人的生活费发放标准，比如调整"老人老办法"生活费发放标准等。三是针对部分人员思想陈腐落后，跟不上时代发展，要对其进行政策宣传教育和解疑答惑，一定要注意方式方法，避免矛盾升级，不能让矛盾上移。

2. 政府应从全面统筹城乡的实际出发

政府应从全面统筹城乡的实际出发，科学制定总体规划和布局，加强法律制度建设，统筹推进户籍制度改革和基本公共服务均等化。北京市的市民化对象主要包括本市农业转移人口和本市农村地区的农民。坚持分类指导、循序渐进、存量优先、带动增量的原则。加快推进本市农业转移人口市民化，对于大部分已在城镇第二、三产业有稳定工作和固定收入，但因城乡二元结构限制，未能转为城镇户籍的人口要加大力度，保障农业转移人口优先转为城镇居民。对于本市农村地区的农民要给予"市民待遇"。对于外来流动人口要继续实行居住证政策，结合居住年限和社保参保情况，对于与户籍挂钩的权利和福利实行替代性管理的办法。

3. 要尊重农民意愿，有序推进农业转移人口市民化

尊重农民意愿，就地市民化。在 2013 年"两会"上，中共中央政治局常委、全国政协主席俞正声在湖北代表团和代表们一起审议政府工作报告时指出，要在充分尊重农民意愿的基础上，有序推进农业转移人口市民化。生活方式是多样化的，选择城市生活只是一部分或者大部分人的意愿，但并不是所有人的选择。特别是在北京，一方面是成为市民的成本代价太大，特别是远郊地区远离房地产开发的农民，有很多人是付不起这种成本的。另一方面，随着社会消费向农村的扩展，通过开展农家乐旅游休闲服务等服务业给自己

带来了财产性收益，这些都是实实在在的好处，甚至还会使一些人向往这样的生活方式。作为政策的制定者，对于上述这种情况，就需要改变城市人塑造农村的思维方式，既要尊重农民自愿选择，同时也要保障他们生活必需的公共服务设施、社会保障等与城市居民均等的公共福利。这样我们统筹城乡的目标也就实现了。

4. 要引导农业转移人口市民化向不同方向转移

要引导农业转移人口市民化向不同方向转移，需要建立多个"次中心"以缓解中心城区压力。按近郊、远郊、县等梯度规划和建设多个有特色、公共设施完备的新城或副中心，引导人口从中心城区向郊区转移。北京市主城区人口承载压力源于其就业、公共服务、行政等多种功能的高度集中。深入研究制定如何缓解主城区功能规划，有关部门要严格限制教育、医疗、行政办公等与民生息息相关的大型服务设施的新建和扩建，加大力度引导各项服务功能向周边扩散。引导主城区在非保护区建设高密度住宅，提高密度。在近郊区，推进新城城区建设，对接中心城区人口和产业的转移。同时要完善城市交通基础设施规划，为大规模人口的流动创造基本条件。在新城和副中心方面可参考如下措施：首先推进每个"次中心"以商务办公设施为主的再开发，分散商业流通中心功能，促进各类设施向高档次、高层次发展；其次要在"次中心"周围公共交通发达的地区，推进更小单位的"小中心"的开发建设，进一步分散各种功能。最后要在各中心间建设放射状的高速道路。

5. 推进农业转移人口市民化，要加强跨区域合作

推进农业转移人口市民化，要加强跨区域合作，形成城市群，加大区域经济、教育、文化等资源调配。很有必要促进环北京经济圈建设和共享，放眼世界，许多国家都已意识到缩小区域差距是疏解大城市人口压力的根本。北京在未来的城镇化进程中吸引人口的作用会不断增强，为了缓解日益严峻的人口增长形势，应该加快环北京经济圈发展，逐步形成辐射作用大、人口积聚能力强的城市群。比如可以采取税收共享政策。对于北京已有的或者将要在北京投资的企业，转移到周边城市后，明确税收比例，互利共赢。共建产业园区。由北京或者下辖各区县分别与周边城市签订协议，共同建设产业园区。扶持周边城市发展。主要通过帮助其基础设施建设，推动医院和学校等优质公共服务资源共建共享。推动轨道交通建设。为促进首都的人口和产业的转移，可以将已有的轨道交通线路延伸到环北京经济圈的周边城镇。

党的十八届三中全会指出，推进农业人口市民化，逐步把符合条件的农

业转移人口转为城镇市民。创新人口管理，加快户籍制度改革。这是贯彻落实党的十八大精神的重要举措，也是推进北京市农业转移人口市民化的重要指导。我们相信，随着我国全面深化改革的逐步推进，北京市一定会在城镇化进程中打好有序推进农业转移人口市民化这场硬仗。

参考文献

[1] 中共中央文献研究室编：《三中全会以来重要文献选编》（上、下），北京：人民出版社，1982 年。

[2] 中共中央文献研究室编：《十二大以来重要文献选编》（上），北京：人民出版社，1986 年。

[3] 中共中央文献研究室编：《十二大以来重要文献选编》（中），北京：人民出版社，1986 年。

[4] 中共中央文献研究室编：《十二大以来重要文献选编》（下），北京：人民出版社，1988 年。

[5] 中共中央文献研究室编：《十三大以来重要文献选编》（上），北京：人民出版社，1991 年。

[6] 中共中央文献研究室编：《十四大以来重要文献选编》（上、中、下），北京：人民出版社，1996—1999 年。

[7] 中共中央文献研究室编：《十五大以来重要文献选编》（上、中、下），北京：人民出版社，2000—2003 年。

[8] 中共中央文献研究室编：《十六大以来重要文献选编》（上、中、下），北京：中央文献出版社，2005—2008 年。

[9] 中共中央文献研究室编：《十七大以来重要文献选编》（上、中、下），北京：中央文献出版社，2009、2011、2013 年。

[10] 胡锦涛：《坚定不移沿着中国特色社会主义道路前进　为全面建成小康社会而奋斗》，北京：人民出版社，2012 年。

[11] 《中共中央关于全面深化改革若干重大问题的决定》，《人民日报》，2013 年 11 月 16 日。

[12] 李铁等：《我国城市流动人口和北京市人口流动问题》，北京：中国发展出版社，2013 年。

[13] 李永进、张士运编著：《北京现代化报告 2010—2011：北京城乡一体化建设体制机制研究》，北京：北京科学技术出版社，2011 年。

[14]温春娟：《关于北京城乡户籍制度改革的思考》，《北京市经济管理干部学院学报》，2008年第4期。

[15]张英洪：《推进北京市户籍制度改革的思考》，《北京农业职业学院学报》，2013年第3期。

[16]杜青林：《强化社会主义新农村建设的产业支撑》，《国家行政学院学报》，2006年第2期。

[17](美)罗尔斯著，何怀宏等译：《正义论》，北京：中国社会科学出版社，1988年。

[18]翟年祥、项光勤：《城镇化进程中失地农民就业的制约因素及其政策支持》，《中国行政管理》，2012年第2期。

[19]唐钧、张时飞：《京郊失地农民生存状况调查报告》，《中国改革》，2005年第5期。

创新驱动京郊小城镇发展研究

课题负责人：李敬德（中共北京市委党校　教授）

课题组成员：文晓灵（北京师范大学　副教授）

党的十八大、十八届三中全会和中央城镇化工作会议强调，要坚持走中国特色、科学发展的新型城镇化道路，推进以人为本的城镇化，着力提升城镇化质量，完善城镇化健康发展的体制机制，促进城镇化与新农村建设协调推进，促进城镇化与工业化、信息化、农业现代化同步发展。贯彻落实党中央的这些重要精神，要求充分发挥科技创新对京郊小城镇发展的关键驱动作用。

近年来，北京市深入贯彻落实党中央的各项决策部署，制定发布了《"科技北京"行动计划》和《"十二五"时期科技北京发展建设规划》，大力实施创新驱动发展战略，取得了一批重大科技成果，科技对首都经济社会发展的支撑和引领作用明显提高。国务院批复同意调整中关村国家自主创新示范区空间规模和布局，为推进京郊小城镇建设提供了难得的发展机遇。

创新驱动京郊小城镇发展的基本路径是：贯彻落实党中央精神，深入实施创新驱动发展战略，坚持城乡发展一体化，以遍布首都城乡的中关村国家自主创新示范区（1区16园）和北京国家现代农业科技城（一城多园）为依托，整合城乡创新资源，搭建城乡协同创新平台，创新城乡一体化的体制机制，建设创新型城镇、智能化城镇、生态化城镇，实现农业现代化、农村社区化、农民市民化，走出一条"新四化"协同发展、城乡互动互惠的首都新型城镇化之路。

一、创新驱动京郊小城镇发展的有利条件和难得机遇

（一）首都整体进入创新驱动发展新阶段

进入21世纪以来，北京市委市政府审时度势，按照党和国家的部署，就实施首都创新战略，建设创新型城市和首都特色的世界城市，做出了一系列重要部署，显著增强了首都自主创新能力，有力促进了首都经济社会全面协

调可持续发展，为创新驱动京郊小城镇发展奠定了坚实基础，创造了有利条件。

1. 实施首都"二四八重大创新工程"

迎接新世纪，谋求新发展。1999 年 12 月，北京市委市政府提出实施首都"二四八重大创新工程"（简称"二四八工程"）。"二四八工程"的主要内容，包括建设两大体系（首都创业孵化体系、经济创新服务体系）、四个基地（软件产业基地、北方微电子基地、生物医药基地、新材料基地）和数字北京工程等八项高新技术产业化示范工程。

2004 年 9 月，北京市委常委会研究决定，要全面贯彻党的十六大和十六届四中全会精神，坚持科学发展观，继续深化实施"二四八工程"。会议强调，科技创新要以企业为中心，实现"一个转变、两个加强"：一个转变是向市场主导型创新体制转变；两个加强是，加强科技创新资源向郊区县的辐射、扩散，加强科技对城市发展、城市管理和社会发展方面的支撑。北京市科委提出，要按照"一个转变、两个加强"的要求，重点实施三大行动：促进企业提高核心竞争力的"引擎行动"；实现城区与郊区县协调发展的"涌泉行动"；推进首都全面协调可持续发展的"科技奥运行动"。

通过深入实施"二四八重大创新工程"，首都科技创新能力明显增强。首都创业孵化体系、经济创新服务体系、科技政策法规体系初步建立，首都区域创新环境明显改善。中关村科技园区保持快速发展势头。促进了高新技术成果转化，北京已成为我国最大的技术商品集散地。科技对产业结构调整和发展方式转变的支撑作用初步显现。

2. 北京要率先建设成为创新型城市

2005 年 10 月，党的十六届五中全会提出，要把建设创新型国家作为面向未来的重大战略，把提高自主创新能力作为"十一五"规划的战略重点。北京市委九届十次全会认真贯彻党中央部署，鲜明地提出，要加快实施首都创新战略，把北京率先建设成为创新型城市。

2006 年，北京市委市政府贯彻党中央关于建设创新型国家的重大战略决策，召开北京市科技大会，发布专门文件，就建设创新型城市做出重要部署。为把北京率先建成创新型城市，市委市政府提出了建设创新型城市的总体要求、主要目标和重点任务。坚持把增强自主创新能力作为核心和关键，全面推进理论创新、制度创新、管理创新和文化创新，使创新成为北京城市发展的灵魂和动力。

2008 年 6 月,《北京市中长期科学和技术发展规划纲要(2008～2020 年)》正式发布。《规划纲要》要求大力实施首都创新战略,大幅提升自主创新能力,带动首都经济结构高端化转型、城乡统筹建设和社会和谐发展;提出到 2020 年,把北京建设成为以创新驱动发展的国际先进的创新型城市。

2008 年 9 月,北京市委提出,坚持科学发展,建设人文北京、科技北京、绿色北京。随后,相继出台了《科技北京行动计划》《人文北京行动计划》《绿色北京行动计划》。

2008 年 12 月,北京市委十届五次全会讨论通过了《关于率先形成城乡经济社会发展一体化新格局的意见》。强调要构建现代城镇体系,实施城镇化与新农村建设"双轮驱动",推进郊区城镇化进程。

(二)科技创新成为推动首都发展的关键驱动力

1."十一五"时期,北京科技创新取得显著成效

一是加强科技成果应用,为成功举办北京奥运会提供重要保障。奥运会后,奥运科技成果在全国得到推广应用。

二是整合首都科技资源,自主创新能力显著增强。全社会科技投入保持较高水平。"十一五"期间,在京单位全面对接 11 个民口领域国家科技重大专项,承担项目近 1200 个,占全国的 40%;申请中央财政经费 235 亿元,占全国的 45%。六个重大科技基础设施在京落地建设。科技创新平台建设取得重要进展。围绕电子信息、生物医药、新材料、新能源等重点产业,建设了一批技术创新服务平台。科技产出总量快速增加。"十一五"期间,全市专利申请量和授权量累计分别达到 21 万件和 10 万件,均比"十五"时期增长 1.5 倍。北京技术市场规模逐年增长,对首都经济发展的贡献日益显著,对全国创新发展的高端辐射作用日益突出。

三是深化体制机制改革,中关村国家自主创新示范区建设取得显著成果。

四是面向首都发展需求,科技对经济社会发展的支撑引领作用明显提高。产业结构优化升级取得实效。制定实施了电子信息、汽车、生物医药、新材料、新能源等重点产业调整振兴规划,一批重大科技成果在京落地转化,正在形成一批具有技术主导权的新兴产业链。科技园区和产业基地发展迅速。2010 年,北京中关村科技园区等六大高端产业功能区创造的增加值占地区生产总值的比例超过 40%。北京拥有一大批以知识和技术密集型为特征的高科技新兴产业基地。科技支撑城市管理和惠及民生的能力不断增强。

五是发挥政府引导作用,科技创新创业政策环境不断优化。科技创新政

策体系日趋完善，促进了创新要素的高效配置和优化集成。创新型人才建设力度不断加大。全社会加大科技投入的积极性进一步提高。知识产权战略和技术标准战略稳步推进。①

2．"十二五"时期首都率先形成创新驱动发展格局

"十二五"时期是北京市在更高起点上推动"人文北京、科技北京、绿色北京"发展、建设中国特色世界城市的关键时期。北京市"十二五"规划纲要提出，到2015年，北京初步建成具有全球影响力的国家创新中心，推动首都率先形成创新驱动的发展格局。

"十二五"时期，"科技北京"建设将着力完成以下几项重点任务：一是实施全面对接工程，包括对接国家科技重大专项、国家重大科技基础设施、国家科技计划和产业化项目，增强应用基础研究和前沿技术储备，促进中央单位重大科技成果在京落地转化，大幅提高首都持续创新能力。二是实施科技振兴产业工程，引导产业结构优化升级。建设国家现代农业科技城，促进一、二、三产业融合发展，引领高端农业发展。促进科技成果转化和产业化，加快培育和发展战略性新兴产业。加快发展科技服务业和文化创意产业，提升服务业核心竞争力。三是实施科技支撑民生工程，推动科技成果惠及人民。四是加快中关村国家自主创新示范区建设。②

（三）北京郊区小城镇建设取得初步进展

1．京郊小城镇发展情况

新中国成立以来，北京郊区小城镇建设大体经历了四个阶段。1949—1954年为第一阶段：频繁调整区县建制辖区范围。1978—1982年为第二阶段：小城镇发展停滞。1982—1993年为第三阶段：改变郊区人民公社政社合一体制，恢复小城镇。1994年至今为第四阶段：小城镇建设快速发展。1995年，北京市制定了《北京市小城镇建设试点工作意见》，确定了昌平区小汤山镇等11个乡镇为郊区第一批小城镇建设试点镇。到2000年，试点镇增加到22个。此后，北京市以中心镇为主要抓手，逐步发展到42个重点镇。到

① 伍建民：《加快"科技北京"发展建设 率先形成创新驱动的发展格局》，《北京"十二五"时期经济和社会发展热点问题讲座》第二讲，北京：北京出版集团公司、北京出版社，2011年版，第38—50页。

② 伍建民：《加快"科技北京"发展建设 率先形成创新驱动的发展格局》，《北京"十二五"时期经济和社会发展热点问题讲座》第二讲，北京：北京出版集团公司、北京出版社，2011年版，第54—80页。

2009 年年底，北京市共有 151 个建制镇。2005 年修编的《北京市城市总体规划(2004—2020 年)》提出，北京市的城镇结构为中心城—新城—镇，镇又分为重点镇和一般镇。

促进京郊小城镇发展，有若干推动力。首先是农村改革和乡镇企业的发展，解放了农村劳动力，为郊区调整优化产业结构、建立工业科技园区、实现经济快速发展奠定了基础。其次是北京城市功能定位和产业结构调整，促使中心城区的部分功能和重心转移到郊区，郊区的二、三产业得到长足发展。再次是北京加快城镇体系建设。《北京市城市总体规划(2004—2020 年)》确定了北京市城镇体系和"两轴—两带—多中心"的城市空间发展新格局。其中，小城镇不断发展壮大，基础设施和环境建设明显改善；农业向都市型现代农业转变，并向二、三产业延伸。乡镇企业和工业园区建设带动小城镇发展，第二产业正在走新型工业化道路，形成了以都市型工业为重要补充的新型工业结构。第三产业在京郊经济中的比重不断扩大；农民生活不断提高。

2. 北京郊区城镇化的主要特点和基本类型

据一些专家总结，北京城镇化的特点表现为：郊区在城镇化进程中的地位和作用日益突出；北京的城镇化主要是中心城区的扩展和郊区的城镇化；郊区新城承担着更多的城市功能；产业结构和布局的演变是北京城镇化的基本动力；二、三产业和各类开发区集中布局是北京地区城镇化进程的基本动力；第三产业是郊区农民就地城镇化转移的主要方向。[①]

根据京郊小城镇发展的主要驱动力，京郊小城镇可分为如下类型：疏散中心城区工业，建设工业带动型小城镇；发挥自身基础优势，建设综合型中心小城镇；挖掘自身资源，建设旅游服务型小城镇；提高农业生产技术，延伸农业产业链，建设都市型现代农业小城镇。

3. 创新型乡镇建设促进了京郊小城镇建设和城乡一体化

目前北京郊区已进入工业化后期阶段，其主要任务是完成城镇化进程，长远目标是实现城乡一体化。在这个发展阶段，不论是经济发展，还是农村社会结构的城镇化转型，乡镇一级都是重要的体制支撑和组织载体。在此背景下，从 2005 年开始，为发挥科技支撑和引领城乡统筹发展的重要作用，加快推进首都城乡一体化进程，北京市科委开展了创新型乡镇建设试点工作。创新型乡镇是以创新为动力和手段，以整合集成城乡内外各种创新要素和资

① 张文茂等：《北京城市化进程与特点研究》，《北京规划建设》，2009 年第 2 期。

源为基础，形成创新网络和创新发展模式，集聚财富，创造价值，取得发展优势的新型乡镇。通过几年的探索，创新型乡镇建设取得了明显成效。其一，通过创新型乡镇这个载体，整合集成城乡创新要素和成果，实现资源与需求的有效对接，引导乡镇正确选择符合自身功能定位和资源特点的发展道路。其二，初步探索出具有乡镇各自特点的发展模式。乡镇创新发展的关键是发展模式的转变，经过几年试点，数十个试点乡镇形成了多种创新发展模式，包括：生态经济模式、特色产业模式、文化创意模式、休闲经济模式和加工带动模式等。其三，促进了城乡经济社会统筹发展，加快了郊区城镇化步伐。创新型乡镇建设，为京郊乡镇实现科学发展找到了切实可行的路径，这也是京郊小城镇科学发展的可靠路径。

（四）国务院批复同意调整中关村国家自主创新示范区空间规模和布局，为推进京郊小城镇建设提供了难得的发展机遇

1. 中关村空间布局调整是首都城乡一体化发展新的里程碑

城镇化的目标是打破城乡"二元结构"，实现城乡一体化。2008 年，北京市发布专门文件，提出首都要率先形成城乡经济社会发展一体化新格局。北京市在加快城乡发展一体化进程中，十分重视发挥中关村国家自主创新示范区的支撑和引领作用。通过中关村，把城市优质资源与郊区优势资源相结合，通过城市功能空间布局和产业布局的调整，使一、二、三产业在城乡合理分布、融合发展，在提高北京总体经济实力的同时，促进城乡经济社会与环境协调发展。

中关村是我国第一个高科技园区。1999 年 6 月，国务院要求加快建设中关村科技园区；2005 年 8 月，国务院做出关于支持做强中关村科技园区的决策；2009 年 3 月，国务院批复建设中关村国家自主创新示范区；2011 年 1 月，国务院批复同意《中关村国家自主创新示范区发展规划纲要（2011—2020 年）》；2012 年 11 月，国务院批复同意调整中关村国家自主创新示范区空间规模和布局，成为中关村发展新的重大里程碑，也是推动北京城乡一体化发展的重大里程碑。

根据 2012 年国务院的《批复》，中关村国家自主创新示范区的面积从 233 平方公里调整为 488 平方公里，科技园区由 10 个扩展到 16 个。调整后，北京市约 70% 的产业用地可享受示范区的相关政策支持。同年 12 月，北京市出台了关于贯彻落实国务院批复的实施意见。《实施意见》要求，中关村示范区各分园要实现产业特色鲜明、功能定位明确，到 2015 年基本建成一批特色产业基地，初步形成"一区多园"、各具特色、重点建设"两城两带"的发展格局。到 2020 年，中关村示范区基本形成以战略性新兴产业集群为主要形态，以"两城两带"为重点，各分园之间分工明确、布局合理、相互联动、协调发展的"一区多园"发展格局。

"1 区 16 园"囊括了北京市 16 个区县，即各区县都将有一个中关村分园区。各分园实施"双重领导、以区（县）为主"的领导体制，中关村管委会对各分园的整体发展规划、空间规划、产业布局、项目准入标准等重要业务实施统一领导。为了落实空间规模和布局调整方案，需要启动《北京市城市总体规划》修改工作，各区县要据此结合区域资源禀赋、发展基础和人口资源环境承载能力编制完善各分园规划，探索符合中关村示范区特点的园区开发建设模式。同时要加强产业规划布局调控，加快形成"两城两带"产业集群发展格局，支持特色产业基地建设，加强重大项目布局引导，建立项目准入退出机制和落地协调机制，推进绿色生态园区建设。中关村示范区空间规模和布局的调整及其落实，将有效推进首都城乡一体化进程，加快包括县城、乡镇在内的京郊小城镇建设。

2. 中关村空间规模和布局调整为加快创新创业集聚、战略性新兴产业带动小城镇发展创造了有利条件

优化中关村示范区发展布局，是首都科学发展面临的难得机遇，有利于更好地发挥中关村在促进产业与人口资源环境协调发展中的布局引导作用，促进首都率先形成创新驱动格局，加快推进以城乡发展一体化为目标的城镇化进程。

中关村各园区促进了产业集群发展。产业集群对小城镇发展具有多方面的促进作用。产业集群是我国小城镇产业发展的重要路径，可以改变乡镇企业分散、重复的问题，有利于生产要素合理配置，提高效益，降低管理和社会成本，大规模转移剩余劳动力，加快第三产业发展。小城镇的发展又为发展产业集群提供空间载体和强大支持力。

科技工业园区对小城镇的推动作用已为多地实践所证明。科技工业园区不仅大量吸纳了剩余劳动力，也极大地促进了第三产业发展，促进了小城镇建设。

目前正在实施的中关村战略性新兴产业集群引领工程，包括下一代互联网、移动互联网和新一代移动通信、卫星应用、生物和健康、节能环保、轨道交通六大优势产业集群引领发展；推动集成电路、新材料、高端装备与通用航空、新能源和新能源汽车四大潜力产业集群跨越发展；促进现代服务业集群高端发展，形成"六四一"的产业集群发展格局。此次提出重点建设"两城两带"，即中关村科学城、未来科技城和由海淀北部、昌平南部、顺义部分地区构成的北部研发服务和高技术产业带，以及由北京经济技术开发区、大兴和通州、房山部分地区构成的南部高技术制造业和战略性新兴产业带，促进高端产业集群发展。这些任务与位于16个区县的科技园区建设相结合，将给京郊小城镇发展带来难得的机遇。

二、创新驱动京郊小城镇发展的路径选择

党的十八大、十八届三中全会和中央城镇化工作会议强调，要坚持走中国特色、科学发展的新型城镇化道路，推进以人为本的城镇化，着力提升城镇化质量，完善城镇化健康发展的体制机制，促进城镇化与新农村建设协调推进，促进城镇化与工业化、信息化、农业现代化同步发展。贯彻落实党中央的这些重要精神，要求充分发挥科技创新对京郊小城镇发展的关键驱动作用。

近年来，北京市深入贯彻落实党中央的各项决策部署，制定发布了《"科技北京"行动计划》和《"十二五"时期科技北京发展建设规划》，大力实施创新驱动发展战略，取得了北斗卫星导航、超大规模集成电路65-40纳米成套产品等一批重大科技成果，科技对首都经济社会发展的支撑引领作用明显提高。2012年，全市高技术产业、科技服务业、信息服务业实现增加值3990.5亿元，是2008年的1.5倍；技术合同成交额2458.5亿元，占全国的38.2%，技术交易实现增加值占地区生产总值的比重超过9.2%。北京市正在依托其得天独厚的科教资源优势和坚实的创新基础条件，深入实施创新驱动发展战略，加快建设中国特色世界城市和创新型城市。

创新驱动京郊小城镇发展的基本路径是：深入贯彻落实党的十八大、十八届三中全会和中央城镇化工作会议精神，紧紧围绕首都建设中国特色世界城市的目标要求，深入实施创新驱动发展战略和"人文北京、科技北京、绿色北京"战略，坚持协同创新的理念和思路，坚持城乡发展一体化，以遍布首都城乡的中关村国家自主创新示范区(1区16园)和北京国家现代农业科技城(一城多园)为依托，坚持科技教育文化与经济紧密结合、政产学研用紧密结合，整合城乡创新资源，搭建城乡协同创新平台，创新城乡一体化的体制机制，

建设创新型城镇、智能化城镇、生态化城镇，实现农业现代化、农村社区化、农民市民化，走出一条"新四化"协同发展、城乡互动互惠的首都新型城镇化之路。

（一）坚持创新驱动发展战略和城乡一体化发展目标，以中关村示范区（1区16园）和北京国家现代农业科技城（一城多园）为重要载体和抓手，以科技创新、文化创新为支撑，着力打造高端产业基地和产业集群，夯实城镇化的产业基础和整体经济实力，走产城人融合发展之路

1. 充分发挥中关村示范区（1区16园）的高端创新、高端服务和高端辐射带动作用

首都北京要建设的中国特色世界城市，应当是具有高端科技、高端产业、高端服务、高端品牌的创新型城市。经过30多年的创新发展，中关村国家自主创新示范区，正在建设成为我国具有全球影响力的科技创新中心。创新驱动京郊小城镇建设，必须充分发挥中关村示范区的高端创新、高端服务和高端辐射带动作用。

2009年3月，国务院批复支持中关村科技园区建设国家自主创新示范区，中关村成为我国第一个国家自主创新示范区。

2011年，国务院批复同意中关村示范区中长期发展规划纲要，标志着中关村国家自主创新示范区建设进一步上升为国家战略。

2012年10月，国务院批复同意调整中关村示范区空间规模和布局，标志着中关村示范区创新发展再上一个新台阶。根据国务院批复内容，中关村示范区由原来的"1区10园"扩充为"1区16园"，房山、顺义、门头沟、怀柔、平谷、密云和延庆7个远郊区县首次拥有了中关村园区，享受中关村各项优惠政策和配套政策措施。未来10年，中关村示范区将统筹整合首都人才、资金、技术等各方面的创新要素，重点支持发展电子信息、生物、新能源和节能环保、新能源汽车、新材料、制造装备、航空航天、文化创意八大产业，形成优势互补、分工协作的产业空间格局。

调整中关村示范区空间规模和布局，为北京郊区城镇化转型和加快推进城乡一体化带来了新机遇。为贯彻国务院批复精神，北京市发布专门文件，明确要求中关村示范区，要以培育发展战略性新兴产业及现代服务业为目标，从各区县功能定位、发展优势和需求入手，加强顶层规划和市级统筹，谋划新建、升级一批特色产业基地，带动区县经济社会发展转型提升，推动中关

村示范区和行政区统筹协调发展。到 2020 年，中关村示范区将基本形成以战略性新兴产业集群为主要形态，以"两城两带"①为重点，各分园之间分工明确、布局合理、相互联动、协同发展的"一区多园"发展格局。

房山、顺义、门头沟、怀柔、平谷、密云和延庆这七个远郊区县，高度重视中关村示范区区县分园的建设。在加入中关村之前，这七个远郊区县都有经济技术开发区或工业开发区的发展基础；这次建立中关村分园，各区县在原有工业园区的基础上，根据本区县功能定位、发展优势和郊区城镇化转型发展的需要，立足于把中关村分园建设成为区县经济发展的主要载体，着力培育和发展具有特色的战略性新兴产业集群，带动区县经济转型和农村城镇化转型。

（1）中关村房山园

中关村房山园即房山区北京高端制造业基地，是 2011 年 7 月由北京市经信委、市发改委、市科委等六部门联合建立的市级高端制造业基地，位于房山区窦店镇中部。基地作为北京市南部高技术制造业和战略性新兴产业发展带的重要组成部分，以建设"两个率先"示范区为发展目标，坚持走新型工业化与新型城镇化融合发展新路，重点吸纳信息技术、新材料、新能源、高端装备、航空航天、新能源汽车等战略性新兴产业项目，着力打造先进制造业全产业链集群，推动中国制造向中国创造转变。基地目前已聚集了一批在国内外具有一定影响力和产业带动力的规模企业，打造了一批具有自主知识产权的知名品牌。长安汽车、京西重工减震器以及国能电力三维锂电池等项目建成投产；北车轨道交通装备产业园、北控绿色科技产业园、金朋达无人机、北京矿大节能研发基地、北京海斯特科技有限公司排气系统、新材料科技产业园 6 个在建项目，已于 2014 年年初陆续建成投产。

（2）中关村顺义园

中关村顺义园包括六个分园：中航工业北京航空产业园；临空国际高新技术产业基地；空港创意产业园；实创高新技术产业基地；北方新辉新兴产业基地；非晶产业基地。顺义园将重点发展航空航天、装备制造、研发服务、信息服务等高端产业集群，加快推进高新技术成果孵化转化，建设"生态良好、产业集聚、用地集约、设施配套、城乡一体"的世界一流的研发服务和高

① 两城，即中关村科学城和未来科技城。两带，即北京市北部研发服务和高新技术产业发展带、南部高技术制造业和战略性新兴产业发展带。

技术产业集聚区。目前，中关村顺义园现有实体企业 113 个，其中国家级高新技术企业 5 个，2012 年入区企业完成产值 78.8 亿元，实现税收 6.18 亿元。

(3) 中关村门头沟园

中关村门头沟园的建设，主要是依托石龙开发区，建设集金融、环保、高新技术等于一体的新型园区，促进门头沟区产业转型和农村城镇化转型发展。一是大力推进开发区总部经济发展。全面退出占地多、能耗高的大工业，加快建设总部经济孵化基地，目前东方博特、立思辰等 8 个总部大厦开工建设，新华水利水电、中铁资源等大型企业入驻园区。二是大力发展金融环保产业。结合区位优势和环境优势，引进一批新型金融、环保、能源项目。

(4) 中关村怀柔园

中关村怀柔园主要包括中科院怀柔科教产业园、北京纳米科技产业园和互联网创新产业园三大特色园区。中科院怀柔科教产业园由教育基地、科研与转化基地、基础与前沿科学基地三部分组成。教育基地一期于 2013 年投入使用并实现招生；科研与转化基地已有中科院 10 个研究所的 22 个项目相继签约落地，中科合成油等重大项目已相继建成投产；北京综合研究中心也正在积极规划筹建中。北京纳米科技产业园，是由怀柔区雁栖经济开发区与北京市科委共建的国内领先的高端纳米产业发展基地。怀柔园还计划以中科院网络中心和亚马逊云计算项目等龙头项目为代表，打造互联网创新创业园，聚集下一代互联网、云计算等相关产业重点项目在怀柔发展。

(5) 中关村平谷园

中关村平谷园重点建设"三园区五基地"。"三园区"即兴谷经济开发区、马坊工业园区、马坊物流园区。"五基地"即食品产业基地、通用航空产业基地、轨道交通产业基地、音乐文创产业基地、绿色能源产业基地。着力打造食品、通用航空、绿色能源、音乐文创、现代物流产业、轨道交通设备制造等产业集群。中关村平谷园今后将充分利用中关村示范区在政策、资金、技术、人才和服务等方面的优势，重点在体制机制、产业集聚、金融创投、服务企业等六大方面入手，在现有基础上加紧认定一批高新技术企业，建立企业孵化中心和创业大厦，为入区科技型企业提供创业支持，依托五个产业基地，引导区内企业向基地集聚，同时积极吸引企业进驻，目前的重点工作是推进食品企业和绿色能源企业向食品产业基地和绿色能源产业基地集聚。

(6) 中关村密云园

中关村密云园包括密云经济开发区和密云生态商务区。密云园建设的重点任务是，整合提升密云经济开发区第一、二、三期，以"总部企业＋标杆工厂"为总体发展目标，重点发展绿色食品、汽车及零部件、电子信息和生物医药产业；继续做大做强密云经济开发区第四期，按照"大项目—产业链—产业集群—产业基地"发展思路，重点发展汽车及零部件、电子信息和新型建材工业，着力打造现代制造业产业基地、北京数字信息基地；加快建设生态商务区，吸引高端商务和休闲消费。与此同时，密云将结合现有主导产业，建设数字信息、科技成果转化、新能源汽车和生态商务总部基地等四大特色产业基地。

(7) 中关村延庆园

中关村延庆园包括八达岭开发区、延庆开发区和康庄农民就业产业基地。八达岭开发区主要发展新能源和环保、高端装备和通用航空产业。延庆开发区充分发挥延庆城南区位优势，重点发展现代服务业，整体打造中小企业总部基地、金融保险后台服务、研发培训等生产性服务业高度聚集的城南高端服务功能区。康庄农民就业产业基地，通过加强与八达岭开发区的产业衔接和资源整合，突出发展高端装备制造业。延庆园确立了"121"产业集群创新引领的发展格局。第一个"1"是加快节能环保产业集群引领发展；"2"是推动新能源、高端装备和通用航空两个产业集群加快发展；后一个"1"是促进现代服务业集群高端发展。

2. 充分发挥北京国家现代农业科技城（一城多园）的高端创新、高效服务和高端辐射带动作用

为了加快推进创新型国家建设和北京世界城市建设，推动城乡发展一体化进程，促进农业现代化和农村城镇化转型，2010 年 8 月，科技部、农业部、北京市共同启动建设国家现代农业科技城（以下简称"北京农科城"）。北京农科城按照"高端、高效、高辐射"的目标要求，坚持以高端研发和现代服务业引领现代农业，以科技要素聚集武装现代农业，以信息化融合提升现代农业，以产业链创业促进现代农业，经过 5～10 年时间，将其建设成为全国农业科技创新中心和现代农业产业链创业服务中心。①

经过三年的开发和建设，北京农科城已成为我国农业科技自主创新的重要载体和标志，为全国现代农业发展提供了有力的技术引领和服务支撑。三

---

① 国家现代农业科技城领导小组联合办公室：《北京国家现代农业科技城建设进展报告》，2013 年 2 月。

年来，北京农科城先后实施 30 多项重大科技项目，争取科技部科技计划项目（课题）等 200 余个，带动社会资金 20 多亿元参与项目建设。北京农科城在推动农业科技创新，加快发展现代农业产业方面取得了实质性进展和突出成效。一是创新体制机制，构筑农业科技协同创新平台。在农科城领导小组的领导下，抓好顶层设计，开展战略策划，统筹推进农科城建设，并发挥"一城两区"协同创新的龙头带动作用，有力地推进了现代农业创新发展。二是实施创新驱动，服务都市现代农业高端发展。依托"五中心"①高端服务平台，服务农业科技创新创业，突破了一批关键技术，推动了北京现代农业产业的快速发展。三是着力现代服务引领，促进一二三产业融合发展。推动特色园区建设，促进产业集群发展，加速创新成果转化应用，促进科技成果惠及民生。在建设过程中，北京农科城取得了一批重大科技成果。创制了世界首个水稻全基因组芯片，成功绘制出世界首张西瓜全基因组序列图谱，"京阿葫 36 号"打破了国外长期垄断我国西葫芦高端品种的格局，北京品牌的高产优质玉米新品种向全国推广约 7500 万亩，占全国市场的 18％，京红、京粉系列作为全国最大的自主创新蛋种鸡品种，占全国市场的 50％，种鸡规模亚洲第一。通过持续科技创新推动，抢占农业科技创新高地，促进了首都现代农业快速发展，北京农业科技贡献率已达到 69％，高出全国平均水平 16 个百分点，接近发达国家水平。北京农业技术合同成交额累计达 148.9 亿元，是"十一五"时期农业技术合同成交总额的近两倍，北京现代农业已步入创新驱动发展的快车道。②

北京农科城昌平园，即小汤山现代农业科技示范园，是北京市首批国家级农业科技园区之一，是北京市首次实行农业项目规划与小城镇建设规划相统一、园区建设与小城镇建设协同推进的农科园区。按照园区总体规划，昌平园着力建设特色果品推广区、高端研发孵化区、成果转化示范区、城乡统筹先行区四大区域，兼容科技研创、推广示范、交流会展、教育观光、管理服务五大功能，努力建设世界一流、代表农业产业研发国际水平、科技资源密集的国家现代农业科技城先导示范园。到 2012 年，昌平园吸引入驻企业 40

---

① "五中心"即：农业科技网络服务中心、农业科技金融服务中心、农业科技创新产业促进中心、良种创制与种业交易中心、农业科技国际交流中心。这五个中心是国家层面的高端创新支撑平台。

② 《北京国家现代农业科技城建设取得阶段性成果》，科技部网站，2013 年 4 月 2 日。

余家，其中有大北农生物科技研发中心、奥瑞金种业、正兴隆生物等农业科技企业。昌平园以农业科技项目为载体，全面带动园区建设。园区共承担国家级、省部级科技项目60多个，其中重大项目4个。北京农科城昌平园核心区面积2300亩，规划辐射面积111.4平方公里，涉及小汤山、兴寿、崔村、百善4个镇。

北京农科城顺义园，即北京国际鲜花港，是北京市唯一的专业花卉产业园区。顺义园以品牌服务为宗旨，建设生物育种研发技术服务平台，探索高端花卉营销服务模式，打造花卉会展品牌。顺义园着力发展花卉园艺产业、籽种苗木产业、会展产业、文化创意产业、花卉物流产业和休闲观光产业，形成多产业融合发展格局，促进花卉科技成果转化和产业化，促进城乡统筹发展，带动农民增收。园区通过与科研机构和育种企业合作，建成了一个能够满足转基因玉米、大豆等作物中间试验和环境释放试验要求的转基因育种试验基地，吸引中国农科院生物技术所、北京大学生命科学院等国内外生物科技企业和科研单位进驻园区生物技术种业孵化器基地。园区多次成功举办北京郁金香文化节和菊花文化节。

北京农科城通州国际种业科技示范园，是农业部和北京市共建的现代农作物种业示范区核心基地，是首都建设"种业之都"、打造"全球种业科技创新中心"的重要载体，是中关村国家自主创新示范区第一个农业科技园区。通州农科园位于通州区于家务回族乡，总规划面积30000亩，远期规划以于家务乡为中心覆盖通州区南部乡镇。通州农科园重点打造科研与企业孵化基地、新品种核心展示示范基地、千亩院士专家中试基地三大板块，着力提升高端研发、企业孵化、会展展示、交流交易、综合服务五大功能。成功引入北京德农种业、金色农华、中国农科院、中国农大等国内外优势农业科技企业和科研单位40余家。通州农科园的发展目标，是建设以高通量育种服务为引领的"育繁推一体化"现代种业科技园区，为推动首都种业跨越发展和提升全国种业科技创新能力提供有力支撑。

实践证明，依托北京农科城（一城多园），推动首都都市型现代农业与小城镇相互协调、融合发展，必将有力地促进以城镇化为重点的"新四化"协同发展，促进城乡统筹发展，促进京郊实现产业结构、就业方式、人居环境、社会保障等一系列由"乡"到"城"的转变，使北京郊区的城镇化真正成为有质量、可持续的城镇化。

（二）依托中关村示范区和北京国家现代农业科技城，深入实施"人文北京、科技北京、绿色北京"战略，以"集约、智能、绿色、低碳"为导向，建设智能化城镇、生态化城镇

1. 以知识化、信息化为支撑，建设智能化城镇

首都北京要建设的中国特色世界城市，应当是具有高端科技教育和先进文化，以知识化、信息化为支撑的智能化城市。应当按照这样的目标要求，推进京郊智能化城镇建设。

中国工程院院士、常务副院长潘云鹤认为，建设"智能城市"，不仅是云计算、大数据、物联网等技术的集成运用，还是工业化、信息化、城镇化以及农业现代化的"四化"融合。建设"智能城市"，就是将工业化、信息化、城镇化、农业现代化"四化"有机融合，使城市能够集约、绿色、宜人、可持续地发展。因此，"智能城市"更适合表述具有中国特色的城市智能化发展。城市智能化发展，包括城市基本建设、城市产业、城市信息环境、城市管理和服务、城市人力资源五个方面的智能化发展。①

2012年3月，北京市发布《智慧北京行动纲要》。《纲要》提出，北京市将实施建设流动人口信息网，探索实名交通卡，建设食品安全追溯信息平台，在政治中心区、公交地铁实现视频监控全覆盖等八大行动计划。在全市常住人口中推广"市民卡"，建设"市民卡"应用支撑平台，实现社保卡、居住证、实名交通卡等各类实名智能卡的互认，使市民能持一张卡享受医疗、就业、养老、消费支付等各类社会服务。全市将以居住证为载体，建立全市联网、部门联动的实有人口信息系统。按照"来有登记、走有核销"的基本要求，加强流动人口基础信息采集，进行实时动态监控。运用移动互联网基于位置的服务、视频识别等智能技术，在公共场所建立人群流动动态感知信息网络，支撑交通管理、社会治安、公共安全预警、突发事件应急等城市运行保障活动。《纲要》提出，要经过试点，建设一批"智慧社区"和"智慧村"，在这些地方能够提供智能的安防、能源管理、停车管理等社区服务。同时，街道和社区还将建设"一站式"基层服务站点，这种站点会将各种电子公共服务接入其中，使居民可以在街道和社区基层服务站点办理劳动就业、社会保险、社会救助、社会福利等各种便民服务事项。北京还将建设药品全品种、全过程电

---

① 陈学慧、张健：《智能化让城市又好又快发展——访中国工程院院士、常务副院长潘云鹤》，《经济日报》，2013年5月27日。

子监管和问题药品的可追溯系统以及食品安全追溯信息平台，使婴幼儿配方乳粉、原料乳粉和畜禽、水产品等重点食品从养殖、收购、加工、储运到销售实现全程追溯，酒类、桶装水等重点预包装食品也可以实现流通和溯源管理。在大型食品批发市场、商场、超市和互联网公共服务平台上，还将提供食品信息查询验证。《纲要》规定，到 2015 年，全市重点公共场所将建成城市安全视频监控设施，并整合各相关行业（领域）和区域的视频监控信息，形成覆盖城乡的城市安全视频监控网络。在智能交通方面，将建设覆盖主要道路、公交场站、进京高速路口、轨道交通站点、综合运输枢纽的数据采集监控网络，形成全路网智能监控体系；推动地面公交、轨道交通、出租汽车、民航、铁路、交管、气象、消防、应急等部门实现信息共享与协调联动，与北京周边地区进行联动交通管理。通过互联网、移动终端、广播等途径，实现对交通相关信息的综合处理和统一发布，为公众提供路况、换乘、停车、定位等出行引导信息服务。

同时，北京市将完善节能监测体系，实现工业、交通、大型公共建筑、公共机构等主要用能单位和场所的能耗监测。建设智能化的土地、环境和生态监管体系，实现对全市土地利用、生态环境、重点污染源、地质资源和灾害、垃圾处理设施和填埋场等领域的动态监测。

2. 以"绿色北京"建设为支撑，走资源节约、环境友好、低碳发展之路，建设生态化城镇

2012 年 3 月 15 日，中国社会科学院发布《中国生态城市建设发展报告（2012）》，这是我国第一部关于生态城市建设的发展报告。《报告》指出，当前我国正处于城镇化水平迅速提升的关键阶段，未来发展要摒弃传统的城市发展道路，探索可持续发展的生态城市道路。首都北京要建设成为中国特色世界城市，更应当是经济与社会协调发展、人与自然和谐相处的生态化城市。北京市提出，"绿色北京"建设的近期目标是：经济发展方式实现转型升级，绿色消费模式和生活方式全面弘扬，宜居的生态环境基本形成，将北京初步建设成为生产清洁化、消费友好化、环境优美化、资源高效化的绿色现代化世界城市。推进京郊小城镇建设，要求坚持"集约、智能、绿色、低碳"方针，提高质量，趋利避害，实现小城镇健康可持续发展。

建设"绿色北京"，要求统筹推进绿色发展的三大系统（自然系统、经济系统和社会系统），既要积累自然系统的绿色财富，也要发展绿色经济，还要提供广泛的、公平的社会福利。

2009 年 12 月,北京市发布《"绿色北京"行动计划(2010—2012 年)》,提出以提升首都可持续发展能力为核心,全力打造绿色生产体系,积极创建绿色消费体系,加快完善绿色环境体系,实施 9 大工程,完善 10 项保障机制,达到 16 项指标。首次提出建设低碳城市,以生态涵养发展区为重点,加快生态环境与绿色产业统筹发展。进一步凸显绿色生产特征。产业升级发展的重点措施将不再停留在"关停并转"的简单调整模式上,而是充分利用提高增量产业准入门槛和存量产业发展水平的"创新驱动、内涵挖潜"发展模式。同时提出,进一步提高资源利用效率,打造循环经济示范园,把促进当地就业和改善生态环境功能结合起来。通过实施《"绿色北京"行动计划》,北京市在加强资源节约型和环境友好型社会建设,推进节能减排和大气治理,加强绿化建设和生态修复,提高首都生态文明水平和可持续发展能力方面,取得了重大进展。节能减排工作走在全国最前列;清洁能源、绿色交通、垃圾处理、污水处理等设施承载能力实现新跨越。

《北京市"十二五"时期绿色北京发展建设规划》提出了三项主要目标:一是率先形成"创新驱动、内涵促降"的科学发展新格局,经济社会发展更多地依靠科技、人力等非传统资源投入。二是初步形成人与自然和谐相处的集约、高效、生态型绿色城市发展新模式。三是打造成为生产清洁、消费友好、环境优美的绿色发展先进示范区。对于京郊小城镇建设而言,《规划》具有的引导作用是突出了系统打造绿色生产体系。围绕调结构、转方式、促循环的主线,更加突出创新驱动,努力形成绿色经济新格局,包括发挥中关村的创新引领作用,继续提升服务业比重,深入调整能源结构,提高资源产出率等。

2013 年,北京市发布《关于全面发展绿色建筑推动生态城市建设的意见》,要求新建项目严格执行北京市《绿色建筑设计标准》、《绿色建筑评价标准》和《居住建筑节能设计标准》。根据《意见》,北京市近期将创建至少 10 个绿色生态示范区,10 个 5 万平方米以上的绿色居住区。示范区和居住区内二星级及以上的绿色建筑达到 40% 以上。北京将在大兴区梨花村等村镇,以绿色生态理念推动新农村建设和旅游业的发展。在推广绿色相关产业方面,北京将加快形成规划、设计、咨询、施工、运营、物业、认证、计量及绿色建材的相关产业链。

建设生态化城镇,必须充分发挥中关村示范区和北京国家现代农科城的科技创新优势。经过多年的发展,中关村示范区已经聚集了一批在大气污染治理、污水和垃圾处理、新能源等领域拥有自主创新技术的高新技术企业,初步呈现出节能环保产业的集群发展优势。海淀、昌平、丰台3个园区的能源环保产业形成三足鼎立的局面，其中昌平园区表现得最为突出，这里聚集了300多家能源科技企业，能源科技产业的工业总产值和总收入均占园区总量的一半以上。随着国家各项鼓励节能环保产业政策的落实，特别是中关村政府采购试点工作的积极推进，将极大地促进节能环保产业的发展。污水资源化利用企业碧水源公司多次中标北京市政府采购自主创新产品示范项目，加快推动了膜产业基地的建设。该基地将成为我国乃至亚洲地区最大的污水资源化膜产业基地，将污水变成资源，促进水环境改善和循环利用。

中关村示范区着力促进园区绿色发展、循环发展、低碳发展，推动建设一批绿色节能、绿色照明、水资源和土地保护与综合利用、新能源综合利用、固废处理及资源化等循环经济示范工程，推动建设"高效、低碳、开放、智慧"的生态型高科技园区。数据显示，2012年，中关村节能环保产业收入规模达到2075亿元，其中大气处理、污水处理、固废处理等领域居于国内领先地位。

（三）坚持城乡发展一体化，以农业现代化、农村社区化、农民市民化为目标，走城乡协同、互动互惠的新型城镇化之路

1. 新型城镇化要求构建新型城乡关系

首都北京要建设的中国特色世界城市，应当是工农互惠、城乡一体的现代化城市。推进京郊小城镇建设，就要按照新型城镇化的要求，构建新型城乡关系，走城乡协同、互动互惠的新型城镇化之路。

城乡发展一体化是破解农业、农村、农民工作难题的根本出路，是破除城乡二元结构、促进城乡协调发展的根本途径。城乡发展一体化，是通过城乡之间生产要素的自由流动、工业支持农业和城市对乡村的辐射带动，逐步缩小城乡经济社会发展水平的差距，进而使城市和乡村形成相互渗透、相互融合、高度依赖、共同繁荣的整体系统的过程。[①]城乡经济社会发展一体化，主要有六个方面的内容，即：城乡发展规划一体化、城乡产业发展一体化、城乡基础设施建设一体化、城乡公共服务一体化、城乡劳动就业一体化、城乡社会管理一体化。[②]构建新型城乡关系，全面推进城乡一体化，需要整体设

---

① 郑有贵：《目标与路径——中国共产党"三农"理论与实践60年》，长沙：湖南人民出版社，2009年版，第461页。

② 参见郑新立：《积极构建城乡经济社会发展一体化新格局》，《北京郊区现代化问题研究》序言，北京：中央文献出版社，2008年版，第1—3页。

计、突出重点、稳步推进。农村城镇化是我国现代化建设的重大战略，是实现农业现代化和城乡一体化的必然要求。全面实现城乡一体化，必须坚持农村城镇化与农村社区化相结合，加强农村社区建设，充分发挥农村社区在实现城乡融合、协调发展中的重要作用。

实现农业现代化、农村社区化、农民市民化，是推进城乡发展一体化的目标要求；农业现代化、农村社区化、农民市民化，是北京走新型城镇化道路，实现农村城镇化转型的基本标志。这"三化"，既是北京新型城镇化道路的基本内容，又是北京走新型城镇化道路的基本路径；既是北京新型城镇化道路的基本目标和基本任务，又是检验新型城镇化"北京道路"质量和水平的基本指标。

2. 坚持农村城镇化与农村社区化相结合，探索城乡社区对接互动的有效途径和形式

北京市长期从事京郊农村现代化研究的专家提出，北京市应通过"三个一批"逐步实现北京郊区农村的城镇化、城镇化转型，即通过城镇化转移一批、城镇化聚集一批、新型农村社区建设提升一批，基本解决京郊农村城镇化、农民市民化问题。①

根据我国的现实国情，推进农村城镇化和城乡一体化，需要认识和把握农村社区化的二重性。我国的城镇化体系，是一个包括大城市、中小城市、小城镇和农村社区在内的多层次城镇化体系。农村社区是这个多层次城镇化体系的末端环节。农村社区化同城市社区化，既有密切联系又有明显区别。农村社区化，从其性质和功能来说，具有显而易见的二重性：一方面，从新型城镇化的角度看，农村社区是城镇化体系的末端环节，具有产业发展、公共服务、吸纳就业、人口集聚功能；另一方面，从农村社会建设和管理的角度看，农村社区又是农村最基层的社会生活共同体，是社会的基本单元，具有社区自治、社区管理、公共服务等功能。农村社区化，既是农村城镇化转型的有效途径和实现形式，又是加强农村社会建设和管理的创新性探索。农村社区化的这种二重性，具有内在统一性，即统一于农村城镇化和城乡一体化的实践中。近年来，我国不少地区在农村社区建设中探索出的"就地城镇

① 张文茂：《城乡一体化与农村城镇化》，《2010北京创新研究报告》，北京：同心出版社，2010年版，第147—149页。

化"模式，就体现了农村城镇化与农村社区建设的有机结合。例如，山东诸城市全面推进农村集聚式社区建设，通过农村社区这一新载体，使农民享受与城镇社区居民同样的基本公共服务，告别传统的农村生产方式和生活方式，开拓出农村就地城镇化、实现城乡一体化发展的新路径。北京市的城镇化体系，包括中心城—新城—小城镇—新型农村社区（村庄）四个层次。在推进京郊小城镇建设中，认识和把握农村社区化的二重性，不仅有助于我们深化对农村社区建设重要战略意义的认识，拓展和提升农村社区的双重甚至多重功能，而且有助于我们正确把握农村社区化与城市社区化的密切联系，把新型城镇化与农村社区化二者的功能有机结合起来，积极探索城乡社区对接互动的有效途径和形式，加快实现农村社区化。

近年来北京市推进城镇化和城乡一体化的实践证明，统筹推进城乡社区建设，有效发挥城市社区的示范带动作用和城乡社区的互动互补作用，有利于加快形成城乡发展一体化新格局，有利于构建城乡社区发展新格局。统筹推进城乡社区建设，要坚持"重点突破、城乡联动、以城带乡、整体推进"的原则，以实现"城乡一体化、基本公共服务均等化"为基本目标，以提升城乡社区管理和服务能力为重点，以完善城乡社区管理体制机制为保障，以加强社区组织和社区工作者队伍建设为根本，通过统筹实施城乡社区一体化发展规划、统筹推进城乡社区公共服务一体化、统筹推进城乡社区管理一体化、统筹推进城乡社区教育、统筹发展城乡社区文化等途径和方法，促进城市社区建设成果向农村延伸，城市公共服务向农村覆盖，城市人才向农村流动，城市现代文明向农村辐射，形成以城带乡、以乡促城、优势互补、共同提高的城乡社区和谐发展新格局。

为了统筹推进城乡社区建设，有必要制定并实施北京城乡社区对接互动计划。要立足于构建以城带乡、以乡促城、优势互补、共同提高的城乡社区和谐发展新格局，着力做好"六个统筹"：一是建立统筹城乡社区建设的领导体制；二是统筹实施城乡社区一体化发展规划；三是统筹推进城乡社区公共服务一体化，搭建城乡互补互动的公共服务平台；四是统筹推进城乡社区管理一体化，构建城乡一体化的多元参与机制和城乡社区组织互帮互助机制；五是统筹推进城乡社区社会组织和社区工作者队伍建设，通过开展社区教育、专业技能培训和社区实践锻炼，培育专业化、职业化的城乡社区工作者队伍；六是统筹推进城乡社区教育和社区文化建设，建立和完善城乡一体化的社区教育文化体系。①

3. 坚持制度创新，走农民市民化之路

科学发展观的核心是以人为本，新型城镇化的核心是人的城镇化，人的城镇化的核心是农民市民化。

实现农民市民化，就是要通过制度改革与创新，使全体农民的身份转变为市民，既保障农民原有的土地财产权利和集体资产权益，又保障农民平等享有基本公共服务，实现城乡居民"同城同权同尊严"。实现农民市民化，主要是进行三项具体制度改革与创新：一是改革户籍制度，取消传统的农业户籍与非农户籍的划分，实现城乡居民身份一体化。北京市委、市政府明确提出，北京的农民是拥有集体资产的新市民。要通过户籍制度改革，将京郊农民全部转为市民。二是深化农村产权制度改革，切实保障农民的集体资产权益。既要科学界定农民的集体财产权份额，又要保障农民按股分红等集体资产收益权，还要建立农民自愿退出原集体产权的市场机制。北京市委、市政府明确提出，让农民带着集体资产进入城镇。三是通过深化公共服务体制改革，实现城乡基本公共服务均等化。②

实现农民市民化，首先应当解决农民工的市民化问题。党的十八大报告提出，要加快改革户籍制度，有序推进农业转移人口市民化，努力实现城镇基本公共服务常住人口全覆盖。有专家提出，要把农民工作为户籍制度改革的突破口，尽快实现农民工"职业上从农业到非农业、地域上从农村到城镇、身份上从农民到市民"的三维转换。

我国小城镇户籍制度改革，起步于 1984 年。当时提出，各省、自治区、直辖市可选择若干集镇进行试点，允许务工、经商、办服务业的农民自理口粮到集镇落户。1997 年、2000 年、2001 年，国务院连续下发文件，提出改革小城镇户籍制度，凡在小城镇有合法固定场所、稳定职业或生活来源的农民及其共同居住生活的直系亲属，均可根据本人意愿办理城镇常住户口，并在子女入学、参军、就业等方面享受与城镇居民同等待遇。与此同时，积极推进有关保护农民工权益和就业制度改革。如 2004 年中央一号文件提出，保障进城就业农民的合法权益。明确提出农民工已经成为产业工人的重要组成部

① 李敬德、文晓灵、李雪：《统筹城乡发展与农村社区建设》，《北京农村社区建设与管理创新研究》，北京：首都师范大学出版社，2013 年版，第 142—143 页。

② 郭光磊等：《北京市新型城镇化问题研究——战略与政策分析》(上)，北京：中国社会科学出版社，2013 年版，第 5—6 页。

分，要切实把对进城农民工的职业培训、子女教育、劳动保障及其他服务和管理经费，纳入正常的财政预算。2006 年中央一号文件，要求清理和取消各种针对务工农民流动和进城就业的歧视性规定和不合理限制，进一步提出了保护农民工合法权益的一系列政策措施。同年，国务院发布专门文件，提出做好农民工工作要坚持"公平对待、一视同仁"等基本原则，逐步建立城乡平等就业制度。2007 年 8 月，十届全国人大常委会第二十九次会议通过的《中华人民共和国就业促进法》第二十条规定，国家实行城乡统筹的就业政策，建立健全城乡劳动者平等就业的制度，引导农业富余劳动力有序转移就业。①

三、创新驱动北京小城镇发展的体制机制

（一）依托中关村创新平台，建立和完善面向全市城乡的政产学研用协同创新机制

2010 年年底，为进一步发挥中关村科教智力资源优势，推动体制机制创新和政策先行先试，促进政产学研用协同创新，北京市政府会同中关村示范区部际协调小组相关部门，共同组建了中关村科技创新和产业化促进中心（简称"中关村创新平台"）。中关村创新平台下设重大科技成果产业化项目审批联席会议办公室、科技金融工作组、人才工作组、新技术新产品政府采购和应用推广工作组、政策先行先试工作组、规划建设工作组、中关村科学城工作组、现代服务业工作组 8 个具体办事机构。共有 19 个国家部委干部和北京市相关部门及区县干部在平台办公。两年多来，中关村创新平台通过不断完善工作机制，创新工作方式，在整合北京市、中央和国家有关部委科技资源，完善政产学研用协同创新机制方面取得了显著成效。推进京郊小城镇建设，应当充分发挥这些协同创新机制的作用。

1. 进一步完善北京市与国家部委的部市会商机制

北京市分别与科技部、工业和信息化部、国家发展改革委、财政部、卫生部和教育部六部委开展部市会商，建立重大科研和产业化项目的联合支持机制，重点围绕中关村示范区和人才特区建设、战略性新兴产业发展等重大事项，共同推进先行先试政策，联合支持战略性新兴产业重大项目。共建国家现代农业科技城，促进一、二、三产业融合和高端农业科技产业发展。推

---

① 郑有贵、李成贵主编：《一号文件与中国农村改革》，合肥：安徽人民出版社，2008 年版，第 155—168 页。

动国家技术创新工程北京试点工作，引导创新要素向企业聚集。充分利用全球资源，建设国际化的创新型城市。2011年，在各部门的支持下，北京市单位承接重大科技专项约占全国的50%，获得中央经费约110亿元。这一年，国家发展改革委支持项目61项；科技部共支持科技计划、条件平台和研究中心项目1600余项，并建立了"直通车"的项目报送机制；工业和信息化部支持项目165项。

2. 进一步完善北京市与中国科学院的院市合作机制

北京市与中科院联合建设北京怀柔科教产业园，建设"北京综合研究中心"和"北京超级云计算中心"，建设科技研发和成果转化基地。支持中科院在北京建设航空遥感系统、蛋白质科学研究等国家重大科技基础设施，支持重点实验室、工程技术研究中心等创新基地建设，建设首都科技条件平台"中科院研发实验服务基地"，推动科技工作者资源的高效利用和开放共享。联合建设"中科院北京国家技术转移中心"，发现、筛选和推动重大科技成果在北京落地转化和产业化。

3. 进一步完善北京市与中央企业的合作机制

全面实施北京市与十大国防科技工业集团公司、三大基础电信运营商等中央企业签订的战略合作协议，围绕新能源、节能环保、新材料、高端装备制造等重点产业领域，开展关键核心技术研发、高端装备研制和科技成果转化，合作共建研发中心、产业技术研究院和产业创新园区。发挥中央在京转制院所集科学研究、技术开发、高技术产业于一体的优势，联合中国钢铁研究总院、北京有色金属研究总院、电信研究院、电力科学研究院、机械科学研究总院等中央转制院所，开展关键技术突破、创新产品开发和示范工程应用。与15家中央企业共建未来科技城，促进中央企业科技资源与首都经济社会发展对接，加快航天科技创新园、航空科技园、中核科技园等科技园区和产业基地建设。

4. 进一步完善北京市与首都高校、科研院所的合作机制

2010年以来，北京市与中关村科学城内的高校院所开展共建，支持大学、科研院所和中央企业在区域内的发展，建设一批面向市场需求、政产学研用结合的产业技术研究院和中央企业的研发和总部基地、高端产业园，促进重大科技成果产业化。调研、挖掘首都高校的科研成果，引导首都高校与区县和投融资服务机构进行对接，促使首都高校的科技研发优势、区县的空间和政策优势、企业的生产制造优势和投融资服务机构的资本优势相结合，促进

高校的科研成果落地转化和产业化。2009 年以来，北京市与中国科学院、北大、清华等 14 家中央单位联合共建首都科技条件平台，发挥财政科技经费的杠杆引导作用，推动首都高校、科研院所、大型企业科技条件资源的优化整合、开放共享和高效利用，积极探索科技资源共享利用的"北京模式"。2011 年，在中关村科学城建设的推动下，北大、清华、北航等中关村高校院所和企业携手，在云技术、空天信息技术、药物研究和开发等领域共建了一批联合实验室，掀起了校企共建实验室的新高潮。截至 2011 年年底，中关村开放实验室挂牌数量突破百家，达到 109 家，其中国家工程（技术）中心及国家级重点实验室 28 家、国家级认证中心 17 家；共有研究人员 11429 人，包括两院院士 49 名，教授以上专家 1088 人；拥有超高压电子显微镜、百万亿次云计算平台等高精尖检测、研发设备 6 万多台（套），总价值超过 64 亿元。校企联合实验室的建设及其产业化，有助于推进校企之间优势互补，实现校企人才和前沿技术上的互动，是开展多学科、多层次的技术集成、技术创新和技术指导的重要平台，对于解决企业生产过程中的实际问题，进而产生明显的经济与社会效益，推动产业发展具有重要意义。①

5. 建立和完善北京军地会商、军民融合创新机制

北京市与解放军总参谋部、总后勤部、总装备部和海军签署了战略合作协议，积极推动军地会商机制和军民融合创新。2011 年共有军事采购、科技项目、科技基础设施等 300 余项合作项目，涉及金额近 50 亿元。

6. 探索多种政产学研用紧密结合的新机制、新模式

(1)产业技术创新战略联盟。

这是国内经过多年探索形成的政产学研用紧密结合的新机制、新模式。2002 年，由大唐电信集团等 8 家企业组成的中关村第一个产业联盟——TD-SCDMA 产业联盟在北京成立。此后，陆续出现了一批基于标准的产业联盟，如宽带无线专网应用产业联盟、数字电视产业联盟、AVS 产业联盟、下一代互联网产业联盟等。近年来，围绕战略性新兴产业等快速发展的领域，又出现一大批新的产业联盟，如云计算产业联盟、物联网产业联盟、移动互联网产业联盟等。目前，北京共有产业联盟、技术联盟、标准联盟、服务联盟 100

---

① 伍建民：《加快"科技北京"发展建设　率先形成创新驱动的发展格局》，《北京"十二五"时期经济和社会发展热点问题讲座》第二讲，北京：北京出版集团公司、北京出版社，2011 年版，第 57—60 页。

余家，成员单位超过 5000 家。2011 年以来，中关村在新一代信息技术等产业领域，先后成立了"中关村移动互联网产业联盟"、"中关村智能交通产业联盟"、"中关村空间信息产业联盟"和"中关村网页游戏产业联盟"。"中关村移动互联网产业联盟"以北京移动、北京电信和北京联通三家电信运营商为龙头，联合中关村示范区 14 家具有代表性的企业共同发起组成，旨在促进移动互联网产业"产学研用"相结合，将利用 3 至 5 年时间，攻克一批关键技术，建设一批应用示范工程，在首都形成具有前瞻性、主导性和示范性的强势产业集群。"中关村智能交通产业联盟"致力于推进联盟企业承担北京市和全国智能化交通的示范应用，加快核心技术研发和产业化，推动北京市智能交通新兴产业发展。"中关村数字视频产业技术创新联盟"成为我国首个取得社团法人资格的产业联盟，它开启了我国产业技术创新联盟的注册先例，第一次以联盟的形式取得社团法人资格，解决了注册和运营"两张皮"的问题。

2009 年，国务院在同意中关村建设国家自主创新示范区的批复中提出，支持产业联盟参与国家科技重大专项和国家科技计划。中关村管委会坚持"推动、规范、支持"的原则，推出一系列措施，支持产业联盟承接国家和北京市重大项目，推动重大科技成果转化和产业化，发挥产业联盟在攻克新兴产业关键核心技术中的引领作用。

（2）高校院所和中央企业积极参与中关村科学城和未来科技城建设。

2011 年，示范区有 46 家高校院所和中央企业开展了新型产业技术研究院和特色产业创新园建设，已经启动了 4 批 48 个建设项目，龙芯、绿色制版技术等 50 余项重大项目已经落地。未来科技城打造具有国际影响力的大型企业集团技术创新和成果转化基地，15 家中央企业项目正在建设中，神华北京低碳清洁能源研究所项目已入驻办公。

（3）围绕重点产业建设技术创新服务平台。

"十一五"期间，中关村围绕电子信息、生物医药、新材料、新能源和环保、科技服务业等重点产业，建设了一批技术创新服务平台。如"生物医药领域成果转化与承接平台"，从承接优秀成果落地出发，构建供需对接、成果评价、引导资金、孵化空间、技术服务、政策帮扶六大支撑服务体系，初步形成拥有 1000 多项前沿科技项目的成果库。建设科技成果产业化情报系统，面向电子信息、生物医药、新材料、新能源和环保等战略性新兴产业领域，搭建科技成果转化的信息数据平台，进行动态跟踪，"找全、抓准"重大科技成果，汇集企业和应用部门提供的技术攻关难题和市场需求信息，及时传递给高校和科研院所，向企业和应用部门发布科技成果信息以便企业选择。①

(二)依据推进新型城镇化发展的需要，建立城乡一体、协同互动的体制机制

1. 依托中关村(1 区 16 园)，建立和完善中关村示范区与行政区统筹协调机制

深化中关村示范区管理体制改革，各区县分园实施"双重领导、以区(县)为主"的领导体制。强化中关村管委会的统筹职能，加大统筹力度，完善统筹机制，增强统筹的政策保障。加强市、区(县)工作的有效对接、园区与行政区工作的统筹协调，建立中关村管委会与各分园管委会的协同工作机制，中关村管委会对各分园整体发展规划、空间规划、产业布局、项目准入标准等重要业务实施统一领导，各区(县)政府分管园区工作的副区(县)长兼任中关村管委会副主任。建立健全各分园管理机构，加大分园开发建设的统筹力度。改革研发和生产分离企业的区县税收分成制度，建立利益和资源相协调的机制。研究建立中关村示范区科学发展评价指标，将创新驱动发展指数纳入体现科学发展观要求的区县领导干部综合考核评价体系。各区(县)要在资金、政策、服务上聚焦园区建设发展，优先布局并加快建设交通、教育、医疗、居住、商业服务等园区配套基础设施。发挥中关村示范区对行政区经济社会发展的引领和支撑作用，实现中关村示范区与行政区统筹协调发展。

2. 建立和完善市、区县和城镇三级联动的体制机制

我们要建设的京郊小城镇，是具有创新和创造活力的创新型城镇，而这种创新和创造活力的源泉和保证，则是充满活力、富有效率、更加开放、有利于科学发展的体制机制。促进京郊小城镇建设，应当建立和完善以协调创新主体、整合创新资源、优化创新环境为主要功能的体制机制。具体地说，着力探索建立市、区县和城镇三级联动的三种创新机制。一是创新主体协同互动机制，包括建立市、区县和城镇相关政府部门间的协同创新机制和三级相关政府部门与科研院所、高等院校、科技型企业、中介组织等社会主体间的协同创新机制。这里面最重要的，是要立足于加快"科技北京"建设、率先形成创新驱动的发展格局，在全市建立科技、教育与经济融合发展的长效机

① 伍建民：《加快"科技北京"发展建设 率先形成创新驱动的发展格局》，《北京"十二五"时期经济和社会发展热点问题讲座》第二讲，北京：北京出版集团公司、北京出版社，2011年版，第42页。

制。具体地说，就是成立由市委、市政府分管领导牵头，市有关职能部门参加的协调工作小组。为了切实有效地发挥协调工作小组总揽全局、整合资源和统筹协调政产学研用各方的作用，需要成立协调工作小组办公室，市有关职能部门的分管副职，兼任协调工作小组办公室副主任，以此为基础，建立联席会议制度。二是创新资源整合互动机制，主要是建立城区各种创新资源与区县和城镇创新资源的整合与互动机制。三是创新环境互利互信机制，主要是建立政府主导的创新环境要素与其他各类创新主体和市场主体间的互利互信机制。[①]

3. 建立和完善城区与郊区互补互动的协同创新机制

为了推进城乡发展一体化，实现城乡区县的优势互补和均衡发展，2009年8月，北京市有3对城区与郊区县启动合作共建产业基地，包括海淀—密云绿色总部科技基地、西城—门头沟高端产业孵化基地、延庆—朝阳八达岭新能源产业基地。近几年，北京市又有6对城区与郊区县启动共建产业基地。其中，顺义—平谷将形成"1小时经济圈"，两区将共建顺义—平谷北京东线旅游专线，顺义逐步向平谷转移汽车产业中的生产型企业；大兴区与房山区共建现代产业体系；东城区与怀柔区共建中小学教育培训基地等。[②]

四、创新驱动京郊小城镇建设案例分析

(一)北京市房山区产城融合的小城镇建设

北京市房山区依托中关村房山园和新兴产业基地等创新载体，积极推进产城融合的小城镇建设。

2009年年初，面对国际金融危机带来的严峻挑战，房山区提出了"三化两区"(城镇化、工业化、现代化和产业友好、生态宜居)的发展新思路。2010年年底，以编制全区"十二五"规划为契机，进一步明确房山区打造首都高端制造业新区和现代生态休闲新城的新定位。2011年7月，由北京市经信委、市发改委、市科委等六部门提出联合建立北京市房山区高端制造业基地。2012年年底，该基地被确定为中关村国家自主创新示范区房山园(简称"中关村房山园")。

---

① 北京市科学技术委员会编：《创新型乡镇建设干部读本》，北京：北京科学技术出版社，2010年版，第7页。

② 北京市哲学社会科学研究基地报告：《2010北京创新研究报告》，北京：同心出版社，2010年版，第50页。

中关村房山园位于房山区窦店镇中部。作为市级高端制造业基地，中关村房山园是北京市南部高技术制造业和战略性新兴产业发展带的重要组成部分。它以建设"两个率先"①示范区为发展目标，坚持走新型工业化与新型城镇化融合发展新路，重点吸纳信息技术、新材料、新能源、高端装备、航空航天、新能源汽车等战略性新兴产业项目，着力打造先进制造业全产业链集群，推动中国制造向中国创造转变。房山园目前已聚集了一批在国内外具有一定影响力和产业带动力的规模企业，打造了一批具有自主知识产权的知名品牌。长安汽车、京西重工减震器以及国能电力三维锂电池等项目建成投产；北车轨道交通装备产业园、北控绿色科技产业园、金朋达无人机、北京矿大节能研发基地、北京海斯特科技有限公司排气系统、新材料科技产业园6个在建项目，已于2014年陆续建成投产。

房山区坚持新型城镇化和工业化互动发展。一方面，积极融入首都城乡一体化发展大局，以长阳新城示范区为龙头、以良乡和燕房组团为核心、以重点小城镇为支撑的城市群落迅猛发展，2011年全区城镇化率达到68%。另一方面，按照"以城载业、以业兴城"的理念，尽可能地把城镇化进程中激活的土地、资金等战略资源及时投向实体经济领域，不断积累新兴产业发展优势，从而避免城镇化进程中片面发展房地产业造成新城"睡城化"、产业"空心化"等现象，使全区初步呈现"产城融合"的发展态势。②

房山区推进小城镇建设的主要做法有如下几个方面：

（1）以深化与大企业合作为重点，增强实体经济发展动力。

在市委、市政府的大力支持下，房山区主动对接中央在京有关单位尤其是大型中央企业，积极探索大企业与小城镇合作发展的有效模式，至今成功与中石化、中粮、中核、长安集团、北控集团等大企业开展战略合作，引进了一大批高端、高效、高辐射重点项目，带动了战略性新兴产业集聚发展。

（2）以打造高端功能区为载体，构筑实体经济发展平台。

房山区按照引进大企业、落户大项目、建设大园区的思路，着力构建"两轴三带五园区"发展格局，重点打造了北京高端制造业基地、北京石化新材料科技产业基地、中央休闲购物区（CSD）、中国房山世界地质公园和中国北京

---

① 北京市"十二五"规划明确提出，要率先形成创新驱动发展格局，率先形成城乡经济社会一体化发展新格局。

② 刘伟：《走房山特色的实业强区之路》，《前线》，2013年第9期。

农业生态谷五大功能区。其中，北京石化新材料科技产业基地被工信部批准为全国首批 62 家新型工业化产业示范基地之一，中石化拟投资的 66 个重点项目已建成 32 项；北京高端制造业基地也已挂牌，京西重工减震器、长安汽车一期、国能三维锂电池等项目已经建成投产。

（3）以加快转变发展方式为主线，提升实体经济发展质量。

围绕转变经济发展方式这条主线，房山区坚决退出低端、引进高端，积极培育新的经济增长点。在退出低端资源型产业方面，房山区于 2010 年彻底告别千年采煤史，截至 2011 年共关闭非煤矿山 172 家、"五小"企业 2000 多家，为实现产业结构战略性调整奠定了坚实基础。在推动产业结构优化升级方面，新能源、新材料、新能源汽车等战略性新兴产业正在加快聚集发展，全区产业结构更加合理，发展活力明显增强。在促进节能减排方面，2012 年全区万元地区生产总值能耗下降到 2.2 吨标准煤以下，主要污染物排放量逐年降低。

（4）以创新体制机制为保障，营造实干创业的良好氛围。

一方面，创新项目推进机制。房山区建立健全了区领导联系重大项目制度，对每个重点功能区明确一名区领导兼任管委会主任，对项目建设中的重点、难点问题，由区主要领导亲自牵头协调，实行"顶层推动、顶层落实"，并建立项目专员制度，对重大项目派驻一名副处级以上干部提供全程跟踪服务。同时，积极实施项目推进倒排工期机制，建立扁平化协调督办机制，开辟绿色审批通道，提高项目落地和建设效率。另一方面，切实凝聚发展合力。结合"创先争优"活动，房山区领导着力在党员干部中形成一心一意谋发展、聚精会神搞建设的良好风尚。

（二）以农科园为载体的昌平、通州区小城镇建设

北京市昌平区、通州区依托北京农科城农科园，积极推进产城融合、各具特色的小城镇建设。

2010 年 8 月，科技部、农业部、北京市共同启动建设国家现代农业科技城（简称"北京农科城"）。北京农科城采取"一城多园"的整体布局思路："一城"，即农业科技城；"多园"，指在农科城内建设若干专业性强、辐射面广、具有现代农业高端形态的特色园区。北京现有三个农科园，即昌平农科园、通州种业园和顺义农科园。

1. 北京农科城昌平农科园

昌平农业科技园始建于 1998 年，2001 年被科技部等六个部委命名为"北京昌平国家农业科技园区",是北京市首批国家级农业科技园区之一,是北京市首个农业项目规划与小城镇建设规划相统一、园区建设与小城镇建设协同推进的农业科技示范园区。

为高标准、高规格建好昌平园,按照北京农科城共建思路,昌平区率先启动了昌平园总体规划编制工作。按照园区总体规划,园区核心区面积2300亩,规划辐射面积111.4平方公里,涉及小汤山、兴寿、崔村和百善四个镇。昌平园着力建设特色果品推广区、高端研发孵化区、成果转化示范区、城乡统筹先行区四大区域,兼容科技研创、推广示范、交流会展、教育观光、管理服务五大功能,努力建设世界一流、代表农业产业研发国际水平、科技资源密集的国家现代农业科技城先导示范园。昌平园以农业科技项目为载体,全面带动园区建设。园区共承担国家、省部科技项目60多个,其中重大项目4个。

昌平园建立了七个研发中心,入驻企业已达50余家,其中有大北农生物科技研发中心、奥瑞金种业、正兴隆生物等农业科技企业,主要行业涵盖生物种业、苗木、加工、种植、花卉、物流等多个方面。园区龙头企业总体规模与质量快速提高,带动园区内其他企业的发展,并吸引相关的企业入驻,形成了集群发展优势,推进了农业产业化经营和区域经济的快速发展。昌平园区管委会还协助入园企业筹集资金,收购美国犹他州21万亩桑德农场作为国内草源供应基地,填补了国内优质苜蓿连年短缺的空白;以国家农业园区企业品牌优势,协助企业在内蒙古、河北、山西、青海、海南等地建立各自的种植、示范基地,实践"研发、销售在京,生产在外"的产业发展模式。

2. 北京农科城通州种业园

北京农科城通州国际种业科技示范园(简称"通州种业园"),是农业部和北京市共建的现代农作物种业示范区核心基地,是首都建设"种业之都"、打造"全球种业科技创新中心"的重要载体,是中关村国家自主创新示范区第一个农业科技园区。

通州种业园区位于通州区于家务回族乡,总规划面积30000亩,远期规划以于家务乡为中心覆盖通州区南部乡镇。通州种业园重点打造科研与企业孵化基地、新品种核心展示示范基地、千亩院士专家中试基地三大板块,着力提升高端研发、企业孵化、会展展示、交流交易、综合服务五大功能。这里聚集了法国利马格兰、北京德农种业、金色农华、山东登海种业、黑龙江垦丰种业、中国农科院、中国农大、北京市农林科学院等国内外知名企业及科研单位 40 余家，并吸引了国内外 1000 多家种业企业的万余个新品种在这里进行示范和展示。目前已形成育种研发、制种繁育、品种展示、育种推广等一系列完整的高端产业链，正努力打造成具有产业特色的、机制创新的、引领与服务全国的高端种业产业基地。2012 年，通州种业园的优质高产玉米新品种开始向全国推广，并与甘肃、宁夏等地的农作物制种基地以及海南南繁基地在种业产业链上实现了育种、繁种、制种、推广的有机衔接和有效对接，当年种子销售额就突破了 50 亿元。

通州种业园依靠政策支持，整合科研机构的科技优势和企业的市场运作优势，三方共同申报实施了一批重点建设项目，包括物联网技术集成与应用平台，高通量分子育种科技服务平台，作物种质资源共享交流平台，作物品种权展示、交易平台，农机、植保、劳务服务等综合服务平台等。这些重大项目的实施，为种业企业做大做强提供了有力的科技保障。

通州种业园是在通州区于家务回族乡的土地上建设的，其土地流转工作采取"统一程序、统一规划、统一管理、统一标准"和"服务于区域农业产业发展和促进农民提高收入"的工作模式。目前，通州种业园已完成土地流转面积 3.5 万亩，形成了以分子育种实验平台、籽种中试基地、航天育种及生物能源研发等为代表的现代农业园区，并将农村闲置农业劳动力转化为产业工人，已解决农民劳动力就业 2000 多人，农户年工资性收入约为 20000 元。由于种业的发展，于家务回族乡将成为名副其实的现代生态小镇。

实践证明，依托北京农科城（一城多园），推动首都都市型现代农业与小城镇相互协调、融合发展，必将有力地促进以城镇化为重点的"新四化"协同发展，促进城乡统筹发展，促进京郊实现产业结构、就业方式、人居环境、社会保障等一系列由"乡"到"城"的转变，使北京郊区的城镇化真正成为有质量、可持续的城镇化。

（三）"五园一区"助推采育镇城镇化[①]

北京市大兴区采育镇位于京、津、冀的交汇点，有着深厚的文化底蕴和独特的自然资源，是北京市重点建设的中心小城镇之一。

采育镇的总体发展目标是：立足区位优势，以首都经济圈和京津制造业为依托，以现代制造业为主导，以现代服务业和高效都市农业、观光农业为

---

① 参见《采育概况——五彩之城》，采育镇网站；《采育镇》，百度百科，http：//baike. baidu. com/view/1291238. htm。

两翼,以技术创新和机制创新为动力,适应市场需求,积极调整产业结构,大力发展现代制造业、高新技术产业、生态高效农业和现代服务业,加快工业化和城镇化进程,实现镇域经济社会的协调发展和繁荣,将采育镇建设成为经济发达、文化先进、环境优美、设施齐备的生态型现代化产业新区,为把采育建设成为京津冀地区一个中等规模的城市创造条件。

采育镇坚持创新驱动发展,大力推动园区化建设,为实现城镇发展目标发挥了巨大作用。"五区一园"(工业园区、农业园区、物流区、旅游休闲度假区、小城镇开发区和葡萄观光园)正逐步发展成为新的经济增长点和高新技术产业集聚区,成为首都自主创新的基地和集聚产业、资金、人才、技术的聚宝盆。

1. 工业园区——北京采育经济开发区

2006年3月,北京市政府正式批复原北京大兴采育科技园设立市级开发区,更名为北京采育经济开发区。它是北京市重点建设的北京汽车生产基地零部件园区。园区有四大功能区:一是以新型建材和节能材料为主的新材料和新能源产业区;二是以轻工食品为主的都市产业区;三是以国际先进制造企业为主的国际化产业区;四是商务与生活配套区。2010年开发区工业总产值达到70亿元,就业人数达2.5万人。

北京采育经济开发区与北京汽车工业控股公司合作,共建北京汽车生产基地零部件园区。园区借助国际国内知名大型零部件公司的技术、产品优势,优先发展高附加值、高技术含量、少污染、模块化的配套项目。重点规划发展车身内饰及附件、动力传动系统、底盘系统、汽车电子及安全系统、混合动力和空调系统等六大业务板块,打造北京汽车产业链条。不久前,北京汽车零部件基地综合服务楼、国家级重点技工学校(北京市汽车工业高级技工学校)和物流园区等配套建设正式启动,必将带动采育镇商贸、物流、培训、休闲娱乐等第三产业的发展。

2. 农业园区——北京采育农业高新产业区

北京采育农业高新产业区规划面积5000亩,依托北京农科院及相关高校,建设成集科技农业研发、实验、种植、农产品加工于一体的现代化农业新区。该区将建设大规模、无公害、绿色反季节种植基地,现代化花卉种植基地和多个大规模养殖企业,努力提高农产品的附加值,优化产业结构,形成立体生态农业架构,发展以太阳能为能源的现代农业,争取成为北京地区的农业科技成果转化基地。依据规划,园区内将建设研发楼、太阳能温室、农产品深加工综合楼和有中国特色的农产品之乡展示交易市场。

3. 服务业园区——北京采育物流区

北京采育物流区位于京津塘高速"采育"出入口东侧,占地3000亩。计划建成为北京东南最大的集仓储、物流、展示中心、商务中心于一体的现代化物流会展基地,成为北京连接天津及周边省市的最佳中转点,同时为河北、山西、山东等地市场的物流配送提供成本更低、更便捷的服务。园区的服务对象主要为:一是各地来京的绿色安全食品的仓储、包装、配送。二是对采育、亦庄及周边工业开发区的生产资料的仓储、配送。计划总投资1.4亿元,远期还将进一步扩大园区面积。

4. 服务业园区——北京采育旅游休闲度假区

采育具有发展现代服务业的良好资源:3000亩原始次生森林、2万亩葡萄园、富含多种矿物质的地热温泉、采育阳光俱乐部高尔夫球场等。北京采育旅游休闲度假区规划建设"温泉疗养中心"和"亚健康康体中心"两大休闲度假区域,集观光、旅游、休闲、度假等功能于一体。温泉疗养中心规划面积300亩,平均水温49.5度,出水量150吨/日。采育地区的温泉水富含多种矿物质,矿化度较低,补给面积大,水量充足,水位、水温及化学成分含量稳定,无污染,可长期利用。康体中心规划3000亩,开发利用原始次生森林及地热温泉,建设疗养楼、康乐中心、医疗中心、温浴中心及商业餐饮中心。中心将建有环境优美的疗养小区和各种健身保健房,配备专用仪器设备,形成具有国际水准的疗养、服务中心。项目总投资为8亿元。

5. 多业融合园——北京采育葡萄观光园

采育镇的自然条件与世界著名的葡萄之乡——法国波尔多非常相似,适合葡萄生长,拥有京郊最大的2万多亩葡萄园,品种100多个,年产量达1.8万吨。采育镇加大投入建设葡萄基地,建立了葡萄生产技术推广中心,具有选种、育苗、管理、保鲜、储运等功能,确保葡萄生产过程中品种、技术、品质上的优势。鲜食葡萄已注册"京采"商标,通过了绿色食品认证。而"丰收"牌葡萄酒也通过了中国绿色食品发展中心的"绿色食品"认证,达到A级标准。

6. 社会建设区——北京采育小城镇开发区

北京采育小城镇开发区位于镇中心,规划占地467公顷,总建筑面积283万平方米。开发区绿地面积占1/3,通盘考虑各类住房及商住、文化、医疗、体育、科技、商业等配套设施建设。已建成文化广场、中心商业街、医院等公共设施，还全力引进师资，完善从幼儿园至高中到职业技术培训的教育体系，力争建成京津塘城市带上的精品中心镇。

（四）顺义区赵全营镇的城镇化之路①

位于北京市顺义区西北部的赵全营镇，是北京市重点发展的 42 个小城镇之一。这里交通便捷，土地充足，环境优美，社会稳定，政务开明，对企业很有吸引力，经济保持着持续而全面的发展态势。

赵全营镇是一个不平凡的镇，邓小平、胡锦涛等多位党和国家领导人曾先后来到这里考察。

历史上的赵全营镇是个农业镇，也是经济相对落后的镇。从 2000 年起，镇党委和镇政府就开始对全镇的历史、现状及资源状况进行认真分析，组织参观访问和动员献计献策，使全镇上下形成共识：一个镇在向现代化迈进过程中，工业化是不可逾越的。只有大力发展二、三产业，才能促进农民向非农领域就业，增加经济总量。全镇紧紧围绕"工业强镇、引进富镇、科技兴镇、环境立镇"的发展战略，以兆丰产业基地（空港 C 区）建设为龙头，以农民就业增收为主线，优化一产，强化二产，带动三产，加快实现由传统农业大镇向现代工业强镇的战略转变。赵全营镇的奋斗目标是：打造活力产业新区、特色高效农业和生态宜居城镇，实现工业规模化、农业现代化、工作园区化、生活社区化。

赵全营镇的城镇化，主要有以下几个突出特点和亮点：

（1）打造活力产业新区，发展特色高效农业。

赵全营镇通过学习空港经济开发区和牛栏山镇发展经济的经验，从 2002 年起，在财政非常困难的情况下，累计投资 1 亿元用于基础设施和标准化厂房建设，在全区率先建设兆丰产业基地（空港 C 区）。如今，基地已经成为全镇发展第二、三产业的龙头，已与 30 家企业签订协议，招商总额 25 亿元，年创税 6000 多万元。基地加强与天竺空港经济开发区和板桥创意天承产业基地的合作，形成"文化创意、家具制造、精品钢材"等特色主导产业。加快发展现代制造业及高新技术产业、物流配套产业、文化创意产业。围绕北郎中"一村一品"模式，围绕嘉源花卉、北京植物园花卉基地等现代花卉苗木产业园建设，围绕稷山营"天地源种苗"等籽种产业园建设，加速推进特色高效农

---

① 参见邸洁：《中国的一个镇——赵全营调查》，北京：中国社会科学出版社，2009 年版，第 10 页、23 页、34—36 页、84 页、233 页。

业发展。随着工业园区和特色高效农业的发展，赵全营镇在机构设置、服务方式、制度安排等方面做出了一系列调整；为让更多人有就业机会，推出教育培训政策，提高农民素质；改变了财政收入结构，增加了财政实力，提高了公共服务能力；外来人口的涌入使社会结构更加多元化，推动农民生活方式向城市靠近，以工业文明为主体的现代文明正在走进赵全营镇。

（2）打造生态宜居城镇。

赵全营镇利用生态环境优越、历史文化底蕴深厚、文化创意产业推动等一系列优势因素，建设生态宜居城镇，形成"一轴、两中心、五社区"的总体空间布局：以昌金公路为小城镇发展轴，沿轴线配置六大功能区；突出板桥中心区发展，带动赵全营副中心区发展；村庄整合改造形成五个新农村社区，以社区生活模式取代传统的农村生活模式。①

（3）在城镇化进程中着力制度创新。

招商建园区，发展二、三产业需要土地。赵全营镇在严格保护耕地的前提下，通过土地流转，取得非农用地1万余亩，为对外招商引资和发展二、三产业预留了足够的空间。面对确权确地时产生的问题，赵全营镇用确权确地和确权确利解决了问题——确权给农民的土地，愿意种的就确地，不愿意种的就确利，这就抓住了政策的精髓，确保了农民从土地上获得收益，并为村镇招商引资奠定了基础。

在农村产权制度改革方面，赵全营镇北郎中村走在了前面。从1993年起，北郎中村通过个人投资入股形式，对村集体企业逐一进行改制和扩建，顺利完成了股份合作制改造。在此基础上，做了三件事：一是通过"股份合作制＋股份制"的形式，组建北郎中农工集团。二是组建农民专业合作组织，养殖业形成了"股份合作社＋专业合作社＋农户"的生产经营模式。三是建立土地股份合作制，通过"股份合作社＋土地股份合作制"保障了集体经济发展用地，推动了村域内的集约化和规模化生产。有专家认为，北郎中村的产权制度改革为我们提供的经验是：以个人投资入股的模式进行改制，有效地解决了集体经济发展缺乏资金和活力的问题；体制机制创新是村集体经济保持生机活力的源泉；集体股对促进农村整体建设和发展农村社会事业依然有着重

---

① 中共北京市顺义区委：《科学推进小城镇发展，加速城乡一体化进程》，《2010北京创新研究报告》，北京：同心出版社，2010年版，第314页。

要作用。①

(4)高度重视发挥科技的支撑和引领作用。

该镇闻名遐迩的北郎中村,是"北京市农村科普示范村",与北京20余所科研院所、大专院校建立了紧密合作关系,与50余位专家、教授建立了长期合作关系,招聘了50名大学生落户,建立了科技示范基地、高效农业园等,发展循环经济、生态农业,创出116个"北郎中"品牌产品。

(5)注重提高人的素质和能力。

2004年10月,胡锦涛同志到北郎中村视察时说了三句话:发展经济,改善环境,全面提高人的素质。这正是农村走向城镇化要解决的三项重要任务。在这方面,赵全营镇党委、镇政府首先从镇、村干部入手,加强培训,请进来,走出去,教育引导,再通过干部引导塑造新型农民。制定出《关于促进农民就业培训的优惠政策》,通过培训,全镇已有2927人获得职业资格证书。逐步建立"优惠政策扶持就业,创造岗位增加就业,强化培训选择就业,完善制度保障就业"的工作机制,不断拓宽就业渠道。还教育村民口袋脑袋都要富,创造性地开办了政策大讲堂,武装村民的头脑。

赵全营镇作为北京市重点建设镇,已成为统筹城乡发展的桥梁。立足人口规模定量、主导产业定位、建设标准定型,坚持以产业发展和增加就业为核心,以完善市政基础设施和公共服务功能为基础,不断增强重点镇统筹发展能力,辐射和带动周边镇村经济发展,促进了全区一体化发展跨入新阶段。

(五)怀柔区汤河口镇的城镇化之路②

北京市怀柔区汤河口镇是怀柔北部山区唯一的一个镇,是北京市重点建设的中心镇之一,也是怀柔北部山区经济、文化、交通的重要枢纽。近年来,汤河口镇坚持以经济建设为中心,以富裕农民为目的,积极调整农业产业结构,努力发展二、三产业和山区经济,使全镇各项事业高效发展,小城镇建设更上一层楼。

---

① 《顺义区赵全营镇北郎中村:个人投资入股模式》,《北京市新型城镇化问题研究——案例分析》(下),北京:中国社会科学出版社,2013年版,第194页。

② 李树才、张金利:《高效发展的汤河口镇》,http://www.people.com.cnGB/pape53/6362/627021.html;北京市农村工作委员会:《怀柔汤河口镇四项措施促现代农业发展实现新跨越》,http://www.gov.cn/jcdwxxdsk/hrqnw/201108/t2011815－271227.htm。

1. 打造具有区域特点的都市型现代农业大镇

汤河口镇根据自身区位特点，本着"突出重点、立足优势、注重实效"的原则，按照"品种调优、结构调特"的要求进行结构调整，形成了以三个主导产业为龙头的农业经济结构，使粮食作物、经济作物、畜牧业的三元结构比例达到2：6：2。这三个主导产业分别是：在种植业上，以种植西洋参为主，发展高效经济作物；在养殖业上，依托养殖小区，发展肉牛生产；在果林业上，以干果生产作为主攻方向，种植大枣、板栗、杏仁等。

2011年以来，汤河口镇坚持科技驱动、产业带动、村企联合的工作思路，采取四项措施，着力发展都市型现代农业。一是建设现代农业精品示范区。目前全镇设施农业大棚累计已达450栋，除发展蔬菜种植，还大力加强药材基地建设。二是推进替代产业基地建设，大力发展设施农业、茸鹿养殖、药材和林下种植四大替代产业。三是发展农产品加工业和观光休闲农业。培育发展一批龙头企业，推动农业产业化经营和规模化发展，完善产地储藏——精深加工——商品流通的产业化链条。四是利用本镇区位资源优势，加快形成集水产养殖、休闲垂钓、餐饮娱乐于一体的多元化产业格局。提升采摘、娱乐、科普、农产品深加工功能，打造"田园文化经济"品牌；建设集观光采摘、科技示范、休闲体验、修身养性等功能于一体的农业园区和农业发展带。汤河口镇积极发展订单农业，形成稳定的购销关系，促进了农民就业增收。

2. 加快发展生态经济

汤河口镇坚持产业发展与生态建设、旅游开发相结合，以农业科技示范、旅游休闲为主要内容，大力发展生态经济——沟域经济①，重点打造汤河川、银河谷、白河湾、汤河大营四个沟域经济品牌，形成了内容多样、特色鲜明的沟域产业带。"一谷一湾"纵穿南北，"一营一川"东西交织，形成了"一村一品"、"一沟一特色"的产业发展格局，创造了山区新的绿色经济增长点。

汤河口镇是北京市首批旅游集散特色镇。该镇按照"生态佳境＋养生福地＋文化集萃"的发展模式，加快发展生态旅游，全力建设北部山区的综合服务基地、特色农产品集散基地、现代化近郊旅游休闲度假基地和北部山区政治、经济、文化中心。建设白河湾生态自然风景区、天河川旅游休闲度假区和灵山寺风景区。继续推进银河谷森林公园和111国道沿线景观建设，形成"灵山多秀色"的旅游观光带及燕山满韵风情观光带。

---

① 怀柔区统计局：《怀柔区汤河口镇实现沟域经济全覆盖》，2011年6月2日。

3. 坚持创新驱动发展

汤河口镇是北部山区工业较发达的镇。该镇坚持创新驱动发展,有占地360亩、市政基础设施配套的工业小区,已形成机械加工、食品饮料、建筑运输、商贸化工四大行业。

该镇搭建了三个科技支撑平台。一是科技平台,有针对性地开展农技专题培训,邀请专家讲课,组织农技、畜牧等部门技术人员,定期开展科技下村服务活动,深入田间地头,帮助农民解决技术难题,提高农业生产中的科技含量。二是信息平台,充分利用农村远程教育载体,定期组织干部群众观看学习实用技术专题片,利用各村(社区)建立的"农家书屋"增添农业科技、政治经济等农村实用图书刊物,让农户不出家门就能了解到所需的科技知识和实用信息。三是产业发展平台,充分利用信息网络丰富、更新及时的优势,特别是市场上农产品的供需更新信息,根据市场需求,结合本镇实际,因地制宜地制订农业产业发展计划。

产业的发展为小城镇建设提供了动力和财力。① 全镇逐年加大中心镇的基础设施建设和环境综合整治,努力改变人们的生产、生活环境,提高农民的生活水平与质量;推动社会文化事业全面发展,利用各行政村文化活动室、益民书屋,搭建乡镇文体活动平台,保障农民最直接、最现实的基本文化权利,参与到丰富的精神文化活动中;在全镇22个行政村成立社会管理服务中心,加快融合式社会管理服务规范化建设,科学整合村级各类管理资源和服务资源,完善网格化社会管理服务体系,大力提升农村社会服务管理水平,实现联系群众全覆盖、服务管理常态化,使群众办事做到小事不出村,大事不出镇。

五、创新驱动京郊小城镇建设的几点思考与建议

按照创新驱动新型城镇化和城乡发展一体化的要求,目前北京郊区小城镇建设还存在着一些问题,主要是:首都高端创新资源尚需进一步整合,首都城乡政产学研用协同创新的体制机制有待进一步完善,中关村示范区(1区16园)、北京国家现代农科城(一城多园)和郊区县其他各类产业基地的作用尚未充分有效发挥;为整体提升京郊小城镇综合承载能力,迫切需要大力发展

---

① 《怀柔区汤河口镇强化发展驱动力 打造生态宜居新城镇》,怀柔区政府网站,2013年2月28日。

高质量的主导产业，增强乡镇产业发展对小城镇建设的支撑力；产业布局不尽合理，产业关联度不高，产业园区工业项目与农村产业链条脱节，产业发展对当地经济和社会转型的带动作用亟待提升；产业特色不够突出，特色资源开发利用不够；城乡公共服务一体化、城乡社会治理一体化亟待加强等。坚持走新型城镇化的北京道路，着力增强京郊小城镇建设的创新驱动力，必须针对这些问题，就新型城镇化的发展理念、发展战略、发展路径、城镇功能、体制机制等问题进行深入思考和谋划。

(一) 正确处理城镇化目标与过程的关系，坚持稳中求进，注重发展质量

唯物史观告诉我们，社会历史领域与自然领域一样，存在着不以人的意志为转移的客观规律；而人作为实践主体，又具有特殊的能动作用。人们做任何事情，都必须把握好遵循客观规律与发挥人的主观能动性的关系，以科学的态度进行创造性实践。[①] 我们运用这个历史唯物主义观点来思考新型城镇化建设，最重要的一点，就是一定要尊重和遵循现代化建设的客观规律，充分考虑城镇化建设的主客观条件和实际进程的长期性、复杂性、探索性，把城镇化目标的战略性、引领性和目标实现过程的漫长性、渐进性统一起来。

回顾我国社会主义建设的历史，建国初期，一个惨痛的教训，就是不能头脑发热、犯急性病，不能把目标当作过程，不能把明天甚至后天的美好梦想当作今天的现实。1958 年的"大跃进"，搞全民炼钢，建人民公社，要"跑步进入共产主义"。当年曾流传过这样的"顺口溜"："小农经济是独木桥，走一步来摇一摇；互助组是石头桥，风吹雨打不牢靠；合作社是铁桥，要上天堂可上不了；人民公社是金桥，共产主义路一条。"当时的那种做法，严重破坏了农业和农村生产力，造成了极坏的后果。我们今天搞城镇化建设，决不能违背客观规律，搞那种"大跃进"式的城镇化。正如有的专家所说，对于中国城镇化进程来讲，"稳中求进"是上策。[②]新型城镇化的总目标，是实现农业现代化、农村社区化、农民市民化和城乡发展一体化。我们要坚持走新型城镇化道路，按照新型城镇化的总目标和"百年大计、质量第一"的总要求，一步一个脚印，积极而又稳妥地推进城镇化进程。

中央城镇化工作会议强调指出，城镇化是一个自然历史过程，是我国发

---

① 贾高建：《唯物史观告诉了我们什么》，《人民日报》，2013 年 5 月 30 日。

② 王振元：《积极稳妥地推进城镇化进程》，《变局与突破——解读中国经济转型》，北京：外文出版社，2012 年版，第 70—72 页。

展必然要遇到的经济社会发展过程。推进城镇化必须从我国社会主义初级阶段基本国情出发,遵循规律,因势利导,使城镇化成为一个顺势而为、水到渠成的发展过程。在这个过程中,要化解我国发展中仍然存在的不平衡、不协调、不可持续的突出问题,要让几亿农村人口顺利融入城镇生活和现代文明,真正实现城乡发展一体化。我们应当按照这样的认识,来科学规划和扎实推进京郊小城镇建设。

(二) 正确处理共性与个性的关系,发挥首都协同创新优势,探索新型城镇化的"北京道路"和"北京模式"

推进新型城镇化建设,必须处理好共性与个性的关系,打造有首都鲜明个性特征的京郊小城镇。新型城镇化,至少具有五个基本特征:其一,它是以人为本的城镇化;其二,它是城乡一体、融合发展的城镇化;其三,它是"新四化"(新型工业化、信息化、城镇化、农业现代化)协同推进、同步发展的城镇化;其四,它是注重"集约、智能、绿色、低碳"的城镇化;其五,它是注重增强城镇综合承载能力的城镇化。新型城镇的基本功能,主要是产业发展、公共服务、吸纳就业、人口集聚功能。上述新型城镇化的基本特征和新型城镇的基本功能,基本上体现了新型城镇化的客观规律,这是属于共性的东西。推进京郊小城镇建设,一定要坚持共性与个性相统一的基本原则,把这些共性的东西同北京的市情和科教资源优势有机结合起来,实现共性与个性的深度融合,使京郊小城镇能够既充分体现新型城镇化的基本特征和新型城镇的基本功能,同时又具有鲜明的北京特色。

推进京郊小城镇建设,就要坚持创新驱动发展战略,发挥首都协同创新优势,依托中关村示范区(1 区 16 园)和北京国家现代农业科技城等创新载体,整合城乡创新资源,搭建城乡协同创新平台,创新城乡一体化的体制机制,建设创新型城镇、智能化城镇、生态化城镇,实现农业现代化、农村社区化、农民市民化,走"新四化"协同发展、城乡互动互惠的首都新型城镇化之路。这就是新型城镇化的"北京道路"和"北京模式"。

(三) 正确处理城镇化与产业化的关系,强化产业支撑,全面提升城镇功能

新型城镇化,强调城镇化与产业化的融合互动,注重增强城镇综合承载能力。党的十八大报告明确提出,要增强中小城市和小城镇产业发展、公共服务、吸纳就业、人口集聚功能。一个持续健康发展的城镇,其产业发展、公共服务、吸纳就业、人口集聚功能是不可或缺的基本功能;而实现这几项基本功能的有机结合与互补互动,是增强城镇综合承载能力的重要途径和条件，也是提升新型城镇化质量的重要标志。战略性新兴产业和现代服务业，是新型城镇的根基和支柱，增强城镇的产业发展功能是确保城镇化健康发展的关键。有产业发展才有充分就业。只有通过产业的集聚和发展，才能够增强城镇的整体经济实力，有效地带动城镇吸纳就业、人口集聚功能的提升，实现农村转移人口稳定就业，更好地解决农村转移人口的问题；才能够使地方财政得到改善，强化城镇化建设的造血功能，更好地发展城镇各项公共事业和公共服务，实现城镇居民长久的安居乐业。

据综合调研分析，目前北京郊区小城镇普遍缺乏高质量的主导产业，发展活力不足，产业发展对小城镇建设的支撑力亟须提升。主要问题是：京郊乡镇产业经济总量不足，人口集聚能力不强；产业布局不尽合理，产业关联度不高，不利于产业集群发展；产业质量不高，优质产业、项目不多，产业园区工业项目与农村产业链条脱节，产业发展对当地经济和社会转型的带动作用亟待提升；产业特色不够突出，特色资源开发利用不够。①

为提高产业发展对小城镇建设的支撑力，针对京郊小城镇产业发展存在的主要问题，提出几点建议：一是立足于京郊城镇整体转型发展，坚持协同创新，着力抓好乡镇建设与产业的协同发展、小城镇之间的产业协同发展、小城镇与中心城区的产业协同发展、小城镇与周边省市县的产业协同发展。二是充分发挥中关村示范区（1 区 16 园）和北京国家农科城（一城多园）的支撑引领作用，大力发展特色产业镇和区域产业集群。三是以促进第一、二、三产业深度融合发展为抓手，大力发展创意农业、工业旅游、特色旅游。四是更加注重发展低碳经济，建设低碳城镇。②坚持智能化城镇建设与生态化城镇建设有机结合，依托中关村示范区（1 区 16 园）、北京国家农科城和各类产业基地，大力发展生物和健康产业、节能环保产业和现代服务业。

（四）正确处理城镇发展与人的发展之间的关系，让城镇化的成果更多更公平地惠及全体人民

马克思主义告诉我们，未来的共产主义社会，是在保证社会生产极高度发展的同时又保证每个人全面自由发展的社会；共产党人最高的理想追求、最终的奋斗目标，就是建立"每个人的自由发展是一切人的自由发展的条件"

---

① 郭光磊等：《北京市新型城镇化问题研究——战略与政策分析》（上），北京：中国社会科学出版社，2013 年版，第 124—135 页。

② 迟福林主编：《第二次转型——处在十字路口的发展方式转变》，北京：中国经济出版社，2010 年版，第 176—191 页。

的自由人联合体。① 按照这个观点，我们应当把实现人的全面自由发展作为新型城镇化的终极目标，并按照这样的目标要求，规划城镇化的实际进程，扎实、持续、高质量地推进京郊小城镇建设。

当前，中国社会已经由生存型阶段进入发展型阶段；发展型阶段的目标，是保障人的发展权，促进人的自身发展。② 正确认识和把握我国发展阶段的变化，在推进新型城镇化过程中，处理好城镇发展与人的发展的关系，就要把保障和提升人的发展权作为重点任务。要坚持和体现以人为本，从制度上、政策上、工作上保证人的公平发展和全面发展，让城镇化的成果更多更公平地惠及全体人民。要尊重并保证农民的主体地位，使农民真正成为小城镇建设的主体。

处理好城镇发展与人的发展的关系，从北京市来说，一是解决好农民工市民化问题；二是真正实现京郊农民市民化。北京市长期研究"三农"问题的专家提出，要重新认识北京市的外来流动人口。外来流动人口是移居北京市的新市民，是北京发展的重要力量，是拥有人力资本的新市民，应当将城市流动人口视为城市的常住人口，平等对待。③ 建议通过户籍制度改革，有步骤地实现农民工等外来人口的市民化。同时，鉴于北京市委市政府已经明确提出北京郊区农民是拥有集体资产的新市民，北京有条件在废除城乡二元户籍制度方面走在前面，尽快将北京郊区 200 多万农民全部转为市民身份，实行首都城乡统一、平等的居民身份制度。④我们认为，这些建议符合北京市的实际情况，有利于推进首都新型城镇化的持续健康发展。

（五）构建城乡协同、互动互惠的新型城乡关系，加快实现城乡基本公共服务均等化

近年来，北京市在加快推进城乡发展一体化过程中，着力推进城乡基本

① 《马克思恩格斯选集》第 1 卷，北京：人民出版社，1972 年版，第 294 页。《马克思 1877 年给〈祖国纪事〉杂志编辑部的信》，《马克思恩格斯选集》第 3 卷，北京：人民出版社，1972 年版，第 342 页。

② 迟福林主编：《第二次转型——处在十字路口的发展方式转变》，北京：中国经济出版社，2010 年版，第 32—50 页。

③ 郭光磊等：《北京市新型城镇化问题研究——战略与政策分析》（上），北京：中国社会科学出版社，2013 年版，第 30 页。

④ 郭光磊等：《北京市新型城镇化问题研究——战略与政策分析》（上），北京：中国社会科学出版社，2013 年版，第 194 页。

公共服务均等化，城乡基础教育均等化、城乡基本医疗卫生均等化、城乡社会保障均等化、城乡就业服务均等化和城乡住房保障均等化，都取得了明显进展。以城乡社会保障均等化为例，目前，北京市农村基本实现了"应保尽保"。其中，朝阳、丰台、海淀、顺义四个涉农区县实现了城乡低保标准统一；2012 年，这四个涉农区县农村最低生活保障标准为每人每月 520 元。与2011 年相比较，2012 年北京市各涉农区县农村低保标准有较大幅度上升，平均标准从每人每月 383 元上升到 463 元，同时各区县之间的水平差异有所缩小，均等化程度有所上升。①同时要看到，北京城乡基本公共服务的差距仍然存在，还有一些深层次问题需要解决。主要问题是：合理配置城乡教育资源、促进城乡教育公平发展的任务仍很艰巨；在城乡基本医疗卫生均等化、城乡社会保障均等化、城乡就业服务均等化和城乡住房保障均等化方面，还存在着相关制度建设亟待加强、以城乡基本公共服务均等化为导向的财政支出结构有待完善、多元化的基本公共服务参与提供方式尚未形成等问题。

北京市实现城乡基本公共服务均等化，可以按照四个依次递进的阶段和层次加以推进：一是实现城乡基本公共服务的制度全覆盖；二是实现城乡基本公共服务的人群全覆盖；三是实现城乡基本公共服务的均等化；四是实现城乡基本公共服务达到中等发达国家水平，将北京建设成为人人共享的现代公共服务之都，不断提高全体市民的生活质量和幸福指数。②

立足于构建城乡协同、互动互惠的新型城乡关系，有步骤、分阶段、有重点地推进北京城乡基本公共服务均等化，提出几点建议：

一是着力推进城乡教育一体化发展。近年来，北京市已经采取了一些创新性举措，引导城市优质教育资源向郊区农村辐射，开展城乡中小学、幼儿园"手拉手"对口支援活动，支持城市优质教育资源学校到郊区新城、城镇地区举办分校。建议市和区县两级政府，要把推进城乡教育对接互动作为工作着力点，通过政策导向、资金扶持、名校办分校等形式加大对农村教育支持力度。发挥城区教师资源优势，建立城区支援郊区教育制度。更加注重郊区农村教师队伍建设。更加注重农村劳动技能教育和人文教育。大力培养农业科技人才。采取短期培训、学历教育、函授、夜校等形式，进行多层次、多

---

① 施昌奎主编：《北京蓝皮书》，《北京公共服务发展报告(2012～2013)》，北京：社科文献出版社，2013 年版，第 102—103 页。

② 张英洪、童伟：《建设人人共享的现代公共之都——北京市城乡基本公共服务均等化研究》，北京：知识产权出版社，2011 年版，第 152—153 页。

形式的职业技术培训和教育。建立健全农业科技推广体系，通过农技推广普及提高农民科技文化素质。

二是充分利用中关村示范区（1 区 16 园）和北京国家现代农科城的科技支撑平台，建立农村创新创业人才培育基地，根据各区县园区建设和产业发展的需要，有计划地培养农村创新创业人才。

三是为整体性地推进首都城乡一体化进程，需要按照协同创新的理念和思路，创新城乡对接互动的体制机制，包括建立和完善市、区县和城镇三级联动的体制机制，建立和完善城区与郊区互补互动的协同创新机制。通过体制机制的创新，加快构建和完善城乡基本公共服务体系，实现城乡基本公共服务制度的对接。

四是要以加快实现首都城乡基本公共服务均等化为目标要求，深化公共财政体制改革，完善财政转移支付制度，进一步提高财政用于基本公共服务的比重，增强基层政府提供公共服务的能力。

（六）正确处理农村城镇化与农村社区化的关系，建设民主法治、和谐宜居的新型社区

农村社区化，既是农村城镇化转型的有效途径和实现形式，又是加强农村社会建设和管理的创新性探索。近年来，我国不少地区在农村社区建设中探索出的"就地城镇化"模式，就体现了农村城镇化与农村社区建设的有机结合。在推进京郊小城镇建设中，要深刻认识和把握农村社区化的二重性，深刻认识和把握农村社区化与城市社区化的密切联系，拓展和提升农村社区的多重功能，把新型城镇化与农村社区化有机结合起来，积极探索城乡社区对接互动的有效途径和形式，加快实现农村社区化，着力建设民主法治、和谐宜居的新型社区。

建设民主法治、和谐宜居的新型社区，要求把民主法治建设贯穿于城镇建设和管理的全过程，体现在城镇建设和管理的各方面。通过加强民主法治建设，切实保障农民的主体地位及其在经济、政治、文化、社会领域的各项权益，增强社区自治组织、社区社会组织的活力，充分调动社区居民参与社区建设和管理的积极性、创造性。为建设民主法治、和谐宜居的新型社区，提出几点建议：

一是为适应新型城镇化建设的需要，加强有关法制建设。如针对农民的土地权益问题，《中华人民共和国土地管理法》应进一步确立以市场价值作为征地补偿的依据，以解决征地补偿标准低的问题。修改《中华人民共和国农村土地承包法》，在法律上允许农民转为市民后保留其原有土地权利，或采取市场化的退出机制。在《中华人民共和国物权法》中，应进一步明确农民对宅基地"占有、使用和收益"的权利。尽快出台《国有土地上房屋征收与补偿条例》，替代《城市房屋拆迁管理条例》。① 又如，针对农民集中居住中的宅基地权利问题，要完善农村土地流转中的法律法规，赋予农民宅基地以完整的物权，规定宅基地进入市场的流转办法。探索建立耕地与宅基地的等额置换制度，保证农民的合法权利。将集中居住制度及运行纳入法治化轨道。

二是建议再次修订出台《中华人民共和国村民委员会组织法》。新修订的《村委会组织法》，应对村委会的自治性和公共服务职责及其选举、罢免和职权等做出明确规定，还应对农村社区组织结构，包括农村基层行政组织、社区居民自治组织、社区社会组织和其他企业事业组织在社区中的地位、作用及其相互关系做出明确规定。

三是建议尽快出台一部《民间组织法》。在这部民间组织基本法中，明确规定城乡各类民间组织的法律地位和相关职能，规范各类民间组织的活动范围、社会职责、行为方式、权利义务、监督管理办法等。与此同时，培育发展农村新型经济组织和农村服务性、公益性、互助性社会组织。

四是建议制定出台有关城乡社区建设和管理的专门性法规。这部专门性法规，应以我国《宪法》和相关法律为依据，立足于建立和完善城乡社区管理和服务的法律体系，着眼于构建新型工农、城乡关系，有利于形成城乡社区一体化发展新格局，对城乡社区、基层政府、社区党组织、社区自治组织、社区社会组织及其他企业事业组织在社区中的地位、作用及其相互关系做出明确规定。

五是建议加强农村社区法治环境建设。针对农村社区居民缺乏自治意识和法律意识，运用多种途径和方式，扎实有效地开展法制宣传教育工作。加强农村司法和农村法律服务机构建设。乡镇政府要坚持依法办事。实践证明，只有基层政府坚持依法行政，处理好政府行政管理与社区居民自治的关系，才能更好地营造社区依法自治、人人遵纪守法、城乡社会和谐的良好氛围。

---

① 张云华：《城镇化进程中要切实保护农民土地权益》，《北京新农村建设研究报告》，北京：中国农业出版社，2011 年版，第 182 页。

城镇化进程中新市民社会服务管理标准研究

课题负责人：张静波（首都师范大学政法学院　副教授）
课题组成员：刘学成、赵娜、陈芹芹、王晨、安红豆、张鲁、孙晓纯

改革开放以来，我国城镇化快速推进。截至 2012 年年底，我国城镇人口达到 2.36 亿，城镇化率提高到 52.57%，已达到世界平均水平。城镇化包括四个方面：人口的城镇化；空间的城镇化、土地的城镇化；经济的城镇化、产业的城镇化；生活质量的城镇化。其中，人口的城镇化是城镇化的核心。目前，我国的城镇化在加速推进的同时，也存在城镇化质量低、不协调等问题，主要表现为市民化的程度比较低、发展方式比较粗放、城乡发展不协调等特征。因此，提高城镇化质量刻不容缓。

北京市是城镇化发展速度最快、城镇化水平较高的特大城市之一。目前，北京市的城镇化率达 83.62%，高于全国平均水平，已达到发达国家水平，但仍面临许多严峻的问题和挑战。这些问题包括：城乡居民收入差距拉大，贫富差距显著；农村土地问题、农民土地流转问题尚未得到根本解决；户籍和社会保障制度改革滞后，尚不能有效保障郊区农民和农村集体组织的权益；人口规模已接近甚至超过环境资源的承载极限，人口增长与有限的资源、环境承载力之间矛盾尖锐等，这些问题影响和制约着城镇化的水平和质量。在这些问题中，城镇化水平与社会服务管理非同步发展的矛盾尤为突出，即农村土地、人口的城镇化速度超前，而公共服务和社会管理，包括劳动就业、收入分配、医疗卫生、公共安全等综合体系建设严重滞后，距离"城镇化质量明显提高"的要求尚有较大距离。党的十八大报告提出了新型城镇化概念，强调新型城镇化的核心是农村人口转移到城镇，完成农民到市民的转变，即人的城镇化。因此，农民的市民化问题就成为新型城镇化道路的核心问题。本文围绕新型城镇化进程中针对北京新市民的公共服务体系建设及社会管理领域存在的问题与现状进行实证研究，分析问题产生的背景与原因，进而提出构建北京新市民公共服务与社会管理标准体系，为提高北京市新型城镇化的质量提供参考。

据统计，北京市目前登记流动人口763.8万人，其中在京居住半年以上的达726.4万人。"十一五"时期的前四年，北京市人口数量持续快速增长，与"十五"时期相比，加速增长的趋势十分明显，特别是近两年，每年增加超过60万人。快速增长的主要拉动力来自流动人口。四年来，流动人口增量逐年加大，共增加151.8万人，年均增长37.9万人。如果将驻京部队、未登记的和短期来京探亲、旅游、就医的流动人口估算在内，北京的流动人口总量已超过1000万。规模如此庞大的流动人口群体，给首都社会服务管理带来许多新的问题和挑战。特别是人口与资源环境之间的矛盾凸显，社会矛盾纠纷多样多发，各类人群和社会组织、非公有制经济组织管理的任务日益繁重，社会公共安全管理艰巨复杂，信息网络管理面临严峻挑战。由于流动人口依然受到户籍制度的限制，很难享受到与城市居民同等的公共服务，难以成为真正的市民。目前的城镇医疗卫生、教育、就业等公共服务与户籍挂钩，大量居住在城镇而没有当地户籍的流动人口享受不到城市居民享有的基本公共服务，随着流动人口的不断增加，城镇居民内部形成了新的"二元现象"——本地城镇居民及流动人口。①

本文的核心内容是采用实证研究方法分析北京新市民暨流动人口公共服务体系建设及社会管理存在的问题与现状，主要包括确立新市民公共服务指标体系、社会管理标准和推进策略。本文基于城市社会学的视角，首先在对新市民社会服务管理问题的现状与成因进行以社会学为核心的实证分析，在总结国内外城镇化理论研究成果的基础上，初步提出新市民公共服务管理指标体系，最后对推进北京市新市民社会服务管理提出具体对策建议。

一、新市民社会服务管理的概念与内涵

关于新型城镇化与新市民社会服务管理问题，国内学者从多学科角度做过大量研究，积累了较丰厚的成果。近期社会学视角的主要成果有：华东师范大学文军教授认为，城市郊区农民的市民化被演变为一种"问题化"了的现象，原因在于农民市民化的过程是一种完全被制度安排的"被市民化"的过程，这种被市民化的结果会给新市民群体带来许多困境，影响城镇化质量。李培林指出：目前我国人口城镇化滞后于土地城镇化、城市土地集约效益薄弱、

---

① 翟振武、赵梦晗：《居住证制度与流动人口服务管理》，北京师范大学中国社会管理研究院等主办：《第三届中国社会管理论坛论文集》，2013年。

"城市病"和"乡村病"的同时显现，提出加快农民工市民化步伐，走城乡统筹发展的新型城镇化道路的思路。杨敏指出，在目前爆发式的城市扩张过程中，城镇化与土地经济形成了更为密切的捆绑，土地城镇化率远远高于人口城镇化率，背离了以人为本和科学发展的目标。应与"土地城镇化"彻底诀别，重塑城镇化的财富之源。从上述研究可以看出，目前我国学者主要从宏观视角对城镇化的政策背景、战略问题、制度设计进行探讨，鲜有针对新市民群体社会服务管理问题提出具有可操作性的方案和对策，这也是本文研究的价值之所在。

(一)基本概念的界定

1. 新市民

关于新市民的含义，不同学者从各自学科角度做出过不同的界定。本文中新市民的概念包括"流动新市民"与"农转非新市民"两部分群体。所谓流动新市民具有三重含义：一是空间流动，即从农村流入城市，从欠发达区域流向较发达区域；二是职业选择上从农业向工商业等非农产业流动；三是社会流动，即在阶层上从收入较低的农业向收入较高的职业阶层流动，并伴随着流动者经济社会地位的提高。"农转非新市民"是指城郊被动移民的工程移民和征地移民。概括而言，本文将新市民界定为：在北京城区及周边区域居住半年以上的外来务工人员及城郊"农转非"人群。他们的流动性相对较小，留在北京城区居住的愿望较大，主动融入城市的积极性较高。尽管因征地拆迁形成的"农转非新市民"与以进京务工人员为主体的"流动新市民"之间存在较大差异，但从基本公共服务均等化视阈看，两者明显区别于传统城市户籍市民，因此，新市民是相对于传统城市户籍市民的集合概念。

本文中新市民的概念也涵盖不同学科学者在研究中使用的"外来人口"和"半城镇化"人口含义。即外来人口是指在一定时期内离开常住户口所在地、在另一行政区域暂时居住的暂住人口，而不包括与户籍相伴随的迁移人口和短暂逗留的差旅人口。[①] "半城镇化"人口指 20 世纪 80 年代以来大量农村劳动力转移到城市，长期生活在城市并从事非农生产，但并没有彻底融入城市社会，或者说处于城镇化不彻底的状态。具体表现为在制度上没有享受完全的

---

① 官志刚：《社区警务：北京市外来人口聚集区的治安管理模式》，载北京市哲学社会科学规划办公室编：《北京市哲学社会科学规划项目优秀成果选编》(第一辑)，北京：首都师范大学出版社，2011 年版。

市民权，在社会行动上与城市社会有明显的隔离，在社会认同上出现内部化、边缘化的倾向。①

2. 新型城镇化

归纳各学科相关研究成果，本文中新型城镇化的概念是指以新型工业化为动力，以统筹兼顾为原则，推动城市现代化、城市集群化、城市生态化、农村城镇化，全面提升城镇化的质量和水平，实现科学发展、集约高效、功能完善、环境友好、社会和谐、个性鲜明、城乡一体、协调发展的城镇化建设路径。新型城镇化的"新"是指由过去片面注重追求城市规模扩大、空间扩张，改变为以提升城市的文化、公共服务等内涵为中心，使城镇成为具有较高品质的适宜人居之所。城镇化的核心是农村人口转移到城镇，完成农民到市民的转变。

3. 社会服务管理

社会服务是指以提供劳务的形式来满足社会需求的社会活动。狭义的社会服务指直接为改善和发展社会成员生活福利而提供的服务，如衣、食、住、行、用等方面的生活福利服务。广义的社会服务包括生活福利性服务、生产性服务和社会性服务。生产性服务是指直接为物质生产提供的服务，如原材料运输、能源供应、信息传递、科技咨询、劳动力培训等。社会管理是指政府和社会组织为促进社会系统协调运转，对社会系统的组成部分、社会生活的不同领域以及社会发展的各个环节进行组织、协调、监督和控制的过程。社会服务管理是社会服务与社会管理相互融合的复合概念，蕴含寓管理于服务，政府部门、社会组织及市民合作共治，协调互动的崭新含义。

4. 关于社会服务管理标准体系的构建

制定社会服务管理标准是提升新市民社会服务管理水平的关键环节之一。本文初步设计提出新市民社会服务管理标准体系，以期提高新市民社会服务管理水平，使之成为有效发挥社会服务管理作用的工具和手段，成为实施新市民社会服务管理的依据和参考。本文在总结北京市区县已有新市民服务管理经验的基础上，根据社会学、管理学及规划学原理提出一套新市民社会服务管理标准的总体框架。该框架的核心是依据《北京市"十二五"时期社会建设规划纲要》提出的发展目标，以新市民社会服务管理为切入点，为创建经济社

---

① 王春光：《农村流动人口的"半城市化"问题研究》，《社会学研究》，2006年第5期。

会和谐发展的城市社会提供依据。框架力求结构合理，层次恰当、清晰，内容充分体现社会服务管理的特点和水准。新市民社会服务管理标准包括社会服务和社会管理两大部分，在标准设计上，力求涵盖新市民社会服务管理的核心内容，反映总体水平。

（二）北京市新市民现状与群体特征

新市民群体实现市民化是一项复杂的社会系统工程，它不仅仅是新市民社会身份和职业的转变，也不仅仅是新市民居住空间的地域转移，而是角色意识、思想观念、社会权利、行为模式和生产生活方式的变迁，是新市民角色群体向市民角色群体的整体转型过程。新市民群体在迁徙、移居城市的过程中，因迁出地、迁入地的不同，自身的经济、社会地位的差异性，形成鲜明的群体特征。当前，北京新市民群体呈现以下特征：

1. 新市民中流动人口构成特征

据 2010 年第六次全国人口普查数据显示，北京市新市民群体人口结构较"五普"时期有了较大改善。① 一是年龄持续呈现年轻化趋势，20～39 岁年龄层占新市民人口总量的 62.8%，新市民年龄优势对缓解北京市人口老龄化速度有所贡献。二是性别结构改善，2010 年北京市新市民性别比为 118.9，较"五普"时的 150.8 有明显下降。三是受教育程度明显提高，大专以上人口比重为 24.4%，较"五普"时的 10.9% 有明显攀升。四是非农业户籍人口达 32.3%，占北京市新市民人口的 1/3。五是职业阶层提升，就业行业结构改善，2010 年新市民在三大产业就业的比重占 71%，其中从事脑力劳动的比重达 25.6%。六是新市民中在京常住人口比重增加，在京居住 3 年以上的占 49.4%，6 年以上的占 28.8%。② 上述特征表明，当前北京市新市民中流动人口构成已发生显著变化，不同于传统意义上单纯的农民工群体，已成为北京市人口结构中重要的组成部分。

2. 京郊农民"农转非"群体状况

2009 年以来，北京市城乡一体化进程快速推进，农业人口"农转居"、"农转工"速度加快。据统计，北京市农业户籍人口由 2007 年的 284.3 万减少到 2008 年的 279.1 万，净减少 5.2 万人，这些农民大部分实现了"农转居"或"农

---

① 国家统计局编：《2010 年第六次全国人口普查主要数据》，北京：中国统计出版社，2011 年版。

② 冯晓英：《北京流动人口社会融入的现状与路径选择》，载戴建中主编：《北京蓝皮书：北京社会发展报告（2011—2012）》，北京：社会科学文献出版社，2012 年版。

转工"，成为新市民。但在这些新增非农人口中，绝大多数并未得到较好安置，与传统城市居民在社会保障待遇等方面尚存在差距。一是城市扩张造成的"被市民化"现象突出。主要表现在农民市民化的过程是一种完全被制度安排的"被市民化"过程，这种被市民化的现象给新市民群体带来许多困境，较易引发新的城乡冲突与潜在社会危机。二是大部分农民并未从本质上实现向城市市民的转变。从社会和文化层面看，户籍的改变并没有自动带来农民角色本质的完整转变，户籍和职业意义上的城镇化只是城镇化进程的"外部特性"，新市民完全融入城市社会，成为真正意义上的市民还有很长的路要走。三是就业、创业空间狭窄。调查显示，农民转为城市户籍后，一般需经 3 年时间才能进入生产、生活和心理稳定期。目前京郊新市民创业规模一般较小，较多集中于小商店、小餐馆经营或出租房地产为生，创业项目单一，就业空间狭小。① 近年来，围绕城郊居民"农转非"后产生的一系列社会问题成为备受关注的焦点，针对这一特殊群体的社会服务管理问题也成为学界的重点研究领域之一。

3. 职业分层与社会流动

新市民从业者包括具有非农户籍或农业户籍身份从事第二、三产业劳动的工资收入者。随着这一阶层规模的不断扩大，其社会流动加快，职业分层日趋明显，产生了大量具有雇主、个体经营和自我雇佣身份的第二、三产业从业者。这些不同的职业阶层在劳动方式、收入待遇和社会地位上存在明显差异。一是新市民内部社会分化加速。随着新市民职业阶层的变化，新市民内部出现社会分化，但因城乡二元结构的制约，总体上新市民上升流动的机会相对较少。相关研究表明，新市民上升流动机会多处于国家控制和制度规范较弱的领域，不太可能成为政府机关干部、专业技术人员或正规经济部门管理人员。调查显示，受个人人力资本影响，新市民流入城市后，55.6% 从事个体私营，29.7% 流入蓝领职业，10.8% 为建筑工人、家庭服务人员，另有 3.9% 流入白领职业。② 二是新市民内部多元利益主体逐步形成。由于城市流入、"农转居"等背景不同，新市民内部利益主体呈现多元化。在城市扩张中获得巨额拆迁补偿的城市周边新市民群体，存在奢侈性消费，购买豪车，

① 唐少清：《北京城乡一体化发展新趋势研究》，载北京市社会科学界联合会编：《城乡一体化与首都"十二五"发展——2012 首都论坛文集》，2012 年。

② 李春玲：《农民工与社会流动》，载李培林主编：《中国社会》，北京：社会科学文献出版社，2011 年版。

涉赌、涉毒、涉黄等社会丑恶现象,部分新市民一夜暴富后返贫。部分流动新市民不满低下的经济社会地位,迫使其采取特殊方式和特殊路径流动,甚至采用冒险、违规、违法手段获取财富。此外,由于新市民职业群体与现有在职群体间存在制度隔离,在享受社会保障与公共服务等方面存在巨大差距,加大了群体间的冲突与矛盾,成为新的社会安全隐患。三是职业分化导致新市民群体内部贫富差距拉大,社会流动模式固化。调查数据显示,约11.2%的新市民家庭拥有私有房产(自购私房、自建或继承私房),约63.8%的家庭租住房屋,18.8%是住在公房、宿舍或工棚里,其余6.2%属于其他情况。①这意味着新市民家庭间贫富差距拉大,只有约1/10的新市民成为定居性移民。从社会流动趋势看,20世纪80至90年代的"特殊阶段"曾使"社会边缘群体从市场中获得利益",20世纪90年代以来,社会底层向上流动的机会大大减少。②社会流动模式固化,新市民上升流动的机会减少,社会不平等的趋向进一步加大。

4. 城市融入与社会认同

城市融入是指新市民群体在经济、行为、文化和观念上融入流入地主流社会文化体系中,涵盖经济整合、文化接纳、行为适应和社会认同;社会认同则是指社会成员共同拥有的信仰、价值和行动取向的集中体现。城市融入与社会认同是本质上的城镇化过程。当前北京市新市民在城市融入与社会认同方面呈现流入容易融入难的特点。一是城市融入存在制度障碍。相关研究表明,由于城乡二元结构的存在,新市民在劳有所得、住有所居、学有所教、病有所医、老有所养等民生方面仍然无法拥有和流入地居民一样的平等权利,无法真正融入当地社会。③ 此外,在城市发展新区、城乡结合部等新市民高度集中区域,由于新市民的不断涌入严重影响了人均享有的公共服务资源,公共服务水平相对滞后,制约着新市民对流入地的地域认同和社会融入。二是社会支持网络匮乏。新市民的社会交往大多局限在十分狭小的范围内,与当地居民交往较少,原有的价值观念和文化习俗在与亲友、同乡等血缘、地

---

① 资料来源:国家统计局城调队和中国社会科学院经济研究所于2002年实施的"农村进入城市的暂住户调查"。

② 李强:《社会分层与制度变迁》,载李培林主编:《中国社会》,北京:社会科学文献出版社,2011年版。

③ 连玉明主编:《中国社会管理创新报告——社会管理科学化与制度创新》,《社会管理蓝皮书》,北京:社会科学文献出版社,2012年版。

缘关系交往中不断得到强化，对流入地价值观和主流文化持排斥态度，影响了其在流入地的社会融入。三是新市民中的高学历青年对城市社会的认同感不强。研究显示，新市民中的高学历青年群体对城市归属感不强，与市民交往的深度与广度有限，在文化和生活习惯上的差异感大于社会经济地位的差异感。该群体在现行制度安排下往往处于失语、失权状态，成为"二等公民"和"边缘人"并在社会生活中逐渐边缘化，阻碍着该群体的城市融入与社会认同。①

5. 社会治安管理难度加大

随着新市民人口数量激增，社会治安、公共安全面临严峻挑战，新市民社会管理难度加大。一是新市民聚集区形成规模，各类社会问题易发、高发。有学者根据新市民中流动人口居住形态的不同将其划分为同质型聚集区和异质型聚集区，前者是指以地缘、亲缘、业缘等关系为纽带自发形成的流动人口聚集区，区内人员联系广泛，内聚性较强，但同时也存在集中性、群体性事件易发的隐患；后者是指由来自不同地域、从事不同职业的人自发集聚所组成的聚集区，人口异质性较强，文化差异显著，因其具有开放性、匿名性、一过性的特点，成为各种社会治安问题滋生的温床。二是社会治安问题的类型复杂多样。从近年来流动人口聚集区治安问题的特征来看，主要表现为侵财类治安案件高发，作案手段多种多样；治安纠纷较多，包括流动人口之间的纠纷和流动人口与当地居民之间的纠纷，导致居民不安全感增强。此外，流动人口聚集区内吸毒贩毒、聚众赌博、涉黑涉黄等社会问题也呈高发频发趋势。三是诱发社会治安问题的因素交叉重叠。这些因素包括经济、社会、文化、制度因素等，各种因素作用，共同构成社会治安问题的深层诱因，给社会治安带来严重隐患。

综上所述，北京市新市民群体的特征与存在的突出问题，是当前城镇化加速进程中阶段性特征的反映，既有与全国各大城市相似的普遍性，也具有北京市的区域特殊性。要提高城镇化质量，促进新市民群体融入城市社会，就必须加强社会服务管理创新，寓管理于服务，从北京市新市民的基本特征出发寻找推进新型城镇化的路径。

————————————

① 郭星华：《北京流动人口社会认同研究》，载北京市哲学社会科学规划办公室编：《北京市哲学社会科学规划项目优秀成果选编》（第一辑），北京：首都师范大学出版社，2011年版。

二、北京市新市民社会服务管理现状与问题分析

本课题组围绕北京市新市民社会服务管理与基本公共服务问题，选择北京市朝阳、海淀、房山、延庆4区（县）进行了问卷调查，调查采用随机抽样方法，在上述区（县）随机抽取450个家庭和个人进行问卷调查。调查于2013年8月25日至10月10日进行，共获取405份有效问卷，有效率达90％。此外，课题组还在海淀、房山等区（县）采取小型座谈会、个案访谈等非结构性调查，进一步了解北京市新市民对基本公共服务的评价及诉求，对分析新市民基本公共服务现状与问题成因积累了基础材料。

本次调查主要集中于新市民基本公共服务、社会保障与社会福利服务、社会管理与社会参与、社会支持与社会认同等方面进行。围绕新市民对基本公共服务的评价、社会保障与社会福利服务、社会管理与社会参与、社会支持与社会认同四个部分设计，从不同侧面反映出新市民社会服务管理的现状与问题，对有针对性地设计新市民社会服务管理标准体系提供了依据。考虑到各区县经济社会发展状况的差异及调查数据的可比性，在统计分析中，按照各区县实际情况进行了统计加权，以弥补问卷设计中的误差影响。

（一）基本公共服务压力大，难以满足新市民需求

基本公共服务是根据经济社会发展阶段和总体水平，为维持经济社会的稳定、基本的社会正义和凝聚力，保护个人最基本的生存权和发展权，为实现人的全面发展所需要的基本社会条件。基本公共服务包括三个基本点：一是保障人类的基本生存权；二是满足基本尊严和基本能力的需要，需要政府及社会为每个人都提供基本的教育和文化服务；三是满足基本健康的需要，需要政府及社会为每个人提供基本的健康保障。随着北京市新市民人口的急剧增加，基本公共服务范围的逐步扩展，新市民对基本公共服务的需求不断增长。一般基本公共服务内容主要包括以下几点：一是基本民生性服务，如就业服务、社会救助、养老保障等；二是公共事业性服务，如教育、卫生、文化、科学技术、人口控制等；三是公益基础性服务，如公共设施、生态维护、环境保护等；四是公共安全性服务，如社会治安、生产安全、消费安全、国防安全等。上述内容共同组成基本公共服务涵盖广泛、内容丰富的科学体系。

为了解当前北京市新市民基本公共服务现状，我们首先选择新市民对于目前基本公共服务的总体评价，新市民享受基本公共服务的频次、数量，以

及对于基本公共服务较为满意的领域进行调查，并对回答者满意的领域进行排序，试图了解新市民对享受基本公共服务的主观感受和基本评价。

从问卷统计结果来看，回答者对所居住社区基本公共服务水平总体评价持保留态度，回答"一般"者占44%，"较好"的占29%，"很好"的仅占11%，还有14%的回答者选择了"较差"。这表明目前社区基本公共服务水平不高，距多数居民（58%）的期望值尚有一定距离。此外，通过405名回答者对"利用和享受基本公共服务的数量、频次"的统计结果来看，回答"经常利用和享受基本公共服务"的占25%，"偶尔享受"的占40%，表明"社区基本公共服务已经覆盖包括新市民在内的绝大多数居民"（约占65%）。回答"基本不享受或从未享受社区基本公共服务"的合计占33%，对于这一部分居民，我们通过座谈或个案访谈发现，其原因主要是部分居民所在单位与社区基本公共服务内容相重合，或缺乏对社区基本公共服务的了解，也有极少数居民持拒绝和否定态度。为进一步了解新市民对社区基本公共服务较为满意的方面和工作领域，我们请回答者对自身较关注的服务领域进行排序（多选题），其结果依次为："出租房屋服务"（60%）、"社区便利服务"（35%）、"其他服务"（30%）、"社区文化体育服务"（29%）、"社会救助服务"（20%）、"就业与教育培训服务"（10%）。由此结果可以看出，新市民群体对社区基本公共服务中微观和具体的服务项目较为满意，而对社会救助、就业培训等专业服务怀有较高期待，这也和访谈中社区干部普遍反映的目前社区资源相对不足，难以满足专业化、多元化需求的现状相契合。

近年来，北京市从新市民的需求出发加大公共服务力度，拓展服务新市民的渠道，破解新市民社会服务管理难题，着力使新市民与市民享受均等的基本公共服务，提升新市民的归属感、认同感和幸福感，提高新市民的社会融合度。近五年来，已投入1.5亿元，为53万多新市民提供了技能培训；市财政投入164亿多元，解决42.9万新市民随迁子女就读问题和近7万名新市民子女入园问题。全市劳动合同签约率从70%提高到96.1%。截至2011年6月，新市民参加医疗保险、工伤保险人数分别达到191.2万人和244.1万人①，新市民基本公共服务体系建设取得一定成效，但距离人口规模庞大、服务需求日益多元化的现状仍有较大差距。

从基层社区新市民社会服务管理现状来看，北京市各区县不断创新工作

---

① 资料来源：http://news.qq.com/a/20111012/000116.htm，2011年10月12日。

载体,推动新市民公共服务均等化。许多区县把新市民纳入城市公共服务体系,对新市民实行属地管理。如保障新市民子女平等接受义务教育;新市民疾病预防、控制和适龄儿童免疫工作;新市民计划生育管理和服务;组织开展形式多样的宣传教育和交流培训活动,增进新市民对所在社区的认识,加快对城市生活理念和生活方式的适应和融入,在社区内形成新市民与当地居民相互理解、尊重、包容的生活氛围等。再如,取得暂住证的新市民可享受保险、房贷、考驾照、出国旅游、子女入学、选举权等待遇和权利。从本调查结果看,40%以上的受访者对社会服务管理持积极评价态度,说明近年来新市民社会服务管理取得了一定成效。但随着80后、90后新市民的大量涌入,新市民社会服务管理面临新的问题和挑战。与父辈相比,80后、90后新市民在生活方式、思想文化观念上受到城市现代文明的熏陶,对城镇化生活有着强烈的渴求,面对新市民群体对公共服务的多元化需求,基层社区又面临着新的困境,需要改变工作思路,适应新市民群体的变化。

为进一步了解基本公共服务需求状况,分析公共服务问题与新市民生活满意度的相关关系,本调查从新市民迫切需要的服务领域、目前新市民公共服务存在的突出问题及对问题成因的看法等进行了统计分析。统计结果显示,回答者认为当前新市民最急需的服务领域的前三位是(多选题):"出租房、公租房租赁服务"(80%),"法律援助服务"(79%),"医疗、劳动保障服务"(74%),反映出新市民群体对涉及日常生活领域的生活类服务需求强烈。此外,回答者对涉及自身发展类需求的项目依次是"子女教育、就学服务"(65%),"社会救助养老服务"(45%),"就业援助服务"(40%)。从上述结果不难看出,作为新市民融入城市生活的基本策略,绝大多数回答者将满足基本生存需求放在首位,而将发展类需求放到次要位置,呈现先求生存,后谋发展的特征。

关于当前新市民基本公共服务领域存在的突出问题及成因,逾半数以上的回答者认为,目前"新市民公共服务方法、手段落后"(60%),"与其他市民相比享受机会不均等"(55%),"救助措施不及时"(55%)。其他引起回答者不满的问题还包括"服务机构设施不健全"(35%),"教育、医疗等社会事业服务不到位"(24%),"社区便利服务难以满意"(20%)(多选题)。由此可以看出,目前基层社区基本公共服务尚难满足新市民的基本需求。对于形成上述局面的原因,回答者认为主要是:"服务体制机制不健全"(23%)、"服务管理手段缺乏创新"(22%)、"政府部门重视不够"(19%)、"服务主体未发挥应有作用"

（18％）、"社会力量参与服务不足"（16％），这与上述受访者对新市民公共服务的主观感受基本契合。

新市民是我国城市建设的生力军，他们为城市现代化建设贡献了自己的聪明才智，立下不可磨灭的功劳，理应受到尊重，享受与城市居民同等的权利和待遇。但从现状来看，目前1.6亿农村人口虽已在空间上实现了由农村向城镇的转移，成为城镇常住人口，身份上由农民变成了第二、第三产业的从业人员，但他们无法获得与城镇居民相同的待遇。大多数新市民的生产和生活仍处在城镇的边缘化状态，面临着户籍、居住、医疗、社会保障、子女入学等一系列问题，这种城市内部的二元结构现象加剧了新老市民之间的矛盾，新市民与基层政府、社区权力结构之间的矛盾，成为新型城镇化建设以及城市经济社会可持续发展的主要障碍。从本调查结果来看，当前北京市基层社区新市民公共服务存在的突出问题主要表现在以下几个方面：

一是新市民群体对社区基本公共服务满意度不高。虽然近年来北京市新市民基本公共服务取得一定成效，但仍有超过半数（58％）的受访者对所居住社区基本公共服务水平总体评价持保留态度，认为目前社区基本公共服务水平不高，仍有近三分之一的受访者尚未享受基本公共服务，现有服务内容距新市民的期望值尚有一定距离。特别是随着新市民群体结构的不断变化，对基本公共服务的需求呈现多元化、个性化特征，当前社区基本公共服务难以适应新变化，满足新市民日益增长的需求。

二是新市民群体对社区基本公共服务需求最为强烈的领域集中在出租房、公租房租赁服务（80％），法律援助服务（79％），医疗、劳动保障服务（74％）等领域，反映出新市民群体对涉及日常生活领域的生活类服务需求强烈。作为新市民融入城市生活的基本策略，绝大多数回答者将满足基本生存需求放在首位，而将发展类需求放到次要位置，呈现先求生存、后谋发展的特征。这进一步表明，当前针对新市民群体的社会服务应以满足其基本生存需求为重点，兼顾发展性需求，科学规划，分步推进，才能取得实效。

三是新市民群体对社区基本公共服务中突出问题的排序表明，社区公共服务方法手段落后（60％）、享受公共服务机会不均等（55％）、救助措施不及时（55％）等仍是新市民关注的焦点问题。尽管北京市各区县近年来加大力度推进社会服务创新，实现基本公共服务均等化，加强基本公共服务体系建设，但在实践层面仍然存在创新乏术、空位缺位等现象。要适应新市民群体的新变化，满足不断增长的服务需求，必须转变基层社区服务理念，创新社会服务方式方法，形成具有社区自身特色的新市民基本公共服务新模式。

四是社会力量参与服务不足，服务主体未发挥应有作用。相关研究表明，目前社会力量参与基本公共服务大多数集中在"扶老、助残、救孤、济困"等公益服务项目，政府购买公共服务项目中的多数项目服务于户籍市民，针对新市民的服务项目相对不足，缺乏社会力量参与的渠道和平台。此外，在实践过程中仍存在服务主体定位模糊，职能交叉重叠，影响服务效率等现象。因此，应鼓励社会力量参与新市民公共服务，激发民间活力，促进社会组织、社会工作者、社区志愿者参与，探索形成科学高效、健康有序的新市民基本公共服务新格局。

(二)新市民享受社会保障与社会福利服务水准偏低

国家人口计生委发布的《中国流动人口发展报告 2012》显示，尽管 2011 年流动人口参加各类社会保险的比重稳中有升，但就业的流动人口在流入地的养老保险、医疗保险、工伤保险、失业保险、生育保险和住房公积金("五险一金")的参加比重均不超过 30％；流动人口劳动合同签订率普遍较低，仅有51.3％签订有固定期限劳动合同，未签订劳动合同的比例超过 30％。[①] 为进一步印证和分析北京市新市民享受社会福利与社会保障的现状，我们在问卷中设计了一组测量新市民对社会福利与社会保障的主观感受及存在的突出问题，以期弄清北京市新市民社会福利与社会保障的状况。

调查首先请受访者对所在社区社会保障与社会福利的主观评价进行排序，结果显示，受访者对社会保障与社会福利持"很满意"和"基本满意"的比例分别为 57％和 45％，回答"基本上不满意"和"不满意"的比例分别为 43％和 55％（多选题）。对于是否享受社区帮扶服务或临时救助服务时，10％回答"经常享受"，38％为"偶尔享受"，37％为"基本不享受"，还有 15％回答"从未享受"上述服务。由此可以看出，受访者对于以社会保险、社会救济为核心的社会保障服务满意度略高于社会福利服务。社会福利服务包括生活、教育、医疗方面的福利待遇，也包括交通、文娱、体育等方面，是一种服务政策和服务措施，其目的在于提高社会成员的物质和精神生活水平。很显然，超过半数的受访者认为在生活、教育、医疗方面的福利待遇距户籍市民还有较大差距。

相关研究表明，由于我国长期以来的城乡二元结构和户籍管理制度限制

---

① 资料来源：中国机构编制网，http：//www.scopsr.gov.cn/shts/mtbd/201208/t20120807_176832.html。

以及基于户籍基础上的社会福利保障制度安排，绝大多数新市民人口仍然无法享受和城市户籍人口相同的福利待遇。从社会保障状况来看，新市民人口社会保障仅限于工伤保险、医疗保险、养老保险和失业保险，很多地方生育保险基本空缺，更别说农民工最低生活保障制度了。此外，农民工群体在住房上也基本被排斥在廉租房和经济适用房之外。① 多数新市民在养老、医疗、就业等方面缺乏保障。从社会福利状况来看，新市民社会福利包括社会救济、住房保障、计划生育福利、教育福利、卫生福利和文化福利等有助于改善新市民人口生活和健康以及文化消费水平的各种公共政策和基本公共服务。但针对新市民的临时性最低生活救助、子女义务教育、医疗救助、住房救助、就业培训及应急救助服务仍未落实到实处，多数受访者主观上感受到不公平感。

为进一步了解受访者对于目前新市民社会福利与保障不满意的原因，我们请受访者根据自身经历对不满的理由进行排序（多选题），结果依次为："未享受精细化就业援助"（80％）、"未享受城镇医疗保险服务"（65％）、"未享受公共租赁住房服务"（60％）、"未纳入城镇居民社会福利与保障范围"（45％）、"最低生活保障标准太低"（40％）。由此可以看出，上述问题成为逾半数受访者对目前新市民社会福利与保障不满的主要原因。需要指出的是，上述问题中的部分内容在城市户籍市民中同样存在，如未享受公共租赁住房服务、最低生活保障标准过低等，新老市民存在的社会福利与保障问题呈现交叉重叠状态。拥有城市户籍的老弱病残等弱势群体在住房、就业、低保等方面仍然存在应保未保的现象，社会保障未实现全覆盖，只是在数量上远低于新市民群体。

相关研究表明，目前，关于新市民人口的社会保险模式并没有一个统一的硬性规定，城市之间存在不同的社会保险模式。大体而言，现行政策中存在三种新市民人口社会保障模式，即城保模式，如广东省；次城保模式，如北京市、重庆市和青岛市等；综合模式，如上海市、成都市和大连市等。② 北京市目前实行"次城保模式"，这种模式是当前针对流动人口的社会保障主流模式，即专门针对流动人口而制定的各项社会保障法律或文件，这种政策

---

① 陆杰华、黄匡时：《对建构流动人口福利保障政策体系的思考》，《人民论坛》，2013年第4期。

② 陆杰华、黄匡时：《对建构流动人口福利保障政策体系的思考》，《人民论坛》，2013年第4期。

模仿或者接近城镇社会保障政策体系，北京市新市民的养老保险政策就是这类政策的代表。有学者指出，在原本就存在二元结构的社会保障体系内又设立两个新的社会保障制度，这直接增加了建立一套统一的社保体系的难度，不仅容易造成社会保障的制度陷阱，不利于建立全国统一的社会保障模式，最终也不利于人口的自由流动。①

为了解新市民群体对社会保障与社会福利现状不满的原因并进行更细致的分析，我们还设计了"社会保障与社会福利问题形成的原因"及目前受访者"对社会服务需求最强烈的方面"两组问题，以期透过受访者的主观感受分析问题的现状及成因。结果显示，关于社会福利与保障问题的成因主要有："服务手段缺乏创新"（64.94%）、"服务主体未发挥应有作用"（60%）、"政策制定不到位"（60%）、"政府重视不够"（55.06%）、"社会力量参与不足"（40%）。不难看出，新市民社会福利与保障的问题主要出现在实施层面，这与上述对新市民社会福利与保障不满的原因相契合。此外，弄清新市民对社会保障与社会福利需求最强烈的方面，有助于对基层社区社会保障与社会福利现状的分析。调查结果依次为："教育、培训等教育需求"（75.06%），"健康医疗服务"（70.12%），"就业、社会救助等保障性需求"（60%），"对新市民的特殊服务需求"（60%），"文娱、体育等文化需求"（44.98%），"便民利民等生活性需求"（40%），"社区卫生环境需求"（35.06%）。这组数据表明，新市民对社会保障与社会福利的需求逐渐从物质性需求向教育、文化、社会公平公正等非物质性需求过渡，文化福利、精神福利和城市对新市民的包容精神等非物质性需求及各种新市民群体特殊服务需求逐步替代传统的物质性需求，呈现多元化发展趋向。总体上看，目前新市民享受社会保障与社会福利水准偏低，现有社区社会保障与社会福利难以满足新市民群体的需求。具体呈现以下特点：

一是大多数受访者仍然无法享受与城市户籍人口相同的福利待遇，对现有福利待遇状况持不满态度。造成不满的原因主要为"未能享受与城市户籍人口相同的就业援助"（80%）、"医疗保险服务"（65%）、"公共租赁住房服务"（60%）以及"未被纳入城镇居民社会福利与保障范围"。如新市民群体在住房上被排斥在廉租房和经济适用房之外，社会保险不仅参保费率低于城镇职工，

---

① 黄匡时、嘎日达：《流动人口的社会保障陷阱和社会保障的流动陷阱》，《西部论坛》，2011年第6期。

且缴费基数也不同于城镇职工，被迫享受不公平的单位缴费比例和缴费基数，形成城市内部新老居民的二元结构。

二是新市民对社会保障服务满意度高于社会福利服务，接受帮扶服务或临时救助服务的比例不高。受访者对社会保障与社会福利持"很满意"和"基本满意"的比例分别为57%和45%，回答"基本上不满意"和"不满意"的比例分别为43%和55%（多选题）。近年来，新市民养老、医保参保率和五险参保率均有所提高，但在包括生活、教育、医疗、交通、文娱、体育等方面的福利待遇上距户籍市民还有较大差距，在主观上感受到不公平感。此外，超过半数的受访者未接受过帮扶服务或临时救助服务，加深了其主观上的不公平感。

三是政府服务手段缺乏创新仍是问题产生的主要原因。超过半数以上的受访者认为政府社会服务手段缺乏创新、服务主体未发挥应有作用、政策制定不到位是造成目前新市民社会保障与社会福利问题的主要原因。相关研究也进一步印证，目前覆盖新市民群体的公共服务体系尚未建立，新市民群体尚未被纳入城市公共福利制度体系和社会保障体系，新市民保障政策体系建构的理念并不十分清晰等，阻碍了社会服务主体作用的有效发挥。此外，当前单纯的社区行政化管理受到政府失灵的局限，政府在配置社会资源时无法达到最优化，进而难以促进新市民社会保障与社会福利向精细化、个性化方向发展。

四是新市民非物质性需求及特殊服务需求逐步替代传统的物质性需求，呈现多元化发展趋向。超过半数的受访者认为教育培训等教育需求、健康医疗服务、就业和社会救助等保障性需求以及对新市民的特殊服务需求是目前最为迫切的需求，这表明新市民群体的社会需求呈现由传统的物质性需求向非物质性需求、单纯的生存型需求向发展性需求转变的趋势。这就要求未来的新市民福利保障体系建设，必须以人为本，探索适应新市民群体变化的社会保障、社会福利路径，推进新市民社会福利保障体系与城市户籍居民接轨。

（三）社会管理方法和社会参与渠道有待创新

社会管理是指在现有管理条件下，运用现有的资源，依据政治、经济和社会的发展态势，尤其是依据社会自身运行规律乃至社会管理的相关理念和规范，运用新的社会管理理念、知识、技术、方法和机制，对传统管理模式及相应的管理方式和方法进行改造，建构新的社会管理机制和制度，以实现社会管理目标的过程。"管理"强调过程的有序和结果的高效，评价社会管理主要看社会运行状况，如公众参与度、社会和谐指数等。因此，新市民社会管理的关键点之一是公众参与，只有动员新市民积极参与和协同运行，才能达成社会管理的各项目标。本文选择新市民对所在社区社会管理的突出特色、绩效显著的领域以及动员新市民参与的重点等进行调查，以期了解当前新市民社会管理存在的主要问题及成因。

调查结果显示，受访者对所居住社区新市民管理状况表示"很满意"的为9.8%、"基本满意"的为35%，而回答"基本上不满意"和"不满意"的为55%，略高于回答满意的人群。为进一步了解受访者回答满意的理由及受访者认为效果显著的管理领域，我们请回答者对所在社区新市民管理的突出特点和效果显著的领域进行排序，结果显示，多数受访者认为所在社区的特点是硬件设施和体制机制建设，依次为"管理信息系统科学有效"（27%），"管理体制机制健全"（25%），"以人为本的人性化管理"（15%），"社区、单位、市民的合作共管"（14%），"管理方法和手段新颖"（10%），"高素质的管理队伍"（9%）。关于新市民管理效果显著的领域依次是（多选题）"新市民子女接受教育比率提高"（42%）、"流动人口生活满意度提高"（20%）、"流动人口社会保险参保率提高"（10%）、"流动人口劳动合同签约率提高"（9%）、"社会矛盾化解率提高"（9%）、"流动人口信息完整准确率提高"（5%）。对上述两组数据进行对比分析可以看出，超过半数的受访者对当前社区新市民管理持不满态度，较满意的方面主要集中在硬件设施和体制机制建设，而对新市民社会管理的实施方法和手段等评价不高，除新市民子女接受教育比率有所提高外，其他方面的成效并不显著。

应该看到，随着新市民规模迅速扩大，北京市各区县坚持服务在先、管在其中，在实际工作中实施"以房管人"、"以业管人"、"以证管人"，结合新市民和出租房屋的不同特点，总结推广九种服务管理模式。一是国家机关内部单位"以服务促管理"工作模式，二是地下空间"旅店式"工作模式，三是社区楼房出租房屋"房屋咨询中心"工作模式，四是流动人口聚居区"四级联席帮扶"工作模式，五是房地产经纪机构"出租房屋动态管理"工作模式，六是城乡结合部地区流动人口"旅店式网格化"工作模式，七是城乡结合部村庄"社区化管理"工作模式，八是远郊区县新农村地区"服务管理自治协会"工作模式，九是远郊区县城关地区出租房屋"四步"工作模式。这些新模式、新方法对促进北京市新市民社会管理起到积极的推动作用，但大多仍处于探索阶段，尚未得到普及和推广。此外，这些新模式是否满足新市民群体的需求仍需做科学精细的摸索。

与上述回答者对所在社区新市民社会管理的主观评价相对应,回答者认为社会管理中存在的问题主要集中在以下几个方面(多选题):"新市民青年人口服务管理项目未落实"(80%)、"出租房屋管理不够完善"(70%)、"新市民精细化管理程度不高"(69%)、"新市民管理未能实现全覆盖"(64%)、"新市民信息化管理滞后"(49%)。不难看出,大多数回答者对与自身利益密切相关的具体服务领域尚不满意。例如,有关新市民青年人口服务,为了有针对性地加强对青年人的服务和管理,北京市开始由流管办和团委联合在海淀、朝阳、昌平等区试点推广以"青年汇"的方式来组织和引导年轻新市民,加强在新市民青年群体中的组织建设,目前已建成500家"青年汇",取得良好效果。但"青年汇"模式远未覆盖大多数区县,难以满足基数庞大的新市民青年的需求。调查中还发现,回答者普遍认为应以需求为导向,在以下方面创新服务管理模式:"实现新市民人口管理规范化"(75%)、"创新服务管理的方法和手段"(70%)、"搭建新市民服务管理综合信息平台"(65%)、"实施新市民网格化、精细化管理"(64%)、"健全新市民动态服务管理机制"(64%)。这些诉求反映出新市民群体的需求日益多元化、个性化,对于融入城市社会,共享城市文明发展成果的强烈期待。

据统计,目前北京市新市民青年人口已超过360万,他们在就业创业、教育培训、心理辅导等方面具有强烈诉求,普遍缺乏城市融入感和社会归属感,部分青年对自身发展感到担忧,对就业状况、生活条件的改善要求迫切。《北京市"十二五"时期社会建设规划纲要》中提出包括就业促进项目、创业帮扶项目、职业规划项目等内容的新市民青年人口服务项目,随着这些项目的逐步实施,新市民青年人口服务有望得到改观。

公众参与是以社会公众对自身利益的关心和对社会公共利益、公共事务的自觉认同为基础,通过对社会发展活动的积极参与实现发展的过程和方式。倡导和鼓励新市民积极参与社区公共事务,可以动员、组织和推动新市民采取行动,自己解决相关的发展问题,发挥其在教育培训、相互扶助、就业创业以及危机化解等方面发挥更加积极的作用。同时,新市民作为社会服务管理的主体之一,通过社会参与的渠道积极反映诉求,影响社区公共事务决策。本研究为了解新市民群体社会参与需求,请受访者对社会参与的主观认识进行排序,其结果依次为(多选题):"加强政府、单位与新市民的沟通"(80%),"培育新市民志愿者队伍"(75%),"搭建更多的流动人口参与平台"(70%),"鼓励新市民承担社会管理责任"(64%),"创造流动人口管理就业机会"

（60％）。这一结果表明，目前社区新市民服务管理模式难以满足新市民社会参与的需求，特别是缺少基层政府部门、社区辖区内单位及社区组织与新市民沟通互动的渠道，缺乏新市民参与社区公共事务与社区决策的平台。目前我国流动人口总量已接近 2.3 亿，占全国总人口的 17％，这些流动人口的平均年龄约为 28 岁，80 后、90 后新生代新市民占流动人口的近一半，成为新市民人口的主体。他们具有融入城市社会，参与社会公共事务的强烈愿望。

据国家人口计生委发布的《中国流动人口发展报告 2012》显示，流动人口融入当地的意愿强烈，但缺乏社会参与渠道。大多数流动人口关心流入地的发展和变化，愿意参与所在工作单位或所居住社区的管理和选举活动，希望逐步融入当地社会。但由于其与流入地其他社会群体交流不多，社会交往仍局限在原有的亲属、同乡、同学中，因此参加当地社会活动的比例也较低。35％的流动人口从未参加过现居住地举办的任何活动，仅有不到一成的流动人口在现居住地参加过选举、评先进及业主委员会活动。[①] 这一数据表明，新市民缺乏社会参与平台，缺少自身利益表达渠道已成为当前的普遍现象。从本调研结果来看，当前新市民群体对社会管理满意度仍不高，社会参与渠道亟待拓展。

一是新市民群体对当前社会管理满意度不高，特别是缺乏人性化、个性化服务管理。调查结果显示，逾半数的受访者对所居住社区新市民管理状况表示基本上不满意和不满意，受访者对社区新市民管理表示认可的方面集中在硬件设施和体制机制建设、信息管理系统，而对人性化管理、社区与市民的合作共管等领域认可度不高。这同上述新市民社会保障与社会福利问题同样，基层社区仍存在重硬件设施建设，轻人性化管理和管理手段方法缺乏创新的倾向。

二是大多数新市民对与自身利益密切相关的具体服务领域满意度较低。调查显示，造成受访者不满的主要原因是与自身利益密切相关的问题。如新市民青年人口服务管理项目未落实、出租房屋管理不够完善、新市民精细化管理程度不高、新市民管理未能实现全覆盖等。这也进一步表明，针对新市民群体的服务管理工作，必须从与其自身利益密切相关的问题着手，把社会服务管理与新市民就业、住房、医疗、教育、养老以及其他社会福利挂钩，

---

① 资料来源：中国机构编制网，http://www.scopsr.gov.cn/shts/mtbd/201208/t20120807_176832.html。

使新市民分享同等利益，获得同等待遇，社会服务管理才能取得实效。

三是新市民服务管理模式难以满足新市民社会参与的需求。随着80后、90后年轻新市民人口的增加，新市民群体结构发生巨大变化。他们具有融入城市社会，参与社会公共事务的强烈愿望。调查表明，绝大多数受访者希望加强政府与新市民的沟通、培育新市民志愿者队伍、搭建更多的流动人口参与平台、倡导新市民承担社会管理责任、创造新市民"管理就业"机会。这一方面对新市民社会服务管理提出新挑战，另一方面也为新市民服务管理创造出新领域、新空间。

(四)新市民社会服务管理的制约因素

近年来，北京市在新市民社会服务管理实践中进行大胆探索和创新，在流动常住人口市民化、基本公共服务均等化、促进新市民社会融入等方面出台了一系列政策措施，取得一定成效。但随着新型城镇化进程加快，新老居民利益格局面临深刻调整，基层社会组织体系发生深刻变化，由城镇新老居民公共资源配置、利益博弈引发的各种社会矛盾、社会问题日益凸显，特别是城镇新居民社会服务、社会管理体制滞后问题更为突出，成为新市民社会服务管理问题的深层原因。大量研究显示，当前北京市新市民社会服务管理问题主要表现在以下几个方面：

1. **劳动就业和劳动权益难以得到有效保障**

稳定就业是民生之本，但当前的制度设计尚难为新市民稳定就业提供有效保障。一是在就业方面新市民受到政策限制，就业歧视普遍存在。由于政策阻碍和体制排斥，新市民难以进入正规部门和一级劳动力市场，大多流入非正规部门和次级劳动力市场，从事低收入、不稳定、环境恶劣、缺乏劳动保障的体力性劳动，造成新老市民职业地位和就业领域的隔离。统计显示，新市民中仅有5.3%属于固定工或长期合同工，其余94.7%属临时工、短期合同工或自雇者。[①] 二是包括高学历的二代新市民就业前景堪忧，呈现就业歧视、社会隔绝的代际继承迹象。二代新市民大多具有"留守儿童"、"流动儿童"的经历，在社会融合、文化适应上存在差异，二代新市民中高学历者因户籍、社会资本、网络关系匮乏等劣势，在就业领域和制度身份上存在障碍，很少获得职业阶层上升的机会。三是新市民劳动权益难以得到有效保障。从

① 李春玲：《农民工与社会流动》，载李培林主编：《中国社会》，北京：社会科学文献出版社，2011年版。

新市民就业行业来看，80％的新市民在制造、批发零售、住宿餐饮、社会服务、建筑行业就业，不同程度地存在就业不稳定、拖欠工资、工伤补偿等劳动纠纷问题，影响新市民在城镇的稳定生活。

2. 新市民面临社会融合和生存发展双重困境

新市民的社会融合是农村、城镇迁移人口接受城市文明，实现从农民向市民转变，共享城市发展成果，获得迁移城市平等发展机会的过程，但当前仍存在许多制度及人为因素阻碍新市民社会融合进程。① 首先是户籍制等制度隔离强化了新市民与当地居民的身份差异，缺乏新老居民间社会交往的渠道，围绕稀缺社会资源配置差异、利益冲突引发的社会矛盾日益严峻。其次是部分新市民在社会保障、子女教育、社会福利等方面与当地居民间仍存在较大差距，由此带来的社会歧视和社会排斥加剧了新老市民间的社会隔离。三是由于城乡文化习俗、接受教育水平、生活方式、价值观念差异造成新老市民间缺乏彼此认同、相互接纳与社会融合。此外，部分新市民由于教育程度低、劳动技能差等就业劣势造成工资收入低、生存状况差，面临社会融合与生存发展双重困境。

3. 基本公共服务均等化存在较大压力

近年来，北京市出台了一系列新市民社会服务管理的规章和政策，全方位推进新市民基本公共服务全覆盖，但距"应保尽保、应援尽援"尚有较大距离。一是在社会福利和公共服务方面对新市民有所限制。户籍制仍是阻碍新老市民共享公共服务资源的最大障碍，由于顶层设计和制度缺失，绝大多数新市民在公共卫生、计生、子女教育、养老、工伤、失业保险领域尚未享受到市民化待遇。二是基本公共服务缺乏针对性。随着新市民群体阶层、职业分化加速，现有基本公共服务模式难以满足新市民的多元化需求。如对年轻、高学历、二代新市民服务项目不足；新市民儿童入园难、入学难，共享优质教育资源问题远未解决。三是人口管理体制难以适应新市民流动迁移需要，如新市民户籍管理不准确，难以为公用服务提供有效支撑。

4. 住房保障政策、生活基础设施建设滞后

新市民的住房保障问题是社会服务管理的重点难点问题之一。随着北京市新市民人口规模的急剧增加，土地资源和住房资源日益稀缺，商品房价格

---

① 贺丹：《中国流动人口服务管理》，载龚维斌主编：《社会体制蓝皮书：中国社会体制改革报告(2013)》，北京：社会科学文献出版社，2013 年版。

居高不下，租赁市场房租持续高涨，新市民群体面临住房难的考验。首先是政府住房保障政策未将新市民纳入保障范围之内，非户籍人口购买商品房设有较高门槛，户籍桎梏使绝大多数新市民难圆"住房梦"，难以享受政府住房保障政策。二是高房价、高房租造成备受关注的蚁族、蜗居、群租等现象。一些被称为"北漂"、"二代新市民"的低收入青年群体被迫蜗居在条件恶劣、居住拥挤、安全隐患严重的私人出租房里，成为城市社会管理的难题。三是城市快速扩张、强制拆迁引发的矛盾冲突逐步升级，孕育着更大的社会风险。一些失地农民"被市民化"后生计难以为继，一些失地农民一夜暴富后又迅速返贫。城市无序扩张造成的城乡结合部、城中村等环境脏乱差，存在严重治安隐患，成为政府社会服务管理的盲点。

5. 缺乏社会风险评估与预防机制

有效化解社会矛盾，预防各种矛盾冲突引发的群体性事件和社会失序，是新市民社会管理的关键。从社会管理实践来看，缺乏社会风险评估与预防机制是突出问题之一。一是偏重"事后处理"，社会管理的预警机制尚不完善，缺乏社会前端管理机制。对社会矛盾和安全隐患突出的重点地区、重点人群缺乏有效的预防管理措施。如对安全隐患突出的群租现象，既无根治办法，也无有效的风险管理预案。二是缺乏社会分析和社会风险评估系统，社会前端管理功能未能有效发挥。应将应急性处理转变为预防为主、源头治理，适应社会问题发生、发展规律，提高社会服务管理的科学化水平。三是难以适应当前社会流动性加大及网络社会发达的特点，在更大的空间范围实现动态化、追踪型社会服务管理。

6. 缺乏社会服务管理标准和绩效评估体系

目前的评价标准体系不够科学，主要表现为评价指标不严谨，缺少具体工作流程、责任主体、工作绩效的规范性标准；评价标准不统一，街道与社区、领导与一般干部采用不同的评价标准；评价方式不科学，缺乏群众参与的外部评价和自我评价依据；评比方法不完善，缺乏动态性、实效性，往往通过抽查和听取汇报等方式来确定和衡量。我们在调查中发现，一线管理人员表示应建立精细化、量化考评指标体系，或建立定性、定量相结合的弹性考评体系，认为建立规范化的绩效考评体系不可或缺。此外，绩效评估工作应科学、全面，涵盖新市民社会服务管理的各个领域和各种力量，反映全局工作的绩效与特征，避免疏漏。

总之，在北京市新市民社会服务管理中出现的问题，既有现阶段北京市城镇化进程中的区域性特征，也具有经济社会发展带来的普遍性影响和深层原因。科学分析这些问题的具体表现和深层原因，有助于我们构建科学的新市民社会服务管理标准体系，促进新市民社会服务管理体制创新，也有助于新市民群体"人的城镇化"水平和"城镇化质量"的提高。

三、北京市新市民社会服务管理标准体系的构建

城市新市民群体是工业化、城镇化和现代化的产物，对新市民群体进行科学的服务和管理是我国经济发展、政治稳定、文化繁荣、社会和谐的基础。构建科学、合理的新市民社会服务管理指标体系是实现社会良性运行和治理的关键环节之一，有助于全面、客观、合理地衡量新市民社会服务管理水平，为政府制定相关社会政策提供科学依据。近年来，各省市陆续出台了一系列量化的社会服务管理评价指标体系，如现代化评价指标、小康社会监测评价指标、和谐社会评价体系、全国文明城市评价、城市法制环境评价、政府绩效评价、干部政绩考核评价、公共服务评价等。但已有的各类测评指标是将社会服务管理的内容作为某种指标体系的子类别或单独指标，对社会服务管理还没有一套合理的指标体系。① 北京市在推进社会服务管理创新过程中也进一步强化针对北京市新市民的服务管理内容，如《北京市"十二五"时期社会建设规划纲要》(2011)、《北京市社会服务管理精细化测评指标体系》(征求意见稿，2013)及北京市怀柔区、房山区、朝阳区、延庆县等区县也分别出台新市民社会服务管理评价考核标准。本研究基于上述基础，以新市民社会服务管理的主体和责任系统、社会服务管理测评标准框架、社会服务管理标准体系及评价等为重点，针对调查分析中反映出的主要问题，初步建立一套用以衡量新市民社会服务管理科学化水平的评价指标体系，实现新市民社会管理水平的具体测量，为新市民社会服务管理科学化、可操作化提供依据。

(一)新市民社会服务管理主体和责任体系

新市民社会服务管理是指政府、社区居委会以及其他各方面力量直接为新市民成员提供的公共服务和其他物质、文化、生活等方面的服务。社会管理则是指在现有社会管理条件下，运用现有的资源和经验，依据政治、经济和社会的发展态势，尤其是依据社会自身运行规律乃至社会管理的相关理念

---

① 俞可平：《社会管理评价体系研究》，载魏礼群主编：《新形势下加强和创新社会管理研究》，北京：国家行政学院出版社，2011 年版。

和规范，研究并运用新的社会管理理念、知识、技术、方法和机制等，对传统管理模式及相应的管理方式和方法进行改革，建构新的社会管理机制和制度，以实现社会管理目标的活动。从我国社会服务管理的实践来看，社会服务与社会管理呈现相互交叉、任务目标相互重合的关系，两者在服务与管理主体上具有多元性、平等性特征。因此，确立新市民社会服务管理主体及厘清各主体之间的相互关系、职责范围、任务目标和评价机制具有重要意义。本研究根据北京市各区县新市民社会服务管理实际经验，试将新市民社会服务管理主体进行如下划分，并对其相互关系、职责范围等进行初步界定(见图1)。

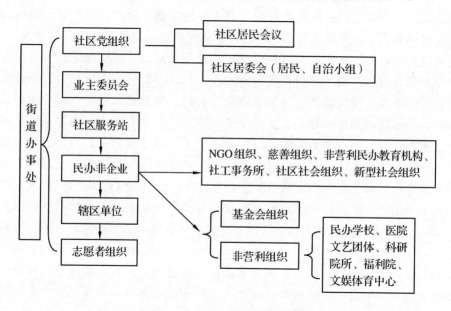

图1 新市民社会服务管理主体

1. 街道办事处

街道办事处的性质是市辖区政府、不设区的市政府的派出机关。其权力是由市、区政府授予的，街道必须向市、区政府负责。其职责一是加强城市居民工作；二是密切政府与居民的联系。街道办事处与居委会之间的关系是基层政府指导、支持和帮助居委会工作，居委会协助基层政府工作，街道办事处和居委会的关系应该是指导和被指导关系。在社会服务管理过程中，街道办事处和居委会同为社会服务管理的责任主体，街道办事处除指导和帮助居委会工作外，还应在让权的过程中有意识地培育社区自治组织，培养公民的自治意识以促成社区自治组织的快速成长。

2．社区党组织

社区党组织是社区各种组织和各项工作的领导核心，在新市民社会服务管理工作中发挥组织领导作用。其主要职责包括贯彻执行党的方针政策、社区党建、领导社区居委会和社区服务中心及各类社会组织充分发挥职能等。其中，组织搞好社区新市民基本公共服务是其主要职责之一。社区居委会是"基层群众性自治组织"，其任务是组织居民"自我教育、自我管理、自我服务"，并协助政府做好群众工作。社区居委会是由社区居民通过民主选举的方式产生，以为社区居民提供服务并维护本居民区全体居民的利益为主要职责的社区组织，是新市民服务管理的主要载体和平台。

3．业主委员会

业主委员会是建立在房屋产权私有基础上的物业区域内的业主自治性组织。业主委员会的兴起对僵化的城市基层社区管理模式形成了很大冲击。业主委员会是新生事物，"业主自治"是一次实实在在的制度创新。随着住房逐步商品化，全体社区居民都将逐渐成为业主，从而为业主自治提供强大的群众基础。业主自治和居民自治一样为城市社区民主建设提供了良好的初始制度条件。在社会服务管理过程中，业主委员会是连接社区居民与新市民之间的桥梁和纽带，对促进新市民社区融入与社会融合扮演着关键性角色。

4．社区服务站

社区服务站是政府公共服务延伸到社区的工作平台，承担着政府公共服务职能，其主要职责是：开展社区劳动就业、社会保障和社会事务管理工作、参与社区治安维护工作并提供社区法律服务、协助开展社区健康管理与服务工作以及社区计划生育服务、配合开展社区教育等。社区服务站是新市民社会服务管理的主责单位之一，政府面向新市民群体的社会服务管理、政策措施通过社区服务站得以实施，起着核心与枢纽的作用。

5．民办非企业

民办非企业单位是指企业事业单位、社会团体和其他社会力量以及公民个人，利用非国有资产举办的从事非营利性社会服务活动的社会组织。如各类民办学校、医院、文艺团体、科研院所、体育场馆、职业培训中心、福利院、人才交流中心等。民办非企业单位对于满足新市民群体的多元化需求，均等享受城市文明和融入城市社会发挥着越来越大的作用。

6．辖区企事业单位

辖区企事业单位包括社区辖区内企业和驻社区企事业单位。这些企业为社区居民日常生活提供各种服务，对促进社区居民就业、提高居民收入和促进社区经济发展发挥着重要作用。特别是由新市民开办的个体经营或私营经济组织与社区新老居民日常生活密切相关，对社区发展、居民就业及生产生活产生着广泛影响。因此，辖区企事业单位在新市民服务管理过程中扮演着不可或缺的角色。

7. 社区志愿者组织

社区志愿者组织指不为物质报酬，基于良知、信念和责任，自愿为社会和他人提供服务和帮助的各类社会组织。志愿服务是指贡献个人的时间和精力，在没有物质报酬的情况下，为推动人类发展、社会进步和福利提供的服务。志愿者组织具有非利润分配性，不以获取利润为目的，其活动体现了组织的非营利性。志愿者组织必须有内部的管理程序、基本的章程和制度框架，能独立自主地决策与开展活动。在新市民社会服务管理过程中，志愿者组织同样是服务主体之一，能够弥补政府和正规机构的欠缺和不足，满足新市民的多元化、个性化需求。

上述新市民社会服务管理主体共同构成服务管理责任体系，在新市民社会服务管理过程中呈现协调互动、功能互补、相互促进的关系。只有充分发挥新市民社会服务管理责任体系统一、规范、清晰、高效、综合等优势，整合现有的各类服务管理资源和力量，以最大限度地发挥服务管理的效益，实现服务管理流程的规范化、管理权责的清晰化、管理效率的高效化、管理模式的创新化、管理效益的综合化等目标，全面提升新市民社会服务管理的水平和质量。

（二）北京市新市民社会服务管理测评标准框架

《北京市"十二五"时期社会建设规划纲要》提出要"进一步健全覆盖各类群体的基本公共服务体系，切实提高政府公共服务保障能力，切实解决城乡居民劳动就业、收入分配、社会保障、医疗卫生、住房保障等重大民生问题"。为实现上述目标，必须在新市民社会服务管理过程的各个环节加强规范化、科学化、标准化建设。建立新市民社会服务管理测评标准是一项基础性工程，也是新市民社会服务管理工作流程的重要环节，对于推进新市民社会服务管理体系建设具有重要意义。针对目前北京市新市民社会服务管理工作中存在的测评原则与方法不够规范、测评内容缺乏统一标准、监督机制不完善、测评结果不透明等问题，本研究拟定出如下测评标准框架（见表1）。

表1 北京市新市民社会服务管理测评标准框架

服务管理总体目标	服务管理主要维度	服务管理分解指标	服务管理细化指标	权重(%)
北京市新市民社会服务管理	新市民社会服务	就业服务	就业状况	15
			就业服务	
		社会保障服务	保障状况	15
			保障服务	
		社会福利服务	福利状况	15
			福利服务	
		社会救助服务	救助状况	12
			救助服务	
		社会事业	义务教育	10
			教育服务	
		生活服务	生活服务设施	9
			交通出行服务	
		住房服务	住房服务	10
			居住环境服务	
		公益服务	志愿服务	7
			公益活动	
		信息服务	信息服务	7
			信息设施	
	新市民社会管理	公民权益	权益维护	10
			公众参与	
		社会公平	收入差距	10
			均等待遇	
		社会稳定	治安管理	15
			特殊群体管理	

续表

服务管理总体目标	服务管理主要维度	服务管理分解指标	服务管理细化指标	权重（%）
北京市新市民社会服务管理	新市民社会管理	人口管理	人口政策	15
			人口教育	
		社会矛盾调解	社会矛盾调解	12
			社会融合	
		商业企业管理	市场监督管理	7
			诚信制度建设	
		社区管理	社区化管理	8
			民主决策	
		社会组织	社会组织建设	7
			社会组织管理	
		应急管理	风险预防管理	9
			危机应对管理	
		公共文明	社会文明	7
			社会和谐	

从新市民社会服务管理测评标准框架可以看出，该标准框架体现了以下特点。

一是系统性。新市民社会服务管理是一项复杂的系统工程，在标准设计上应反映出系统性特点，不仅包括社会服务、社会管理的各项指标，还应包括体制机制建设、绩效评估等动态内容。标准中的服务、管理、动员、防范等内容彼此既相互联系，又互为条件。在服务管理过程中，这些要素不是孤立的、片面的，必须从多种角度、层次去揭示各要素间的相互关系和规律性，从而得出全面、正确的结论，科学指导服务管理实践。

二是动态性。新市民社会服务管理是一个不断发展变化的动态过程，不但受内部、外部条件的影响，而且随着时间、地点的不同会出现不同的情况。社会服务管理过程的实质，就是把握服务管理主体、客体的运动和变化规律，在动态的状况下做好社会服务管理工作。

三是多层次性、多功能性。多层次性是指在社会服务管理过程中针对不同阶层、不同对象提供多元化、多样化、阶梯式的服务管理，在标准设计上应反映出其多层次的特点。新市民社会服务管理还具有多功能性，其基本功能是推动社会服务管理方式创新和公共服务均等化。此外，新市民社会服务管理具有多重目标和功能，要充分发挥服务管理主体的作用，实现多元化的社会服务管理，满足新市民群体的多元化需求。

（三）新市民社会服务管理测评标准

新市民社会服务管理是一个动态的过程，其绩效并非社会服务管理的最终结果，而只是中间过程的一部分，或管理过程中的一个中间环节。随着经济社会的不断发展，新市民社会服务需求不断提高，社会管理不断面临新问题、新挑战，政府部门针对不同发展阶段的工作重点也相应出台新政策、新目标，需要动态把握新市民服务管理的特征和规律，适时调整服务管理的目标和内涵，以利于各项工作的有序推进。新市民社会服务管理是伴随我国新型城镇化进程和农村人口转移而出现的新事物，难以套用传统的城市管理方法，因此，有必要建立一组具有操作性的测评标准，对社会服务管理绩效进行测评分析，制定社会服务管理目标标准。本文根据北京市新市民社会服务管理现状和问题，初步设计出北京市新市民社会服务管理测评标准（见表2）。

表2　北京市新市民社会服务管理测评标准

类别	测评项目	测评内容	测评指标及标准	权重
北京市新市民社会服务	就业服务	就业状况	1. 实现新市民充分就业；2. 促进新市民自主创业、转移就业；3. 新增新市民就业率达到当地应届毕业生就业率水平。	
		服务状况	1. 建立和完善新市民就业服务体系；2. 开展新市民就业咨询、职业介绍服务，安置登记新市民失业、再就业服务；3. 开展新市民劳动技能、创业及各种知识培训。	

续表

类别	测评项目	测评内容	测评指标及标准	权重
北京市新市民社会服务	社会保障服务	保障状况	1. 新市民养老、医保参保率达到95％；2. 新市民低保标准与城镇职工工资水平同步增长；3. 新市民职工"五险"参保率达到98％。	
		服务状况	1. 实现新市民社会保障服务均等化、全覆盖；2. 完善新市民社会保障服务管理制度建设；3. 实现新市民就业、养老、医保、城镇低保、保障性住房服务管理网络全覆盖。	
	社会福利服务	福利状况	1. 实现新市民老人90％居家养老、6％社区照顾养老、4％机构养老；2. 完善残疾人补贴、医疗、康复、救助制度；3. 发展福利企业，促进残疾人就业。	
		服务状况	1. 实现新市民社会福利适度普惠；2. 构建"9064"养老服务格局；3. 居家养老（助残）"九养政策"得到落实。	
	社会救助服务	救助状况	1. 实现新市民社会救助全覆盖；2. 落实新市民"大病救助"、养老、助残全覆盖；3. 完善新市民低保人员救助服务。	
		服务状况	1. 健全新市民低保制度、专项救助、临时应急救助、社会救助相结合的社会救助体系；2. 落实自然灾害、工伤事故等应急救助政策；3. 落实特困家庭、人员的重点救助。	

续表

类别	测评项目	测评内容	测评指标及标准	权重
北京市新市民社会服务	社会事业	义务教育	1. 落实新市民子女义务教育全覆盖、优质教育资源均等化；2. 完善社区早教服务、中小学生社会实践服务；3. 促进优质教育资源均衡配置。	
		教育服务	1. 实施新市民转移就业培训服务、技能培训服务；2. 完善公共文化设施建设；3. 完善全民健身体育设施建设，有效开展新市民文体活动。	
	生活服务	生活服务设施	1. 完善新市民生活服务设施，生活便捷、环境优良；2. "一刻钟"服务圈、"老年餐桌"等覆盖新市民群体；3. 开展针对新市民群体的社区特色品牌服务。	
		交通出行服务	1. 重点建设远、近郊公共交通设施，方便新市民群体出行；2. 改善城乡结合部、"城中村"公共交通状况；3. 提升新市民群体对交通便捷、公交站点布局的满意度。	
	住房居住服务	住房服务	1. 完善新市民公共住房保障体系；2. 搭建新市民保障性住房、公租房、廉租房信息和中介平台；3. 加强转移就业、灵活就业、流动性较强群体住房登记服务及中介机构管理。	
		居住环境服务	1. 新市民群体重点聚居区域环境整洁、设施完备，无环境违规、违禁、违法、失管现象；2. 经营场所设施完好，无施工扰民、摆摊、揽客、露天烧烤等现象；3. 公厕、垃圾箱等设施齐全，公共绿地、设施管护良好。	

续表

类别	测评项目	测评内容	测评指标及标准	权重
北京市新市民社会服务	公益服务	志愿服务	1. 建立满足新市民需求的志愿者组织，开展各类志愿服务；2. 建立专业社工组织，开展教育、青少年、残疾人及老年服务；3. 通过政府购买服务开展多种新市民志愿服务。	
		公益活动	1. 建立以自助、互助为宗旨的新市民社会组织，开展各类公益活动；2. 新市民救灾捐赠、慈善救助参与率达到较高水平；3. 新市民参与绿化、环保、无偿献血达到较高水平。	
	信息服务	信息服务	1. 建立网格化新市民服务平台，发挥信息收集、反映诉求、发现问题、化解矛盾的功能；2. 健全信息采集维护机制，及时发现、掌握新市民服务需求信息；3. 整合信息资源，建立新市民社会服务综合信息系统。	
		信息设施	1. 拥有新市民精细化服务管理信息平台；2.96156 社区信息平台完备；3. 有线广播电视网络实现新市民家庭全覆盖。	
北京市新市民社会管理	公民权益	权益维护	1. 消除新市民群体就业歧视，同工同酬，维护新市民劳动权益；2. 依法签订劳动合同，杜绝拖欠工资现象，与市民同步提高收入水平；3. 满足新市民子女发展性需求，维护接受良好教育，充分就业权益。	
		公众参与	1. 建立新市民社会参与的体制机制；2. 社会群众、社会组织、单位或个人能够依法有序参与社会公共事务和公共决策；3. 政府与公众沟通渠道畅通，共建共享。	

续表

类别	测评项目	测评内容	测评指标及标准	权重
北京市新市民社会管理	社会公平	收入差距	1. 逐步缩小新老市民、不同群体间的收入差距、贫富差距，促进社会公平正义；2. 建立公平竞争的就业环境、市场环境，逐步缩小新市民人群间的收入差距；3. 努力实现基尼系数维持在国际警戒线以下。	
		均等待遇	1. 实现基本公共服务均等化，各类人群服务管理全覆盖；2. 完善青年新市民服务管理，落实就业、创业、安全、法律等方面的服务；3. 落实新老市民同工同酬、均等待遇。	
	社会稳定	治安管理	1. 加强新市民特殊人群管理，预防各类违法犯罪，发案率同比下降；2. 新市民治安案件发案率、群体事件比率同比下降；3. 预防各类治安案件发案率，及时处置和有效控制各类治安问题的发生。	
		特殊群体管理	1. 建立健全特殊群体管理体制机制，拥有高效的管理人才队伍；2. 社区矫正、安置帮教等工作绩效显著；3. 对新市民社区服刑人员、社会闲散人员等管控有力，有效维护社会稳定。	
	人口管理	人口政策	1. 建立新市民全员人口统筹管理信息系统，提高人口信息完整、准确率；2. 新市民出生人口政策符合率达到100%；3. 新市民社保、医保参保率达到100%。	
		人口教育	1. 新市民子女接受义务教育同比增长，均享优质教育资源；2. 建立市民学校、市民讲座，开展有针对性的教育活动；3. 运用多种形式开展新市民基本道德规范、"六大文明"、知识技能等教育活动。	

续表

类别	测评项目	测评内容	测评指标及标准	权重
北京市新市民社会管理	社会矛盾调解	社会矛盾调解	1. 实现矛盾调解法律援助网络全覆盖；2. 劳动、拆迁及各种基层社会矛盾调处达到较高水平；3. 新市民群体对基层社会矛盾调处满意度较高。	
		社会融合	1. 开展新市民和谐家庭、绿色家庭、学习型家庭等创建活动，增进社会融合；2. 建立新老市民互助、自助网络平台和社会支持网络关系；3. 建立新老市民参与的公益、文娱等社会组织，有效开展活动。	
	商业企业管理	市场监督管理	1. 新市民合法持照经营率达到100%，先进示范商户同比提高；2. 有效查处商业欺诈和不正当竞争行为，商业秩序良好；3. 对消费者消费争议有效调处率达到100%。	
		诚信制度建设	1. 建立企业信用评价机制、企业诚信监督机制；2. 完善新市民信用信息公开和共享机制，有效掌控不良信用信息，维护市民权益；3. 开展诚信教育、企业责任教育，培养企业诚信观念和规则意识。	
	社区管理	社区化管理	1. 社区管理水平达到"北京市和谐社区建设指导标准"要求；2. 实现文明祥和、安全稳定、服务完善、环境整洁、管理规范、健康幸福、保障机制建设等各项目标；3. 社区化管理目标得到落实。	
		民主决策	1. 社区居委会民主自治覆盖全体新市民群体，完善新市民民主自治机制；2. 开拓新市民参与民主选举、民主决策、民主管理、民主监督渠道；3. 开展新市民民主参与、民主自治教育。	

续表

类别	测评项目	测评内容	测评指标及标准	权重
北京市新市民社会管理	社会组织	社会组织建设	1. 建立新型新市民社会组织，完善互助服务、自我管理的功能；2."枢纽型"社会组织实现新市民群体全覆盖；3. 引导、建立新市民公益性、行业性等新型组织，完善新市民社会组织体系建设。	
		社会组织管理	1. 新市民社会组织规模、数量、内部规范程度等达到较高水平；2. 社会组织培育、协同、管理体制机制完善；3. 社会组织充满活力，组织功能得到有效发挥。	
	应急管理	风险预防管理	1. 建立新市民公共安全管理机制，建立监测、预测、预报、预警和快速反应系统；2. 拥有专业救灾抢险队伍和救灾物资储备制度；3. 犯罪和各种违法行为得到有效控制，具有较高的抗风险能力。	
		危机应对管理	1. 建立新市民行政管理、风险管理、应急管理机制和危机应对防范体系；2. 建立新市民危机风险评估系统，有效开展风险性、可控性、动态性评估；3. 完善危机应对管理的配套制度建设，有效应对社会失序、社会混乱等危机事件。	
	公共文明	社会文明	1. 新市民群体达到公共文明指数测评内容和创建文明城市的各项指标；2. 公共秩序和谐、人际关系互助友爱、生活环境优良；3. 新市民生活质量和生活品位显著提高。	
		社会和谐	1. 新老市民达到和谐社会"民主法治、公平正义、诚信友爱、充满活力、安定有序、人与自然和谐相处"的目标要求；2. 不同阶层、不同社会群体和睦、融洽，"和谐"理念深入人心；3. 提高新市民群体生活满意度。	

续表

评 分	1. 符合上述各指标中 3 项标准为 A；符合 2 项标准为 B；其余情形为 C。 2. A 为该项测评内容的满分；B 为该项测评内容满分的 80%；C 为该项测评内容满分的 60%。每项指标的状态确定后，经计算机处理得出测评总分。 3. 关于权重的确定，考虑到新市民区域分布差异较大、基层社区不同阶段工作重点不同等因素，难以确定全市统一的权重。建议在实际应用中，新市民人口密度较大的市核心区及城市重点边缘地区采用专家咨询法或层次分析法；密度较小的远郊区县采用主观判断法或经验判断法确定各自的权重。

注：主要指标参照《北京市"十二五"时期社会建设规划纲要》(2011)、《中国统计年鉴》(2012)、《中国区域经济统计年鉴》(2012)、《北京市社会服务管理精细化测评指标体系》(征求意见稿，2013)及北京市怀柔区、房山区、延庆县社会服务管理指标编制。

北京市新市民社会服务管理测评标准的主要内容是由社会服务和社会管理两大部分 19 项测评项目、38 项具体测评标准组成。其具体内涵如下：

就业服务：积极开展社区新市民劳动就业咨询服务、社区职业介绍服务、社区就业困难人员再就业服务、社区"零就业家庭"就业帮扶服务、社区自主创业服务等社区基本公共服务；社区登记失业率小于 3.5%；就业服务覆盖社区全部新市民失业人口，新老居民安居乐业。

社会保障服务：指政府和社会在通过立法对国民收入进行分配和再分配，对社会成员特别是生活有特殊困难的人们的基本生活权利给予保障的社会安全制度。一般来说，社会保障由社会保险、社会救济、社会福利、优抚安置等组成。其中，社会保险是社会保障的核心内容。新市民社会保障侧重于工伤保险、医疗保险、养老保险、失业保险、生育保险及最低生活保障制度等内容。

社会福利服务：新市民社会福利包括社会救济、住房保障、计划生育福利、教育福利、卫生福利和文化福利等有助于改善新市民人口在城市的生活和健康以及文化消费水平的各种公共政策和基本公共服务。此外，针对新市民的临时性最低生活救助、子女义务教育、医疗救助、住房救助、就业与培训及应急救助服务也应纳入新市民社会福利范畴。

社会救助服务：是与新市民群体切身利益最为密切的服务项目，应重点建立健全社区新市民群体社会保障体系，积极开展社区新市民群体帮扶服务、新市民临时救助等社区社会救助服务；完善新市民人口服务、新市民出租房屋相关服务，各类特殊群体能够均等享受社会救助服务。

社会事业：是指国家为了社会公益目的，由国家机关或其他组织举办的从事教育、科技、文化、卫生等活动的社会服务。在我国各级政府发布的相关文件中，社会事业包括教育、医疗、文化、体育等10个方面。社会事业服务范围应涵盖包括新市民在内的各类群体，社区社会事业发达程度同样也是衡量新市民社会服务水平的标准。

生活服务：新市民生活服务水平应达到北京市"十二五"时期社会建设的主要指标；银行、超市、邮局等便民利民的生活服务设施布局合理，推广"一刻钟服务圈"服务模式；办理就业、社保、医保等"一门式"政务服务的社区服务中心覆盖所有新市民群体，新市民对"一门式"政务服务有较高满意率。

住房居住服务：重点加强新市民人口的出租房屋管理，提高管理、服务水平，建立完善"新市民出租房屋管理服务中心"，负责辖区内新市民人口的出租房屋管理服务工作。加强对房屋租赁中介机构的管理，规范房屋租赁中介行为，保护租赁当事人的合法权益。

公益服务：公益服务是指不以营利为目的，为全体居民提供无偿服务的行为。公益服务是社会组织为了强化道德人格形象，立足于人道主义精神或者构建和谐社会理念，在本职岗位之外为公众提供无偿服务的过程。应重点开展以新市民为对象的公益服务，努力提高新市民群体的生活质量和生活满意度。

信息服务：重点建立覆盖区（县）、市或更大范围的社区综合信息管理和服务平台，整合社区面向新市民等各类群体服务的内容和流程，建设集行政管理、社会事务、便民服务于一体的社区信息服务网络，逐步改善社区居委会信息技术条件，提高新市民信息技术运用能力，全面支撑社区新市民管理和服务工作。

公民权益：维护新市民的合法权益，新市民可以在居住地申请享受法律援助服务。同等享受公共就业服务机构免费提供的政策咨询、职业指导、职业介绍、就业和失业登记、就业信息查询等服务；依法参加社会保险，按规定缴纳社会保险费，享受相应社会保险待遇；同等享受传染病防治、儿童预防接种、妇幼保健等医疗卫生服务。

社会公平：社会公平正义是指社会各方面的利益关系得到妥善协调，人民内部矛盾和其他社会矛盾得到正确处理，社会公平和正义得到切实维护和实现。维护新市民群体社会公平，应逐步建立以权利公平、机会公平、规则公平、分配公平为主要内容的社会公平保障体系；逐步废除户籍制度对新市民群体的束缚，使新市民同享经济社会发展成果。

社会稳定：在新市民社会服务管理层面，主要是指充分发挥街道综治维稳中心平台的作用，推进"平安北京"建设，通过科学高效的社会管理和预警机制，使社区治安案件、刑事案件发案率逐渐下降，居民安全感上升；健全公共安全管理机制，健全监测、预测、预报、预警和快速反应系统，加强专业救灾抢险队伍建设，健全救灾物资储备制度，搞好培训和预案演练，提高全社会的抗风险能力。

人口管理：对社区内新市民人口服务管理有序，开展文明市民教育和法制教育；逐步实施居住证制度，建立新市民动态信息与服务管理联动机制；落实出租房屋管理规定，防范出租屋安全隐患；落实青年新市民人口服务项目，解决就业、社会保障、维权等方面问题，提高服务管理精细化水平。

社会矛盾调解：重点建立新市民民事调解机制，充分利用社区资源和优势，及时、专业、有效地开展民事调解，化解社会矛盾。特别是着重解决新老市民之间、新市民群体内部的各种矛盾纠纷，维系社区和谐稳定的社会氛围。

商业企业管理：对新市民中的务工经商人员实行"规模控制、科学管理、加强服务、依法保护"的方针，通过调整产业结构和业态转型，运用经济手段在根源上调控能够提供给新市民人口的就业岗位，促进社区经济繁荣。

社区管理：社区管理水平达到"北京市和谐社区建设指导标准"要求；实现文明祥和、安全稳定、服务完善、环境整洁、管理规范、健康幸福、保障机制建设等各项目标；社区化管理目标得到落实。应重点将新市民纳入社区服务管理体系，完善新市民民主自治机制；开拓新市民参与民主选举、民主决策、民主管理、民主监督渠道；开展新市民民主参与、民主自治教育。

社会组织：社会组织是为了实现特定的目标而有意识地组合起来的社会群体。重点鼓励建立新型新市民社会组织，完善互助服务、自我管理的功能；引导、建立新市民公益性、行业性等新型组织，完善新市民社会组织体系建设。使新市民社会组织规模、数量、内部规范程度等达到较高水平；社会组织培育、协同、管理体制机制完善；社会组织充满活力，组织功能得到有效发挥。

应急管理：通过加强应急管理，建立健全社会预警机制、突发事件应急机制和社会动员机制，可以最大限度地预防和减少突发事件及其造成的损害，保障公众的生命财产安全，维护国家安全和社会稳定。应重点建立新市民公共安全管理机制，建立监测、预测、预报、预警和快速反应系统；拥有专业救灾抢险队伍和救灾物资储备制度；新市民中犯罪和各种违法行为得到有效控制，具有较高的抗社会风险能力。

公共文明：新市民公共文明建设水平是衡量一个社区文明程度的重要标尺，是提高社区社会服务管理水平的需要，也是满足新市民日益增长的物质文化生活需求的需要。新市民群体应达到公共文明指数测评内容和创建文明城市的各项指标；公共秩序和谐、人际关系互助友爱、生活环境优良；居民生活质量和生活品位显著提高。新老市民达到建设和谐社会的目标要求；不同阶层、不同社会群体和睦、融洽；"和谐"理念深入人心。

关于测评评分方法，北京市新市民社会服务管理测评标准采用状态描述法评分。以 A、B、C 描述测评内容的状态：A 为该项测评内容的满分；B 为该项测评内容满分的 80％；C 为该项测评内容满分的 60％。每项指标的状态确定后，经计算机处理得出测评总分。上述测评数据的采集方法采用实地考察、材料审核、问卷调查和网络调查的方法。实地考察指根据测评要求，在一定时间内对测评对象进行现场观察；材料审核指测评对象根据测评要求提供相关文字及数据，供测评机构审核评价；问卷调查指根据测评指标要求设计问卷，在社区、街面、新市民人口相对集中的场所随机发放及回收问卷。在实际应用过程中，基层社区应根据本社区实际情况灵活采用上述方法。

四、推进北京市新市民社会服务管理的路径

党的十八大报告提出"城镇化质量明显提高"的新要求。提高城镇化质量的关键环节是人的素质的提高，建立健全新市民社会服务管理体系，努力解决新市民就业服务、社会保障、权益维护、基本公共服务等方面存在的突出问题，缩小贫富差距，实现社会公平，让经济社会发展的成果惠及各类人群。构建新市民社会服务管理体系，不仅可以化解新市民及其家庭的生活风险，满足其生活基本需求和福利保障，也有助于减少社会不稳定因素和社会矛盾风险，促进社会和谐发展。我们认为，在新型城镇化背景下构建新市民社会服务管理体系应秉承以人为本的理念，逐步拓展新市民社会服务管理内容，丰富社会服务管理形式，完善社会服务管理制度，为推进人口城镇化和社会和谐以及构建覆盖各类人群的社会服务管理体系奠定基础。

(一)制定具有首都特色的新市民社会服务管理政策

建立健全新市民社会服务管理体系不仅是以人为本施政理念的必然要求，

也是实现"城镇化质量明显提高"和"基本公共服务覆盖各类人群"的关键环节。北京是新市民群体和各类流动人口最为集中的特大型城市之一,应制定和完善符合北京经济社会发展阶段性特征、具有首都特色的新市民社会服务管理政策、法规,出台实施细则,强化可操作性。建议市、区(县)出台针对新市民社会服务管理的指导性实施细则,进一步增强新市民社会服务管理的可操作性,重点明确新市民社会服务管理的模式选择、服务管理水平、服务管理责任主体、服务管理内容和监管机构,使新市民社会服务管理得到政策保障。

(二)提高新市民社会服务管理科学化水平

目前北京市新市民社会服务管理队伍的专业化水平有待提升,服务领域亟待拓展。一是提升管理队伍的专业化水平。制定新市民社会服务管理人才聘任流动标准、服务管理质量标准、服务管理流程标准及绩效考核标准,提升服务管理队伍专业化水平。二是发挥基层社区现有各种社会事业单位的作用,整合社会资源,将各种专业力量纳入新市民社会服务管理组织体系。推进专业社工进驻社区,聘任社工为新市民社会服务管理专业人员;发挥社区内外社会事业单位在文化、教育、科学、卫生等专业领域的服务功能,提升公共服务、公益服务、便民利民服务专业化水平。三是打造专业服务品牌。以社区为平台,针对新市民中的特殊人群提供专业化、个性化服务。采用政府采购、社会赞助、项目运作等多种方式,打造新市民社会服务管理新品牌、新模式。

(三)确立新市民社会服务管理责任主体职责,明确责任范围

建立健全新市民社会服务管理主体责任体系,强化各主体间协调互动、功能互补、相互促进的关系。明确街道办事处、社区党组织、业主委员会、社区服务站、民办非企业、辖区企事业单位、社区志愿者组织的主体职责和责任范围。充分发挥新市民社会服务管理责任体系统一、规范、清晰、高效、综合等优势,整合现有的各类服务管理资源和力量,以最大限度地发挥服务管理的效益,实现服务管理流程的规范化、管理权责的清晰化、管理效率的高效化、管理模式的创新化、管理效益的综合化等目标,全面提升新市民社会服务管理的水平和质量。

(四)建立新市民服务管理监管机制

建立健全新市民社会服务管理问责机制和监督运行机制。一是建立组织严密的新市民社会服务管理队伍监管制度,制定新市民社会服务管理各个主体的管理职责、岗位责任、管理过程、管理绩效公开透明等制度。二是建立

岗位问责制度，针对管理人员设立问责标准。根据基层社区特点，确立多元化问责主体和包括社会服务责任、社会管理责任和目标责任在内的问责内容，采用科学的测评方法，高效地完成社会服务管理各项任务。三是完善监督运行机制，完善涵盖新市民社会服务管理各个环节的监督运行机制，保证服务管理人员规范、清晰、高效地完成岗位职责。

(五)加强新市民社会服务管理队伍建设

建立健全新市民社会服务管理人才聘任、储备政策，完善新市民社会服务管理人才准入和流动机制，形成雄厚的新市民社会服务管理人才后备力量，吸引实践经验丰富、高素质的人才加入新市民社会服务管理队伍。一是建立新市民社会服务管理人才信息库。挖掘和开发辖区内外居民骨干、专职社工、兼职社工、社工师助理、社区助理、实习社工、志愿者等人才资源；建立专业人才档案和人才聘任渠道。二是整合基层党政干部、居(村)民委员会、社会组织人才资源，优化人才知识结构，培育和选拔专职、兼职新市民社会服务管理后备人才。发挥基层党政干部和一线社区工作者丰富的实践经验和服务管理创新能力。三是提高新市民社会服务管理队伍组织化程度，鼓励和引导成立区(县)、街(镇)级新市民社会服务管理人才组织。通过新市民社会服务管理队伍的组织建设，提升新市民社会服务管理队伍的思想品德、责任意识和专业水平，营造新市民社会服务管理工作环境和群众认同度，促进新市民社会服务管理队伍科学有序、可持续发展。

(六)扩大新市民社会服务管理内容，丰富服务管理形式

在扩大新市民社会服务管理覆盖面的基础上，逐步拓展、细化服务管理内容，逐步将新市民群体的社会服务管理范围扩大到生育保险、住房公积金、廉租房和经济适用房以及最低城市生活保障制度等领域；不断丰富新市民群体的福利保障形式，探索文化福利、儿童福利、老年福利等针对特殊人群的福利保障模式；满足年轻新市民群体融入城市社会，参与社会公共事务的愿望，适应年轻新市民群体的新特点和新变化，不断创新年轻新市民社会服务管理模式。

(七)拓展公众参与途径

加强宣传力度，开展形式多样、丰富多彩的新市民宣传教育活动，鼓励新市民群体积极参与社区公共事务和公共决策，为新市民社会服务管理的深入开展提供积极、健康的舆论导向。开展新市民互助、自助活动，推广"新居民互助活动站"模式，激发新市民群体活力，开展新市民互助式服务，发挥新市民自治组织的枢纽和桥梁作用。倡导和弘扬新市民志愿精神，表彰先进，树立典型，对在新市民志愿服务活动中成绩突出的志愿者给予精神鼓励。通过新市民志愿活动增强新市民对所在社区的认同感和归属感，促进基层社区社会和谐与繁荣。

参考文献

[1] 魏礼群主编：《新形势下加强和创新社会管理研究》，北京：国家行政学院出版社，2011 年。

[2] 龚维斌主编：《中国社会体制改革报告(2013)》，北京：社会科学文献出版社，2013 年。

[3] 汝信、陆学艺、李培林主编：《2011 年中国社会形势分析与预测》，北京：社会科学文献出版社，2011 年。

[4] 魏礼群：《行政体制改革论》，北京：人民出版社，2013 年。

[5] 中共北京市委社会工作委员会编：《北京社会建设年鉴 2011》，北京：北京出版社，2011 年。

[6] 中共北京市委社会工作委员会编：《社会建设与社会管理创新研究》，北京：中国人民大学出版社，2012 年。

[7] 陆学艺、张荆、唐军主编：《2010 年北京社会建设分析报告》，北京：社会科学文献出版社，2010 年。

[8] 魏礼群：《社会建设与社会管理》，北京：人民出版社，2011 年。

[9] 夏建中、特里·N·克拉克等：《社区社会组织发展模式研究——中国与全球经验分析》，北京：中国社会出版社，2011 年。

[10] 夏建中：《美国社区的理论与实践研究——中国》，北京：中国社会出版社，2009 年。

[11] 李培林主编：《中国社会》，北京：社会科学文献出版社，2011 年。

[12] 民政部基层政权和社区建设司编：《农民工融入城市社区工作手册》，北京：中国社会出版社，2012 年。

[13] 戴建中主编：《北京社会发展报告(2011—2012)》，北京：社会科学文献出版社，2012 年。

[14] 陆学艺主编：《中国社会建设与管理》，北京：社会科学文献出版社，2011 年。

[15] 陆学艺：《社会建设论》，北京：社会科学文献出版社，2012 年。

[16] 杭州国际城市学研究中心编：《中国农民工问题研究》，杭州：杭州出版社，2011年。

[17] 周建国：《社会转型与社会问题》，甘肃：甘肃人民出版社，2008年。

[18] 程志强、潘晨光主编：《中国城乡统筹发展报告(2012)》，《城乡统筹蓝皮书》，北京：社会科学文献出版社，2012年。

[19] 施昌奎主编：《北京公共服务发展报告》，《北京蓝皮书》，北京：社会科学文献出版社，2013年。

[20] 连玉明主编：《中国社会管理创新报告——社会管理科学化与制度创新》，《社会管理蓝皮书》，北京：社会科学文献出版社，2012年。

[21] 李培林等：《当代中国民生》，北京：社会科学文献出版社，2010年。

首都城镇化进程中农民工多维度贫困调查研究
——以建筑业为例

课题负责人：孙咏梅（中国人民大学中国经济改革与发展研究院　副教授）

课题组成员：徐曼、卢昱融、刘琳、贺剑峰、唐亚琴、刘曼

我国已进入城镇化的加速期，2012 年我国城镇化率达到 52.57%，与世界平均水平相当。而我国的京、津、沪等一线城市，城镇化率均超过 76%，远远领先于全国平均水平。北京作为首都和国际大都市，其城镇化更具有典型代表性。新型城镇化将成为首都经济新的增长点和扩大内需的重要手段，也是转变经济增长方式的必然途径。

国际经验表明，评判一个国家或地区是否已经进入城市型社会，城镇人口标准是最为重要的核心标准。以人口城镇化率来对城市型社会进行阶段划分：城镇化率在 51% 至 60% 之间，为初级城市型社会；城镇化率在 61% 至 75% 之间，为中级城市型社会；城镇化率在 76% 至 90% 之间，为高级城市型社会；城镇化率大于 90%，为完全城市型社会。

从当前的发展阶段来看，北京市城镇化率处于全国领先水平。据北京市统计局、国家统计局北京调查总队联合发布的数据显示：2012 年年末北京市常住人口 2069.3 万人；比上年末增加 50.7 万人；其中，在京外来人口 773.8 万人，比上年末增加 31.6 万人。首都城镇化率由 2004 年的 79.5% 增长至目前的 86%，已经达到世界发达国家 80%～90% 的水平，预计到 2020 年，首都城镇化率将达到 89%。首都城镇化建设造就了更多的就业机会，吸引了来自全国各地的大量农村转移劳动力，形成了庞大的首都农民工群体。随着大量农业人口进入首都都市圈，农民工队伍相对贫困、收入层次较低的特点突出，返贫现象也时有发生。2011 年国际贫困标准调整后，按人均消费 2 美元的标准计算，中国还有 1.28 亿的贫困人口（中科院可持续发展战略研究组，2012）。首都尽管是全国经济最发达的地区之一，但农民工群体进入城市后，作为收入分配中收入较低的阶层，相对贫困化现象还很明显。

党的十八大提出 2020 年全面建成小康社会，贫困人口群体的存在是实现这一目标的巨大挑战，继续有效消除贫困是实现这一目标的必然要求。农民

工是我国城镇化进程中不断扩大的一个特殊群体。根据国家统计局发布的《2012 年全国农民工监测调查报告》，2012 年全国农民工总量已达到 26261 万，同比增长 3.9%。目前北京地区的农民工总量达到了 400 万以上，这些农民工大多来自中西部地区农村家庭。建筑业是农民工最为集中的行业，农民工从事建筑业的人数占到总数的 1/3。农民工从事的工作，往往卫生条件差、工作强度大、薪资报酬低，他们在城市中艰难求生。大量在城市工作的农民工一方面成为城市常住居民，成为新的城市贫困群体；另一方面，这些农民工又联系着其身后数量众多的农村家庭，与农村贫困问题有着直接关联。

农民工贫困问题是当前中国贫困问题的一个重要组成部分。而建筑行业是我国农民工最为密集的典型行业，其所容纳的农民工数量占全国外出农民工总数的近 1/3，因而研究建筑业农民工贫困问题对于洞察和解决农民工贫困问题乃至中国贫困问题有着重要意义。建筑业农民工贫困既有贫困群体的共同特征，同时也有自身的独特特征。总的来说，这些特征包括：收入低下，甚至被拖欠工资；作为"外来人口"难以融入其周围的社会，受到歧视；生活环境长期恶化；各项权益得不到有效保障，尤其是医疗、养老、子女教育等基本个人或家庭发展条件缺失，饱受制度或非制度性歧视，特别是劳动安全和基本生活需求得不到保障等。

因此，首都城镇化进程中出现的农民工贫困问题，不仅仅是收入过低问题，通过收入来衡量和反映首都建筑业农民工贫困问题是远远不够的，农民工的贫困问题是多方面因素导致的，单一通过收入来测量不足以反映其他方面的贫困致因。多维贫困测量比传统的以收入定义和测量贫困能更准确地反映农民工贫困问题的现状和成因等，而且多维贫困测量并不是对收入贫困测量的代替而是重要的补充，尤其能够使扶贫政策找到优先干预的领域，对明确未来北京走新型城镇化道路的战略和政策，促进首都经济社会快速健康可持续发展具有重大的现实意义。

一、对首都城镇化进程中建筑业农民工贫困的度量

(一)对首都农民工贫困程度的衡量方法

目前，北京市农民工共 400 万人，人均月收入水平为 2290 元，扣除生活成本，每人月均收入结余 1557 元。相较于首都较高的生活消费水平来看，贫困是一种社会物质生活和精神生活贫乏的综合现象，是一个抽象的概念，对其进行量化研究是十分关键的。关于贫困程度的衡量，传统的体系包括收入

标准与消费标准，但仅以收入及消费水平来考察农民工的贫困度是不够的，我们应参照联合国多维度贫困衡量标准，对首都城镇化进程中农民工贫困问题进行科学、规范的衡量。

随着城镇化成为我国经济发展的核心，一些相对贫困的农业人口进城打工，引发了学术界对越来越多的农村转移人口贫困问题的讨论。农民工贫困问题，已经不再仅仅是一个经济问题，而是经济、政治、文化、社会问题的综合体，也是当今世界各国共同面临的难题。如何衡量农村进城务工人员的贫困程度？英国的 Townsend(1979)在《Poverty in the United Kingdom：a Survey of the Household Resources and Standards of Living》一书中认为"所有居民中那些缺乏食物、很少参加社会活动和缺少最低生活条件的资源的个人、家庭和群体就是所谓贫困的"；童星、林闽钢(1993)撰写的《我国农村贫困标准线研究》一文提出"贫困是经济、社会、文化落后的总称，是由最低收入造成的缺少生活必需品和服务以及没有发展机会和手段的一种生活状况"；世界银行(1990)则在《1990 年世界发展报告》中将贫困定义为"缺少达到最低生活水平的能力"；联合国开发计划署(1997)在《1997 年人类发展报告》中提出了不仅包括人均国民收入的因素，还包括人均寿命、教育、卫生和生活条件等因素的"人文贫困"的概念，即从 40 岁以前可能死亡的人口比例，文盲率，获得基础卫生保健服务、可饮用水和合适食物的状况等方面来衡量一个国家或地区的贫困程度。

关于贫困程度的衡量体系，Bourguignon & Chakravarty(2003)和 Alkire & Foster(2007)分别讨论和提出了多维贫困的数学测算方法，这种方法利用各国国家统计机构采集的家庭调查数据以期对贫困的意义进行深入洞察。联合国开发计划署在《2010 年人类发展报告》中对全球 104 个发展中国家多维贫困指数的测算包括了健康、教育和生活标准三个维度在内的共计 10 个指标。传统衡量贫困的方法是收入标准和消费标准，但越来越多的研究表明，收入或者消费不能充分反映其他维度的贫困。因此印度经济学家阿马蒂亚·森提出了可行能力法，法国学者拉诺尔提出了社会排斥法来对贫困进行多维测量。前者注重个体差异，强调贫困是收入与物质缺乏或其他因素造成的个体基本可行能力的被剥夺；而后者强调贫困与群体、社会结构、制度、文化等外在因素的关联，将分析重点从个体转移到社会关系与制度上。这两种方法是当前贫困多维测量的概念和理论基础。2011 年 Nussbaumer 等对几个非洲国家的能源贫困进行了测量。2012 年，Alkire 和 Roche 将 Alkire & Foster 方法应用到儿童贫困测量中。2012年，联合国儿童基金会在《儿童贫困和不公平——新视角》中，从多维贫困视角审视儿童贫困。目前国内对多维贫困的研究为数不少，主要是对国外多维贫困测量方法的应用(王小林，2012)。

(二)理论研究中对农民工多维贫困的衡量

农民工是首都经济建设中不可或缺的生力军。作为在首都建设中发挥着巨大作用的特殊群体，其贫困问题是首都全面建设小康社会和继续推进城镇化等过程中最富挑战性的研究课题。从20世纪开始，农民工现象就逐渐开始成为政府、社会与学界关注的一个焦点问题，但截至目前，对于首都农民工的贫困程度进行科学的测量，这方面的研究并不算太多。目前国内一些学者的相关研究，主要是面向全国各行业的农民工，这些研究为我们对首都农民工的贫困问题，提供了良好的参照。

金莲(2007)研究了城镇农民工贫困测度问题，根据相关机构发布的食品定量标准，确定贫困群体最低食品消费量，并根据价格数据测算出最低消费额，以此作为标准来考察农民工贫困。林娜(2009)在《多维视角下的农民工贫困问题研究》中认为贫困可以分为物质贫困、权利贫困与精神贫困。樊丽淑、孙家良、高锁平(2008)撰写的《经济发达地区城市农民工贫困的表现特征及根源——基于宁波的实证研究》把农民工贫困问题分解为了经济、能力资源、社会权利、社会交往和心理素质等多个角度分析了城市农民工贫困的表现和特征。李善同等(2009)则在《农民工在城市的就业、收入与公共服务——城市贫困的视角》一书中从农民工就业、收入与公共服务视角研究了城市农民工的贫困问题，认为农民工是跨越社会环境最大的群体，由于多种因素的影响，他们工资水平往往比较低，有着较大的陷入贫困的风险。康建英(2009)则从人力资本和社会资本的角度研究了农村向城市移民过程中的贫困问题。王雨林(2004)从政治、经济、社会和文化四个维度，刘娜(2009)从物质贫困、权利贫困和精神贫困三个维度研究了农民工贫困问题，王雨林和刘娜均主要是从概念框架角度阐述了多维度研究农民工问题。目前，关于农民工贫困的救助、保障体系十分薄弱，农民工处于既脱离了农村扶贫体系，又不能加入城市社会救助体系的境地。杨洋、马骁(2012)在成都抽样调查数据基础上的研究发现，流动人口已经成为城市贫困的一个重要来源，流动人口与城镇人口在收入、资产、住房与社会保障方面有较大差距。

总体上来说，国内已有的对农民工多维贫困的研究更侧重于概念框架的探讨，通过建立系统的多维贫困指标体系以及第一手调查数据来全面研究农民工贫困问题的研究很少。

二、首都农民工贫困状况的多维度划分

对首都农民工贫困的界定，不同的指标对贫困的定义不同，现在测量贫困的大部分指标是以经济条件为基础的，如菜篮子法等。对贫困的定义也基本只包括这一方面。但实际上，对农民工而言，他们的经济状况并不一定很差，但人们仍然把他们看作弱势群体，实际上他们仍然是贫困的人群。这说明，贫困并不仅仅是经济资源上的缺乏，还包括其他方面。结合相关专家、学者的研究，笔者对农民工的贫困这样界定：农民工贫困是指农民工个人、家庭和群体缺乏物质和能力资源以及因为受到社会歧视和排斥而缺少争取资源的途径而导致的一种缺乏状态和缺乏过程。

首都建筑业农民工贫困既有贫困群体的共同特征，同时也有自身的独特特征。总的来说，这些特征包括：收入低下，甚至被拖欠工资，作为"外来人口"难以融入其周围的社会，受到歧视，生活环境不好，各项权益得不到有效保障，尤其是医疗、养老、子女教育等基本个人或家庭发展条件缺失，特别是劳动安全和基本生活需求得不到保障。

本研究采用联合国开发计划署计算多维贫困指数所用的 Alkire & Foster 方法将农民工的贫困类型划分为五种：物质贫困、权利贫困、精神贫困、能力贫困、健康贫困。多维贫困测量比传统的以收入定义和测量贫困能更准确地反映农民工贫困问题的现状和成因等，而且多维贫困测量并不是对收入贫困测量的代替而是重要的补充，尤其能够使扶贫政策找到优先干预的领域，因而多维贫困测量是必要而且有意义的。

(一)农民工的物质贫困

农民工的物质贫困主要表现在相对贫困上，农民工在城市打工的收入一般要比其在家务农的收入高，甚至高很多，但与所在城市居民的收入相比是贫困的。从我们对北京市顺义区、房山区建筑工地的调查来看，建筑业农民工平均收入在 5000 元左右，最高工资达 10000 元，但这些收入在支付子女入学、家中盖房、子女成家立业等支出外，基本上所剩无几。农民工隐性收入几乎为零，在通货膨胀不断高企，生活成本不断加大的情况下，尽管农民工的收入相比在家乡要高，生活负担却并不轻。我们通过对首都建筑业农民工生活及工作情况的深入调查，发现农民工贫困问题呈现出两条贫困线：即食物贫困线和一般贫困线。

我们在顺义区、房山区和昌平区建筑工地的农民工中抽取不同收入层次的打工者，通过其食物的消费价格和消费结构，计算出农民工最低营养需求的食物支出，用以对照食物贫困线。根据营养学家的建议，我国采用每人每日2100大卡热量作为最低营养需求。我们调查的农民工群体，有37%处于食物贫困线之下。

从消费的角度看，农民工贫困发生率高达50%以上，就是说一半多农民工的实际生活水平低于贫困标准。这一结果反映出，农民工有很强烈的存储意愿，用于消费支出的比例非常小。

(二)农民工的健康贫困

据统计，2013年，我国城镇职工基本医疗保险参保人数为2.65亿、城镇居民基本医疗保险参保人数为2.71亿、新型农村合作医疗参保人数为8.05亿。即便考虑重复参保的因素，医保覆盖人数较去年比也有明显增长，然而农民工看病难，看病贵的现象更为突出。绝大多数农民工作为生存困难群体，收入水平低，经济条件有限，常常应就诊而不就诊，应住院而不住院，结果"小病磨，大病拖"，酿成很多悲剧。

根据我们对首都郊区建筑业农民工的调查，发现50%的农民工生病采取路边诊所简单就诊，30%的农民工生病自己去药店买药，有20%的农民工生病不去治疗。大部分工地没有诊所，农民工生病，无法得到及时与有效的救治。调查显示，农民工只有货币工资，而缺乏社会福利性的社会保障。从所调研对象的情况来看，农民工的健康情况还是较为乐观的。但是农民工的健康意识总体较弱，缺乏定期体检的习惯。同时，农民工获得健康知识的途径有限，主要还是通过电视和上网，而缺乏一些权威的途径。

(三)农民工的能力贫困

调查显示，农民工因为自身能力不足使得就业机会大大减少，只能靠出卖廉价劳动力获得一些脏、累、差的工作。他们从事的一般是建筑业、纺织业、餐饮业等劳动时间长、劳动强度大且安全系数比较低的行业。这些工作岗位的待遇水平一般不高，但风险高，一旦出现意外极易陷入贫困。在问及他们有没有转到其他行业的期望时，他们很无奈地回答即使有那种想法，也因为能力的缺乏而无能为力。

(四)农民工的权利贫困

权利贫困是国外一些学者在研究经济贫困现象时提出的一种概念，农民工的权利贫困主要包括政治、经济、社会方面的贫困。政治方面，农民工所在的用人单位大多没有设立工会等维护权益的机构，其利益得不到保护，处于劣势地位，在社会上也经常受到其他组织的排斥，无法向社会表达诉求，维护自身的利益。经济上，农民工的就业和劳动保护权利缺失，在劳动力市场上受到歧视，虽然他们与城市居民在同一企业工作，但没有受到相同的福利待遇，安全措施和工作环境也都没有得到保障，经常超时间、超强度的工作，休息权也无法得到保障。社会上，医疗和教育是导致农民工消费能力弱化的最主要原因，而这些应当是由政府提供的基本的公共服务，但是农民工没有分享公共产品的权利，农民工的子女跟随父母流动，在就学方面受到歧视，无法在当地城市的公立学校就读。

(五)农民工的精神贫困

精神贫困是指人的追求、信念、价值观、习惯等人类知性的窒碍，缺乏张扬个体生命的内在动力。其表现就是没有理想信念、内心世界空虚、工作不思进取、生活情趣不高等。事实上，正如权利贫困是物质贫困的一个重要因素之外，权利贫困也是精神贫困的一个重大诱因。总体来说，农民工精神贫困表现为思想观念落后(小农思想严重)，角色意识模糊，价值目标单一，生活格调不高，社会融合度低，内心自卑、孤独、空虚，多种极端心理。

三、对首都建筑业农民工多维度贫困的调查研究

在本次所调研的建筑业农民工中，绝大部分都为男性，主要与建筑业的劳动强度和技术要求较高有关。而在我们的统计数据中，所调查样本的平均年龄为 39.6 岁，根据图 1 可以看出农民工的年龄分布情况：

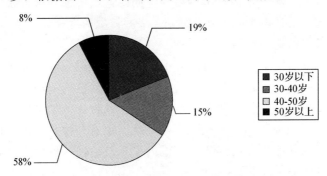

图 1　被调查农民工的年龄分布图

在本次所调研的样本中，最年轻的工人为 18 岁，最年长的为 57 岁，但大部分的工人年龄集中在 40～50 岁。并且，85% 的农民工都是已婚人士，一

般有 2～3 个小孩，而据统计，孩子的教育费用占家庭支出的一半以上，是农民工的主要生活压力之一。除此之外，建房与购房支出，也在农民工家庭消费支出中占据重要地位。而赡养老人和医疗开支所占的比重相对较小。

对于大部分的农民工来说，受教育程度是限制他们取得高收入的重要原因。在我们所调查的样本中，农民工的最高学历为大专，这部分农民工主要为工地的管理人员。同时，文盲在农民工之中，仍然占据着相当大的比重。而农民工当中，最为常见的学历为初中，文化程度为小学和高中/中专/技校的农民工所占的比例也比较大。如图 2 所示。根据我们的样本数据显示，农民工的文化程度与其收入在一定程度上成正相关，因此，要改善农民工的贫困程度，从教育出发提升农民工的技术、文化水平是很重要的一环。

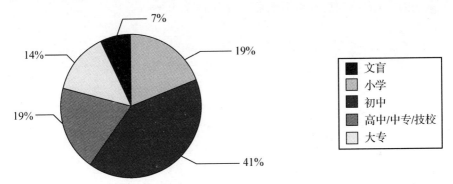

图 2　被调查农民工的文化程度分布图

在本研究报告中，我们将从物质贫困、权利贫困、精神贫困、能力贫困和健康贫困五个方面进行分析。

（一）首都建筑业农民工物质贫困调查

关于农民工的"物质贫困"，我们主要是通过调查农民工在城市及老家的大体生活情况及其物质收入情况来进行考察。在大体生活情况上，我们收集了有关农民工的居住条件、伙食条件、所拥有的电气设备情况及其自我评价等方面的数据信息；在物质收入方面，我们收集了月平均收入、年平均收入、月平均工作天数与年平均工作月数等方面的数据信息。

1. 被调查农民工在城市的生活情况

①建筑业农民工在城市居住条件的调查。

在我们的调查中，绝大部分农民工是通过工地提供的免费住宿来解决在城市打工时的住宿问题的。对于当前居住条件的满意程度，大部分被调查农民工的回答是"一般"，约占 67％；很满意的占 14％；比较满意的占 19％；没有人选择"不满意"与"很不满意"。如图 3 所示。

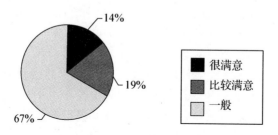

图 3　被调查农民工对居住条件的满意程度

②被调查农民工拥有生活电器或设备的情况。

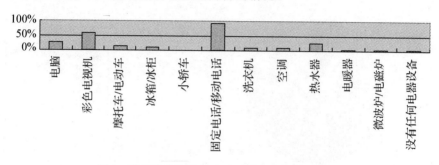

图 4　被调查农民工拥有生活电器或设备的情况

物质生活的丰裕程度与所拥有的电器种类之间具有很强的相关关系，这一规律同样适用于建筑业农民工。从图 4 可以看出，9 成以上的农民工都拥有移动电话或是固定电话；彩色电视机也得到了很好的普及，受访者中拥有彩色电视机的人数占到了 6 成；大约 2 成左右的受访者拥有电脑，这可能是由于当前农民工年龄的日趋年轻化。但是从总体情况上来看，农民工所拥有的生活电器或设备的种类是比较少的，大部分电器、设备的拥有比例均在 10％或以下。在这里，需要我们注意的是被调查农民工所拥有的电器种类很可能还受制于一些其他的非物质因素，举个例子，农民工居住的地方并不是自己真正的家，所以他们可能不会去添置一些生活电器或设备，尽管他们拥有这种能力。

③被调查农民工的伙食情况。

从调查结果来看，大部分被调查农民工是通过"公司收费食堂"解决吃饭问题的，这一部分占 59％；其次是"自己做饭吃"，占到了 23％；"公司免费食堂"与"到餐馆吃"各占 9％。如图 5 所示。被调查农民工对伙食的满意程度集中在了"一般"与"比较满意"，前者为 50％，后者为 32％；没有人对伙食的评价是"很不满意"。如图 6 所示。

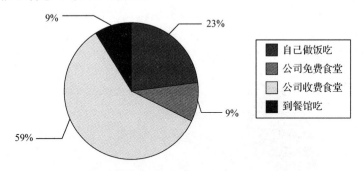

图 5　被调查农民工吃饭问题的解决方式

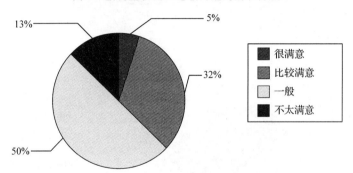

图 6　被调查农民工对伙食的满意程度

④被调查农民工对城市生活条件的满意程度。

总体看来，被调查农民工对在城市的生活条件满意程度集中在"一般"与"比较满意"，前者占 65％，后者占 35％；没有人选择其他选项。如图 7 所示。

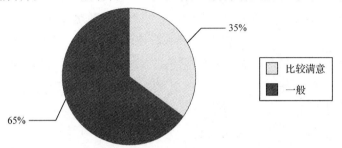

图 7　被调查农民工对生活条件的满意程度

2. 被调查农民工在老家的生活情况。

①被调查农民工在老家的生活情况——住房情况调查。

根据我们的统计,被调查农民工在老家的住房情况让人乐观。从墙体类型来看,69%为砖石墙体,31%为混凝土墙体;没有土坯墙、沙石墙甚至木墙之类的较差墙体。如图8所示。从被调查农民工自身的评价来看,"满意"和"一般"各占33%,"很满意"占到了20%,"不满意"占14%。如图9所示。

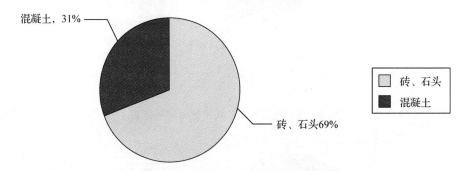

图 8   被调查农民工在老家住所的墙体类型

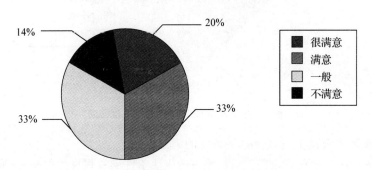

图 9   被调查农民工对老家住房的满意程度

②被调查农民工在老家的生活情况——拥有生活电器或设备情况调查。

被调查农民工在老家住所拥有的电器种类比较多。电脑、热水器、微波炉等电器的拥有比例均高于50%;洗衣机、冰箱、彩色电视机、固定电话或者移动电话的拥有比例均高于75%;小轿车、空调等也拥有一定的占有比例。如图10所示。

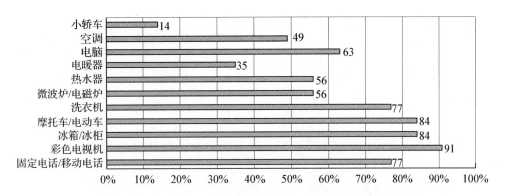

图10 被调查农民工在老家住所拥有生活电器或设备的情况

③被调查农民工对老家生活状况的满意程度调查。

根据我们的调查，被调查农民工对老家生活状况的评价大多为"比较满意"，约为62%；"一般"为25%；"不满意"与"很满意"各占6%。如图11所示。

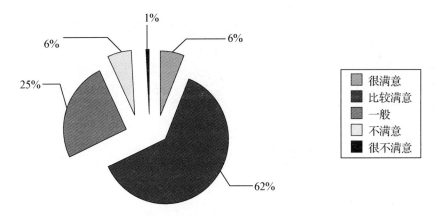

图11 被调查农民工对老家生活状况的评价

④被调查农民工的物质收入情况调查。

根据我们的统计，被调查农民工平均每人每月工作时间为26天，月均收入4664元，年收入平均为48611元，年支出平均为30556元。家庭主要消费支出结构如表1所示。

179

表1　被调查农民工家庭主要消费支出结构表

家庭主要消费支出	百分比（％）
建房/购房	36
子女教育	52
赡养老人	4
医疗开支	8

我们可以看到，被调查农民工家庭主要消费支出为"子女教育"与"建房/购房"，前者占比52％，后者占比36％。

（二）首都建筑业农民工权利贫困调查

农民工的权利贫困问题主要体现在问卷B部分的"就业与权益"回答中。农民工的权利获得表现在他们的工资、工作时间、工作时是否得到保护、是否签订了劳动合同以及是否遭到了工资拖欠等方面。

在2000年左右，城镇化进程才刚刚开始加速推进的时候，大量农民背井离乡来到城市，其中有很大一部分成了城市的建筑工人。同时，由于法律法规的不完善，农民工的维权意识不强，发生了大量的不与农民工签订劳动合同和拖欠农民工工资的恶性事件。这些情况在近几年已经得到了很大改善。

1. 被调查农民工签订用工合同的情况

在这次调查中，大部分农民工都与用工单位签订了用工合同。其中77％签订了用工合同，而23％的工人没有签订用工合同。如图12所示。

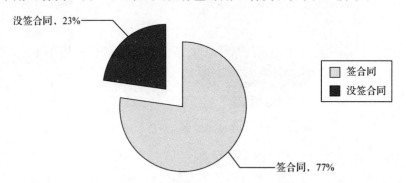

没签合同，23%

签合同
没签合同

签合同，77%

图12　被调查农民工签订用工合同的情况

2. 被调查农民工遭遇拖欠工资的情况

近年来，我国各地政府都陆续出台了各种帮助农民工维权的法律法规，其中大多数都写明了关于拖欠农民工工资情况的处理办法。各种维权机构、律师事务所也为农民工维权和追讨工资提供了很大帮助。在我们的调研中，只有一位工人曾经在为一位雇主工作时遭遇到了工资拖欠的情况。

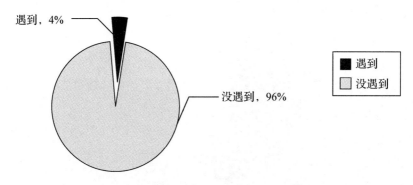

遇到，4%

没遇到，96%

■ 遇到
□ 没遇到

图 13　被调查农民工是否遇到了工资拖欠

3. 被调查农民工的月平均工资与月平均工作天数

在本次调研中，农民工的月平均收入为 4664 元，其中最高的达到 10000 元，最低的 2000 元左右。相比较于其他地方，在首都打工的农民工平均工资状况比较良好。问卷中除了少数较低的几人外，其他人都能满足自己的日常生活并能对家里进行一定的补贴。他们的月平均工作天数为 26 天，而方差较小，大致情况比较一致，也可见他们的月工作天数是较多的。

4. 被调查农民工节假日加班的情况

该问卷调查的结果显示，节假日偶尔加班的比例是 48%，经常加班的占 29%，每个节假日都加班的人较少，占 9%。如图 14 所示。

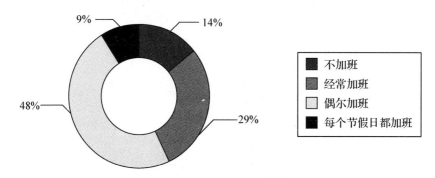

9%　14%

48%

29%

■ 不加班
■ 经常加班
□ 偶尔加班
■ 每个节假日都加班

图 14　被调查农民工节假日加班的情况

5. 被调查农民工节假日加班费发放的情况

本问卷调查的结果显示，60%的农民工加班有加班费，而40%的农民工加班没有加班费。如图15所示。

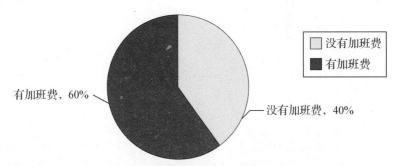

图 15 被调查农民工节假日加班是否有加班费

6. 农民工工作时劳动防护品的配备情况

建筑业农民工经常会有高空作业等危险性的工作，农民工在建筑工地工作中经常会遇到受伤、严重受伤甚至死亡的恶性情况。他们的工作中是否有劳动防护品关系到他们的生命安全，十分重要。在本次调研中有15%的工人表示劳动中没有防护工具，而75%的工人表示有防护工具。在调研现场，我们也看到他们工地上的工人都配有安全头盔等防护用品。

7. 农民工劳动防护用品的获得渠道

对于在何处得到的防护用品，是企业免费提供还是自费购买，这一问题我们认为可能跟农民工的工种有关，不同工种可能用到不同的防护品，因此有些是自己购买的。

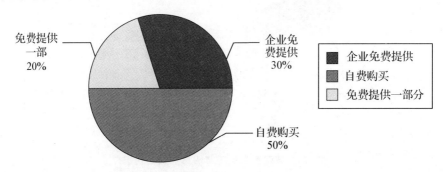

图 16 被调查农民工从何处得到劳动防护品

8. 农民工对当前工作的满意程度

对当前工作，5％的人表示"很不满意"，6％的人表示"不满意"，22％的人表示"满意"，11％的人表示"很满意"。其中占最大比例的是56％的人表示"一般"。这表示该地大部分建筑业农民工对自己目前的工作持折中态度，都表示"满意"或者"一般"。如图17所示。

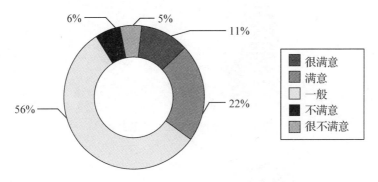

图 17　被调查农民工对当前工作的满意程度

(三)首都建筑业农民工精神贫困调查

精神贫困是农民工的多维度贫困分析中不可忽视的一项。林娜(2009)在《多维视角下的农民工贫困问题研究》一文中，对精神贫困进行了明确的定义：精神贫困是指人的追求、信念、价值观、习惯等人类知性的窒碍，缺乏张扬个体生命的内在动力。对于农民工的精神贫困这一块，本次调研分两部分进行：农民工的社会关系与社会参与情况，并在此基础上进行问卷分析。

1. 农民工的社会关系调查

社会是由人与人之间的相互关系所构成的，社会关系的好坏将会对人们的心理产生重大的影响。对于本次所调研的对象——建筑业的农民工来说，他们在日常的工作、生活中所接触的人可以分为三大类：首先，是他们的亲人，很多农民工都是与家人一起离开农村前往城市打工的；其次，是与他们平级的工友；最后就是他们的上级管理人员，包括班组长或者是劳务公司的经理等。因此，我们分别调查了农民工与工友以及与上级管理人员之间的社会关系的好坏，并通过对比的方式进行分析。

值得庆幸的是，农民工工人之间普遍相处得较好。但是，不可否认的是，这其中可能存在着一定范围内的误差。因为农民工可能不太愿意表露自己内心的不满，因此，我们还收集了农民工与上级管理人员之间的社会关系的数据与之进行对比。我们可以看到,相对于工人之间的关系,农民工与上层管理人员之间的关系更加趋向于两极化。可见,农民工在社会关系中与他人相比还处于一种相对弱势的状态。如图18、图19所示。

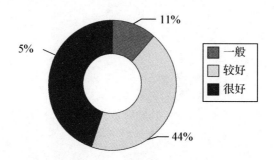

图18 被调查农民工之间的关系

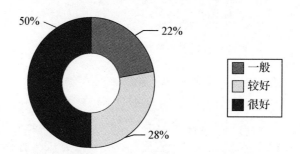

图19 被调查农民工与班组长、劳务经理的关系

在问卷中,我们对农民工在遇到困难时得到哪些人的帮助进行了数据的收集。根据数据显示,农民工所接受的帮助来源排名前五位的是:家庭成员、老乡、工作单位/老板、亲戚、朋友/同学。而来自于城市居民、公益组织和当地政府的帮助比例则相对来说低得多。如图20所示。由此,我们也可以看出农民工在城市中实际上并没有得到太多在社会关系上的改变与提高。因此,我们认为,针对这一现象,政府应该在提供更多的援助措施的同时,更加注重人们观念的改变,特别是城市居民对于农民工的态度方面。具体的对策建议将在下文中进行阐述。

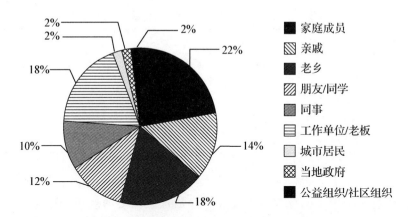

图 20　被调查农民工遇到困难时得到的帮助来源

2. 农民工社会参与度调查

社会参与反映了农民工在闲暇时的生活状态与意愿。首先，我们调查收集了农民工的业余活动状况的数据(多选)。

根据调研结果，我们发现，有大约 15％的农民工选择了"没有业余活动"一项。其中，根据进一步的调查，其原因主要是没有空闲时间。同时，我们也可以从统计结果中看出：逛街、逛公园这种耗时较多且时间不灵活的业余活动所占的比重较少；而看电视、上网、读书这种时间较好控制并且在宿舍就可以进行的活动所占比例最大。如图 21 所示。可见，农民工在完成了每日的工作任务后，通常没有足够的时间或者精力来开展业余活动。

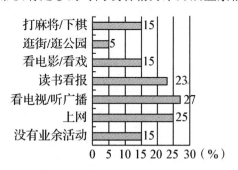

图 21　被调查农民工业余活动统计

同时，我们对农民工参与一些社会活动的意愿和经历进行了调查：

表 2   被调查农民工社会活动参与意愿调查

	参与意愿		是否参加过	
	愿意	不愿意	是	否
文化体育活动	77.8%	22.2%	5.6%	94.4%
社区公益活动	83.3%	16.7%	16.7%	83.3%
业主委员会活动	94.4%	5.6%	5.6%	94.4%

根据表 2 数据显示，从总体来看，农民工对于这些社会活动有着相当高的参与意愿，但绝大部分农民工都没有参加这些活动的经历。这充分显示了农民工的精神贫困现象。可见，在这一方面的相关政策、措施还有需要改善的地方。同时，通过纵向对比，我们可以看到，农民工参与文化体育活动的意愿最低，参与社会公益活动(如：献血、做义工等)的意愿其次。究其缘由，与农民工的自身知识文化水平有关。大部分的农民工自身的文化程度有限(参照基本信息中农民工文化程度的分布图)，同时繁重的工作可能让他们参加占时较多的文化体育活动意愿下降。而据我们的调查，部分农民工对于献血有一些不正确的认识，这也是影响他们参加社区公益活动意愿的原因之一。因此，本小组认为应该对农民工进行这方面的知识教育，同时，当地政府或者一些公益组织可以适当地组织一些活动以满足农民工的参与意愿，从而改善农民工精神贫困的情况。

除此之外，我们还调查了老乡会、兴趣文化组织和维权组织在农民工当中的普及情况。根据我们的调查样本的数据显示，有 44.4% 的农民工参与过老乡会活动，27.8% 的农民工参与了兴趣爱好组织，而参与维权组织的农民工仅有 11.1%，均没有过半。如图 22 所示。

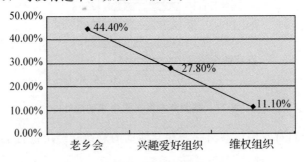

图 22   被调查农民工参与活动比例

　　而据我们所收集的基本资料，在我们所调研的样本中，农民工主要来自于江苏、四川、山东三个省份，并且大部分都是老乡。因此，老乡会的参与人数没有过半只能说明缺乏组织。而维权组织的参与人数最低，可能是两个方面的原因，一个原因是农民工目前的权益相对于从前得到了提高，另一个原因是农民工在这方面的法律意识仍然较低。

（四）首都建筑业农民工能力贫困调查

　　通过对调查数据的统计分析，我们发现，有43.5％的调研对象参加过与建筑业相关的技能/知识培训，另外56.5％没有参加过。数据表明，有一半以上的人都没有参加过相关培训，也就无法通过培训获得用以谋生的技能，在能力方面是较为贫弱的。在没有参加过培训的调研对象当中，69.2％的调研对象是由于没有机会培训，15.4％认为没有必要培训，还有一些调研对象不知道哪里有培训或者认为培训的内容不合适。从数据中我们可以发现，有近70％的调研对象是希望能够获得相关技能和知识培训的，但由于没有合适的机会，所以无法进行培训，这提醒有关政府部门和建筑公司应该开展技能知识培训的课程，进一步提高农民工的能力。

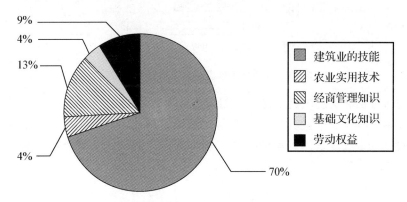

图23　被调查农民工最希望学到的知识

　　图23是对农民工最希望学到的知识的数据统计，图中显示，建筑业的农民工最希望学到的还是建筑业的技能，这再次提醒有关部门和公司对农民工开展建筑业技能方面的培训。还有13％的农民工希望学习经商管理知识，他们中的大多数人今后不想再从事建筑方面的工作，希望能够向商业方面发展。我们认为，当农民工达到一定年龄时，由于身体健康方面的限制，他们无法或不能胜任建筑业这种对体力要求较高的行业，从长远发展来看，他们需要

找到一条新的出路来维持生计，于是很多人就希望学习经商管理知识，为以后的生活做打算。

在对农民工当前生活存在的问题的调查中，我们发现，最主要的几个问题分别是生活卫生条件差、养老难、工资太低以及干活时间太长。如图24所示。对于生活条件方面的问题，主要还是要靠所在公司进行解决，采取各种措施，提高农民工的生活水平。至于养老方面，主要还是要靠政府来解决，将社会养老保险制度进一步完善，解决养老难的问题。工资太低以及干活时间太长这两个问题，一方面需要用人单位按照相关的法律和规定，合理安排农民工的工作时间和工资待遇，另一方面，也需要有关部门加强监督管理，督促用人单位切实落实相关的法律法规。

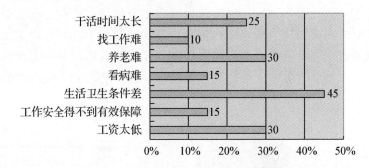

图24　被调查农民工当前生活存在的问题

(五)首都建筑业农民工健康贫困调查

健康的身体是创造其他一切财富的源泉。因此，我们选取健康贫困作为衡量农民工多维度贫困程度的一个指标。为此，我们对所调查的农民工的身体健康状况进行了统计：

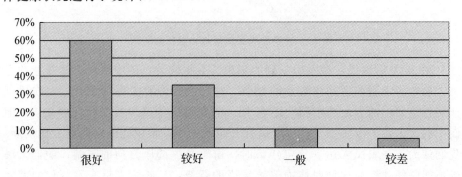

图25　被调查农民工身体健康状况

根据调查显示，在过去的 6 个月中，只有极个别的农民工住过院，处于身体状况较差的地步。大部分的农民工身体状况良好，因此，总体上来看，农民工的健康贫困程度并不严重。

同时，我们还对农民工获取健康知识的途径进行了调查（其中，"其他"部分主要为不关注健康知识，小部分为通过看病治疗）：

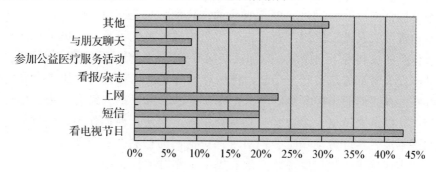

图 26 被调查农民工获取健康知识的途径

可以看到，对于农民工来说，主要的获取健康知识的途径为看电视节目和上网、短信等。如图 26 所示。但是在一定程度上来说，这些途径的权威性并不能完全保证。因此，我们认为，公司、公益组织和当地政府应该注重对农民工健康知识宣传的力度。

四、首都建筑业农民工多维度贫困特点

在本次的调研中，本课题组通过物质贫困、权利贫困、精神贫困、能力贫困和健康贫困五个方面对所调研的建筑业农民工的贫困程度进行了多维度的评估。调研结果显示，总体来说农民工目前的五个方面的权益都得到了一定的保障。但是，也有很多问题存在，需要进一步的政策支持和完善的社会环境。

（一）建筑业农民工物质贫困特点

根据我们的调查结果，从总体生活状况来看，综合住房、伙食、生活电器或设备数量等各方面数据，大部分被调查农民工在城市的生活条件比较一般，而被调查农民工在老家的生活情况则比较乐观，这种差异也与其自身的评价相一致；从物质收入的角度来看，被调查农民工月均收入与年均收入均处于中等水平，但是其劳动时间长、劳动强度大，劳动条件也较差。

(二)建筑业农民工权利贫困特点

本次调研中的问卷显示，该建筑工地的农民工的答案都比较乐观。很少遇到拖欠工资的情况，即使遇到过拖欠工资的事情也是在为之前的雇主工作时遇到的，近年来工作中并没有遇到过拖欠农民工工资的情况。另外，加班的情况在农民工身上也时有发生，经常加班的农民工的比例竟将近30％，而每个节假日都加班的占到了将近10％的高比例。与此同时，问卷显示，加班没有加班费的农民工比例占到40％，将近半数。由此可见，农民工在法定节假日休息的权利得不到保障，且加班期间有很大一部分农民工得不到加班费。另外不让人满意的是，时至今日，仍然有不与农民工签订劳动用工合同的情况存在。在我们的小样本调研中，竟然有高达近30％的人没有与用工单位签订用工合同。农民工大多数都只拥有高中以下学历，他们作为弱势群体，文化水平不高，签订劳动用工合同对于保护他们的权利至关重要。另外，根据现场的实地调研，我们发现该工地农民工工作时的保护措施比较简陋，甚至有的人只有一顶施工安全帽。农民工经常进行高空作业，使用各种复杂的机械工具，极其容易受伤，企业为他们提供一些适当的保护措施是非常必要的。因此，农民工在工作中仍然存在着权利贫困的现象，还有许多地方需要改进。

(三)建筑业农民工精神贫困特点

农民工的精神贫困情况可以从两个方面进行总结。一方面，从社会关系来看，农民工的交际情况总体较好，但也存在着一定问题，包括与上级管理人员之间的社会关系趋于两极化、总体社交地位仍相对弱势等。同时，农民工在遇到困难时得到的更多的还是来自于亲属、老乡和工作单位的帮助。而当地政府和公益组织虽然也有一定程度上的援助，但所占比重较小，仍需要采取更进一步的措施。另一方面，从社会参与来看，农民工的空闲时间有限，导致他们的业余活动更多地局限于电视、上网等。同时，农民工普遍有参与各项社会活动的意愿，但都没有相应的经历。因此，政府相关部门以及公益机构可以适时地为农民工提供一定的机会。

(四)建筑业农民工能力贫困特点

调研对象中只有不到一半的人参加过与建筑业相关的技能/知识培训，这说明农民工在技能和知识方面是比较贫乏的。而在没有接受过技能培训的调研对象当中，70％的人是由于没有机会而无法参加培训。通过对最希望学到的知识的调查发现，70％的调研对象希望学习建筑业的技能，这部分人将来仍希望从事建筑业，另有13％的人希望学到经商管理知识，这部分人大多希望将来能从事其他行业。农民工当前生活存在的问题主要是生活卫生条件差、养老难、工资太低以及干活时间太长。

（五）建筑业农民工精神贫困特点

从所调研对象的情况来看，农民工的健康情况还是较为乐观的。但是农民工的健康意识总体较弱，缺乏定期体检的习惯。同时，数据显示，农民工获得健康知识的途径有限，主要还是通过电视和上网，而缺乏一些权威的途径。

五、首都城镇化进程中形成贫困的主要因素

首都农民工群体作为由农村转移到城市的一个重要的劳动力人群，他们的生活状况、社会地位和福利情况，已经受到越来越多的关注。无论在群体数量上还是在城市的建设上，农民工对城市有了越来越大的影响。科学客观的贫困测量和分析是做好扶贫开发工作、提高建筑业农民工生活水平并使他们的现状得到切实改观的基础。只有分析清楚建筑业农民工这个特殊群体多维贫困发生的具体原因，才能促使政府机构对症下药，使建筑业农民工贫困问题早日得到有效解决。造成农民工贫困的因素是多方面的，本文主要从制度和农民工内部两方面分析贫困的原因。

（一）从制度方面分析农民工的贫困原因

首先，户籍制度是最主要的制度障碍，城市以农民工的户籍身份阻碍了其在城市中公平竞争的自由，剥夺了其就业、教育、社会保障等方面的权益，成为城市社会的最底层。我国的城乡二元结构阻碍了农村人口迁移和自由流动，户籍制度不仅仅是人口管理，也演变成了身份的象征，与其配套的福利制度和衍生的歧视性政策也阻碍了农民工摆脱贫困的步伐。

其次，组织制度的不健全使农民工的权益无法得到保护，如工会是工人表达利益的渠道和谈判平台，而大多数农民工都没有加入，甚至不知道工会是否存在。这些制度的缺陷使农民工群体处于弱势状态，关系到社会的建设和发展，解决制度的问题可使农民工享受到互相尊重的社会空间，不仅仅改善物质贫困，也使社会人文环境得到全面提升。

最后，在劳动就业制度方面，城市就业形势日趋严峻，竞争日益激烈。城市劳动力市场的现状是分割的，呈现二级分化的状态。一级劳动力市场对人力资本的要求较高，次级劳动力市场的特点则主要是非熟练、没有特殊技能的就业者，一般是农村户口的外来务工人员，他们的劳动工资低，工作环

境差，就业不稳定，可替代性强，主要是受限于本身的受教育水平和职业技能低，因此基本没有可能进入一级劳动力市场，也使得次级劳动力市场出现供大于求的现象。次级劳动力市场没有正规的就业体系，工资低且不合理，大多没有用工合同，农民工的权益易受到侵犯。

在本次的调研对象中只有不到一半的人参加过与建筑业相关的技能/知识培训，这说明农民工在技能和知识方面是比较贫乏的。而在没有接受过技能培训的调研对象当中，70%的人是由于没有机会而无法参加培训。通过对最希望学到的知识的调查发现，70%的调研对象希望学习建筑业的技能，这部分人将来仍希望从事建筑业，另有13%的人希望学到经商管理知识，这部分人大多希望将来能从事其他行业。

本次调研中的问卷显示，该建筑工地的农民工很少遇到拖欠工资的情况，即使遇到过拖欠工资的事情也是在为之前的雇主工作时遇到的，近年来工作中并没有遇到过拖欠农民工工资的情况。另外，加班的情况在农民工身上也时有发生，经常加班的农民工的比例竟将近30%，而每个节假日都加班的占到了将近10%的高比例。与此同时，问卷显示，加班没有加班费的农民工比例占到40%，将近半数。由此可见，农民工在法定节假日休息的权利得不到保障，且加班期间有很大一部分农民工得不到加班费。另外，时至今日，仍然有不与农民工签订劳动用工合同的情况存在。农民工大多数都只拥有高中以下学历，他们作为弱势群体，文化水平不高，签订劳动用工合同对于保护他们的权利至关重要。另外，根据现场的实地调研，我们发现该工地农民工工作时的保护措施比较简陋，甚至有的人只有一顶施工安全帽。农民工经常进行高空作业，使用各种复杂的机械工具，极其容易受伤，企业为他们提供一些适当的保护措施是非常必要的。因此，农民工在工作中仍然存在着权利贫困的现象，还有许多地方需要改进。

(二)从农民工自身的因素分析贫困原因

首先，农民工自身能力较差，职业技能受限。农民工来到城市之前主要从事的是农业生产方面的工作，来到城市后从事的工作基本上与农业不相关，对于本身不熟悉的工作，而且处于职业岗位的最底层，农民工经常受到歧视和排挤。农民工在城市生活过程中，交往规则、卫生状况、日常生活与以往的农村生活有很大差异，他们不懂得在城市生活的常识，在这个陌生的生活环境中，交往规则发生冲突时，常常出现困境和受骗现象，例如不签订劳动合同、遭遇非正规职业中介机构等。

其次，农民工社会支持和社会网络受限。农民工进城之后，原先的社会网络难以发挥作用，大多数都是背井离乡独自一人在外打工，原有的认同感和安全感也降低，难以迅速建立新的社会关系，获得有效的生活帮助和精神支持。不仅福利待遇差于城市居民，也经常受到城市居民戴着有色眼镜的对待，逐渐产生"边缘人"的自卑感，形成自我隔离的状态，回避与城市居民交往，精神生活匮乏，这种交流的缺乏限制了他们的互动和参与，农民工与城市居民的距离逐渐增大。

农民工的精神贫困情况可以从两个方面进行总结。一方面，从社会关系来看，农民工的交际情况总体较好，但也存在着一定问题，包括与上级管理人员之间的社会关系趋于两极化、总体社交地位仍相对弱势等。同时，农民工在遇到困难时得到的更多的还是来自于亲属、老乡和工作单位的帮助。而当地政府和公益组织虽然也有一定程度上的援助，但所占比重较小，仍需要采取更进一步的措施。另一方面，从社会参与来看，农民工的空闲时间有限，导致他们的业余活动更多地局限于电视、上网等。同时，农民工普遍有参与各项社会活动的意愿，但都没有相应的经历。因此，政府相关部门以及公益机构可以适时地为农民工提供一定的机会。

最后，农民工的家庭负担较重。一般在外务工的农民工大多为家庭中年轻力壮的男性，他们承担着扶养老人和孩子的重任，而且农民工的家庭人口普遍多于城市的"三口之家"，随着近年来教育和医疗成本的逐年增加，农民工的家庭负担更加繁重。根据我们的调查结果，从总体生活状况来看，综合住房、伙食、生活电器或设备数量等各方面数据，大部分被调查农民工在城市的生活条件比较一般，而被调查农民工在老家的生活情况则比较乐观，这种差异也与其自身的评价相一致。从物质收入的角度来看，被调查农民工月均收入与年均收入均处于中等水平，他们节衣缩食，自愿接受劳动时间长、劳动强度大、劳动条件差的现状，选择几乎仅能维持温饱的生活方式，这种生活方式使得农民工的生活质量维持在很低水平，必然造成物质贫困。

造成农民工贫困的因素是多重的，而且这些内外因素之间相互影响。社会经济的发展还无法满足大多数人的物质文化需要，农民工的生活状态并没有同步改善，反而在发展过程中使许多人陷入各种形式的相对贫困状态。

六、首都城镇化进程中针对农民工的减贫策略研究

在了解清楚建筑业农民工的贫困现状及贫困成因的基础上，才能制定相

应的反贫困政策，实施相应的干预项目，以早日改善建筑业农民工的生活状况。

(一)深化户籍制度改革，消除对农民工的歧视

户籍制度及其附加的歧视性政策，使农民工的身份成为障碍，农民工不断往返于城乡之间。为了消除这种障碍，政府应当建立针对农民工的各项福利政策，保证其作为公民的正当权益，建立和完善统一开放、竞争有序、城乡一体的劳动力市场，促进城乡平等就业。做好就业指导工作，及时提供政策咨询和就业信息工作，帮助更多农民工实现就业。城镇居民应该消除歧视，转变观念，尊重新生代农民工，在观念上保障其权益，营造良好的人文环境。政府应该提供适当的支持，为农民工提供更多的参与各项社会活动的机会，从而拉近农民工与城市居民之间的距离，从观念上改变农民工的弱势地位。

(二)改善农民工居住条件，提供住房保障

调查问卷显示，在衣、食、住、行中，农民工最迫切需要改善的是住房条件，希望政府能提供设施良好的廉租房。为此，政府应该切实采取各种有效措施，利用各种优惠政策，多渠道为农民工提供住房保障，积极改善农民工居住和生活的环境条件；有条件的地方可将进城务工的农民工住房纳入所在城市经济适用房供应范围。在逐步改善农民工居住条件的同时，加强农民工住房安全管理，提供符合国家建筑设计规范、消防标准、基本卫生条件、远离危险源和污染源的居住场所。

(三)保障农民工的收入增长权益，消除克扣和拖欠工资现象

加大政府对农民工收入的干预力度，保障农民工工资收入稳步增长；加强国家对企业工资的调控和指导，发挥工资指导线、劳动力市场价位、行业人工成本信息对工资水平的引导作用，督促企业主动承担社会责任，合理调整农民工工资水平，使劳动报酬增长与经济增长和企业效益增长相适应。杜绝克扣、拖欠农民工工资的现象。要从根本上解决这些问题，就要求政府部门监督和规范劳动力市场的雇佣关系，检查雇佣双方是否签订有效、正规的劳动合同，并且设立农民工投诉热线和维权电话，一旦发现上述现象，相关部门应对农民工所在用人单位和负责人进行严惩，以保障农民工的收益权益。

(四)健全法律法规，为农民工的合法权益提供法律依据

进一步完善立法，使农民工权益保护有法可依。首先，国家应当对现行的《中华人民共和国劳动法》进行修订，或各省制定相配套的劳动保障监察条例，以增强其可操作性，也可以把政府对农民工的关爱程度和农民工的贫困

程度作为考核政府业绩的指标，与该城市的发展程度挂钩量化，彻底改变农民工的劣势地位，营造关爱农民工的良好社会环境，对侵犯劳动者权利的违法行为规定具体处罚措施，加大处罚力度，例如对不保障农民工的合法权益的用人企业，取消其可以雇佣农民工的资格。保证农民工劳动用工合同的签订。除此之外，在就业、培训、子女就学、医疗、社会保障等方面政府应出台健全、合理的法律法规，保障农民工及其子女的合法权益。

（五）构建多层次的社会保障体系，加强安全生产监管力度

即使农民工能够享受社会保障政策，但由于社会保障政策缺乏强制性，所以用人单位与农民工都没有意愿执行社会保障工作，因此政府应该改革现有的社会保障体系，强制规定用人单位必须为农民工办理社会保险，给长期在城镇工作的农民工建立最低生活保障制度和失业保险制度，建立工伤保险、大病医疗保险、养老保险制度，使其在出现交通事故、大病、意外伤害或者生活拮据时，得到充分的保障。除此之外，有关部门应该加强对安全生产的监管力度，严格执行国家职业安全和劳动保护规程，定期开展安全生产大检查，以保障农民工工作时的安全性，并且提高农民工的安全意识，给农民工减轻经济和心理压力。

（六）为农民工提供法律援助，增加维权意识

发挥党、团、工会等组织的维权作用，提高农民工的组织化程度，同时也提高农民工的维权意识。用人单位要依法保障农民工参加所在地党、团、工会的权利。农民工只有加入这些组织，才能强化与资方谈判的有利地位，节省交易费用，把农民工组织起来，不仅可以提高其政治地位和社会地位，还能保障自身的合法权益。工会组织可以发挥劳动保护监督检查作用，开辟农民工维权热线，通过合法途径促进用人单位履行法律法规规定的义务，维护农民工合法权益。司法部门要把农民工作为重点援助对象，积极参与并及时解决农民工关于劳动报酬、工伤赔偿等相关问题。

（七）开展职业技能培训，提高农民工技术实力

由于我国城市现代化发展步伐逐渐加快，产业结构不断升级，进城务工的农民工受到的基本素质和职业技能的要求也相应提高，大部分农民工没有参与过技能知识培训，这就导致农民工在就业领域和就业难度上有很大困难，有关政府部门和建筑公司应该开展技能知识培训的课程，积极开展多层次职业技能培训。进一步提高农民工的能力，提高其素质和竞争力，解决农村劳动力就业转移的瓶颈问题，从而从根本上改善农民工由于技术限制造成的工资低的经济现状。

(八)提高健康意识，保证方便的就医环境

农民工普遍缺乏健康意识以及获取健康知识的途径，政府可针对这一现象组织医务工作人员定期为农民工提供健康讲座。同时，政府应该监督用人单位对农民工进行定期的体检，以保障农民工的健康情况。此外，对于农民工看病就医困难的问题，当地的医疗卫生部门可以扩大社区医疗的网点和范围，使农民工看病就医更加方便、便宜。企业也应定期实行公共卫生检查，保证其拥有健康的生活环境。

参考文献

[1] 林娜：《多维视角下的农民工贫困问题研究》，《中共福建省委党校学报》，2009 年第 1 期。

[2] 李善同、Walker Wendy 主编：《农民工在城市的就业、收入与公共服务——城市贫困的视角》，北京：经济科学出版社，2009 年。

[3] (印度)阿马蒂亚·森：《贫困与饥荒》，北京：商务印书馆，2001 年。

[4] 王小林：《贫困测量：理论与方法》，北京：社会科学文献出版社，2012 年。

[5] 黄承伟主编：《国际减贫理论与前沿问题(2012)》，北京：中国农业出版社，2012 年。

[6] 李春光主编：《国际减贫理论与前沿问题(2011)》，北京：中国农业出版社，2011 年。

[7] 金莲：《城镇农民工贫困程度的测量》，《中共贵州省委党校学报》，2007 年第 4 期。

[8] 康建英：《农村向城市移民过程中的贫困现象分析——基于人力资本、社会资本的角度》，《河南师范大学学报(哲学社会科学版)》，2009 年第 7 期。

[9] 童星、林闽钢：《我国农村贫困标准线研究》，《中国社会科学》，1993 年第 3 期。

[10] 王小林、Alkire：《中国多维贫困测量：估计和政策含义》，《中国农村经济》，2009 年第 12 期。

[11] 樊丽淑、孙家良、高锁平：《经济发达地区城市农民工贫困的表现特征及根源》，《理论导刊》，2008 年第 5 期。

［12］国家统计局课题组：《中国农民工生活质量影响因素研究》，《统计研究》，2007 年第 3 期。

［13］刘圣龙、张云阳：《辽宁农民工问题调查研究报告》，《辽宁经济管理干部学院学报》，2010 年第 5 期。

［14］蔡昉：《被世界关注的中国农民工》，《国际经济评论》，2010 年第 2 期。

［15］蔡昉：《农民工市民化与新消费者的成长》，《中国社会科学院研究生院学报》，2011 年第 3 期。

［16］潘毅等：《农民工：未完成的无产阶级化》，《开放时代》，2009 年第 6 期。

［17］Townsend. Poverty in the United Kingdom：a Survey of the Household Resources and Standards of Living. Allen Lane and Pengu in Books. 1979.

附录1：调查问卷

建筑业农民工问题调查

姓名：_____ 联系电话：_____

A. 个人及家庭基本情况

1. 你的性别：①男 ②女

2. 你的年龄_____周岁。

3. 你的民族：①汉族 ②少数民族

4. 你的文化程度：①不识字 ②小学 ③初中 ④高中/中专/技校 ⑤大专

5. 你的婚姻状况：①单身从未婚 ②已婚有配偶 ③离婚 ④丧偶 ⑤分居 ⑥未婚同居

6. 你的政治面貌：①中共党员 ②民主党派 ③群众

7. 你家有_____口人，_____个儿子，_____个女儿，其中_____人在上学；有_____人在外务工；家里有劳动能力的老人（60岁以上）_____人；丧失劳动能力的老人（60岁以上）_____人。（没有的情况下，请填0个）

8. 与你一起外出生活的家人有（可多选）：①没有 ②儿子 ③女儿 ④配偶 ⑤父母

9. 你是如何获得现在的工作的？①自己闯荡 ②熟人介绍 ③企业招聘 ④劳务中介 ⑤其他（请说明）

10. 你现在的户口类型属于：①农业户口 ②非农业户口

11. 你家去年（2012年）的年收入是_____元，去年家庭年支出_____元。

12. 你家庭的消费支出主要用于（只选一项）：①建房/购房 ②子女教育 ③赡养老人 ④医疗开支 ⑤其他（请注明）_____

13. 你的家庭每月基本生活费是多少？_____

B. 就业与权益

1. 你干建筑前主要从事什么工作？（只选一项）①务农 ②制造业（工厂打工） ③交通运输、仓储及邮政 ④住宿和餐饮 ⑤批发和零售业 ⑥采掘业（如挖煤矿） ⑦电、煤、水生产供应业 ⑧其他（请说明）_____

2. 你干建筑业的最重要原因是什么？（只选择一项） ①工资高 ②工作好找 ③技术要求低 ④喜欢这行 ⑤有发展 ⑥其他（请说明）_____

3. 你干建筑业的时间：①不足1年 ②有1～3年 ③有3～5年 ④有

5～7 年　⑤有 7 年以上

4. 你干建筑业后，共做过_____个项目，跟过_____个建筑公司，干过_____个工种，换过_____个工作。(注意：没有换过工作的请写 0)

5. 你现在的工种：①管理人员　②木工　③混凝土工　④钢筋工　⑤普工　⑥电工　⑦砌筑工　⑧油漆工　⑨机械操作手　⑩管道工　⑪其他

6. 你与用工企业签订用工合同了吗？①签合同了　②没有签合同

7. (没有签合同的，不回答此题)你签的是_____(年)零_____(个)月的劳动合同？

8. 你的工资是怎么发的？①按天给　②按月给　③按年给　④按包工量给

9. 最近一年你遇到过拖欠工资的情况吗？①没有遇到　②遇到了(拖欠次数为_____次，被拖欠总共数额为_____元，拖欠时间为_____天。)

10. 你解决拖欠工资的方法是：①找政府　②找老板　③找维权组织/律师　④其他(请说明)

11. 你现在每天工作多长时间？①在 8 小时以内　②有 8～10 小时　③有 10～12 小时　④在 12 小时以上

12. 你现在平均每月工作多少天？①在 15 天以下　②为 15～20 天　③为 20～25 天　④为 25～31 天

13. 你节假日加班吗？①不加班　②经常加班　③偶尔加班　④每个节假日都加班

14. (节假日不加班的，不回答此题)你有节假日加班费吗？①有　②没有

15. 你工作时有劳动防护品吗？①有　②没有　③很少

16. (没有劳动防护品的，不回答此题)你得到的劳动防护品是：①企业免费提供　②企业免费提供一部分　③自费购买

17. 你对当前工作的满意程度是：①很满意　②满意　③一般　④不满意　⑤很不满意

C. 能力与发展

1. 你参加过与建筑业相关的技能/知识培训吗？①参加过　②没有参加

2. (参加过建筑业技能/知识培训的，不回答此题)你为什么不参加与建筑业相关的技能/知识培训？①不知道哪里有培训　②没有必要培训　③培训费用太高　④耽误时间，会影响收入　⑤没有机会培训　⑥其他(请说明)_____

3.（没有参加过建筑业技能或知识培训的，不回答此题）你接受过的培训或学习的性质是：（可多选）①免费　②半自费　③全自费　④带薪培训

4.（没有参加过建筑业技能或知识培训的，不回答此题）你接受过培训或学习的内容有（可多选）：①劳动技能　②法律常识和劳动权益　③工作安全知识　④疾病预防　⑤文化知识　⑥其他（请说明）_____

5.你的技能等级是：①初级　2.中级　③高级　④技师　⑤高级技师

6.你的劳动技术是如何学到的？①自学　②师傅教的　③参加老家政府开展的培训　④参加城市劳务部门组织的培训　⑤"农民工学校"教的　⑥在社会上开办的培训学校学会的　⑦其他（请注明）_____

7.您目前生产生活存在的困难有哪些？（可多选）①工资太低　②拖欠工资　③工作不安全　④生活卫生条件差　⑤看病难　⑥养老难　⑦找工作难　⑧干活时间太长　⑧子女教育条件差

8.你目前拥有以下哪些社会保险？（可多选）①没有任何社会保险　②工伤保险　③人身意外伤害保险　④新型农村养老保险（新农保）　⑤新型农村合作医疗保险（新农合）　⑥商业医疗保险　⑦生育保险　⑧其他（请注明）_____

9.你当前最需要参加的保险是（只选择一项）：①工伤保险　②医疗保险　③失业保险　④养老保险　⑤生育保险　⑥不需要参加保险

10.你未来2～3年的打算？（只选择一项）①继续干建筑　②回老家务农　③回老家创业（从事非农职业）　④在城市改行再打工　⑥其他（请注明）_____

11.你最希望学到的是什么？（只选择一项）①建筑业的技能　②农业实用技术　③经商管理知识　④基础文化知识　⑤安全知识　⑥法律常识和劳动权益知识　⑦疾病预防知识　⑧其他（请说明）_____

12.你愿意在下列哪个地方定居？①农村老家　②老家所在地的镇上　③县城　④地级市　⑤省会城市　⑥直辖市

13.如果你在城镇定居了，你如何处理老家承包的土地？
①保留承包地，自家耕种　②保留承包地，有偿流转　③保留承包地，入股分红　④承包地换城镇户口　⑤给城镇户口，有偿放弃承包地　⑥其他

14.如果你在城镇定居了，你希望如何处理老家的宅基地？
①保留农村的宅基地和房产，将来备用　②有偿转让宅基地和房产　③给城镇户口，有偿放弃　④置换成新的住房　⑤其他（请注明）_____

15.(打算在城镇定居的，不回答此题)你不选择在城镇定居的原因是什么？(可多选)

①缺乏在城市生存的技能　②户口限制　③房价太贵　④小孩上学难
⑤不愿离开农村　⑥其他(请注明)＿＿＿＿

D. 生活与健康

1. 你目前在城市打工如何解决住的问题？①已在城里买房　②工地免费提供住宿　③租房　④没有住处

2. 如果你是住在单位提供的集体宿舍(包括建筑工棚)，房间面积是＿＿＿＿平方米；每个月的租金是＿＿＿＿元(不用租金的，请填0)；实际居住人数是＿＿＿＿人。居住状况是：＿＿＿＿　①和家人同住　②和工友同住

3. 你现在住的房子建筑面积是＿＿＿＿平方米；每个月的租金是＿＿＿＿元；实际居住人数是＿＿＿＿人；离工作地点有＿＿＿＿公里。

4. 你现在使用的厕所是什么样的？①室内冲水厕所　②集体住房内厕所　③集体住房外的厕所　④无厕所或灌木丛或田间　⑤其他(请说明)＿＿＿＿

5. 你对在这里生活的居住条件满意吗？①很满意　②比较满意　③一般　④不满意　⑤很不满意

6. 你平时喝的水是：①自来水　②深度大于5米的井水　③其他水源(河塘湖泊、雨水收集、未受到保护的泉水和浅水井等)　④其他(请说明)＿＿＿＿

7. 你在这里生活的用电情况怎么样？①从来不停电　②偶尔会停电　③经常停电　④不通电

8. 你在这里生活都有一些什么生活电器或设备？(可多选)：①电脑　②彩色电视机　③摩托车/电动车　④冰箱/冰柜　⑤小轿车　⑥固定电话/移动电话　⑦洗衣机　⑧空调　⑨热水器　⑩电暖器　⑪微波炉/电磁炉　⑫没有上面提到的任何一种电器或设备

9. 你吃饭的问题怎么解决？①自己做饭吃　②公司免费食堂　③公司收费食堂　④到餐馆吃

10. 你对目前的伙食满意吗？①很满意　②比较满意　③一般　④不太满意　⑤很不满意

11. 你在这里生活的个人开销每天是＿＿＿＿元。

12. 与去年相比，你个人目前的生活开销是怎么样的？①增加了　②减少了　③没变

13. 你对在这里的生活条件满意吗？①很满意　②比较满意　③一般

④不满意　⑤很不满意

14. 你的身体健康状况与打工前相比较如何？①比以前好　②和以前一样　③比以前差　④很差

15. 你现在一般多长时间体检一次？①一年　②两年　③两年以上　④从来不体检

16. 你最近生过病吗？①没生过病　②生过病但不严重　②一般　③严重

17. 如果你生病了，如何治疗？①去医院治疗　②自己买药治疗　③不治疗

18. 如果你生病不治，一般是什么原因？①病情轻　②缺钱　③没时间④到医院的路程太远　⑤医院服务差　⑥看了也没用　⑦其他(请说明)_____

19. 在过去6个月里你住过院吗？①住过　②没住过

20. 如果你生病，住院费用在老家新农合报销吗？①报销了　②没有报销

21. 如果你生病了，却没有报销，一般是为什么？①手续不全，不给报②手续复杂，不愿报　③回去不方便，报销成本太高　④还没有来得及回去报销　⑤其他(请注明)_____

22. 你获取健康知识的途径(可多选)：①看电视　②短信　③上网　④看报/杂志　⑤参加公益医疗服务活动　⑥与朋友聊天　⑦其他(请注明)_____

E. 社会关系与社会参与

1. 你与班组长、劳务公司经理的关系如何？①很好　②较好　③一般④不好　⑤很不好

2. 你觉得目前工地上工人之间的关系如何？①很好　②较好　③一般④不好　⑤很不好

3. 你与城里人(例如同事、邻居)有来往吗？①从不来往　②偶尔来往③经常来往

4. 打工期间，遇到困难时你得到过哪些人的帮助？(可多选)①家庭成员②亲戚/老乡　③朋友/同学　④同事　⑤工作单位/老板　⑥城市居民　⑦当地政府　⑧司法、执法机构　⑨警察　⑩公益组织/社区组织　⑪工会/妇联/共青团　⑫新闻媒体　⑬宗教组织

5. 你平常主要有哪些业余活动？(可多选)①没有业余活动　②上网③看电视/听广播　④读书看报　⑤看电影/看戏　⑥逛街/逛公园　⑦打麻将/下棋等⑧其他(请说明)_____

6. 你愿意参加本地区举办的文化体育活动吗？①我愿意　②我不愿意

7. 你参加过本地区举办的文化体育活动吗？①没有参加过　②参加过

F. 你老家的生活状况

1. 你家是否被列为老家所在地的贫困户或低保户？①贫困户　②低保户
③两者都是　④两者都不是

2. (觉得自己家里不贫困的，不回答此题)如果你家里贫困的话，你认为
是什么原因导致你家里贫困？(可多选)
①自然灾害　②疾病和损伤　③孩子上学　④盖房买房　⑤自己缺乏文
化和技能　⑥交通不便　⑦地少　⑧其他(请说明)_____

3. 你在农村老家居住的房子的墙体属于？①砖/石头　②混凝土　③木头
④泥土/沙石　⑤土坯　⑥竹子　⑦稻草/麦秆　⑧其他

4. 你在农村老家的住房地面类型是？①泥土地面　②水泥地面　③瓷砖
④木地板

5. 你现在对农村老家的住房条件满意吗？①很满意　②比较满意　③一
般　④不满意　⑤很不满意

6. 你个人有没有承包地或口粮田？①有　②没有

7. (有土地的，不回答此题)你没有土地的原因是什么？①被征用了
②转让了土地经营权　③二次承包时没分到地　④其他

8. (没有土地的，不回答此题)你的承包地或口粮田目前由谁来耕种或经
营？①自己　②家人　③让别人免费耕种　④撂荒　⑤出租/流转

9. 你在老家生活的住所有下列哪些设备？(可多选)①固定电话/移动电话
②彩色电视机　③冰箱/冰柜　④摩托车/电动车　⑤洗衣机　⑥微波炉/电
磁炉　⑦热水器　⑧电暖器　⑨电脑　⑩空调　⑪小轿车　⑫没有上面说的
任何一种电器或设备

10. 你在农村老家做饭主要使用什么燃料？①天然气或液化气　②沼气
③煤　④柴草/动物粪便　⑤电　⑥其他(请注明)_____

11. 你在农村老家的生活用水属于：①自来水　②深度大于5米的井水
③受到保护的泉水　④其他水源(河塘湖泊、雨水收集、未受到保护的泉水和
浅水井等)

12. 你在农村老家的生活用电情况如何？①不通电　②从来不停电　③偶
尔会停电　④经常停电

13. 你在农村老家生活使用的厕所是以下哪一类？①室内冲水式　②室外
冲水厕所　③干式卫生厕所(三联沼气、双瓮漏斗式、三格化粪池等)　④粪

桶   ⑤旱厕   ⑥无设施或灌木丛或田间   ⑦其他

14. 在农村老家你觉得去医院(诊所、卫生室)看病方便吗？①非常方便 ②比较方便   ③一般   ④不方便   ⑤很不方便

15. 在农村老家，你去医院(诊所、卫生室)看病的最主要方式是什么？ ①步行   ②骑自行车/三轮车/摩托车   ③坐出租车/小轿车   ④坐公交车

16. 离你农村老家住所最近的医院(诊所、卫生室)有多远？①不足1公里 ②有1～2公里(不含2公里)   ③有2～3公里(不含3公里)   ④有3～4公里(不含4公里)   ⑤有4～5公里(不含5公里)   ⑥有5公里及以上

17. 你家里所有成员都参加了新型农村合作医疗吗？①是的   ②没有

18. 你家里的老人都参加了新型农村养老保险(新农保)吗？①是的 ②没有

19. 你对自己在农村老家的生活状况的评价是：①很满意   ②比较满意 ③一般   ④不满意   ⑤很不满意

附录2：访谈内容

1. 你愿意参加本地区的社区公益活动(献血、募捐、义工)吗？
   ①愿意   ②不愿意

2. 你参加过本地区的公益活动吗？
   ①没有参加过   ②参加过

3. 你愿意参加本地区的委员会活动、选举或评选先进等活动吗？
   ①愿意   ②不愿意

4. 你参加过本地区的委员会活动、选举和评选先进等活动吗？
   ①没有   ②参加过

5. 你参加过老乡会/同学会等联谊组织吗？
   ①没有参加过   ②参加过

6. 你参加过一些兴趣爱好组织(例如唱歌、跳舞类的组织)吗？
   ①没有   ②参加过

7. 你参加过一些维权组织(工会、互助会、法律维权组织等)吗？
   ①没有   ②参加过

8. 你对下列关于农民工的内心感受和表述有什么看法？

8a. 我觉得我不是农民。①非常同意   ②同意   ③不确定   ④反对   ⑤强烈反对

8b. 我不喜欢农村的生活。①非常同意　②同意　③不确定　④反对　⑤强烈反对

8c. 我虽在这里工作却不属于这里。①非常同意　②同意　③不确定　④反对　⑤强烈反对

8d. 城里人很排斥我们打工者。①非常同意　②同意　③不确定　④反对　⑤强烈反对

9. 以下说法是否符合你在打工期间的内心感受？

9a. 我喜欢和别人聊天。①是　②否　③不好说

9b. 我很少跟其他人聊天。①是　②否　③不好说

9c. 我能够吃饱穿暖已经很满足了。①是　②否　③不好说

9d. 与以往相比，我现在的生活处境变艰难了。①是　②否　③不好说

9e. 我感觉越来越跟不上社会变化的步伐了。①是　②否　③不好说

9f. 现在社会上存在的不公平现象越来越多。①是　②否　③不好说

9g. 我感觉自己是这个城市的一部分。①是　②否　③不好说

10. 在过去一星期里，你是否有以下方面的感受和行为？

10a. 感觉到生活充实。①是　②否　③不好说

10b. 经常会感到心烦。①是　②否　③不好说

10c. 感觉自己是精力充沛的。①是　②否　③不好说

10d. 觉得大多数人都比自己有钱。①是　②否　③不好说

城镇化背景下北京市学前教育的困境及对策研究

课题负责人：李　　昕（首都师范大学政法学院　副教授）
课题组成员：马京安、安颖

近些年，北京地区的教育体系不断健全，教育制度法治化程度不断提高，标志着北京地区教育事业整体上获得了长足的发展，然而学前教育方面的发展却不尽如人意。虽然北京地区的学前教育法治化已经得到重视，早在 2001 年就实施了《北京市学前教育条例》，是全国首部专门针对学前教育的地方性法规，它的颁布实施是北京市学前教育事业进入法治化的重要标志，开启了学前教育管理的法治化先河。然而，目前北京地区学前教育却面临着接踵而至的城镇化进程的巨大冲击，京郊农村地区城镇化以及大量进城务工人员子女学前教育需求增加的现状，导致了学前教育公平问题突出、教育资源供需矛盾突出、黑幼儿园大量存在、教育资源配置及教育机制运行的不优化、学前教育监管方面的不足等现实问题，严重制约了北京地区学前教育的健康、良性发展，无法协调城镇化现实与法治化目标的关系，陷入到了严重的困境。立足于学前教育的可持续发展，需要对学前教育的发展做出适应城镇化形势的调整和规划，强化政府对学前教育的监管机制，以下笔者从教育法治角度对北京地区城镇化进程中学前教育的各种问题进行梳理，给出相应的建议。

一、城镇化进程带给北京市学前教育发展的冲击

虽然近年来北京市学前教育取得了长足发展，基本实现了普及三年制的学前教育，但总体上看，学前教育仍是北京市各级各类教育中的薄弱环节。首都社会经济的不断发展，农村城镇化步伐也在不断加快，城镇化的进程呈现两个主要的方向，一是京郊地区区域城镇化，二是外来务工人员涌入造成的人口城镇化，特别是对农民工而言更加明显。北京地区城镇化使得人民群众对学前教育的需求明显增加，然而学前教育本身却存在资源短缺、投入不足、师资队伍质量不高、学前教育体制机制不完善、城乡间发展不均衡等问题，北京地区居民对学前教育中"入园难"、"入园贵"等现象反映更加强烈，

经过调研突出反映了以下几个方面的问题：

(一)城镇化进程造成北京地区学前教育资源数量无法满足当前需求

目前北京市学前教育有较大发展，幼儿园办园条件得到显著改善，但在北京市京郊城镇化进程中学前教育仍表现出教育资源总量不足、"入园难"问题突出、户籍适龄儿童入园的需求尚未得到完全满足、常住适龄儿童学位缺口较大、师资供给不足等问题。据统计，目前，全市共有独立法人的幼儿园1305所，另有302个分园，共计收托儿童31.1万人。其中，教育部门办园356所，收托幼儿10.8万人；集体办园222所，收托幼儿3.1万人；其他部门、企事业及部队办园219所，收托幼儿7.2万人；民办园508所，收托幼儿10万人。幼儿园教职工4.4万人，其中专任教师2.4万人，大专及以上学历专任教师占80%（如图1、图2所示）。①

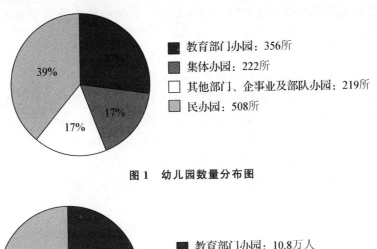

图1 幼儿园数量分布图

图2 收托人数分布图

① 参考李昕：《北京市人大常委关于〈北京市学前教育条例立法后评估〉项目报告》，2012年6月。

单纯从数量而言，目前全市学前教育总体上出现了供不应求的情况，难以有效满足学龄前儿童入园的需要，局部地区"入园难"的矛盾较为突出，人民群众反映较为强烈。据统计，当前全市共有近 6 万户籍人口适龄儿童没有接受学前教育，至少缺少 300 所幼儿园。未来几年，全市学龄前儿童仍将保持快速增长的趋势。据有关机构测算，"十二五"期间全市常住人口中的 3 岁儿童将从 2009 年的 12.2 万人增加到 2015 年的 17.6 万人，并达到峰值。届时，三年内适龄入园儿童将达到 45 万人左右。除去现有的 8132 个教学班，按照每班 30 人测算，届时缺口为 9800 余个教学班，远远不能满足高峰期的入园需求。

造成当前学前教育资源供给总量不足的原因有很多，其中较为重要的一个原因是外来务工人员大量流入和京郊城镇化的形势使得这些适龄儿童接受学前教育的需求量提高，造成巨大的入园压力。学前教育资源供需不平衡主要表现为：

1. 外来务工人口涌入导致学前教育资源供给不能满足需求

市场经济体制日趋完善和城镇化进程日益加快，外来务工人员大量流入，越来越多的学龄前儿童也跟随父母进入城市，使本来就有限的学前教育资源更加紧张。这些外来务工人员子女接受学前教育的现状呈现多样化特点，实质上造成其受教育权利难以保障。同时，外来务工人口流动性大，各部门难以客观上对其学前教育需求量做一个合理的评估，制定科学合理的学前教育发展规划。现有幼儿园无法满足所有在京适龄儿童的入园需求，学前教育资源总体呈供给不足的态势。

另外，外来务工人员的学前教育支付能力分散，差异化明显。受家庭经济条件影响，结合现实考虑，中低收入水平家庭对收费低廉、条件一般的幼儿园存在较大需求，对孩子所上幼儿园基本满意；中等收入家庭具备一定支付能力，因无力支付赞助费和缺乏社会关系，存在"入好园难"的问题，他们希望子女进入公办高质量幼儿园的需求非常强烈；而高收入家庭的子女基本上能够进入较好的幼儿园，家长的需求能够得到满足。因此，不同收入层次的家庭对学前教育的期望值不同，其教育需求也存在差异化，北京现有的学前教育资源不能做到满足每一层次的教育需求。

2. 城镇化的发展客观上促进了北京地区学前教育需求量的增加

所谓城镇化，是指人类生产和生活方式由乡村型向城市型转化的历史过程，表明农村人口向城市人口转化及城市不断发展完善的过程。然而，农村城镇化并不仅是农业人口向城镇的空间意义上的搬迁，而是整个公共服务需求体系化与城镇化需要接轨。随着城镇化的发展，大量农民脱离农业生产转移到第二、第三产业，而这些"离农"的富余人员向"城镇人"的转变，也对农村新城镇中的学前教育产生了影响。

人口流动引起人们教育观念的改变，既包括流动者自身对教育的需求的变化，更促使他们对子女教育的观念的改变。人口的流动让更多的人亲身体验到知识的重要性，更加促使了他们教育观念的改变，加深他们对子女教育投资意义的理解。现代文明的普及，经济的现代化、商品化，生产生活方式的改变，观念的更新，使得新城镇变成了农村人财物的汇集地，让这些农村精英们认识到学前教育的基础性、重要性，迫使他们积极送子女入园，从而丰富了学前机构的生源，加大了对学前教育资源的需求量。

(二)城镇化进程造成北京地区学前教育发展不均衡的态势

城镇化进程造成了北京地区学前教育在空间上呈现不均衡的发展态势，逐步城镇化的远郊区县幼儿园条件远远不如城八区的学前教育条件，两者在空间布局、办园条件、教育质量等方面存在明显差异。大部分优质学前教育资源都集中在城区，特别是城区的示范园和一级一类幼儿园中，这些幼儿园受教育行政部门的大力扶持，有着充足的经费来源，同时有的地区通过赞助费、捐资助学费等形式增加幼儿园收入，以改善教育教学条件和教师待遇。在师资水平上，这些幼儿园的教研人员有更多科研、培训、进修的机会，专业发展的机会更多，而地处郊区尤其是农村的幼儿园，由于教育经费的不足，教育教学条件、教师待遇和进修机会都相对匮乏。外来人口的增加使得一些原本学前教育资源就较少的城乡结合部地区或外来人口聚集地区，供需矛盾更加突出。

当前，城乡学前教育发展的不均衡态势主要体现在三个方面：

1. 城镇化进程中新旧城镇之间学前教育起点的显著差异——教育机会的不均衡性

学前教育的机会平等性是学前教育公平的首要因素，表现为所有适龄儿童不论家庭背景、经济状况、社会地位、身体状况，都能平等地享有社会提供的学前教育机会。但北京市范围内目前来看学前教育机会尚未达到均衡性的基本要求。

(1)新城镇化的地区固有幼儿园数量偏少，入园率低，留守保教问题突出。

城镇化进程使得北京市远郊区县的农村地区演变为城镇，但是固有学前教育的基础仍旧很薄弱，表现为幼儿园数量偏少、设施较差、教育水平低下等，人们对于学前教育的重视程度不够，导致了适龄儿童入园率较低。同时，这里仍存在和全国其他农村地区一样的问题——留守儿童的教育问题，这些留守幼儿数量庞大，他们既没有合格的监护人，又没有幼儿园提供基本的保教，甚至连人身安全都十分令人担忧，因此，留守儿童入园接受学前教育的机会基本无法得到保障，由此更加剧了北京地区新旧城镇区域之间学前教育机会的不均衡性。

(2)外来务工人员大量涌入导致非京籍儿童学前教育平等权难以落实。

随着城镇化进程的加快，越来越多的非京籍学生随打工的父母来到北京，外来人口的在京出生但未取得京籍的孩子也会越来越多。据北京市教委统计，目前约有 67% 的流动人口子女在公办学校就读，人数接近 30 万，朝阳区和海淀区较为集中。不少公办学校中，已有接近一半的学生为外来流动人口子女，他们都没有北京户籍。

伴随着孩子的成长，非京籍学生的升学问题，成为更多家长新的教育平等权诉求点。由于绝大多数区县在推优、特长生招生等方面不对非京籍学生给予同等对待，很多学习能力达到了可以参评三好学生水平的孩子因为未取得北京户籍而被排除在外，这对一些非京籍学生的心理发展造成了不利影响。

另一方面，多数区县也不允许非京籍学生与北京学生一样参与电脑派位或划片入学，同时，多数学校在接收非京籍学生时，会存在收取一定数量的"捐助"款项的现象，且极不透明。

随着《国家中长期教育改革和发展规划纲要(2010—2020 年)》对外征求意见，教育公平问题再次成为纲要中人们关注的焦点。而在北京，一批非京籍学生家长也在为争取学前教育阶段的同等待遇进行呼吁。

2. 城镇化进程中新旧城镇之间学前教育条件的显著差异——教育过程的不均衡发展

在客观的城镇化的形势下，北京地区形成了新的城镇区域，原来的京郊农村地区外在上成为新城镇，但是在资源配置机制上仍保留原有的形式，未形成新的资源配置方式，因此，在新旧城镇之间学前教育资源的配置上出现了显著的差异，即不均衡发展的态势。教育资源也被称作教育条件，是教育过程所占用、使用和消耗的资源，即"人力资源、物力资源和财力资源的总和"。这种不均衡主要表现在形成的新城镇的学前教育条件上。

（1）新城镇的学前教育资源仍保留原来的农村的基础，教育资源（办园条件）有所好转，但仍比较简陋。

当前从总量上来看，政府对该种地区学前教育事业投入较少，而这有限的经费又大多流向了各级政府部门直属及下属的托幼机构，这些机构往往集中在城八区等老城区。这些新城镇化的地区无论是公立园还是私立园，条件大多很简陋，基础的教具设施、户外游戏器械等教学辅助设施相对海淀区等老城区较为缺乏，甚至有些幼儿园连基本的活动场所都无法保证，有的甚至还存在严重的安全隐患，图书、教学录像录音带等资料与城市幼儿园相比更是匮乏。近几年，国家逐渐加大了对农村地区及城乡结合部地区的教育投入力度，但由于经济实力有限，相当一部分城乡结合部地区学校的办学条件仍达不到规定标准。教育场地面积远低于城市，部分学校甚至连基本的教学设备都没有，也很少有藏书，即使个别教室设有图书角，图书也很有限，更新缓慢。城区学校所配备的实验室、语音室、多媒体教室、电脑网络等现代化教学设施，对城乡结合部地区学校的学生来说更是遥不可及。这些城乡结合部地区逐渐演变为了现在的新城镇，但是学前教育的综合实力还远远达不到城镇化的客观要求。

同时，这些地区学前教育经费的来源渠道单一，办学条件改善较慢。目前，城乡结合部地区学校经费主要是由上级政府财政部门按学生人数逐年拨付，而这笔经费用于主要支出的就达 10 项之多。由于城乡结合部地区学校的前身为乡村学校，基础设施简陋，大多年久失修，修整费用不是一笔小数目。无奈，他们只好每年挤出部分经费进行局部维修。加上保险费、体检费、办公费及其他开支，教育经费只能勉强维持学校基本运转。

（2）新城镇化地区学前教育的教师队伍数量不足，质量不高。

一方面，这些地区往往是专任幼儿教师，数量严重不足。另一方面，城乡结合部地区幼儿教师在学历层次上存在着较大差距。我国幼儿教师整体学历水平呈上升趋势，农村幼儿教师中具有高中及高中以下低学历所占的比率也在逐年下降，但截至 2009 年其仍占有相当高的比例（高中学历水平教师的比率为 54.01%，高中以下学历水平的教师为 7.16%；而城镇幼儿教师高中学历水平的比率为 33.18%，高中以下为 2.14%），可见，农村幼儿教师学历以高中及高中以下为主体，而老城镇地区幼儿教师学历则以专科及以上学历为主体。因此，这些由原有的农村转变成的城镇，在学前教育师资队伍建设上存在很大缺陷。

2006—2008 年，城乡专任幼儿教师队伍逐年扩大，但城乡专任幼儿教师无论在规模上，还是在学历层次上，都呈现出极大的不平衡性。以 2008 年为例，城市专任幼儿教师 428933 人，而农村仅为 253323 人，城市专任幼儿教师比农村多 69%。从学历情况看，城市专任幼儿教师的学历层次比例依次为研究生占 0.30%、本科生占 14.2%、专科生占 54.30%、高中占 29.73%、高中以下占 1.47%；而农村专任幼儿教师的学历层次比例依次为研究生占 0.03%、本科生占 4.17%、专科生占 34.48%、高中占 54.47%、高中以下占 6.85%。

可见，老城区城市专任幼儿教师以专科毕业生为主体，专科学历的专任幼儿教师占 54.30%；而农村专任幼儿教师则以高中毕业生为主体，高中学历的专任幼儿教师占 54.47%，具有专科以上学历的农村专任幼儿教师所占比例低于城市，而具有高中以下学历的农村专任幼儿教师所占比例则高于城市。城乡专任幼儿教师资源配置的差异，导致了城乡幼儿教育质量的差异。

(3)新城镇化的农村地区学校缺乏明确的系统办学理念，普遍缺乏独特的人文环境、学校制度、办学追求等。

现代学校的一个重要功能就是将社会文化经过去粗取精、去伪存真，传承给下一代。学校囿于条件的限制，办学硬件上可以稍显不足，但在文化建设和传承方面决不能放任自流，更不可迷失自己的信念。因为一所学校一旦缺失了被自我认同、被社会认同的文化，就失去了传承文明、服务社会的固有职能，就会彻底迷失前进和发展的方向。

3. 城镇化进程中新旧城镇之间学前教育效果的显著差异——教育效果的非均衡性

城乡适龄儿童接受学前教育的效果的非均衡性主要体现在幼儿入学准备状况方面，即指幼儿接受了正规的学前教育后为进一步承接小学教育做好了哪些身心发展方面的准备。有研究者对城乡幼儿入学准备水平进行了对比研究，发现农村幼儿入学准备总体水平要比城市落后，具体表现为农村幼儿在除发音控制运动以外的动作技能发展领域优于城市儿童，但在学习方式、认知发展与一般知识基础、言语发展，以及情绪与社会性发展领域显著落后于城市儿童。国内外的许多研究表明，不同经济和文化背景下的幼儿入学准备直接影响他们入学后的学习和发展。因此，农村幼儿接受学前教育效果不均衡性又进一步加剧了整个城乡之间学校教育发展的不均衡性。

(三)城镇化进程客观上造成北京地区学前教育资源质量难以保障，黑幼儿园大量存在

北京地区学前教育资源的不足还表现在学前教育资源的质量难以保障，与学前教育强大的社会需求之间形成矛盾。一方面，北京地区对学前教育的质量要求越来越高，而能具备资质的高素质、高水平的幼儿园少之又少，大量的幼儿园因客观原因达不到高质量的要求而游离在政府资质管控之外。另一方面，为了协调此矛盾，教育部门鼓励民间办学，但因相关的法律法规不完善，导致了民办幼儿园资质水平难以加以审查，缺乏相应的客观衡量标准，为无证幼儿园留下了游离于规范之外的余地空间，大量黑幼儿园存在，隐患重重。

1. 北京地区黑幼儿园存在的现实状况

所谓黑幼儿园是指未经教育部门合法注册的幼儿园，即不具备相应的学前教育机构资质。黑幼儿园的存在对学前教育的质量造成了很大的负面影响，如一般的黑幼儿园的教师很大程度上没有取得相关幼师专业院校的合格证书，教学教育能力差；黑幼儿园的教学设施不齐全，甚至存在安全隐患，不利于适龄儿童接受学前教育，影响其身心健康发展。因此，我国相关的法律法规已经对幼儿园的开办资质做出了明确规定。

但北京地区由于外来务工人员基数庞大，随迁子女学前教育问题由于户籍、经济条件、居住地点偏僻以及正规幼儿园供需关系紧张等原因的限制，大多选择无证幼儿园让子女接受学前教育。据相关部门统计，北京市还存在1298所未经登记注册的"自办园"①，客观上，这些自办幼儿园弥补了北京市学前教育资源的不足，为众多适龄儿童提供了低成本的学前教育机会。但是，由于投入少、条件差，这些无证幼儿园难以达到本市的办学标准，不仅教育教学质量难以得到保障，更存在着大量安全隐患。因此，对这些无证幼儿园，应该加强相应的资质审核，限期整改，合理规范其学前教育资质条件，不断满足北京地区学前教育的质量需求。

2. 黑幼儿园大量存在的原因

北京地区学前教育发展呈加速趋势，特别是城镇化背景下大量外来务工人员的随迁子女的庞大基数，造成具备资质的学前教育机构资源供需矛盾突

---

① 陈振玺：《正规幼儿园收费翻倍上涨　北京黑幼儿园数量过半》，《中国广播网》，http://news.163.com/10/1023/17/6JMPPFAB00014JB5.html，2013年10月访问。

出。客观上大量黑幼儿园的存在，有其多重现实原因。

(1)城镇化导向下的学前教育资源供需矛盾突出。

近几年在城镇化的背景下，北京市外来务工人员不断增加，其随迁子女接受学前教育的权利保障问题成为急需解决的现实问题，但是北京地区实行严格的户籍制度，外来务工人口的随迁子女在选择公办学前教育机构时受到一定限制，同时，高质量的学前教育进行"社会化"改制过程中导致公办幼儿园数量减少，学前教育机构朝着市场化的方向迈进，高质量的学前教育的收费也随之大幅提高。外来务工人口的主体以农民工为主，他们的经济能力有限，无力支付高额的教育费用，往往采取以价格为准则的择校态度，能够满足外来务工人口现实需要的学前教育资源供需矛盾突出。因此，大量的黑幼儿园因教育成本低、收费低的特点逐步受到了外来务工人员的认可，客观上也解决了这部分随迁子女的现实问题，黑幼儿园也就披上了合理而不合法的外衣。

(2)市场化导向下的学前教育制度缺位。

北京市在发展学前教育的实践中逐步将学前教育定位于"以社会力量办学为主体，发挥政府举办的学前教育机构在提高教育质量方面的示范与引导作用"，即大力倡导民办学前教育的发展，引入一部分市场机制。但是学前教育的发展不能忽视其固有的公益性和普惠性的属性价值，完全依靠市场竞争机制，可能会导致教育失衡以及学前教育有悖于原有的公平目标。北京市范围内的学前教育机构在市场化导向下发展，其依靠市场机制，教育质量分层发展，收费标准升高，外来务工群体以及原农村转变而来的新城镇地区人群的支付能力较低，这些人群的教育需求无法得到满足，大量的黑幼儿园走向市场，然而这些现有的学前教育制度采用较为严格的单一化的准入标准，对于正规幼儿园的注册资本要求、举办人户籍以及教育设施、师资力量等要求比较严格，大量的幼儿园无法达到此标准，无法注册核准，导致难以获得合法身份。因此，造成了幼儿园的"身份合理而不合法"[①]的局面，无法适应市场化条件下的教育需求，因此，大量黑幼儿园只能在非法情形下存在。

(3)制度改革下的政府监管职能履行不力。

基于教育制度的改革浪潮，学前教育鼓励民间办学力量的发展，这虽然

---

① 余晖、黄亚婷：《以普惠性为导向设定农民工随迁子女学前教育机构准入标准》，《学前教育研究》，2013年第2期，第10页。

减轻了政府独自办学的压力，但是在一定程度上加大了对民间举办学前教育事业的监管职责。但是大量的幼儿园由于上述非法身份导致教育行政部门管理上的缺位。2011年出台的《北京市举办小规模幼儿园暂行规定》未赋予一些非正规学前教育机构合法身份，教育行政部门对因务工随迁子女的学前教育问题的监管缺乏有效的规范依据，难以对办学活动进行有效的资助、规范或处罚等，导致一些严重不达标的黑幼儿园长期存在①。

（四）城镇化进程造成公共财政对学前教育事业难以保障

《北京市学前教育条例》第四条规定："发展学前教育事业是政府、社会、家庭、学前教育机构的共同责任。本市积极发展以社区为依托，多种形式，面向全体学龄前儿童的学前教育。本市举办学前教育机构以社会力量办学为主体，发挥政府举办的学前教育机构在提高教育质量方面的示范和引导作用"。根据这一规定，在学前教育机构主体认定方面，社会办学是主体，但在学前教育责任的承担上，政府仍然应承担第一位的责任。在实践中，社会力量作为办学主体得到了体现，但政府作为学前教育责任的第一承担者这一地位并没有得到充分体现。目前，全市共有独立法人的幼儿园1305所，另有302个分园，共计收托儿童31.1万人。其中教育部门办园356所，收托幼儿10.8万人；集体办园222所，收托幼儿3.1万人；其他部门、企事业及部队办园219所，收托幼儿7.2万人；民办园508所，收托幼儿10万人。② 可见，至少在数量上，当前教育部门所办的幼儿园仅承担了三分之一的任务，而社会力量办园则承担了三分之二的任务。

在财政资金投入上，教育财政经费也主要投入于教育行政部门所办的幼儿园，对社会力量所办的幼儿园投入的经费却很有限，特别是对民办幼儿园的投入更是极少。目前，街道、乡镇办园存在体制不顺畅，财政投入少，设备不足，编制、人员归属不清等问题。街道幼儿园虽然也属于政府办园，但由于政府对街道幼儿园的投入少、编制少、设备不足，街道办事处不愿意背负幼儿园退休职工的庞大医疗费用，致使街道幼儿园数量逐年减少，学前教育资源严重流失。

虽然近年来本市学前教育经费投入在不断增加，但是由于学前教育不属

---

① 余晖、黄亚婷：《以普惠性为导向设定农民工随迁子女学前教育机构准入标准》，《学前教育研究》，2013年第2期，第10页。

② 此数据来源于2012年6月北京市人大《北京市学前教育立法后评估项目报告》。

于义务教育，市和区、县政府对学前教育经费的投入总量始终偏低，难以保证学前教育发展的需要。2008 年全市教育经费支出总额为 316 亿元，学前教育投入 4.74 亿元，仅占教育经费总额的 1.5%。学前教育公用经费定额标准较低，为每年每生 200 元，而高中、初中、小学的公用经费定额标准分别为每年每生 700 元、900 元、800 元（如图 3 所示）。2008 年，市财政经费对基础教育阶段学生的投入平均为每人 12341 元/人，对高等教育阶段学生的投入平均为 10225 元/人，而对幼儿园的投入平均仅为 2215 元/人。①（如图 4 所示。）

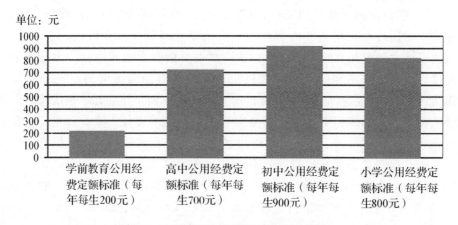

图 3　2008 年北京市公用经费定额标准

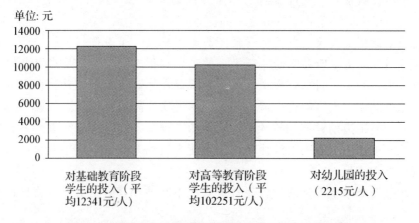

图 4　2008 年北京市财政对不同阶段学生的生均投入额

---

① 以上数据来源于 2012 年 6 月北京市人大《北京市学前教育立法后评估项目报告》。

2010 年，北京市预算内教育经费投入（包括教育事业费投入、基建投入、科研投入及其他投入，不含教育费附加）为 805.8115 亿元；预算内学前教育经费投入为 10.7381 亿元，仅占教育经费总额的 1.33％。2011 年，北京市调整了幼儿园公用经费定额标准，达到每生每年 1200 元，但与全市高中、初中和小学分别达到 8864.84 元、8247.66 元、5836.99 元的生均预算内公用经费支出（2010 年）相比，仍有严重不足。

二、部分国家和地区城镇化转型时期发展学前教育的有效经验

当我国在探索学前教育规范化改革道路的时候，国外一些国家和我国香港地区的学前教育保障体系已经非常成熟，他们成功地在逐步城镇化的过程中实现了学前教育的规范化与科学化，建立了较为完善的学前教育保障体系，促进了学前教育的均衡化与合理化发展。我们需要进一步研究这些国家和地区在学前教育制度建设、改革方案、法治规范等方面的优势之处，吸收和借鉴不同制度框架下学前教育发展的经验，找到适合北京地区学前教育改革、完善的合理路径，推动建立我国学前教育保障体系，为实现学前教育的均衡化、平等化目标增添有利助益。

(一)美国——政策法规导向型

美国学前教育的发展主要依赖于完善的教育立法，国家重视学前教育与儿童的身心健康，因此，美国从 20 世纪 50 年代中后期开始不断通过教育立法、国家计划等引导美国青少年各个阶段教育的发展，特别重视学前教育阶段的发展。至目前为止，美国已经形成了政策法规导向型的学前教育的发展模式。

1. 美国学前教育实行"国家计划"政策

美国学前教育一直备受国家的关注，自 20 世纪五六十年代开始，国家就通过各项政策发展学前教育，其中比较重要的主要有两项计划——"开端计划"和"佩里计划"。

开端计划是美国针对家庭贫困儿童的教育状态提出的。美国重视少年儿童在接受基础教育前学习能力和认知能力的培养，为促进教育公平，实行开端计划。开端计划是 20 世纪 60 年代美国民权运动时期，为改变处在贫困状

态家庭孩子的教育问题，促进教育公平的目的而实施的。该计划旨在创造教育机会、打破贫困恶性循环的现状，为早期儿童发展创造条件，增加弱势群体受教育机会，其实质是一种教育补偿措施。开端计划有效地改善了美国贫困儿童的学前教育状况。

佩里计划最初为美国推出的一项实验计划，对一些贫困的黑人家庭的孩子以及智力发展缓慢的孩子进行分组跟踪实验，研究学前教育在少年儿童个人发展中的作用。国家对此项计划给予财政支持并为参加此项计划的少年儿童提供必要的学前教育机会，后该计划成为美国促进学前教育发展的重要政策基础。

2. 美国学前教育的立法法案情况

美国各项事业的发展都极为重视立法基础，学前教育的发展也不例外。美国国会连续颁布了很多立法法案，促进学前教育的发展。这些立法法案一方面成为适龄儿童享受学前教育机会的权利基础，一方面成为强化政府责任的法律依据。

美国自 20 世纪以来已经颁布了很多的有关学前教育法案，如《家庭援助法》《儿童保育法》《全美儿童保护法》《2000 年目标：美国教育法》《儿童网络保护法》《早期学习机会法》《儿童保育与发展固定拨款法》《不让一个儿童落后法案》《入学准备法案》等，这些法律侧重强调国家对学前教育发展的责任与使命，重视国家对学前教育的财政投入保障，极大促进了美国学前教育的发展。

1994 年克林顿总统签署了《2000 年目标：美国教育法》，将学前教育发展作为教育发展的重要目标，将其提到史无前例的高度，展现了美国发展学前教育的决心。

学前教育立法的不断完善，成为美国学前教育发展中的重要经验，形成了立法政策引导型的学前教育发展特殊模式，能够有效发挥美国的法治优势，推动学前教育的全面发展。

3. 美国学前教育的资金投入力度

美国学前教育的发展以立法政策等为引导，却是以强大的经济实力为支撑的。美国每年对学前教育的财政投入十分充足，而且通过《儿童保育与发展固定拨款法》等法律约束国家对学前教育的投入。美国对学前教育的投入力度可谓无其他国家可以相较，财政投入全面而到位，如，2005 年美国颁布了《入学准备法案》，使"2006 年国家财政年度对该项目的拨款就到达了将近 70 亿美元，比 20 世纪 60 年代多了 70 多倍"[1]。美国还为学前儿童的照料和教育设置了专项资金，并授权各州针对儿童的环境和照料方式不同等可以为各州的托幼中心提供相应的政策、财政支持等。美国财政对学前教育的保障使得儿童学前教育权利充分得到了保障，财政投入配合美国学前教育立法政策体系，全方位促进了学前教育的优化发展，为其他国家提供了可借鉴的经验。

(二)法国——行政措施导向型

法国幼儿教育机构的名称为母育学校，招收 3～6 岁的幼儿。在法国，学前教育作为初等教育的准备阶段而受到国家的重视，并与初等教育列为同一系统，是初等教育的组成部分，它的主要任务是促进儿童身体、智力、性格和感情的全面发展。法国学前教育不属于义务教育范畴，但实行免费制，所有 3 岁及以上的儿童均可就近入校。

1. 法国学前教育的立法保障

法国政府历来重视通过立法来保障儿童的早期教育与发展，1835 年，法国政府颁布关于在各县设立初等教育特别视学官的规定，提出视学官对托儿所具有视察和监督的权力。1837 年，法国政府发布了最早的有关托儿所管理和监督的规定。

19 世纪末，在国民教育部长费里的推动下，法国政府在 1881 年和 1882 年接连颁布了三个教育法令，明确规定母育学校的性质为公共教育，确定政府是投资的主体，保障其经费来源。1887 年颁布的《戈勃莱法案》进一步明确了母育学校的地位，并对校长和教师的培养及资格要求、学前教育的管理等方面做了规定。自此，法国学前教育开始走上普及化之路。

进入 20 世纪后，法国先后颁布法令规范学前教育的办学目标，调整教育内容。1921 年颁布的法令把学前教育机构归入了国民教育部的管理范畴，并为其设定了"以教育为主"的目标；1976 年颁布的法令则将学前教育的目标调整为保育、教育和学前准备三方面，规定："母育学校应有助于儿童的身体、智力和情感方面的个性品质发展，要引导儿童运用各种表达方式，为今后的小学教育做准备；促进儿童早期发展，并从教育方面处理存在的障碍，使他们在以后的学习过程中实现机会均等。"1986 年，国民教育部在《母育学校：作用与任务》报告中进一步重申了这一目标："母育学校的总目标是使儿童的各

---

① 参见《中美幼儿教育之资金投入的比较》，网址：http://www.docin.com/p-840711645.html，访问时间：2014 年 8 月 3 日。

种可能性得到发展，以形成其个性品质，并为他们提供最佳机会，使其能在学校学习和社会生活中获得成功。"

到 20 世纪 80 年代末，法国基本普及了 3～6 岁幼儿的学前教育。1989 年，法国颁布《教育方向指导法》(又称《若斯潘法》)，规定"每个 3 岁的幼儿，只要他的家庭希望，都可以进母育学校或离家最近的幼儿班；处境不利的 2 岁幼儿无论是在城市、农村还是在山区，都可优先入校"。该法明确提出把学前教育提前到 2 岁的目标，具体措施就是让社会经济地位等各方面处于劣势的 2 岁幼儿优先入学。

1990 年，法国进一步颁布法令，把学前教育和小学教育作为一个整体加以规划，把传统意义上的学前教育和小学教育整合为相互关联的 3 个阶段：启蒙学习阶段(学前教育前 2 年)、基础学习阶段(学前教育后 1 年加小学前 2 年)和深化学习阶段(小学 3、4、5 年级)。

1995 年《幼儿学校教学大纲》的颁布，体现了法国幼儿教育课程改革的新动向。大纲就幼儿学校课程的目标、内容、组织与实施等提出了新的规定。

1997 年，法国颁布法令，对幼儿教师的工资待遇、住房、带薪假期等做了相关规定，这使得法国幼儿教师拥有了明确的身份和地位，对稳定学前教育的发展起到了重要作用。

2005 年颁布的教育法根据新形势，重新规定了学前教育的使命是"掌握学习基础知识的工具和方法，为孩子在小学学习核心知识做好准备，教会他们社会生活的基本原则"。

迄今为止，法国已颁布实施的学前教育相关法规高达 40 余部，这些法规不仅明确了学前教育的性质、任务和目标，而且还规范了教育内容和质量，对政府在发展学前教育方面应承担的职责、财政投入、幼儿教师待遇、弱势群体儿童的权益等方面做出了明确规定，有力地保障了法国学前教育的蓬勃发展。

2. 法国学前教育的办学体制

法国政府和社会充分认识到学前教育对于个人的发展以及国民素质的提高具有重要价值，在法律条文中明确了学前教育的基础性和公益性。目前，法国实行公立幼儿园为主导、私立幼儿园为补充的办园体制，实行免费的学前教育，公立幼儿园仅收取少量的餐费，保障适龄儿童都有机会接受高质量的学前教育。承担提供公共服务职能的私立幼儿园也可得到相应的政府资助，积极保障学前教育服务的公益性。

3. 法国学前教育的师资保障

数量充足、质量保证的师资队伍是教育取得成功的保障。法国政府对学前教育的师资保障主要体现在两方面：一是提高学前教育教师的工资待遇和工作条件，吸引数量充足的教师；二是实行统一而严格的教师资格制度，并适时提高教师入职门槛，保证师资质量。

（1）师资培养与资格准入。

早在 1833 年颁布的《基佐法》就有设置初等师范学校的条款，但当时的初等师范学校是为小学培养师资的。正式提出初等师范学校为学前教育培养师资是在 1879 年，国民教育部部长费里声明：每省必须设置初等师范学校，以满足小学和学前教育机构对教师的需求。

从 1887 年起，国民教育部规定了母育学校的校长和教师由师范学校培养，在获得证书后持证上岗。在此后一个世纪，法国学前教育教师和小学教师合称"初等教育教师"，培养机构、内容、方法和过程都是一样的，所获得的证书也相同，但待遇不如小学教师。

1889 年，法国公立学校（包括从事学前教育的母育学校）教师获得公务员身份，由国家统一分配。这一措施极大地稳定了学前教育师资队伍。

1921 年，幼儿教师的身份和工作条件得以提高到与小学教师同一水平，但由于法国长期以来幼小教师和中等教师培养双轨并存，直到 1989 年幼小教师与中等及以上教育教师的待遇还有较大的差别。为提高师资水平，1989 年颁布了《教育发展方向指导法》，规定建立专门化的教师教育机构——教师教育大学院，把中学、小学和幼儿教师的选拔与培养纳入同一轨道。

新型教师教育机构实行"3＋2"培养模式，即新教师必须在获得学士学位的基础上，在教师教育大学院接受 2 年教育专业训练，通过竞争激烈的考试和相关考核才能获得资格证书。这一改革将学前教育教师、小学教师和中学教师的学历要求与培养年限、工资待遇等提高到同一水平。与此同时，教师待遇得到进一步提高：师范生无论学习何种专业，在教师教育大学院的第 1 年就享受公费；通过第 1 年结束时的教师资格考试，获得实习教师资格后，就获得了准公务员身份，并享受相应工资待遇。

从 2010～2011 学年开始，法国实施新的教师培养制度，即"硕士化"教育，新教师的学历起点提高到硕士层次。学前教育教师也必须获得硕士学位，通过教师入职竞争考试后，方能成为教师。法国这种统一、严格而逐渐提高的教师资格证书制度，严格把住了初任教师的质量关。

法国对母育学校教师入职后的培训也相当重视。法国教育部规定：每个初等教育教师(包括母育学校教师)，从工作第五年起至退休前五年止，有权带薪接受累计一学年的继续教育。母育学校的校长必须从有经验的教师中选拔，并经过120小时的培训。培训内容包括教育制度与组织管理、对教学大纲的评价、学校的内部和外部交流与活动等。这种职前教育和职后教育相互补充的培养模式，对提高幼儿教师素质起到了重要作用。

(2)明确幼儿教师定位。

在法国，幼儿教师的身份和地位等同于公务员，国家承担公立幼儿园教师的工资，具有一定资格的私立幼儿园教师按照相应规定也可成为国家的合同雇员，由政府负担其工资。这使得幼儿教师的身份、地位、待遇都有了切实保障。

4. 法国学前教育的经费保障

法国国民教育所需资金主要来源于国家财政和地方行政单位的预算，其教育开支占国内生产总值的 6.2%，高于发达国家的平均水平；其中，基础教育的开支约占整个教育经费的 77%。学前教育虽然不属于义务教育，但政府也大力予以资金保障。法国政府对学前教育的投入保障体现在两个方面：

一是人员开支。国家负责教学人员、教育行政管理人员及其他后勤人员的部分培养费用(如前所述，学前教育以及中小学教师资格申请者在教师培养机构学习期间第1年是免费的，而第2年则是带薪实习)。在进入教师职业以后，政府承担学前教师的全部薪酬支付(包括私立学校教师工资)。

二是设施、设备。法国公立学前教育机构的设施、设备及其维护由国家投入，地方市政当局负责学校的基础设施、校舍维护、学校设备购置及操作的经营，包括课前和课后孩子们的看管、活动中心运行和饮食提供。学校财产为市政当局所有，校长受政府委托负责管理学校的人员和财产安全。

5. 法国学前教育的管理保障

法国通过立法建立起层层负责的学前教育管理体系。宏观层面，法国政府承担起了学前教育的职责，形成了由教育部具体负责，其他如政务部，教育、青年和运动统一部，健康和社会保障部等部门协助的管理机制。中观层面，教育部部长任命学前教育总督学具体负责学前教育事务；学区、省及地方各级政府设有相应的学前教育督学，具体负责相关政策的落实，保障各级学前教育机构顺利运行，在机构和人员设置上保障了学前教育专人负责和专门管理。微观层面，学前教育机构内又有学校委员会(由学校校长、市长或市长代表、经市政委员会任命的市政委员、学校教师等组成)、教师理事会(由担任理事会主席的校长、所有学校的教师、替换教师、学校内特殊援助系统的成员组成)和教师年级理事会(由幼、托机构所有教师、园长组成)负责学校内部的正常运行。这种责任到人、分级管理、层层落实的管理机制有力地保障了法国学前教育的发展。

6. 保障弱势群体儿童的学前教育优先权

在法国,学前教育普及程度非常高,这与政府重视弱势群体儿童的教育权密不可分。法国政府采取政策倾斜的方式来改善偏远农村、残障儿童以及城市低收入家庭儿童的教育状况,使这些儿童也能享有国家规定的受教育权利。法国多部法律法规及政策都明确指出学前教育是公益性的,人人享有这一基本权利,并且人人平等。值得一提的是,法国政府于 1981 年开始实施一项对处境不利地区教育进行特别扶持的项目——"教育优先发展区"计划。国家采取特别扶持政策,在经费、师资、设备等方面给予特别支持。在这些区域服务的教师有数量可观的额外津贴。这一特别措施当然也包含了学前教育阶段,从而进一步保障了学前教育的均衡发展。

7. 学前教育与小学教育的一体化发展

幼儿园与小学教育的衔接历来是教育实施过程中的难点。许多国家都采取了各种措施来做好幼小衔接工作。法国在学前教育与小学教育的衔接方面采取了一体化发展措施,取得了较好的成效。首先,在划分儿童学习阶段方面颇具特色,法国将儿童的学习分为三个时期:学前前期,2~4 岁的幼儿园小、中班儿童;基础学习期,5 岁的幼儿园大班和小学一、二年级儿童;巩固学习期,小学三至五年级的 8~11 岁儿童。这样的划分方式使幼儿园大班和小学低年级儿童处于同一学习阶段,教师对他们会采取比较一致的教育内容和方式。其次,从事学前教育的教师和小学教师接受的是相同的教育和培训,他们对彼此的教育对象、教育内容和方法都是互相了解的,可以互换工作,这样在教育过程中,面对幼儿园大班或小学低年级儿童时就不会有明显的区分,增强了儿童的适应力。此外,国家还采取了很多措施平衡幼儿园教师的性别比例,在监督管理方面也采取了统一的措施,这些做法都很好地促进了学前教育与小学教育的衔接。

(三)德国——"政府主导与社会力量并重"模式

德国的学前教育源远流长。被人称为"幼儿教育之父"的德国著名学前教育家福禄培尔于 1837 年在家乡附近的勃兰登堡开办了一所学龄前幼儿教育机构，1840 年将它正式命名为幼儿园，这成为世界上第一所真正的幼儿教育机构，德国也成为幼儿园的发源地。福禄培尔在教育实践中形成了一套有自己特色的教育理论和方法，促进了德国学前教育事业质的飞跃，同时也对世界学前教育的发展产生了重大的影响，标志着世界幼儿教育进入一个新的阶段。自福禄培尔之后，学前教育成为一个独立的学科发展起来，德国对学前儿童的教育越来越重视，学前教育也逐渐走上正轨，形成了自己鲜明的特色。

1. 德国学前教育的立法保障

第二次世界大战后，为尽快着手教育事业的恢复与重建，德国制定了一系列的教育政策。《关于德国学校民主化的法律》规定，幼儿园作为非义务的教育机构，属于国民教育体系。《德国教育民主化的基本原则》中称：保证一切儿童享有同等的教育机会，在一切教育机构里实行免费教育，并为生活困难的学生提供生活补助。《关于统一的社会主义教育制度的法律》中明确规定：学前教育机构是统一的社会主义教育制度的组成部分。《教育结构计划》中要求：大力发展学前教育，将其列入学校教育系统，3～6 岁的幼儿教育被纳入教育体系的基础部分，属于初等教育范围，其中 5～6 岁的幼儿教育被列入义务教育，作为初等教育中的入门阶段。

1990 年 6 月，德国政府通过了《儿童和青少年福利法案》，该法案对儿童在学前教育机构中的发展情况、对不同类型儿童的支持等都做出了明确的规定，强调了父母对儿童的教育责任，规定学前教育机构的责任是父母教育责任的一种延伸和附属。1992 年 7 月此法案被修订，修订后的法案要求：凡是 6 岁以下的儿童都有权进入相应的学前教育机构；学前教育机构要对儿童进行教育和保育，与家庭合作教养儿童，促进儿童的发展。但是，该法案对于学前教育机构的服务形式和教育质量的提高等问题，并没有明确的规定。

1999 年，联邦政府颁布了《国家学前教育质量指导条例》，该指导条例由 5 个独立的计划组成，对学前教育的各个方面做出了规范，包括托儿所、幼儿园、学童日间托管所、教育活动的场地、机构创办者的工作。

2004 年，德国有关部门制定了《幼儿园教育条例》以及《发展和提高学前教育质量的建议书》，以保障学前教育与基础教育之间的连续性。各州也在不同程度上出台一系列法律条例，用以保证当地学前教育事业的发展，提高学前教育的质量。《幼儿园教育条例》指出，教育方法是多种多样的，课程与儿童的生活环境以及兴趣相联系，以主题的方式进行。

另外，德国对学前教育的许多方面都设定了标准，并由青少年福利部门监督。这些标准包括幼儿园的占地面积、开放时间、入托费用、班级规模、师生比例、室内和户外面积等。同时，由于德国是一个联邦制的国家，因此各州又会根据各地情况的不同，设定不同的地方标准。

2004年2月德国政府颁布了《托幼机构拓展法案》，并于2005年开始实施，该法案提出的目标是：第一，到2010年，建立23万所全日制托幼机构，服务对象为0～6岁儿童。第二，对儿童进行早期教育，发展儿童的能力，提高学前教育的质量。第三，为家长提供多种学前教育的服务形式。为了达成这些目标，市立政府将每年从联邦政府处获得1.5亿欧元的资金，以保障学前教育事业的发展。《托幼机构拓展法案》提出，为了满足家长和儿童的需要，到2010年将完成对日托机构"向下"延伸的工作，为3岁以下儿童提供更多的入园席位，更多关注3岁以下儿童的入托需要。

2. 德国学前教育的办学体制

(1)政府责任

在德国，学前教育属于儿童和青少年福利事业，而不属于义务教育的范围。作为社会福利事业，学前教育的立法权属于联邦政府，州政府拥有执行权，对于学前教育事业的资金投入是州政府和市政府的责任。

在德国，幼儿教育机构可以分为州立、私人或教会举办等几种类型，所有学前机构的运作经费绝大部分由国家提供。德国的幼儿教育是非营利性的，儿童入托费是根据儿童的出勤率、幼儿园人数、家庭人口以及家庭经济水平来决定的，以满足不同社会经济地位家庭的儿童的需要。

德国教育行政部门的主要职责是制定有关幼教的行政法规，对幼儿园的设置予以规划、调控，对幼儿园的规模、招生数及工作人员的数量予以监管。另外，他们还要向议会提交幼儿园的经费预算，为议会下拨经费提供依据。

(2)机构类型

德国的学前教育机构具有多元化特色，主要有普通幼儿园、学校附设幼儿园、学前班、特殊幼儿园等。

①普通幼儿园

普通幼儿园指的是相对独立的幼儿园，这是德国传统的形式，也最普及。按照幼儿园的设立者及其接受政府补助及辅导的程度来分，德国有三种不同组织形式的普通幼儿园：

一是公立幼儿园。这类幼儿园接受社会局幼教部门的监督及辅导。

二是私立幼儿园。这类幼儿园接受社会局幼教部门的补助及辅导，但其教育理念及师资的聘任不受社会局幼教部门的监督或控制。

三是独立自主的幼儿园。这类幼儿园不接受社会局幼教部门的补助及辅导，主要的经费来源是家长的缴费。德国所有的幼儿园不仅收费大致相同，而且幼儿园在年龄编班上，有一个非常鲜明的特点——混龄编班，即将不同年龄组的儿童编在一个班级（德国称之为小组）中游戏、生活和学习，每班至多不超过 20 个人。这种混龄编班在德国全国范围内的所有幼儿园中实施。

②学校附设幼儿园

学校附设的幼儿园数目较少，适合于那些已达 6 周岁，或下半年将达 6 周岁，但体格与智力均未达到入学标准的儿童，这种机构也称学校附设的学前班，通常与小学联为一体，以便为学童在后来的学习中顺利上学提供帮助。

③学前班

学前班与学校附设幼儿园一样，与小学相连，但它们针对的是 5 岁儿童，以帮助他们顺利过渡到小学。

④特殊幼儿园

特殊幼儿园是对各种有残障的幼儿提供必要的教育之场所，使之更多地融入社会。

⑤托儿所

托儿所接受 0～3 岁儿童，主要是对双职工的子女实行保育。

⑥"白天的母亲"

"白天的母亲"是由联邦青年、家庭、健康部于 1974 年核准设立的幼儿保教计划。由政府提供少量经费，让一些年轻妇女在照看自己的小孩之余，再帮助邻近的职业妇女在白天照看 1～2 个小孩，以解决其实际困难。这些"白天的母亲"须参加短期培训，以获得科学育儿的知识。

⑦德国的林间"幼儿园"①

2000 年郝本·黛拉将慕尼黑的一个自然公园开辟成了"林间幼儿园"。园内有成片白桦林和灌木丛、草坪和清澈的溪流。入托的孩子每天上午 9 点到这里集合，然后他们分成几个小组，进行自由活动，有的堆沙子做游戏，有的爬树、赛跑，有的观察蚂蚁、蜗牛。午饭时，大家席地而坐，摆上在老师帮助下准备的食品，就像在郊外野餐一样享用自己亲手做的午餐。

---

① 马富成、彭海蕾：《中德学前教育机构与课程比较及启示》，《内蒙古师范大学学报（教育科学版）》，2011 年第 12 期，第 43 页。

3. 德国学前教育的师资保障

德国幼儿园教师都属于雇员性质。在德国，小学教师要在大学学习 6 个学期以上，而幼儿园教师则主要由社会教育专科学校培养。这类学校招收初中毕业生，学制 5 年。这 5 年的学习时间，一半以上是在幼儿园实践，取得相当于大专的文凭，其学历层次并不高。毕业时，要进行一项国家考试，即由州有关部门和学校共同组织的毕业考试，包括笔试、口试及教学法应用等内容。德国的大学也承担很小一部分学前教育师资的培养任务，入学条件与社会教育学校基本相同，但是，学习的课程注重理论，学术性较强，毕业后主要充实到规模较大的幼儿园担任领导工作。培养幼儿师资的学校有公立的，也有私立的和教会办的。目前，为提高幼儿教师的专业素养和学历水平，德国主要做了两项工作：其一，在不莱梅大学、柏林的阿利斯所罗门专门学院、巴登—符腾堡的弗莱堡专门学院、德累斯顿科技大学、科布伦茨专门学院开设幼儿教师继续进修课程，为幼儿教师提供取得大学或硕士文凭的机会。其二，通过德国"罗伯特—保时捷基金会"积极推动提升教保人员素质的计划。"罗伯特—保时捷基金会"成立于 1964 年，是一个教育基金会，致力于国民教育及健康方面的研究。基金会在 2003 年制订了"幼儿早期教育计划"，2005年又开始实施"日托机构教保人员专业训练计划"，并提出有关教保人员培养的具体建议，希望通过相关研究与努力，改善德国学前教育的品质及提升教保人员的素质。

4. 德国学前教育实施"父母津贴"制度

2007 年 1 月 1 日，德国政府开始实施《联邦父母津贴法案》。政府根据幼儿父母的经济收入，发放金额不等的"父母津贴"。津贴申请者的资格要求有：申请者主要由自己照顾及教育子女；申请者和被照顾子女同住；申请者每周工作不超过 30 小时。父母津贴补助标准为：每月补助父母月薪的 67%，最多可领取 1800 欧元；没有工作的父母每月最少可领取 300 欧元。父母津贴发放时间共计 14 个月，父母其中一方至多能领取 12 个月，剩下的两个月则给另一方。此外，低收入、子女多的家庭父母津贴的金额会提高。低收入家庭每月收入若在 1000 欧元以下，则其收入每少 2 欧元，父母津贴就增加 0.1%；家庭每增加一名子女，父母津贴每月就增加 300 欧元。此外，除了政府所提供的"父母津贴"外，在巴登—符腾堡、巴伐利亚、萨克森、图灵根等州，父母从子女 3 岁起，还可以领取"地方教育津贴"，详细规定与实施办法依据各州法规不同而有所差异。德国实施"父母津贴"的目的是希望通过经济支持使父母在教育及照顾子女方面能减轻负担，获得更多的时间与孩子相处，使幼儿能在父母双方照顾下以及充满爱的环境中健康成长。

(四)我国香港特区学前教育财政投入——财政保障型模式

我国香港特区历来比较重视教育在提升人们自身素质、全面发展独立人格方面的重要作用。自1997年香港回归祖国以来，我国香港地区的教育事业蓬勃发展，特别是其学前教育发展的模式，成为我国学前教育发展的典范，发挥着重要的示范和引领作用。我国香港地区以其较高的经济发展水平和完善的社会服务体系为依托，在教育、医疗等社会事务方面有非常丰富的经验及特有的发展模式，主要是依托于特区政府的财政支持，形成"高社会福利"的社会发展模式。学前教育作为基础教育阶段前的开端教育，尤其受到香港特区政府的重视，香港特区政府以全方位的财政保障手段，促进香港特区范围内学前教育的全面且高质量的普及。香港特区的学前教育发展是在强有力的财政保障的基础之上通过专项资金投入、学前教育学券政策以及配套服务体系的构建和完善等方式，形成了特有的学前教育保障模式，成为我国内地地区发展学前教育的典范。

1. 香港特区学前教育发展的立法、政策依托

我国香港特区学前教育之所以发展迅速在于社会运行规则的高效化和系统化，其中非常重要的因素之一就是完善的教育法律法规及政策体系。回归后的香港十分重视学前教育相关立法、政策等的制定工作，十几年的时间内，形成了较为完善的学前教育立法规范体系。香港现行的教育法律有《教育条例》《教育规例》《小学资助则例》《中学资助则例》及其他附属规则等，这些法律规范形成了香港特区教育法治体系的基础，是指导香港特区教育发展的规范依据。对于香港特区的学前教育而言，上述规范当然成为发展学前教育的法律规范依据，学前教育的发展要始终坚持教育法治的基本精神。在香港特区，没有专门的学前教育立法(或者称为《幼儿教育法》等)，关于学前教育的相关规范主要散落分布在各项基础教育立法当中，如《香港特区教育规例》第四十六条规定："幼稚园所有膳食及茶点均需按常任秘书长批准的膳食表妥为预备。"这部《教育规例》还对幼稚园等学前教育机构的教职员工条件有所规范。2005年之前，香港特区的幼儿中心和幼稚园一般由教育署、社会福利署共同管理，两机构在学前教育管理方面职权有所重叠，均拥有对香港特区学前教育的管理权限。早在香港回归前，两机构曾经共同制定了适用于香港特区学前教育的课程指导文件——《学前教育课程指引》，作为幼儿中心与幼稚园官方课程指导规范。后来，香港特区颁布《幼儿服务条例》，配合之前的《教育规例》成为规范学前教育的两部重要立法规范。据此，2005 年香港特区政府规定"社会福利署按《服务条例》归管幼儿中心，教统局按《教育条例》归管幼稚园"，理顺了两机构之间的学前教育行政管理关系。2006 年教育署又颁布了《学前机构办学手册》规范性文件，对学前教育机构办学资质提出了更为细化的要求，从教育法治的层面规范香港特区学前教育机构的资质与行为。

香港特区针对学前教育发展的政策支持力度也是空前强大的。1997 年特区政府颁布了《发还地租》方案，对符合条件的学前教育机构实行返还地租的方式，降低办学成本，鼓励学前教育的发展，并且于 2004 年将其进一步细化为《给牟利幼稚园租金返还计划》。2000 年，香港特区政府颁布了《香港教育制度改革建议》，将学前教育定位为教育的基础阶段，同时明确了政府对教育资源的提供和合理配置的责任。2005 年香港特区政府实行《幼稚园及幼儿中心资助计划》，2006 年香港特区政府又颁布了《2006—2007 年度施政报告》再度强调政府支持学前教育发展的责任，并将其作为五年的工作重点对待。随后2007 年实行"学前教育学券政策"，2008 年实行"幼儿中心资助计划"等。香港特区通过一系列的学前教育立法和教育改革政策，逐步明确、强化特区政府在发展学前教育方面的职责与任务，形成以依靠香港特区政府为强大推力的香港学前教育发展模式。

2. 全方位的学前教育财政投入体系

香港特区的学前教育的发展主要依靠于特区政府的财政支持，香港特区政府全方位支持学前教育的发展，构建起了较为严密的财政投入体系。

从学前教育投入方式上来看，香港特区政府多是通过财政专项的形式为学前教育机构特别是一些非营利性学前教育机构直接提供资金支持，这是最常见的直接资助方式。这些专项资金主要用于学前教育机构的设施配置、教学质量的提高、师资力量的培养，等等，用于改善普通学前教育机构的办学条件，这些资金对香港特区的学前教育机构尤为重要。香港特区学前教育机构多是私人设立，实力有限，而教育的公益性要求与之形成矛盾，需要特区政府发挥宏观支持保障作用。第二种财政支持方式，则是通过财政补贴的形式，此种财政投入方式主要用于对学前教育机构硬件设施条件的改善。2007年香港特区政府通过所谓的"一笔过的学校发展津贴"支持幼稚园的设施改善工作，购置相应的图书资料、教学器材等。第三种财政投入方式则是以返还地租为主要形式的资金返还政策，支持非营利性学前教育机构的举办与发展，减少非营利性学前教育机构的办学成本，保障学前教育的公益属性与普及性。《非牟利幼稚园租金发还计划》对可以申请返还租金的学前教育机构有严格的规定，由特区政府教育主管部门对其申请资格进行审查。通过上述几种财政投入方式，香港特区学前教育的发展有了全方位的政府保障。

3. 保有学前教育公益性的特有模式——"教育券"模式

保持教育的公益属性是香港特区政府一直努力践行的教育发展指导原则，早在 2000 年的《香港教育制度改革建议》中就已表明"政府必须确保所有幼儿不因家庭经济困难而失去接受幼儿教育的机会"。"教育券"政策则是为保障学前教育公益属性而推行的新型政策。2007 年香港特区政府颁布了《学前教育新措施》，开始推行"教育学券"政策，即政府针对学前教育适龄儿童的家长或其监护人，直接提供可以兑换的教育学券，充抵儿童学前教育阶段的相应费用。这是一种变相的由财政直接支付学前教育费用的方式。但是，学前教育学券的资助条件仍有严格的规定，目前只有非营利性学前教育机构方可兑换教育学券。设置此种条件限制的目的在于充分保障经济条件较差家庭的适龄儿童的学前教育机会，另一个重要目的则是促使营利性学前教育机构向非营利性学前教育机构的转变。这是香港特区探索出来的保有学前教育公益性的特有模式，对我国内地其他地区发展学前教育有很大的借鉴意义。

4. 学前教育质量考评体系等配套机制较为完善

香港特区学前教育的发展在很大程度上离不开香港特区完善的配套机制，以发展学前教育为核心，形成了学前教育的财政保障体系、学前教育质量评价机制、学前教育的师资保障机制等，共同支撑起香港特区学前教育的发展。香港特区学前教育质量考评机制是 2007 年建立的，特区政府颁布《学前教育学券计划下的质素评核架构》文件，为保障学前教育学券政策的公益性目的，将学前教育机构的质素评核结果与财政的支持力度挂钩，以确保学前教育机构能够在享受政府财政支持之后以高质量的教育效果回馈家长和社会。该规范性文件同时还规定了"凡是参加学前教育学券计划的非牟利幼稚园或幼儿园暨幼儿中心，必须在 2007～2008 年学年开始接受测评直到 2012～2013 学年，且只有达到指定标准的本地非牟利幼稚园或幼儿园暨幼儿中心才可以继续参加学券计划，从政府兑换学券"。关于学前教育机构的教育质量测评，主要分为校内质素测评与校外质素测评两个步骤，校内质素测评一般由学前教育机构自主拟定评估计划、制订来年学校计划等进行自我评估，校外质素测评主要由主管香港特区教育的教统局组成考察小组，每学年到学前教育机构进行考察、评估，并向学前教育机构提交一份书面测评报告，以促进学前教育机构改善教育环境和教育质量，校内测评与校外测评二者相互配合，形成了较为完整的学前教育质量监督体系。

香港特区学前教育质量评估制度与相应的教育问责机制联系，在财政支持引领下的教育测评机制与教育问责机制相互配合共同保障了香港特区学前教育事业的稳步发展。这些配套的机制能有效促进学前教育机构不断改善自身条件、管理水平和教学质量，为香港特区适龄儿童提供优质的学前教育服务，成为公共服务的重要提供者。

三、城镇化背景下北京地区学前教育走出困境的解决方案

在分析总结北京地区学前教育实际状况、学前教育体系改革的动议，以及分析了在城镇化道路上成功发展好学前教育事业的美国、法国、德国等国家以及我国香港地区的成功经验的基础上，追求引领北京地区在城镇化道路上的学前教育走出目前困境的目标就成为必然的选择。美国的学前教育是政策立法导向型的，通过立法强化政府在发展学前教育事业中的职责；法国的学前教育为成功应对城镇化进程的挑战而采取了行政导向型政策，主要通过行政措施引导教育公共资源的配置与公共服务的提供；德国注重在政府主导下，充分鼓励社会力量参与学前教育服务的方式，吸纳社会多重力量共同实现学前教育服务体系的完善。我国香港地区则发挥特区财政优势，进行劣势补偿"教育券"的方式，在市场配置的基础之上引导公共服务朝着公平化方向发展。这些经验各有侧重。北京市在京郊城镇化以及人口城镇化的趋势下，也在逐步探索保障学前教育事业优化、公平的各种方法，采取了各种举措。早在 2001 年《北京市学前教育条例》规范了北京地区学前教育发展中的各种事项，但是立法还不甚完善，无法应对近年来城镇化进程中产生的诸多问题，因此有必要在未来采取相应的措施，以走出目前的困境。

基于以上实际，特提出以下对策与建议，有望为完善北京地区学前教育体系提供略微智力支持。

（一）统一学前教育机构的设立、变更与终止标准

北京市在城镇化背景下发展学前教育最大的瓶颈就是学前教育机构质量不合格，大量的黑幼儿园存在，严重影响幼儿的身心发展和教育事业的合理

发展。这其中反映出来的就是教育主体资格准入制度存在缺陷的问题，对学前教育机构的设立、变更以及终止的标准还没有做到规范化，亟待统一，明确学前教育资格审批准入制度的设立标准，实现对社会办学力量合法、有效的管控。

1. 建立分类准入制度，明确学前教育机构的各项准入条件

北京市现行的《北京市学前教育条例》对学前教育机构的准入条件等相关规定比较笼统，使得学前教育机构流入市场有了空间，因此为杜绝社会黑幼儿园的存在，建议对学前教育机构准入问题进行专章规定，并实行分类准入制度，根据学前教育机构的不同类别，进行有区别的分类管理。在北京地区，幼儿园是最主要的学前教育机构类型，需要对幼儿园的准入条件与程序等进行规定，小规模幼儿园等其他类型的学前教育机构的准入，参照幼儿园的条例与程序执行。

这些条件包括：①有符合规定的章程、组织机构和名称。②有符合规定的幼儿教师、保育保健、安全保卫等人员。③有符合规定的场所、设施、设备等条件。④有必备的办学资金和足以支撑幼儿园正常运转的经费来源。至于上述四类条件的具体标准则交于教育行政部门进行自由裁量，由北京市教育行政部门根据社会发展的需要会同有关部门制定具体政策加以规范。另外，为确保学前教育法律法规在发展过程中内容上保持一致性，在规定学前教育机构准入条件时还应规定兜底条款，即明确其须符合法律法规规定的其他条件。

2. 建立学前教育行业从业人员资格准入制度，明确资格标准

京郊地区的城镇化以及外来务工人口进城客观上引起的人口城镇化问题导致了原有的具备学前教育事业从业资质的人才出现了供不应求、人才紧缺的现象，特别是一些民办教育机构中，很多的学前教育教师既没有受过专业的师范训练，也没有达到从事教育行业的能力，改革学前教育制度必须建立人员的资格准入制度。现行法律法规对从业人员的条件规定不够明确，没有禁止性规定，建议对从业人员的从业条件进行规定，明确学前教育机构的教师应具备幼儿园教师资格。从中小学转岗到幼儿园任职的教师，必须接受专业培训，经考核合格后方可任职。保育人员、保健人员应持有相应的职业资格证书或达到国家及本市的相关规定。幼儿园园长应持有幼儿园园长岗位培训合格证书。同时，学前教育机构中的所有工作人员应当取得健康合格证明，并每年进行健康检查。

在禁止条件方面，有以下情况之一的，不宜在学前教育机构中任职，如：有犯罪记录的；有法律法规等确定的慢性疾病、精神疾病或其他不宜从事保育教育工作疾病的；出现严重违反职业道德行为的，等等，这是确保学前教育优质教育环境的必要前提。

3. 规范学前教育机构设立和审批的法定程序

北京市学前教育机构确立准入制度之后，最重要的是合理、有效地贯彻实施，因此必须具备设立和审批的程序性保障——科学、有效的设立和审批程序。首先，需要明确申请设立学前教育机构须向许可机关提交的材料，以使法规具有可操作性，这些材料应包括：①设立者的法人资格证明或者个人身份证明；②拟设立幼儿园的章程；③拟聘用的主要工作人员的身份证明、资格证明与健康证明；④办学场所权属证明和经费来源证明；⑤办学场所消防验收合格证明；⑥卫生保健合格意见或证明；⑦合作设立的，应当提交合作协议；⑧法律、法规与规章规定的其他材料。其次，许可机关收到申请材料后的受理与决定程序应当细化，包括对当事人的设立申请，除需要补正或更正申请材料外，区、县教育行政部门应当于收到申请材料之日受理。自受理设立申请之日起二十个工作日内做出许可或者不予许可的决定。许可设立的，应当在许可后十个工作日内核发办学许可证；不予许可设立的，应当发放不予许可决定书，并说明理由。申请人获得许可后，应当按规定办理相关登记注册手续，并及时将有关登记情况及印章式样、开户银行账号等报许可机关和其他管理部门备案。同时，区、县教育行政部门对经许可设立的幼儿园，应报市人民政府教育行政部门备案。由于设立学前教育机构的许可属于《中华人民共和国行政许可法》所规定的许可，其一般许可程序已有法律规定，本条例只对其中有特殊需要者进行规定即可。

4. 规范学前教育机构的变更与终止事项，确保学前教育机构的合法性

学前教育机构设立运营过程中难免因特殊事项发生变更与终止的现象。那么就应当对其变更终止事项程序等加以规范，确保学前教育机构的固有属性和职责履行。对于学前教育机构的章程、法定代表人、名称、场所、经费来源等事项发生变更的，应当规定在变更之前到原许可机关与其他管理部门办理变更手续。对于学前教育机构设立分支机构的，依照新设立的规定在拟设分支机构所在地办理许可手续，并报原许可机关备案。对于学前教育机构终止的，则规定应当依法进行清算，并妥善安置在园儿童，另外还须由原许可机关和其他管理机关分别收回办学许可证和其他证照。

5. 采取对目前大量存在的黑幼儿园的过渡性处理措施

在北京市京郊城镇化的进程中出现了大量的不具备办学资格的黑幼儿园，这些幼儿园硬件设施及教学质量良莠不齐，但却是京郊城镇化带来的附属产物，有着客观的社会需求，现有符合资格的幼儿园不能满足当前的入园需求，致使在处理黑幼儿园问题上不能采取一刀切的办法，不能对大量黑幼儿园采取直接取缔的措施。对此，可以借鉴厦门对黑幼儿园治理的实践经验，制定过渡性幼儿园标准，达到此标准的幼儿园将可获得"过渡性幼儿园"许可证，允许继续开办。这个"过渡性标准"也成为开办幼儿园的"底线"，没有达到的，将被全部清理。

此法是协调城镇化进程中学前教育机构质量参差不齐与教育客观需求矛盾的临时措施，其实质是降低了幼儿园设立的标准，存在一定的安全及教育效果的隐患。北京市可针对黑幼儿园问题批判地运用该方法，采取对符合"过渡性幼儿园"标准的校园限期整改，整改后能符合北京市办园标准则可以继续办园，否则予以清除，则既能保障办园标准不下降，又能暂时缓解取缔大量黑幼儿园导致的压力。

(二)针对学前教育不均衡问题采取"弱势补偿"策略

随着京郊地区城镇化进程的深入，教育资源配置均衡问题将更加引人注目，教育公平的呼声也会越来越高，学前教育亦是如此。首先，在城镇化进程中京郊原农村地区逐步形成了新的城镇，在学前教育外在设施上显著改善，但是在学前教育综合实力上远不如城区或已经城镇化的地区的学前教育力量，但是同为城镇，在教育标准上却又统一采用城镇教育标准，因此，就产生了局部时空内的学前教育差异明显拉大的问题，对学前教育公平问题的呼声就不置可否。其次，随着外来务工人口的涌入形成了客观上的人口城镇化的趋势，但是由于严格的户籍制度，他们无法享有同京内生源一样的学前教育资源，客观上形成了教育弱势的局面。

学前教育资源的有限性决定了世界上几乎没有一个国家能够完全依靠政府配置学前教育，而教育公平确是所有国家共同追求的目标。很多国家都主张在教育资源有限的条件下，应该通过弱势补偿来消除教育上的不公平，即政府的作用是在顺应社会市场大环境下，通过政策的制定与实施，挖掘和调配各种社会资源进入学前教育领域，将公共教育资源更多地向处境不利的儿童倾斜，以进行教育补偿，缩小教育资源自然分配下的分化。英、美等国和我国香港地区早已开始侧重政府财政投入上对社会弱势群体公共服务上的填补，在最大限度上满足弱势群体在教育子女方面的需求。

联合国教科文组织也提倡将弱势补偿作为实现教育公平的基本途径，1989年联合国《儿童权利公约》、1990 年《儿童生存、保护和发展世界宣言》等都对教育中的弱势群体表示了关注，对弱势群体面临的教育不公平问题提出了予以纠正的要求。对于北京地区而言，京郊城镇化和客观人口城镇化进程中会产生大量的学前教育弱势群体，他们在享受公共服务资源上有天然的劣势，那么为确保促进学前教育的公平发展，政府应增加对为弱势群体服务的学前教育的经费投入，实现学前教育资源的再分配促公平的目的。因此，北京地区采取弱势补偿的方式是可行的，也是必要的。

第一，弱势补偿是对目前学前教育不公平的补救措施，它将使一些本来没有机会接受学前教育的儿童获得受教育的机会，或者使一些已经接受教育但仍处于不利境况的幼儿能够获得接受更好教育的机会，能使面临诸多待遇有落差的弱势群体至少在教育资源的享有上取得一些社会支持，因而有助于社会的稳定。

第二，将公共教育资源更多地投向为弱势群体服务的学前教育时，也意味着政府将有必要通过政策调控把一些面向社会优势群体的学前教育机构推向市场，促使它们通过市场"优价"的方式来解决经费问题，北京地区有大量的高新技术产业和实力雄厚的社会团体等，这也将吸引各种社会力量对学前教育进行投资，为北京地区的学前教育事业筹集更多的教育服务资金，拓宽学前教育资金的来源渠道，减轻财政的压力，间接鼓励社会力量参与办学，符合北京市学前教育发展的理念，"政府主导、社会力量参与"的方针。诚然，在这种政策调控下，那些社会优势群体会为享受高质量的教育服务被要求支付较多的费用，但是因为这些机构提供的服务相对来说都是比较优质的，因此这不仅公平合理，而且受教育者也是能够接受的。

第三，倘若追求学前教育的长远效益，那么将教育资源更多地分配给弱势群体是一个必然选择。管理学中的"木桶理论"和系统功能理论都表明了系统的功能的发挥取决于系统中功能最弱的环节。一个社会人口的整体素质和竞争能力必然要受到社会弱势群体素质的巨大制约，尤其是当弱势群体规模较大的时候。因此，北京地区城镇化进程中在学前教育方面会出现大量的弱势群体，弱势群体的学前教育问题不解决，就会影响北京地区整个教育事业的长远发展。教育补偿政策将使弱势群体获得提高的机会，学前教育事业可能获得更高的长远效益。因此，"弱势补偿"的教育均衡化策略应当被列为北京市政府在应对京郊城镇化进程中统筹规划学前教育资源促进教育公平时的重要原则。

(三)完善政府对学前教育事业的公共财政保障

1. 加大学前教育公共财政投入力度

借鉴了美、法、德等国以及我国香港地区发展学前教育的经验,为确保学前教育的公益性和普及性,无论何种政策模式,政府的财政支持力度之大都令人感叹。北京市在发展学前教育事业上采取的是政府与社会力量共同承担教育责任的模式,然而社会力量与政府财政实力相比,存在着太多的劣势,如实力聚合与资源分配力度有限、资金流动以利益为导向问题会影响学前教育的公益属性等,因此在城镇化的转型时期,需要发挥政府的宏观调控职责,在教育投入上保证公共服务的正常运转。目前,北京市范围内,教育财政经费主要投入于教育行政部门所办的幼儿园,对社会力量所办幼儿园的经费的投入却很有限,特别是对民办幼儿园的投入更是极少,学前教育资源严重流失。虽然近年来本市学前教育经费的投入在不断增加,但是由于学前教育不属于义务教育,市和区、县政府对学前教育经费的投入总量始终偏低,难以保证学前教育发展的需要。然而在城镇化的进程中,最应当关注的是民办幼儿园或者是社会力量所办的学前教育机构的发展问题,所以,政府必须加大对该种学前教育机构发展的财政投入。北京师范大学刘焱曾建议:加大对学前教育的公共财政投入,确保财政投入逐年增长,中央及各级财政对学前教育经费的投入占本级财政教育总经费的比例不低于3%~5%;建立幼儿园办园成本测算和生均公用经费拨付制度,公办园、民办园一视同仁,保障学前教育机构必要的办学经费。该项意见同样适用于城镇化发展进程中的北京地区。

2. 保证政府财政投入相对公平,鼓励实施教育券政策

公共选择理论中的"经济人"假设为我国的教育财政投入提供了富有启发性的思路。[①] 学前教育财政经费的惠及面取决于该经费的总量和幼儿教育的规模,取决于已有财政投入的规模和范围、财政投入的公平与效率的选择、社会的认同程度等因素。北京地区的财政实力较我国其他地区是较好的,在

---

① 经济人假设最初由亚当·斯密的经济理论发展而来,由布坎南运用到政治经济领域,发展为公共选择理论的重要方法,认为,社会经济关系和政治关系都是一种交换关系,人们在有组织的市场上进行交换,形成合作,并通过某种直接有益于交易另一方的产品或服务而促进自己的利益,从而交易各方彼此都能够获益。来源于赵成根:《经济人假设在公共领域的适用性论析》,《中国行政管理》,2006年第12期,第94页。

确保实现教育公平上足以发挥其潜在的优势，应建立有效的监督机制，保证政府财政投入能惠及更多的幼儿园，使弱势幼儿园得到应有的帮助和发展。具体来说，可以采取"削峰填谷"的办法，即消减对重点园、办园条件极佳的公办园的财政投入，同时，增加对原来财政投入少或根本没有任何投入，且办园条件较差的幼儿园的财政投入，保证各类幼儿园之间教育资源的均衡分布，这是北京市近期内调整幼儿教育财政投入范围和重点的首要目标。

为解决公共教育效率低下的问题，经济学家提出了教育券的设想，即国家应将教育补贴直接给教育消费者，而不是拨给学校，这样就可以通过选择学校来强化消费者的主权，而学校则会根据家庭的需求和消费者的"偏好"做出相应的反应，在学校之间引入竞争机制，实现优胜劣汰。香港特区政府从2007学年开始以"学券"的形式直接向家长或合法监护人提供学前教育资助经费，大幅度提高学前教育财政投入，以保证幼儿平等接受学前教育。教育券制度可以改变民办幼儿园的弱势地位，促进学前教育均衡发展，通过幼儿园之间的公平竞争，提高学前教育的整体教学质量，从而更好地促进幼儿的全面发展。在北京市城镇化的进程中可以尝试借鉴此种方法，教育行政部门根据学前教育事业发展的社会需要适时出台采用教育券的政策，促进学前教育机构，特别是幼儿园之间的良性竞争发展，促进学前教育事业公平合理的发展。

3. 突显学前教育的"公共性"，拓宽筹资渠道

学前教育事业在性质上是一项社会公共服务事业，其公共属性要求其发展的最终目标是为了实现受教育群体素质的整体提高以及社会公共利益的最大化，因此，其公益性的要求就决定了既不能完全交由市场调控，又不能完全依赖政府进行资源配置与发展。完全交由市场，就可能丧失教育事业的公益性，催生出更多的黑幼儿园等现象；完全由政府掌控，又会统得过死，失去学前教育事业发展的灵活空间，政府也没有能力完全掌握教育事业的发展。《北京市学前教育条例》第四条规定了学前教育发展的依托力量："发展学前教育事业是政府、社会、家庭、学前教育机构的共同责任。本市积极发展以社区为依托，多种形式，面向全体学龄前儿童的学前教育。本市举办学前教育机构以社会力量办学为主体，发挥政府举办的学前教育机构在提高教育质量方面的示范和引导作用。"因此，需要在发展学前教育的过程中吸纳更多的社会力量参与其中，拓展资金筹集渠道，形成多元化的教育资金来源制度，动员社会各方面的力量，共同推动学前教育事业的发展，以满足人民群众不断

扩大的学前教育的需求。

(四)完善对学前教育事业发展的监督和管理机制

学前教育事业的良性发展一方面是由于良好的学前教育制度静态保障，另一方面则需要对良好制度的有效实行，对其有效的监管就成了最后一道保障。

1. 强化政府监管职责的履行

学前教育监督和指导是政府的重要职责，要保证城镇化进程中学前教育的良性发展，就必须发挥政府的监督和指导职能，制止和纠正学前教育中存在的违反法律和政策的行为，《北京市学前教育条例》也明确规定了政府特别是教育行政部门的监督管理职责，政府的监督和指导职能仍有待加强。

首先，随着机关、企事业单位后勤社会化改革，企业改制，街道办事处机构改革等，一些部门和集体举办的幼儿园被撤销或停办，但有关部门未能出台相应的政策，保障这部分学前教育资源的继续供给。特别是一部分幼儿园被撤销、停办后，政府有关部门缺乏有效监管，使其原本的教育用地被挪做他用，原有的学前教育资源不能得到充分发挥和有效整合。

其次，目前，北京市还存在 1298 所未经登记注册的"自办园"，客观上，这些自办幼儿园弥补了北京市学前教育资源的不足，为众多适龄儿童提供了低成本的学前教育机会。但是，由于投入少、条件差，这些无证幼儿园难以达到本市的办学标准，不仅教育教学质量难以得到保障，更存在着大量安全隐患。因此，对这些无证幼儿园，应该如何进行监督和指导，还应进一步明确。

再次，在学前教育的内容上，《北京市学前教育条例》第三条规定："开展学前教育应当贯彻国家的教育方针，对儿童实施体、智、德、美诸方面全面发展的教育，促进其身心健康与和谐发展。学前教育应当遵循学龄前儿童的年龄特点和身心发展规律，实行保育与教育相结合，以游戏为基本活动形式，寓教育于生活及各项活动之中。"特别是城镇化进程中的外来务工人员子女所在的一些幼儿园没有以游戏为基本活动形式，而是着重于知识传授，学前教育小学化、成人化现象突出。教学内容死板，教育形式单一，小学化的课程、教材进入到幼儿园中的大班、各种名义的兴趣班，违背了儿童身心发展的规律。对这种有违幼儿教育的基本规律的现象，相关行政机关应进一步加强监督和指导。

2. 落实教育督导制度

根据《北京市教育督导规定》，学前教育已纳入教育督导的范围。但是在城镇化进程中，学前教育督导制度流于形式，没有发挥相应的作用。在今后的发展中应由市政府教育督导机构负责对学前教育进行督导评估，完善督导评估机制。各级政府教育督导机构将学前教育事业发展、经费投入、保教质量、师资队伍建设等内容作为教育督导的重点，定期对学前教育的发展情况进行督导，定期对学前教育机构的设施、师资、管理、质量等情况进行综合评估，评估结果应向社会公布。

3. 实行学前教育机构分级分类管理制度，明确经费监督机制

对学前教育机构进行分级分类管理，市教育行政部门负责制定分级分类标准，并负责全市学前教育机构分级分类验收工作的组织领导、计划制订、统筹协调与监督管理，各区、县教育行政部门负责所辖行政区域内学前教育机构的质量管理，负责学前教育机构分级分类验收工作。

一方面规定市区（县）两级财政、教育、物价、审计等部门要切实做好学前教育经费的管理和监督，提高经费的使用效益。明确学前教育专项经费专款专用，任何部门不得以任何借口截留、挤占和挪用。另一方面，规定教育行政与发展改革等部门应加强对学前教育机构收费行为的监督检查，并依照相关法律法规的规定对违法收费行为实施行政处罚。

4. 应增加建立公共参与和信息公开制度，落实群众监督制度

为确保城镇化进程中北京地区学前教育的良性发展，结合北京市学前教育条例的立法实施状态，建议对学前教育方面的公众参与和信息公开工作进行明确，其中公众参与重点在于规定家长对学前教育机构工作的参与，规定学前教育机构应当组建家长委员会。家长委员会由家长选举的代表组成，可以吸纳社区代表和其他社会人士参加。家长委员会有权对教育保育活动实施监督。同时，学前教育机构应当定期向家长委员会公布工作计划及其执行情况，听取家长意见。对家长委员会的意见与建议，学前教育机构应及时进行反馈。在信息公开方面，主要应当明确市、区（县）教育行政部门应当定期公开学前教育政策法规、考核评估等管理信息，公开学前教育机构概况、收费情况、经费投入情况、社会捐赠、财务审计结果等信息。

通过研究与调查，我们得知北京地区特别是京郊地区处于城镇化和外来务工人口涌入带来的人口城镇化的客观非常时期。可学前教育仍存在教育资源数量质量不甚优化、教育公平问题突出、教育投入保障不足等问题，制约着北京地区学前教育事业的顺利发展。那么，通过研究美国、法国、德国等

国以及我国香港地区学前教育的成熟经验，力求吸收借鉴这些国家和地区良好的制度机制和法治经验，倡导北京地区学前教育能够建立统一的学前教育机构设立、变更、终止的标准；将弱势补偿作为一种均衡教育资源配置的良好策略，促进教育公平；不断完善政府对学前教育的公共财政保障；同时完善监督管理制度，形成体系化的监督管理机制，形成一种学前教育的制度齐备、体系完善、管理科学、教育规范的良性发展状态，达到优势互补、教育资源优化配置的学前教育良好发展态势，实现北京地区学前教育的优化目标和均衡发展目标，为推动城镇化进程中教育公平目标的最终实现提供有利助益。

附：

针对北京地区城镇化背景下学前教育相关问题给予政府部门的对策建议

本部分作为本课题研究成果的重要组成部分，鉴于以上研究内容，特针对北京地区城镇化背景下的学前教育出现的相关问题，提炼解决方案中的重点内容，为相关教育部门提供学术性对策建议。

一、针对黑幼儿园等学前教育机构的资质不合格问题，建议教育行政部门统一学前教育机构的设立、变更与终止标准，强化学前教育机构的准入标准和资质审核

修改并完善《北京市学前教育条例》对学前教育机构准入的规定，建立分类准入制度。明确学前教育机构的各项准入条件，并实行分类准入制度，规范学前教育机构的设立、审批程序，根据学前教育机构的不同类别，进行有区别的分类管理。针对学前教育行业的从业人员也严格实行资格准入制度，明确从业人员的专业条件和禁止性条件，特别是幼师资格的审查准入，确保学前教育从业人员的质量。此外，对于学前教育机构的章程、法定代表人、名称、场所、办学形式、经费来源等事项发生变更的，应当规定在变更之前到原许可机关与其他管理部门办理变更手续。对于学前教育机构设立分支机构的，依照新设立的规定在拟设分支机构所在地办理许可手续，并报原许可机关备案。对于学前教育机构终止的，则规定应当依法进行清算，并妥善安置在园儿童，另外还须由原许可机关和其他管理机关分别收回办学许可证和其他证照。

二、针对北京地区城镇化进程中学前教育不均衡的问题，建议教育行政部门采取"弱势补偿"策略，促进学前教育的实质公平

政府可以采取相应的政策性调控方式，在强化对学前教育监管的基础上，引导一些面向社会优势群体的教育机构通过市场"优价"方式解决经费问题，鼓励具备雄厚实力的社会力量对学前教育进行投资，鼓励社会力量参与办学，同时也要保障学前教育的公益性、普惠性的基本属性，加速形成"政府主导、社会参与"的办学体制，以此引导社会公共教育资源投向弱势群体的学前教育方面，实现弱势补偿的教育公平目标。

三、针对北京地区城镇化进程中对京郊地区学前教育以及为满足外来务工人员子女教育需求而新增教育机构的财政支持不足的问题，建议政府相关部门重视对弱势学前教育地区的公共财政保障

一方面，根据社会需求和政府财政实力，不同程度、渐进式逐步加大学前教育公共财政投资力度，同时也要保证政府财政投入的公平性，短期内可以试点实行"教育券"政策，拓宽资金筹措渠道。为了鼓励和支持社会力量举办学前教育机构，根据《国务院关于当前发展学前教育的若干意见》的规定制定优惠政策，鼓励社会力量办园和捐资助园，特别是对面向大众、收费较低的普惠性幼儿园，可以采取减免租金、以奖代补等方式引导民办幼儿园提供普惠性服务，并采取税收、财政补贴、奖励等手段支持社会力量举办公益性和普惠性幼儿园。

四、针对北京地区教育部门面对城镇化进程中教育行政部门对学前教育监管机制的亟待优化问题，建议相关部门完善对学前教育事业发展的管理机制和监管职责

教育部门要明确并强化其在学前教育工作中的各项职责，不断健全学前教育各项具体制度，如学前教育招生制度、保育教育制度、安全保障制度、收费制度等，同时要形成多部门协调配合的长效工作机制：发展改革部门要把学前教育纳入当地社会经济发展规划，支持幼儿园建设发展；财政部门要加大投入，制定支持学前教育的优惠政策；城乡建设和国土资源部门要落实城镇小区和新农村配套幼儿园的规划、用地；人力资源社会保障部门要制定幼儿园教职工的人事（劳动）、工资待遇、社会保障和技术职称（职务）评聘政策；价格、财政、教育部门要根据职责分工，加强幼儿园收费管理；综治、公安部门要加强对幼儿园安全保卫工作的监督指导，整治、净化周边环境；卫生部门要监督指导幼儿园卫生保健工作；民政、工商、质检、安全生产监管、食品药品监管等部门要根据职能分工，加强对幼儿园的指导和管理。

另一方面，各部门相互配合并相互监督，形成有效的监督机制。建议对学前教育机构实行分级分类管理制度，明确经费监督机制，形成内部监督体系。建议增加建立公共参与和信息公开制度，落实群众监督制度，主要明确市、区(县)教育行政部门应当定期公开学前教育政策法规、考核评估等管理信息，公开学前教育机构概况、收费情况、经费投入情况、社会捐赠、财务审计结果等信息。另外，还需要健全相应问责机制，各主体法律责任制度应当包括非法办学责任、违法收费责任、设施安全责任、保育侵权责任等，内部监督和外部监督相互配合，法律问责机制作为相应的救济程序，形成全方位的学前教育的监督机制和法治约束制度，促进北京地区城镇化背景下的学前教育的制度规范化与体系化。

以上建议均为本课题的研究成果，仅此提供学术上的解决方案，形成可参考性建议，供相关政府部门参考，以期对北京地区学前教育事业适应城镇化的形势提供些许智力支持。

参考文献

[1]《北京市学前教育条例》，2001年。

[2]《北京市幼儿园、托儿所办园、所条件标准(试行)》，1996年。

[3]《北京市中长期教育改革和发展规划纲要(2010—2020年)》，2011年。

[4]《北京市教育委员会关于加强民办幼儿园质量管理的通知》，2008年。

[5]《北京市举办小规模幼儿园暂行规定》，2011年。

[6]《北京市扶持学前教育事业发展项目经费管理办法》，2011年。

[7]《北京市民办幼儿园年度考核评价标准及细则》，2008年。

[8]《北京市学前教育三年行动计划(2011年—2013年)》，2010年。

[9]马富成、彭海蕾：《中德学前教育机构与课程比较及启示》，《内蒙古师范大学学报(教育科学版)》，2011年第12期。

[10]余晖、黄亚婷：《以普惠性为导向设定农民工随迁子女学前教育机构准入标准——基于北京市政策与实践的分析》，《学前教育研究》，2013年第2期。

[11]庞丽娟、夏婧、韩小雨：《香港学前教育财政投入政策：特点及启示》，《教育发展研究》，2010年第11期。

[12]邱裕明：《幼儿园的市场困境》，《中国质量万里行》，2011年6月。

[13] 赵成根：《经济人假设在公共领域的适用性论析》，《中国行政管理》，2006 年第 12 期。

[14] 熊丙奇：《非法收养与黑幼儿园》，《商周刊》，2013 年第 2 期。

[15] 郑哲：《学前教育机构准入机制立法研究》，《重庆教育学院学报》，2012 年第 1 期。

[16] 李慧：《新西兰财政性学前教育经费投入研究》，西南大学硕士论文，2013 年。

[17] 沙莉、庞丽娟、刘小蕊：《通过立法强化政府在学前教育事业发展中的职责——美国的经验及其对我国的启示》，《学前教育研究》，2007 年第 2 期。

[18] 刘焱：《对我国学前教育几个基本问题的探讨——兼谈我国学前教育未来发展思路》，《教育发展研究》，2009 年第 8 期。

[19] 刘占兰：《发展学前教育是各级政府义不容辞的责任——〈国家中长期教育改革与发展规划纲要〉对政府责任的确定》，《学前教育研究》，2010 年第 11 期。

[20] 戴国芬：《区域学前教育券效益研究》，宁波大学硕士论文，2012 年。

[21] 沙莉、庞丽娟：《明确学前教育性质，切实保障学前教育地位——法国免费学前教育法律研究及其对我国的启示》，《学前教育研究》，2010 年第 9 期。

[22] 刘鸿昌、徐建平：《从政府责任的视角看当前我国学前教育的公益性》，《学前教育研究》，2011 年第 2 期。

[23] 田书梅：《学前教育收费问题研究》，长沙理工大学硕士论文，2012 年。

[24] 洪秀敏、庞丽娟：《学前教育事业发展的制度保障与政府责任》，《学前教育研究》，2009 年第 1 期。

[25] 李昕：《北京市人大常委关于〈北京市学前教育条例立法后评估〉项目报告》，2012 年 6 月。

[26] 陈振玺：《正规幼儿园收费翻倍上涨　北京黑幼儿园数量过半》，《中国广播网》，http://news.163.com/10/1023/17/6JMPPFAB00014JB5.html，2013 年 10 月访问。

城镇化进程中北京市失地农民养老保障问题研究

课题负责人：刘亚娜（首都师范大学管理学院　副教授）

课题组成员：聂雪、张梦乐、王晛昀

　　我国的城镇化是中国特色社会主义现代化建设的重要组成部分，随着北京市城镇化进程的加快，农民的失地问题逐渐成为影响社会稳定、经济可持续发展的重要课题。北京市在城镇化进程中又遭遇到人口老龄化的背景，失地农民的养老保障问题被广泛关注。本报告在实证调查的基础上，分析目前北京市失地农民养老保障的现状，剖析失地农民在养老保险、医疗保险、失业保障、就业促进等方面存在的突出问题，借鉴国内其他地区失地农民养老保障的经验，结合北京市社会经济的实际发展情况，提出有效解决北京市失地农民养老保障问题的对策建议。

一、北京市城镇化与农民失地问题

　　城镇化，作为拉动内需和带动经济增长的引擎，再次成为社会关注的焦点。城镇化，英文为"Urbanization"，字面意思为"使具有城市属性"，中国的官方政策语言使用"城镇化"。在一定意义上，城镇化就是中国特色的城镇化。城镇化概念的使用，内在地反映了中国在城镇化推进过程中中小城镇不可替代的地位，也反映了政府对城镇化体系布局的战略思想。[①] 关于城镇化的概念界定，中国学者形成了一些认识。[②]

表1　中国学者关于城镇化的概念界定

序号	内　涵	资料来源
1	社会生产力变革所引起的人类生产方式、生活方式和居住方式改变的过程。	谢文惠等，1996

---

① 冯奎：《中国城镇化转型研究》，北京：中国发展出版社，2013年版，第2页。

② 冯奎：《中国城镇化转型研究》，北京：中国发展出版社，2013年版，第18页。

序号	内　涵	资料来源
2	是指居住在城镇地区的人口占总人口比例增长的过程，即农业人口向非农业人口转变并在城市集中的过程。	吴楚材，1996
3	是一个综合性、系统的社会变迁过程，它包括人口城乡之间的流动和变迁、生活方式的改变、经济布局和生产经营方式的变化，还包括整个社会结构、组织、文化的变迁。	王春光等，1997
4	是指人口向城市或城市地带集中的现象或过程，它既表现为非农产业和人口向原城市集聚，城市规模扩大，又表现为在非农产业和人口集聚的基础上形成新的城市，城市数量增加。	陈颐，1998
5	是指农村人口向城市人口转移和聚集的现象，包括城市人口和城市数量的增加及城市社会化、现代化和集约化程度的提高。	胡欣等，1999
6	是由工业化发展引起的，伴随着现代化过程而产生的在空间社区上人口、社会、经济、文化、政治、思想等领域变迁演化的一段承前启后的历史分化过程。	王振亮，2000
7	是一种产业结构由以第一产业为主逐步转为以第二产业和第三产业为主的过程；是一个以农业人口为主逐步转向非农业人口为主的过程；是由一种自然、原始、封闭、落后的农业文明，转变为一种以现代工业和服务经济为主的，并以先进的现代化的城市基础设施和公共服务设施为标志的现代城市文明的过程；是居民从思维方式、生活方式、行为方式、价值观念、文化素养全面改善和提高的过程。	秦润新，2000

　　资料来源：何念如、吴煜：《中国当代城镇化理论研究》，上海：上海人民出版社，2007年版。

　　综合社会学、人口学、经济学、地理学、生态学、历史学、城市规划学等学科知识来看，传统意义上的城镇化的内涵至少包括人口城镇化、经济城镇化、社会城镇化、产业结构城镇化、城市建设和生活环境城镇化等几个方面①。党的十八大报告提出了城镇化发展的新理念，推动城镇化与工业化良性互动、城镇化和农业现代化相互协调，促进工业化、信息化、城镇化、农业现代化"四化"同步发展。随后的中央经济工作会议更是强调走低碳新型城镇化道路，要把生态文明的理念和原则全面融入城镇化全过程，走集约、智能、绿色、低碳的新型城镇化道路。

（一）北京市城镇化的发展

我国的城镇化进程是中国特色社会主义现代化建设的重要组成部分，工业化、信息化、城镇化、农业现代化同步发展。总的来说，中国城镇化的发展历程可分为改革开放前和改革开放后两大阶段：②改革开放前中国的城镇化进程经历了起步和正常发展时期（1949～1957 年）、不稳定发展时期（1958～1965 年）、低徘徊停滞时期（1966～1977 年）；改革开放后，城镇化发展进入了复苏和加速阶段，具体经历了农村经济体制改革为主要推动力的城镇化时期（1978～1984 年）、城市体制改革和乡镇企业双重推动城镇化时期（1985～1991 年）、城镇化全面推进阶段（1992 年至今）。《2012 年社会蓝皮书》指出，2011 年中国城镇人口占总人口的比重，首次超过农业人口，达到 50% 以上。这是中国城镇化发展史上具有里程碑意义的一年，标志着我国开始进入以城镇社会为主的新成长阶段，继工业化、市场化之后，城镇化成为推动中国经济社会发展的巨大引擎。党的十八届三中全会再次将城镇化列为政府改革的重要内容，指出中国城镇化应是"农民转为市民"的城镇化，也是缩小"农村与城市之间、沿海与中西部之间、大中城市与小城市之间的三大差距"的城镇化。

纵观新中国成立以来中国的城镇化进程，与世界城镇化发展历程相比，具有以下几个特色：一是政府主导城镇化发展进程。与西方发达国家的"市场推动型"的自下而上的城镇化进程相比，我国政府在城镇化进程中发挥着极其重要的作用。新中国成立以后到改革开放之前，我国的城镇化建设基本上是"政府推动型"，因为工业化的过程需要城市的大力支持，所以政府主导了一种自上而下的城镇化进程，例如，在"一五"期间，随着 156 个重点项目的建

---

① 张友良：《深入理解城镇化内涵　推进新型城镇化建设》，《传承》，2012 年第 2 期，第 62—63 页。

② 辜胜阻、易善策、李华：《中国特色城镇化道路研究》，《中国人口·资源与环境》，2009 年第 1 期，第 47—52 页。

设，新建了 6 个工业城市，大规模扩建了 20 个城市，一般扩建了 74 个城市。改革开放以后，随着市场机制的引入，形成了"政府推动"和"市场拉动"的双重动力机制，并表现为制度变迁方面自上而下的城镇化和自下而上的城镇化的"双重发展模式"。二是城镇化发展滞后于工业化进程。与发达国家工业化带动城镇化不同，中国的工业化从优先重工业起步，相对于轻工业和第三产业而言，重工业所创造的就业机会要少得多，所以降低了城市经济对劳动力的需求，也就减慢了城镇化进程。三是存在城乡二元结构壁垒。改革开放以来，农民虽然获得了进城务工的自由，但难以取得"市民"身份，无法纳入城市居民的就业、教育、医疗卫生、养老等社会福利体系之中。

1. 北京市城镇化的发展进程及主要特点

作为我国的首都和政治、文化中心城市，北京市城镇化发展过程可以看作是中国城镇化进程的一个缩影，经历了改革开放前的缓慢、曲折发展时期和改革开放后的迅猛发展时期。从发展阶段来看，北京市总体上处于城镇化加速发展时期。2011 年，北京市常住人口 2019 万人，其中城镇人口 1741 万人，城镇化率由 2004 年的 79.5% 增长至 86%，已经达到国际上发达国家 80%~90% 的水平，预计到 2020 年，全市城镇化水平将达到 89%。从行政区划上来看，北京市共辖 14 个市辖区、两个县，全市乡镇级别区划数量为 317 个，共有 135 个街道办事处和 182 个乡镇。2012 年年末全市常住人口 2069.3 万人，比上年年末增加 50.7 万人。其中，常住外来人口 773.8 万人，占常住人口的比重为 37.4%。常住人口中，城镇人口 1783.7 万人，占常住人口的 86.2%。① 从城镇化的实施路径来看，多种路径并存，主要体现为以下几个方面：一是城市中心区的扩张，带动城市周边地区自然城镇化；二是以新城和小城镇建设为动力，带动农村城镇化；三是以实施绿化隔离带建设和城乡结合部环境整治为目的，带动农村城镇化；四是以农民自主进行的旧村改造为动力，带动农村城镇化。

由于独特的区位特点，加之郊区农村改革和乡镇企业的发展、城镇功能的整合与协调、卫星城和小城镇的建立、基础设施的完善等诸多因素，北京市的城镇化进程突出表现为由城区向郊区辐射的发展过程。20 世纪 90 年代以来，北京市郊区开始进入城镇化水平迅速发展的阶段。同时，随着北京市城市建设的迅猛发展，城市产业和功能开始向郊区扩散，并逐渐使郊区的城镇

---

① 北京市统计局：《北京市 2012 年国民经济和社会发展统计公报》。

化进程与北京市的大城市郊区化进程合流，深刻地影响着郊区现代化进程，也使北京市的城镇化进程呈现出很多不同于一般农村地区城镇化进程的典型特征和特殊规律。① 因此，在北京市的城镇化进程中，既有中心城区扩散对于郊区的影响，也有郊区发展对北京市城镇化进程的影响。二者之间相互影响，共同构成了城镇化的体系。

从北京市城镇化的发展趋势来看，一方面，呈现出城乡一体化的发展趋势。世界著名的大都市，例如纽约、伦敦、巴黎、东京等，都是由中心城区、小城镇、卫星城以及乡村所组成的结构。北京市是由中心城区、近郊和远郊城镇以及农村所组成的一个聚集体。由于中国独有的城乡二元结构壁垒影响了北京市城镇化的进程，为了打破这一壁垒，使北京市向国际一流大都市迈进，城乡一体化也就成了发展的主流趋势。中共中央和国务院在 1993 年关于北京市城市总体规划的批复中也明确指出，"要进一步完善和优化城镇体系的布局，实行城乡统一规划管理"。要推进城乡协调发展，实现"以城带乡、以乡促城、城乡互补、共同发展"的城镇化方针。经过近 20 年的发展，北京市城乡一体化已经取得了较为显著的成就，城乡一体化的发展是大势所趋。另一方面，呈现出郊区城镇化发展趋势。所谓郊区城镇化，与逆城镇化的概念界定类似，一般都发生在城镇化程度较高的城市，而且由于中心城区"城市病"的出现以及现代交通技术的发达，城区人口为了追求更加舒适的居住环境而向郊区积聚。出现这一趋势的原因一方面归结为北京市经济社会的快速发展，同时也是与北京市的有关政策导向分不开的。北京市城市规划积极引导中心城区的居民逐步向外迁移，同时积极鼓励和支持近、远郊城区的城镇化发展。因此，郊区城镇化将会是未来北京市城镇化发展进程中的主要载体。

2. 北京市城镇化进程中凸显的主要问题

北京市城镇化发展在取得成绩的同时，也面临着一系列的问题和难题：城市规模和人口的快速扩展，给资源环境和社会运行造成较大压力，出现一系列"大城市病"问题；中心城区过度集聚的状况没有发生根本改变，新城和小城镇在带动城镇化发展方面的作用尚未得到完全发挥；从土地使用来看，城镇建设用地和集体建设用地使用效率差距较大，城镇化质量有待进一步提高。即言之，首都特色的城镇化应该是城乡关系良性互动的城镇化，是速度、

---

① 郭晓霞：《城市化进程中失地农民问题产生原因探析》，《农业经济》，2011 年第 11 期，第 30—32 页。

规模适度匹配的城镇化，是多样化因地制宜的城镇化，是资源节约、环境友好的城镇化。

有学者指出，北京市城镇化进程的主要特征是被动性的城镇化①。此种类型主要分布在近郊区农村和区（县城）周边列入城市发展规划的农村。伴随着原有城市的不断扩张，这些地区几乎全部实行土地非农化利用，这些失去原有土地的农民只能被动地接受城镇化的发展，具有被动性的特征。存在的主要问题集中体现在两个层面：

一是中心城区的城镇化问题。中心城区存在的问题，主要是由于有限的空间承载了过重的人口压力，使得中心城区负担过重，环境恶化，居民生活质量下降。这种经济社会发展在中心城区的高度集中化，使得城镇化发展形势如同摊大饼一样，从中心向四周辐射。一方面这导致了中心城区的用地紧张，不得不进行"旧城改造"，对原有的城区进行拆迁与重建。同时，为了满足日益密集重叠的城市功能，使得高楼林立，破坏了原有的生态环境。另一方面，中心城区承载了大量的就业人口，加之由于中心城区高额的房价使得人口不得不选择在郊区居住，这就极大地加重了交通的负担和环境的污染程度。因此，在《北京市城市总体规划（2004－2020年）》中，明确提出了要逐步将人口和产业向郊区作战略转移，尝试解决中心城区存在的城镇化问题。值得注意的是，这一措施在推动郊区城镇化发展、缓解中心城区的压力的同时，也使得郊区存在的问题更加突出。

二是郊区城镇化发展产生的问题。由于北京市城镇化进程所具有的这种被动性的特征，使得郊区农村农业人口的一系列问题凸显出来。例如就业问题、权益保护问题以及社会保障问题等。造成这些问题的原因一方面是失去土地的农民无法保证其合法权益在土地流转过程中得到较好的处置。从事农业生产的农民失去了土地，就业非农化严重滞后，导致了这部分群体生产生活的困难，而随着进入21世纪以来的几次"圈地热潮"，越来越多的农村集体土地被合法或不合法地、公开或隐蔽地征用为城镇建设用地，使得拥有土地承包权而又不从事或不是主要从事农业生产的人成为主要群体。失去土地的农民的权益无法得到切实的保障，成为影响社会稳定的重要因素。另一方面是城乡二元结构是上述问题的根源所在。由于户籍制度的存在，失去土地的

---

① 张文茂、苏慧：《北京城市化进程与特点研究》，《北京规划建设》，2009年第3期，第71－75页。

农民无法获得同城镇居民一样的就业、医疗、教育、住房等社会保障，加之在城镇的生活门槛明显高于乡村，使得这部分群体难以融入城镇中来，大部分处于夹缝之中艰难地生存。因此，我们可以看到，这些失去土地的农民实际上成了"无土地、无就业、无保障"的一类群体。

（二）北京市城镇化进程中产生的失地农民问题

城镇化的主体应是农民。在世界城镇化的历史上，有关失地农民的出现，最早可以追溯到 15～18 世纪末英国的"圈地运动"中涌现出的大量失地农民。随着我国城镇化进程的加快，城市建设和工业化的迅猛发展，农民的失地问题逐渐成了影响社会稳定的重大问题。对于失地农民的定义，虽众说不一，但其实质内容具有一致性，即指一个国家在经济建设和社会发展过程中，因城镇化和工业化用地而产生的失去土地的农民。失地农民的定义又有广义和狭义两种：狭义的失地农民仅指因征地而失去全部土地的农民；广义的失地农民不仅指本身依法承包了集体土地，但在征地中失去了部分或者全部承包地的农民，还包括失去土地的所有家庭成员。①

土地对于农民来说，具有多重功能，不仅是农民最基本的生产资料，也是农民最基本的生活保障。当农民的土地被征用时，失地农民应该获得多少补偿必须考虑两个方面：一是最基本的生存手段，二是最基本的生活保障，即指失地农民能够获得养老、医疗、失业等各方面的社会保险，并且在失地农民家庭陷入贫困时可以得到最低生活保障制度的保护。农民对于土地有着极强的依附性，如果失地农民得到的补偿不能满足上述两个最基本的需求，社会无疑会受到强烈冲击。② 如何处理好这一问题，成为推动城镇化发展进程的重要任务。综观当前北京市失地农民的问题，突出表现在两大方面：一是征地补偿问题，二是失地农民市民化的问题。

1. 征地补偿问题

根据国家的政策，土地补偿费和安置补助费的标准，分别为耕地被征用前 3 年平均年产值的 6 倍和 4～6 倍。北京地区的征地补偿费在全国来说处于较高水平，一次性补偿款对失地农民来说是一笔可观收入，所以似乎在北京，"征地补偿标准低"的问题并不严重。然而，这也有可能会产生由于没有充分

---

① 卢华东：《建构多元化农村养老保障体系》，《统计与决策》，2005 年第 7 期。

② 唐钧、张时飞：《城镇化进程中失地农民的就业与社会保障问题研究》，载《中国社会政策研究十年研究报告选(1999－2008)》，北京：社会科学文献出版社，2009 年版。

考虑到土地的潜在收益和增值作用而影响到失地农民的长远利益。北京市的
征地补偿政策是根据《中华人民共和国土地管理法》，结合本市实际制定的。
《中华人民共和国土地管理法》规定："政府履行征地手续后，农民对被征用土
地不再享有相关权益。"《北京市建设征地补偿安置办法》中规定的征地补偿费
包括土地补偿费和安置补助费，另外根据实际情况或包括青苗补偿费和其他
土地附着物补偿费（简称"四费"）。这样的制度实际上剥夺了农民的土地财产
权，排斥了农民参与土地增值过程中利益再分配的权利。同时，产值倍数法
的土地征用补偿测算方法，以传统农业产值作为征地补偿标准，没有考虑到
现代农业的高产出和土地在农民生产生活中的使用价值。土地对农民有着多
重保障功能，农民不仅失去了作为生产资料的土地，还失去了土地的保障功
能以及获得增值利益的机会，所以在征地过程中农民的损失是多重的。另一
方面，存在征地补偿款概念含混，"四费"混淆不清的现象。《北京市建设征地
补偿安置办法》规定，征地单位支付给失地农民"四费"。实际中，京郊大多数
村在与征地单位签订征地协议时，没有一个明确的计算土地补偿费的依据，
与征地单位的讨价还价只凭经验，协议中只确定了每亩的征地补偿费总额，
没有分项确定补偿。所以有些地区多付地上附着物和青苗补偿费，少付土地
补偿费和安置补助费，以总数不少掩饰土地补偿费和安置补助费的不足，或
者按协议安置农民转居、转工，这都严重损害农民的整体利益和长远利益。
此外，存在征地行为不规范问题。由于征地问题产生官民纠纷，甚至上访和
群体性事件不是个例。征地问题的主要矛盾无非在于征地过程的政府和开发
商行为不端，以及农民与村集体利益分配不均。究其原因有客观历史原因，
如农地产权主体的模糊、政策漏洞、征地范围不清、征地权滥用、政府利益
取向和自律不足等。

2. 失地农民市民化的问题

在城镇化进程中，失地农民出现难以融入、适应城市的现象。造成失地
农民市民化障碍的根本原因在于城乡二元结构体系，其中包括城市居民和农
村居民的思维方式、文化习惯和观念存有差异，特别是在教育、就业以及社
会保障方面。尽管现在农民向城市流动的趋势开始增强，但是并没有形成一
个有效的机制来保障农民的权益。首先，失地农民进入城市面临着生活方式
的转变。农村人口习惯于集中居住，群体内血缘关系、地缘关系影响大。失
地农民之间互相关照、帮助及救助的人文环境因土地征用，不得不在重新构
建农村生产力过程中解散，无法适应城市社会关系的匿名性、非人情性，社

会文化的世俗化等，由此产生了对城市的陌生感和恐惧感。其次，失地农民由于自身素质和能力的限制，较难在城市中找到稳定的工作，难以在城市中立足，对城市更加没有归属感。再次，城市中存在排斥和歧视失地农民的现象。虽然北京市外来人口众多，有很强的包容性，但毕竟北京市是一个现代化都市，作为我国政治、文化的中心，生活节奏快、生活方式多种多样、国际性强，也都是北京城市生活的特点。在这样的环境下，失地农民融入北京城市生活会有天然的屏障和排斥，加之，并不是每一个城市人都能理性、正确地对待转非农民，失地农民仍然不能摆脱在一些方面被歧视的处境。

二、北京市城镇化进程中失地农民的养老保障问题凸显

农民的社会保障是我国党和政府近年来着力解决的民生问题，同时，也是我国一项系统的社会工程，面临的困难很多，资金不足、制度滞后、组织机构不健全、农民社会保障的管理人才缺乏、农民的社会保障观念滞后、土地换保障过程中仍存在许多障碍等。失地和部分失地农民已是一个大的社会群体，从其社会保障现状和存在的问题来看，当前，对失地农民的社会保障覆盖范围狭窄、水平低下、筹资方式不合理、运行机制不成熟，其中的成因不仅有主观、客观因素，还有体制方面的问题。

(一)北京市失地农民养老保障的重要性及主要内容

长期以来，中国农民以家庭和土地作为保障和依托。农民失去土地，就意味着失去了最基本的生活保障，进而成为严重的社会和经济问题。如何解决目前失地农民普遍面临的"种地无田、上班无岗、低保无份"的"三无"状况，成为我国现代化过程中必须首先着重解决的重大问题之一。① 其中如何对失地农民进行合理、有效的安置是解决上述问题的关键所在，同时，也是解决失地农民生存和可持续发展的重要环节。

1. 当前被征地农民的主要安置方式

20世纪90年代以来，被征地农民的安置方式一直处在不断创新的过程中，由过去的农业安置、招工安置以及货币安置逐步发展到留地安置、入股安置、住房安置、移民安置与社会保障安置等多种方式。失地农民安置方式

---

① 吕世辰等：《农村土地流转制度下的农民社会保障》，北京：社会科学文献出版社，2012年版，第302页。

的内容及特点在于：① 各种安置方式在特定阶段发挥了积极的社会作用，但同时也不可避免地产生了一些新问题。

表 2　被征地农民的主要安置方式

安置方式	内容	优点	缺点
货币安置	一次性付清征地补偿费用，包括土地补偿费、安置补助费及地面附着物与青苗补助费	操作简单易行	难以解决失地农民的长远生计和可持续发展
留地安置	为失地农民留出一定面积的土地，帮助其生活和生产发展	使农民可以长久获取土地增值收益	只有人均耕地充裕的地方才可以实行
入股安置	以补偿安置费为股本进行投资并参与利润分配	收益比较高	风险比较大
招工安置	帮助失地农民在当地就业	能够获得工资保障	失地风险依然存在
住房安置	统一规划，为失地农民提供住宅	可以解决失地农民的居住问题	难以获得其他方面的保障
移民安置	在当地确实无法安置的情况下，由政府统一组织安排迁移到环境容量许可的地区	可以缓解原居住地的生产生活条件，从而为失地农民找到更好的生存发展空间	迁移后生产资源通常仍然比较匮乏
社保安置	统一纳入社会保障体系，按月领取保障金	能够长久解决失地农民的各方面保障	保障面仍较狭窄，保障力度不够

（1）被征地农民就业安置。

就业安置是我国政府最早采用的解决被征地农民生活保障的方式。然而只给予被征地农民货币补偿、让其自主就业的安置方式会使他们面临巨大的市场风险，而缺乏非农业生产技能的被征地农民无力面对这种风险。因此，为防止被征地农民在用完土地补偿费和安置补助费后没有生活来源而无法生

---

① 　吕世辰等：《农村土地流转制度下的农民社会保障》，北京：社会科学文献出版社，2012 年版，第 303 页。

存，在给予被征地农民土地补偿费和安置补助费的基础上，安排他们在城镇企业或乡镇企业工作。但随着农村经济体制改革的深入，这种方式对农民的保护作用在市场竞争中逐渐瓦解。被征地农民在各种类型的企业中找不到自己的位置，或因为接纳企业生产经营状况不稳定、被安置农民自身素质不高等原因，面临失业风险。

（2）土地入股方式。

把股份制的机制引入社区集体经济组织，在不改变土地和其他生产资料集体所有制的前提下，把部分集体资产量化折股到社员，同时，适当吸收社员现金入股或以土地承包权折价入股，实行风险共担，按股分红。① 这种方式有利于对土地进行重新布局，划成农田保护区、工业经济开发区和商住区，实施统一经营，避免土地征而不用、多征少用，以及由此导致的利益纠纷。其特点是"有股权、有保障、有技能"：有股权，是指对各种集体资产进行量化，由村经济合作社负责经营，村民拥有其中已量化的股权，参与盈利分红；有保障，是指被征地农民可以将所得股红用于生活消费，在失去土地后依然有生活保障，对年老的被征地农民还给予养老保障；有技能，是指建立被征地农民技能培训机制，帮助他们在非农产业就业。通过土地入股组建股份制农业企业的一个重要的先决条件是农村的非农业产业比较发达，能够吸收被征地农民，实现原农业人口向第二、第三产业转移。但它对抵御未来收入风险及养老风险的能力不足。

（3）使用安置用地模式。

在浙江省的很多地区，政府征用集体土地后，通常会返还10％的土地作为被征地农民的安置用地，用于发展第二、第三产业。一些地区进行各种非农业建设，然后用于出租，租金用于被征地农民的生活开支。安置用地的基本用途包括：生产性或者商业性租赁；建造两套住房，住一套，租一套。这种通过获得租金为被征地农民提供生活保障的办法同样不具备在全国范围都适用的推广可行性，它具有地区局限性，比较适合经济开发区或者城乡结合部。

伴随着我国工业化和城镇化的加速发展，失地农民面临的风险已由先前的分散性个体风险逐渐演变成集聚性的群体风险。对失地农民进行的一些"短

---

① 浙江省国土资源厅办公室：《保障被征地农民权益，妥善解决农民长远生计——浙江采取十种形式安置失地农民》，《浙江国土资源》，2004年第8期。

平快"的安置可能会对他们未来的生存和发展产生不利影响，同时，也为社会的和谐与稳定埋下较大的隐患。从已有的经验来看，社会保障安置应当是一种相对具有可持续性的安置方式，值得进行尝试和探索。在这一变革中，社会保障问题能否得到有效解决，不仅关系到失地农民合法权益的保护和发展，还关系到城乡解决社会的统筹与协调，进而关系到整个社会的稳定与发展。①

2. 重视失地农民养老保障的必要性及重要意义

从产品组合的视角看，农村养老保障可以定义为一系列必需品以及医疗卫生服务组合。农村的养老保障理应包括三个方面：物质供养品，即养老需求的最基本的物质生活供养的保障；医疗保健与生活护理服务品；精神慰藉，一定的文化娱乐生活或精神慰藉、享受亲情和受人尊重乃至追求某种自我价值实现。在养老保障三个层次中，最基本的是前两个方面。在有关失地农民的众多复杂社会保障问题中，养老保障问题是最具有代表性和迫切需要解决的基础问题。养老保障问题不仅关系到失去土地保障的老年人，还包括未来需要依靠土地生活的青壮年。

（1）家庭养老的物质基础和养老功能随土地被征用而逐渐弱化。

随着土地被征用，农民失去土地永久承包权，他们的养老来源及养老风险都将发生变化，这可以从征地前后农民的收入变化中发现。征地前，农村老人通过把土地永久承包权转交给子女，使他们在土地上劳动，培养新的劳动力，子女则通过劳动向老人提供物质财富，以供老人养老。由于土地产出的剩余不仅能换取货币，还能在农产品市场不景气时直接为老人提供最原始的生活资料——粮食，因此农村老人的养老风险并不大。征地后，除了能获得一次性征地补偿费（土地价值货币化）以外，被征地农民必须通过劳动力市场参加非农生产才能获得收入，所以，被征地农民的收入不仅非农化，而且市场化了。由于缺乏文化知识和非农专业技术，青年农民在劳动力市场上随时面临失业的风险，他们对老人的经济供养能力不能长久维持。另一方面，老人获得土地补偿费后，由于消费和投资意识强于储蓄意识，会把这笔养老基金用于建房或者购买耐用消费品上。在农村地区，没有活跃的房地产市场，且耐用消费品价值逐年递减的情况下，一旦子女提供经济供养的资金链断裂，老人也无法通过房产和耐用消费品换取养老基金。这两方面因素加大了农村

① 吕世辰等：《农村土地流转制度下的农民社会保障》，北京：社会科学文献出版社，2012年版，第303页。

被征用土地老人的养老风险，过去家庭在养老保障上占主导作用的模式已经消失，需要被更有效的养老保障模式所替代。①

(2)失地农民养老保障是农民生活的基本维护。

失地农民的养老保障问题关系到农民是否可以实现老有所养，以及解决年老时的后顾之忧，是对农民生存和生活权益的基本维护。农村现行的社会养老保险制度尚未健全，且与城市基本社会养老保险制度相距甚远。失地农民的社会养老保障没有统一规范，现存形式只是各地区按照自己当地的实际探索的试点。对失地农民社会保障尤其是养老保障问题进行深入研究，对完善我国农村社会养老保障体系，为城乡一体化养老保障制度的健全提供借鉴。

(3)失地农民养老保障是社会稳定的重要力量。

从社会发展的角度来说，失地农民的社会保障是为了维护土地征用过程中受到征地需求从而损害到其基本权益的一系列补偿行为和措施。当前我国实行的征地制度在性质上偏向于强制性征用，对于农民的补偿难以维持其养老需求。这些社会矛盾在很大程度上扩大了社会不公平，深化了农民的贫困问题，使其成为社会不稳定因素。满足失地农民养老需求不仅是解决失地农民自己本身的问题，更是对于制度层面上城乡二元结构弊端的消化，对于缩小区域及城乡差距，促进城乡社会经济统一、协调发展的有力杠杆和重要推手。

(4)失地农民养老保障体系完善是城镇化进程的必然选择。

城镇化进程是社会发展和文明进步的标志，快速发展的城镇化带动了第二产业和第三产业的优化升级，对于整个国家经济的发展做出了贡献。城镇化的核心本质亦是在城镇规模扩大的情况下实现相应地区居民身份由农民向市民的转变，帮助农村居民与城市居民共享社会经济发展成果。然而在现行城镇化进程的背后，却是以农民失去赖以生存的土地为代价的现实，这大大违反了经济社会以人为本的理念和城镇化高速发展的初衷。失地农民的养老问题与城镇化建设是互相推动的，如果不能有效化解这一风险，失地农民的养老问题将反作用于城镇化的发展，阻碍城镇化的进程。

3. 北京市失地农民养老保障的现状

从当前北京市失地农民养老保障的主要举措来看，2004 年 7 月，北京市

---

① 梁红、赵德余等：《人口老龄化与中国农村养老保障制度》，上海：上海世纪出版集团，2008 年版，第 174 页。

人民政府废止了 1993 年 10 月 6 日北京市人民政府发布的《北京市建设征地农转工人员安置办法》，颁布并实施了北京市人民政府第 148 号令——《北京市建设征地补偿安置办法》，就征地补偿、人员安置、就业促进、社会保险、法律责任等多方面进行了详细、具体的规定。其中第三章第十九条指出，征用农民集体所有土地的，相应的农村村民应当同时转为非农业户口，这就在制度上明确了北京市失地农民户籍转移的界定。

《北京市建设征地补偿安置办法》第五章第三十四条、第三十五条中对失地农民养老保险做出了详细规定，共包括以下四个方面。第一，转非劳动力达到国家规定的退休年龄时，累计缴纳基本养老保险费满 15 年及其以上的，享受按月领取基本养老金待遇。基本养老金由基础养老金和个人账户养老金两部分组成。基础养老金按照本人退休时上一年本市职工月平均工资的 20%计发；个人账户养老金按照个人账户累计储存额的一百二十分之一计发。转非劳动力按月领取的基本养老金低于本市基本养老金最低标准的，按照最低标准发放，并执行基本养老金调整的统一规定。第二，转非劳动力达到国家规定的退休年龄时，累计缴纳基本养老保险费不满 15 年的，不享受按月领取基本养老金待遇，其个人账户储存额一次性支付给本人，并终止养老保险关系。第三，依法批准征地时，转非劳动力男年满 41 周岁、女年满 31 周岁的补缴 1 年基本养老保险费；年龄每增加 1 岁增补 1 年基本养老保险费，最多补缴 15 年。第四，补缴基本养老保险费以依法批准征地时上一年本市职工平均工资的 60%为基数，按照 28%的比例一次性补缴。补缴后，由社会保险经办机构按照 11%的比例一次性为其建立基本养老保险个人账户。

上述制度内容关于养老保险的设计是：对于超转人员，以土地换保障，养老保障待遇的标准为城镇职工最低养老金标准；对于转非劳动力，给予其补缴养老保险的机会。具体做法是按倒推法规定补缴养老保险的起始年龄（男 41 岁，女 31 岁）、补缴比例和缴费年限，并给予其 5 年的过渡调整期，使其缴费年限基本能够满足 15 年的最低要求标准，以保证其退休后能够享受到最基本的养老保障。

但实际上，在这样的政策背景下出现了几个问题：第一，保障水平低。失地农民未来能否领到养老金、领到多少养老金都由其在退休年龄前的缴费年限决定。在失地农民社会保险补缴规定中，只规定了补缴的起始年龄，无论是养老保险还是医疗保险，补缴仅限大龄人员。按照补缴养老保险的起始年龄算，失地农民个人账户金额最多积累 20 年，而城市职工一般都至少积累

30 年。这就直接导致失地农民的养老待遇水平较低。第二，补缴政策较为僵化，没有考虑到失地农民的实际情况。失地农民养老保险的单位缴纳部分是由征地单位直接从征地补偿款中扣除的，相当于强制性缴纳，容易产生不满或抵触的情绪。另一方面，政策设计缺乏灵活性，只能一次性补缴养老保险，并且没有可供选择的分档标准，没有充分考虑到不同家庭情况的失地农民的经济承受能力和对养老金的需求情况。第三，失地农民养老保障意识较弱。许多失地农民还是保留着补偿款"落袋为安"的思想，没有认识到养老保险的重要性，看不到养老保险未来的收益和保障作用，不愿意参加养老保险。

4. 北京市失地农民养老保障的主要课题

(1) 人口老龄化深化养老难题。

人口老龄化亦称人口老化，是指老年人口数占总人口的比例随时间的推移而不断上升的动态变化，特别是指在年龄结构类型已属于年老型的人口中，老年人口数的比重持续上升的过程。随着经济的发展和社会的进步，人口出生率和死亡率的下降及人类预期寿命的延长，使人口平均年龄逐渐增加，人口逐渐趋向老龄化。人口老龄化体现在总人口的老龄化、劳动力的老龄化和老年人口自身的老龄化三个方面。老龄人口通常指 60 岁及以上或 65 岁及以上的人口。60 岁以上的老年人口数占总人口的比重达 10% 以上，或者 65 岁以上的老年人口数占总人口的比重达 7% 以上，标志着这个国家或地区的人口进入年老型。[①] 2010 年第六次人口普查数据显示，中国 60 岁及以上老年人口达到 1.78 亿，占总人口的 13.26%。人口老龄化以及养老保障是一个世界性的难题，对社会经济生活产生的影响必然是深刻的。与全国水平相比，北京市的人口发展也有着不同于全国的趋势和特征。北京作为首都，是我国计划生育政策开始较早、执行较好的城市之一。随着低生育政策的稳定、社会经济条件的改善以及人口寿命的不断延长，北京市老龄化在不断加剧。

从北京市人口老龄化的现状来看，2011 年年底，北京市户籍总人口为 1277.9 万，其中 60 岁及以上的老年人口为 247.9 万，占总人口的 19.4%；65 岁及以上的老年人口为 177.6 万，占总人口的 13.9%；80 岁及以上的老年人口为 38.6 万，占总人口的 3%。[②] 北京市人口老龄化主要有以下几个特点：

① 何爱平、任保平：《人口、资源与环境经济学》，北京：科学出版社，2010 年版，第 94 页。

② 北京市老龄工作委员会办公室：《北京市 2011 年老年人口信息和老龄事业发展状况报告》，2012 年 10 月。

一是老年人口数量巨大，增长快。1953 年普查时北京市老年人口数为 16 万，1964 年普查为 51 万，1982 年普查为 78 万，1990 年普查为 111 万，2000 年普查为 171 万，2005 年为 224.3 万，2011 年为 247.9 万。在不到 60 年的发展中，北京市老年人口数量增长 15 倍之多。另外，从老年人口比例来看，1990 年全市老年人口 109.4 万，占全市常住人口的 10.1%；2000 年为 170.2 万人，占 12.5%；2005 年为 224.3 万人，占 14.6%；2011 年为 247.9 万人，占总人口的 19.4%。

二是中、高龄老年人口增速较快，高龄化趋势明显。2010 年北京市老年人口年龄结构中，中龄老人（70～79 岁）占全部老年人口的 36.19%，比 2000 年增加了 5.97 个百分点；高龄老人（80 岁及以上）占全部老年人口的 12.28%，比 2000 年增加了 4.47 个百分点，年均增长率为 8.56%，快于同期老年人口 3.76%的年均增长率。此外，这 10 年间，北京市人口年龄金字塔的凸出部分上移，逐渐接近塔尖的老年人口，低年龄段的比重很小，中间年龄段比重大，老龄人口的潜在数量巨大。

三是老年人口地区分布不平衡，人口老龄化地区差异明显。2011 年年底，北京市城市老年人口 194.1 万人，农村老年人口 53.8 万人，分别占全部老年人口的 78.3%和 21.7%。分区域看，首都功能核心区、城市功能拓展区、城市发展新区和生态涵养发展区的 60 岁及以上老年人口占本功能区总人口的比例（即老龄化程度）分别为 22.1%、20.1%、17.2%和 17.4%，分别比上年增加了 0.9%、0.6%、0.7%和 0.7%。

四是女性老年人口多于男性，城乡性别比差异大。

五是总人口抚养比下降。在老龄化加速的同时，少儿人口规模不断减少。2007 年到 2010 年，每百名劳动年龄人口少负担了 0.5 个少儿人口，同时增加负担了 2.4 个老年人口。这意味着在少儿人口抚养比不断下降、老年人口抚养比逐年上升的同时，总抚养比也在下降，人口结构正处于"人口红利期"，是经济和社会发展的黄金时期。[①]

（2）城乡二元结构制约农民社会养老保障发展。

二元结构和农村转型在某种程度上加剧了农民的养老保障问题。城乡二元结构尤其是户籍制度阻碍了农村人口的非农化进程，同时，城镇职工基本

---

① 北京市第六次人口普查小组办公室、北京市统计局、国家统计局北京调查总队编：《北京市 2010 年人口普查资料》，北京：中国统计出版社。

社会保险制度严格排斥农村人口的自我封闭性又强化了城乡二元的分治结构，使得农业人口非农业化和市民化的过程更加困难。农民的老龄化及其养老问题无法纳入城市基本养老保障体系之中而得到覆盖或解决，而只能滞留在农村区域的范畴之内加以讨论和探索。此外，农村转型也在深刻影响着农民的社会养老保障发展。随着农村市场化进程加快以及交通环境的改善，大批农村青壮年劳动力开始向外流动，大规模的进城务工导致许多乡村村庄留下的常住人口主要是老人和儿童。同时，由于计划生育政策的实施，农村家庭的内核化和小规模化十分严重，家庭主要劳动力老龄化和青年劳动力外出流动之后遇到了现实和严峻的挑战。

在城乡二元结构和农村转型的背景下，失地农民的养老方式由传统的依靠"土地＋子女"的模式，转变为依靠"养老保险＋子女"的模式。然而，这种转变却并没有提高失地农民的养老保障水平，甚至带来了额外的风险。一方面，失去土地之前，农村家庭大多以务农为主，子女在父母身旁生活的情况比较普遍；但失地之后，年轻的子女一般都会外出打工或在安置就业单位工作；并且由于失地初期的征地补偿款还较为充裕，很多家庭选择多盖新房，父母和子女会分开居住，这样的情况可能会导致子女对父母的照料减少。另一方面，现行的失地农民养老保险政策，还处在向城镇社会养老保险制度过渡的时期，还存在着许多问题，这也会影响失地农民的养老保障水平。

（3）当前北京市失地农民养老保障存在的主要问题。

现阶段失地农民的养老保障统一制度尚不完善，失地农民的养老保障存在着突出的问题。

第一，失地农民社会养老保障意识不足。北京市失地农民对社会养老保障的认识不足，对于今后自身的养老问题考虑不多，不愿意拿出资金对未来进行投资。即使在失去土地后，仍没有意识到养老保障的重要性，认为土地被征收，养老责任应由政府全权承担。失地农民在失去土地后对于农村养老保险的参保意识薄弱，在使用完分发的征地补偿安置款之后便失去了养老基础。北京市各地区现行的对失地农民养老保障要求有强制性的政策法规少，各主要行政区关于农村社会养老保险的试行办法中未能强制性地对失地农民的老年生活做出参保政策引导，仅提供以自愿形式为主的相关条款，缺乏政策层面的大力宣传和积极教育，也在一定程度上造成了失地农民对养老保障的忽视。

第二，农村土地产权不清晰。在寸土寸金的北京，农村的土地产权仍十分模糊，集体土地所有制使土地的所有权掌握在农村集体手中，而农民对土地的权利不完整，只享有使用权，导致农民很难在政府征地、人员安置、养老保障方面享有与政府或者开发商直接商洽的机会，自身权利难以得到充分维护。土地征用补偿标准过低是被征地农民生活困难的最直接原因，北京市征地拆迁法律法规中关于安置补助费的归属、使用规定，由农村集体经济组织安置的，支付给农村集体经济组织，由其管理和使用。由其他单位安置的，支付给安置单位。不需要统一安置的，发放给安置人员个人或经被安置人员同意后用于支付被安置人员的保险费用。这种补偿方式未能完全考虑到土地的增值收益，并且，补偿费用基本归村集体经济组织所有，农民仅得到小部分，补偿款拖欠的问题也亟待解决。此外，失地农民参保后不能准时准额领取养老金的情况也在一定程度上影响了老年失地农民的生活状况，挫伤参保积极性。一旦发生农村集体土地的征用，失地农民的利益往往容易受到侵害。

第三，失地农民养老保障社会化程度低。失地农民养老保障社会化程度低，其养老保障的制度和规范始终处于分散的碎片式的状态。失地农民作为城镇居民和农村居民的中间层，其社会保障模式虽然因为征地得以转非，但是针对他们的具有规范性和稳定性的独立养老保障制度难以达成统一。2004年北京市大兴区出台《大兴区农村社会养老保险试行办法》，实行"个人缴费、集体补助、政府补贴"的筹资方式，创建了筹资方式和账户调整模式；缴费标准按不同的年龄和领取标准测算，基本上满足了不同层次的参保需求；建立了缴费的自动增长机制和待遇调整机制；根据不同村的经济状况，有重点、分层次地推进农保工作。这样的模式在国内实现了一系列的创新与突破，主要表现在实行"普惠制"，北京市郊区农民首次有了一套完整的社保体系。但是这样的创新凤毛麟角，北京市失地农民的养老保障面临的问题依然严峻。

第四，失地农民养老补偿多样性不足。在北京，各区失地农民的补偿措施基本围绕在一次性资金补偿和换保障两种，而不同地区和家庭的经济情况各异，失地农民对养老保障的需求也是多元化的，部分地区政府并不能从当地农民的实际需求出发，在缺乏沟通与宣传的情况下，采用"一刀切"方式，强制性地扣留征用补偿费，推行养老保障制度，或是不实行补缴养老保险，一次性发放补偿费用。

第五，失地农民养老保障水平低。失地农民养老保险缴费比例高且保障水平低，为确保转非劳动力能够进入社会保障体系，享受到城镇基本社会保险待遇，转非劳动力享有补缴社会保险的机会，但对制度设计的保障水平却欠缺考虑。补缴年龄的限制和倒推补缴的方式导致转非劳动力养老个人账户最多累积20年，此外，转超人员只享受城镇退休职工最低养老金标准，都易导致失地农民在失去土地后生活水平下降。此外，农民失地后，收入水平普遍下降，社保缴费能力有限。相对于补偿，高额的个人缴费比例也在一定程度上增加了失地农民参保的积极性，或者部分失地农民将大部分安置费全部用来补缴养老保险，使其在失地、失业的状况下又失去了生活来源。此外，微薄养老金的低保障也减少了社会化养老对失地农民的吸引力。

第六，失地农民转非比例低。失地农民实际转非人数少，征地转非过程中并非整征整转，农民按照被征用土地的相同比例给予转非名额。2002年12月，石景山区50个自然村的所有农业人口近2万人，整建制一次性变更为城镇居民。这次户籍制度上的改革，是北京市城镇化进程中迈出的关键性一步，对全国类似的改革也有重要影响。但由于近年来北京市城镇化进程加速，人口剧增，落户难度加大，而且转非过程中的操作缺乏规范性，批准的转非指标常常难以落实到人，政策执行困难。2013年8月，顺义区木林镇在非整建制征地转非工作中实行抓阄模式，在包括业兴庄、李各庄等10个村，征地面积近577亩的范围内，确定征地转非人员仅125人。由此可见实际转非人数少，失地农民不能及时转非，或者转非后不能及时享受到城镇职工（居民）的社保待遇，使其失地后的生活更加艰难，利益受损严重。

第七，失地农民养老保障的发展不平衡。失地农民养老保障发展的不平衡现象普遍存在于失地农民群体内部。从失地原因来说，土地被征用是失地农民需要社会保障的普遍原因。但是征地的细分类目多种多样，情况复杂。有的是土地被完全征用，有的是土地被部分征用，部分征用的数量多少也各不相同。由于农村土地产品制度的缺陷及征用土地的不同导致征地补偿等都各有差异，加之失地农民本身的贫富差距，以及北京市不同区县土地征用经济补偿程度差距较大等问题，失地农民养老保障在失地农民群体中呈现出不平衡的现象。

第八，失地农民医疗保障不足。根据《北京市建设征地补偿安置办法》，超转人员的医疗保险设计理念是土地换保障，具体做法是民政部门单列资金进行管理，类似于公费医疗。转非劳动力的医疗保险则是给予其补缴医疗保险的年限，并且按倒推法规定补缴医疗保险的年限，确保其保障不丢失（达到城镇职工缴费男满25年、女满20年的要求）。规定补缴医疗保险的起始年龄、补缴比例和缴费年限，并给予其5年的过渡调整期，使其缴费年限基本能够满足 15 年的最低要求标准，以保证其能够享受到最基本的医疗保障。所以，与养老保险方面存在的问题类似，失地农民在医疗保险方面也存在着保障水平低、补缴政策僵化和保险意识薄弱的问题。尤其在保险意识方面，所有的人都会有养老需求，所以相对来说，失地农民对养老保险的作用还是有一定认识的。但在医疗方面，由于生病不是必然的，尤其是身体健康的年轻人，对参加医疗保险的意愿则更低。除此之外，失地农民进入城镇生活，医疗成本的提高也是一大考验。

第九，失地农民失业保障和就业促进措施不完善。近年来，北京市的城镇化速度在全国一直保持在前三名。城镇化发展进程中，由土地所承载的大量劳动力将被释放出来，失业保障和就业促进是失地农民急需解决的重要问题。但是北京市作为全国的政治、文化中心，工作竞争十分激烈，使得失地农民就业困难，就业空间小。

目前，北京市实行的失业保险政策是：依法获批征地时，只要是进入劳动力年龄（16 周岁）的转非劳动力即需开始补缴失业保险费，年龄每增长 1 岁增补 1 年，最多补缴 20 年。补缴失业保险后，失业即可按照《北京市失业保险规定》领取失业保险金，同时与城镇失业职工享受同等的诸如岗位工资补贴、社会保险补贴、税收优惠、小额担保贷款、灵活就业社会保险补贴以及交通补贴等就业促进优惠待遇。同时，有关现行就业方面的政策是："坚持征地单位优先招用、劳动者自主择业、政府促进就业的方针"，"转非劳动力在征地时被单位招用的，征地单位应当从征地补偿款中支付招用单位一次性就业补助费；转非劳动力自谋职业的，一次性就业补助费支付给本人"。

在失业保障和就业促进方面，北京市的失地农民主要存在政策和现实两个层面的问题。从政策层面来看，存在政策漏洞和不公平现象。首先，对于自谋职业者获得的一次性就业补助费没有一个约束机制，现实中存在着转非劳动力在被征地时签订自谋职业协议，在领取一次性就业补助费后，第二年即申请失业，之后享受失业金待遇的可能性。其次，现行就业安置政策淡化了征地单位的安置义务，缺乏对就业的培训和教育的具体规定，无形中增加了失地农民的就业成本和失业风险。从现实层面来看，存在就业意识和能力不足的问题。一方面，北京市的征地补偿费相对来说较高，很多农民一心等拆迁，一次性拿到高额补偿费，而不去积极地寻找工作机会，更有些人会依赖房屋出租的收入；由于社保的个人补缴是自愿的，很多农民宁愿多留一些钱，也不愿补缴未来才有效果的社保；许多选择自谋职业的人，为了领取一次性就业补助，但却由于自身原因无法自谋职业。另一方面，失地农民的就业能力有限，受到城市下岗职工和外来务工人员的双重冲击。相对于下岗职工，失地农民接触城市的机会少，缺乏专业技能和城市工作经验，又没有齐全的社会保险手续。习惯了闲适、安逸生活的北京农民，即便在失地之后也不太愿意吃苦就业，与其从事社会地位较低、收入较少的职业，不如赋闲在家。相反，外来务工人员具有不怕苦、报酬要求低等竞争优势，这些都使十分有限的城市就业岗位难以向失地农民敞开。

(二)北京市失地农民养老保障调查与分析

随着城镇化进程的推进，北京市征地的区域逐渐从近郊向远郊扩展，失地农民的数量逐年增加。据北京市农委估算，京郊失地农民在 50 万人以上。为了保护这些失地农民的合法权益，妥善解决他们的养老问题，北京市政府出台了一系列办法，尤其是五年前出台的《北京市建设征地补偿安置办法》。在此背景下，北京市失地农民的社会养老保障实施状况如何，对安置补偿办法是否满意，保障水平是否能够达到失地农民的期望，带着这些问题，本课题组进行实地调查。本次研究的对象为怀柔区北方镇驸马庄村。本次调查采取抽样调查方式，发放问卷 200 份，收回有效问卷 186 份，有效率为 93%。

1. 样本基本情况

样本调查获取的样本中女性略多于男性，其中男性占 42.22%，女性占 57.78%。年龄在 20 岁以下的占 1.11%，20～45 岁的占 26.67%，46～60 岁的占 46.67%，60～75 岁的占 24.44%，76 岁以上的占 1.11%。调查结果显示，失地农民的文化程度普遍偏低。样本拥有小学文化的占 27.78%，拥有中学文化的占 53.33%，拥有大学及以上文化的占 7.78%，无学历的占 11.11%。

2. 北京市失地农民养老安置方式单一且风险性大

(1)一次性土地补偿金

根据"据您所知，政府就土地征用提供了哪些形式的补偿"数据显示，90%的被调查者选择一次性土地补偿金，表明这种方式已经成为安置失地农民养老的最主要方式。因为它简便易行，政府乐于用此方式一劳永逸地解决失地农民的问题。在征地补偿款使用状况方面，52.22%的被调查者选择"个人储蓄以备养老之用"，仅 4.44%的被调查者选择"投资"，13.33%选择"无偿转移给后代"，1.11％选择"购买商业养老保险"，11.11％选择"购买社会养老保险"。这说明了失地农民在缺乏制度保障养老的情况下，更倾向于使用当年的土地补偿金来规避养老风险。

近年来，在北京市报国务院审批的建设用地项目中，采用一次性土地补偿金安置的达90％以上。但是，从长远来看，由于失地农民素质普遍不高，缺乏就业能力和谋生手段，属于社会弱势群体，一旦有限的补偿金用完，生活便没了经济来源，可能陷入养老困境，因此这种安置方式对国家和农民都存在着许多不利影响。第一，农民拿到补偿金失去土地，实质上属于失业。而国家现在尚未建立失地农民的社会保障制度，即使建立了社会保障制度，如果按现行法律规定，参保需经过被安置人员的同意，由于农民的思想局限性，他们也不会轻易放弃眼前既得利益而去追求目前看不见的东西。第二，失地农民安置补助费有限，抗风险能力差，投资经营失误造成的二次失业有可能是长期的。第三，失地农民领到安置补助费后，一时未能找到合适的生计，家庭就没有经常性收入，坐吃山空。第四，从实际情况看，现行征地补偿标准不管是最低限还是最高限，都远远不足以使被征地农民保持原有的生活水平。并且，用地者要求土地取得成本最小化与农民追逐补偿费最大化永远是一对矛盾。因此，仅靠一次性土地补偿金来安置失地农民养老的确有待商榷。

（2）重新择业安置方式

农民一旦失去土地，也就失去了维持家庭生计的主要来源，要切实保障失地农民的基本生活，实现老有所养，根本出路在于重新择业。但从数据统计来看，目前失地农民在土地被征收后，政府或征地单位负责安排就业的情况几乎是少之又少。因为落实该项政策所需的社会经济环境早已不复存在，就业安置不能保证被征地农民一辈子都有就业岗位，从而不能从长远角度解决他们未来的养老问题。[1] 所以，失地农民不得不在北京或者外地自谋职业，甚至会面临长期失业的状况。尽管失地农民会得到土地补偿金，但也只能享受短暂的社会福利和生活无忧。如果现在不考虑为失地农民提供社会养老保障，他们年老后都将面临老无所养的困境。

---

[1]　楼嘀刚、吴婕：《土地征用补偿费中应包含养老保障因素》，《人口与经济》，2002年第2期。

表3 北京市农民失地前后工作类型的变化

类型	失地前	失地后
务农	71.11%	12.22%
政府或征地单位安置工作	2.22%	1.11%
在北京自谋职业	17.78%	22.22%
去外地打工	4.44%	2.22%
无业	3.33%	16.67%
其他	1.12%	45.56%

3. 北京市失地农民家庭养老保障功能弱化

家庭养老，是由家庭成员或者说是亲属网络，譬如子女、配偶和其他亲属忠实地履行对老年人的经济供养、生活照料和精神慰藉的职责。[①]

从经济来源上讲，失地农民的收入一般由被征土地补偿费加上再就业所得工资等组成。

(1)子女养老

有关"失地前后农村老年人由谁照顾"的调查数据显示，失地前后"子女照顾"的比例分别为51.11%和30%。这表明失地农民家庭养老的主导作用弱化。征地前，农村老人通过土地永久承包权转交给子女，使他们在土地上劳动，培养新的劳动力，子女则通过劳动向老人提供物质财富，以供老人养老。由于土地产出的剩余不仅能够换取货币，还能在农产品市场不景气时直接为老年人提供最原始的生活资料——粮食，因此农村老人的养老风险不大。但随着土地被征用，失地农民的收入来源不仅非农化，而且市场化。[②] 由于缺乏文化知识和非农专业技术，青年农民在劳动力市场上随时面临失业的风险，他们对老人的经济供养能力不能长久维持。同时，面对激烈的市场竞争，年轻人也缺乏足够的时间和精力来照料老人。

---

① 周蓓蓓、谢群：《北京市失地农民养老保障制度研究》，《安徽农业科学》，2008 年第 35 期，第 31 页。

② 梁鸿、赵德余等：《人口老龄化与中国农村养老保障制度》，上海：上海世纪出版集团，2008 年版，第 174 页。

（2）自我养老

土地是农民工作和生活的重要场所和生存基础，是农民安身立命的根本，由于拥有稳定的土地使用权，来自于土地的收入成为农民最基本、最可靠的收入来源，是家庭保障最基本的经济基础，也是农民最后的一道生活安全保障。但是，一旦农民失去土地，失去的不仅仅是土地本身，还包括与土地相关联的一系列权力和利益。农村老年人的"自养"首先体现在解决自己的生活来源，可是在目前土地征用补偿费总体偏低的状况下，失地农民的自我养老能力较弱，再就业也不易。因此，在关于"您家中老人的养老支出费用主要来源是什么"的调查中发现，征地补偿款占 17.78%，社会救济占 5.56%，子女资助占 46.67%，本人收入占 25.56%，亲戚资助占 1.33%，其他占 3.1%。这表明依靠家庭成员的其他收入来养老是失地农民养老的主要方式。

4. 北京市失地农民养老保险覆盖范围有限

建立失地农民养老保险制度是加速我国城镇化进程的必然选择，从该制度发展的现状来看，各地在探索中形成了几种比较行之有效的模式，但从"城镇化进程中北京市失地农民养老保障问题研究"调查问卷中发现，目前北京市失地农民养老保险存在参保积极性不高、养老保险类型单一、对其养老保险制度了解较少等状况。

关于"您家中超过相应年龄（男 40 岁以上、女 30 岁以上）是否补缴了养老保险？"这一问题中，超过 40% 的被调查者没有参保。被问及原因时，21.11% 的被调查者认为"负担不起一次性补缴费用"，11.11% 认为"没必要补缴"，10% 认为"不知如何补缴"，1.11% 的被调查者"已购买商业养老保险"。这表明，作为养老保险制度的主体，失地农民的参保积极性不高。这一方面是由于失地农民缺乏自我保障意识，他们宁愿接受传统的货币安置补偿方式，也不了解或信任长远且预期的养老保障权益。另一方面是由于失地农民对养老保险的承受能力有限，较低的征地补偿造成安置补助费不足以缴纳养老保险费。因此，这容易造成他们对养老保险的抵触情绪。

另外，关于"您参加的养老保险类型是什么"的调查中，商业保险占 1.11%，社会养老保险占 81.11%，两者都有的占 5.56%，两者都无的占 12.22%。这表明失地农民主要选择政府提供的社会养老保险，而使用商业保险的比例非常低。关于"您对现行的农村养老保障制度是否了解"的调查中，26.67% 的被调查者表示非常了解，22.22% 表示不了解，50% 表示知道一些，1.11% 说不清楚。这说明失地农民对其养老保险制度的认知程度较低，宣传力度不到位。

三、北京市失地农民养老保障的对策思考

失地农民由于其户籍转向、地位变更等多种因素导致其对于养老保障的需求明显增加,而切实分析和了解这些需求对于提出有针对性地解决失地农民养老保障的对策、制定和完善统一的失地农民养老保障制度、统筹规划建立全面合理的社会保障体系都具有不可小觑的作用。

(一)北京市失地农民养老保障需求探析

1. 失地农民需要完善的养老保障制度

自 2004 年北京市人民政府颁布实施《北京市建设征地补偿安置办法》以来,已经有十年的时间,征地补偿安置的诸多条例安排已均不能满足现代城镇化发展进程中征地补偿安置情况的具体需求。而北京地区现行的失地农民养老保障均来源于各区县分隔独立的试点,如《朝阳区农村社会养老保险试行办法》、《丰台区失地农民养老保险试点试行办法》、《大兴区农村社会养老保险试行办法》等,尚未形成统一、完善的一体化养老保障制度。细化看来,对于失地农民养老保障的规定,也仅仅是集中阐述于《北京市建设征地补偿安置办法》这样的条文中,对于失地农民的切实需求难以在法律及制度上做到明确规定,因此完善、统一的养老保障法律是失地农民的首要需求。

其次,由于欠缺法律的有效支持,在立法层面难以做到有法可依,实际操作层面上更容易陷入因法规不明导致的政策失当,即政府对于在失地农民养老保障中所承担的职责还需进一步明确。政府的责任明晰在很大程度上是政府作为社会及公共服务提供者这一基本职能的体现,是《宪法》规定的作为行政机关的重要职责。《北京市建设征地补偿安置办法》、《关于本市建设征地农转工自谋职业人员社会保险有关问题的处理办法》、《关于处理北京市建设征地农转工人员安置办法实施期间批准征地项目人员安置有关遗留问题的意见》等条例虽涉及北京市失地农民养老保障,但对于确切解决北京市失地农民养老保障的后顾之忧可谓九牛一毛。

此外,在法律规定和政策执行之外,更需要相关部门做好有关失地农民养老保障的监管工作。除地方政府外,失地农民的养老保障问题还涉及土地资源管理机构、土地开发和承包商、农村集体组织、社区居委会、地方养老机构等方方面面,在征地补偿安置的整个过程中多方利益纠葛频发,利益冲突明显,急需协调各个监管部门做好统一、规范的实施流程,明确岗位职责,

推行信息管理系统，提高专业人员素质，加强各项重要环节的管理，这也是从监管层面完善养老保障制度的推行和实施。

2. 失地农民需要提高养老保障水平

养老保障水平的提高是失地农民对于其养老保障另一个方面的需求。在2010年北京市门头沟区斋堂镇旅游集散中心建设项目实施方案中，项目征地采用货币补偿的方式，征地补偿费用中仅包括征地费用、地上物补偿和防洪费，按照被征用的土地数量除以征地前被征地农村集体经济组织或该村人均土地数量计算后，该项目征地无需进行农转非。而站在农民的角度来说，农民在这次征地中不仅失去了赖以生存的土地，而且没有得到应有的农转非机会，更多地承担了隐性的难以衡量的经济利益损失。加之失地农民对于社会养老保障等的缴费压力，迫切需要政府制定新的土地补偿政策和进一步加大财政支持力度。

现阶段北京市各区县失地农民养老保障的主要资金来源是土地补偿费和安置补助费，是维护和推进失地农民养老保障制度资金收缴的安全机制，也是在一定程度上推进城镇化进程的发展和完善。但是这两项费用的实际折算标准和最后农民真正得到的经济效益是不成正比的。失地农民养老保障的低水平停滞亟待解决。为了提高养老保障的水平，需要加大政府对于失地农民养老保障中土地补偿费和安置补助费的政策支持，提高相关补偿的实际标准，协调好农民、集体与政府之间的利益分配，明确财产权和所有权，真正实现失地农民养老保障水平和养老保障权益的维护。

3. 失地农民需要养老保障多元化设计

所谓多元化的养老保障制度设计就是指在原有的、单一的基本养老保险的基础上，探索更多、更新的多元化养老保障模式和途径，满足失地农民对于养老的多方位需求。现行的北京市失地农民养老保障采用的是政府运用行政手段直接扣除失地农民的征地补偿费缴纳养老保险，没有顾及农民的养老需求、文化程度、家庭条件、地区条件等因素，与农民之间的沟通和互动的欠缺，实则难以真正推行征地以及巩固城镇化发展成果。失地农民群体的代表性在很大程度上模糊不清，而对于这一群体的定性和归纳也尚未有统一、明确的规定。鉴于北京市郊区城镇化发展的特殊情况，真正务农的失地农民实属少数，在设计失地农民的养老保障时，可以按照失地多少、家庭情况等将不同层次、不同规模的失地农民划归到其他相关组织和集体，减少和弱化征地带来的冲击和阻力。

从现阶段城镇化进程中社会主义市场经济发展背景看来，多元化的养老模式亦可以借鉴和结合商业保险作为社会保险之外的补充作用，完善其养老保障的规划机制，以保险公司的服务和资源为优势，有效运作失地农民的养老保险金。在传统的家庭养老和社会养老之外，失地农民也可以在经济条件允许的情况下更多地采取社区养老和机构养老的模式。

(二)国内其他城市的经验借鉴与启示

我国疆土辽阔，地域间的发展极不平衡，失地农民的养老保障也存在着巨大的地区差异。综观当前国内一些城市的举措，有一些典型性，对于北京市相关制度的完善具有一定的借鉴意义。

1. 上海市的相关经验

上海市作为我国的金融中心，在经济快速发展的过程中不可避免地产生了农民土地被征用的现象，也因此成为了解决失地农民养老问题的最早探索者之一。上海市依据本市城镇化进程的特点，为切实保障农民的生存权、发展权、保障权，使农民失地不失保障，2003 年建立了上海市小城镇社会保险。上海市小城镇社会保险模式可以简称为"24＋X"模式或"镇保"。这种社会保险模式具有"低平台、广覆盖"的特征，能切实保障失地农民的基本权益。

第一，失地农民养老保险的缴费模式。失地农民的养老保险保费缴费(一次性缴费)的基本方式为：农民的土地征用补偿金需一次性为失地农民缴纳至少 15 年的基本养老保险和医疗保险，将失地农民纳入城镇社会保障体系，实行统账结合的社会保险制度。首次缴应缴款的 20％，余款分 9 年付清，利率按银行贷款利率的 75％计算。被征地农民安置补偿费用一次性缴纳基本社会保险费后剩余部分应首先用于缴纳补充社会保险费。

第二，失地农民养老保险的保费发放模式。失地农民缴满 15 年养老保险保费，当男性年满 60 岁、女性年满 55 岁退休后，按月领取养老金。养老金按其办理手续时上年度全市职工月平均工资(简称"社平月工资")的 20％计发，缴费年限每增加 1 年，相应增加上年度全市职工月平均工资的 0.5％的养老金，但最高不超过上年度全市职工月平均工资的 30％。

上海模式突破了传统征地补偿的一次性赔偿做法，使失地农民在土地被征用后，也能获得社会提供的养老金与保障，减少了后顾之忧。并且将失地农民完全纳入城镇居民保障体系，彻底保障其基本养老需求，解决失地农民的问题。实现失地农民向城市居民的全面转换，有利于从根本上解决养老问题，有利于城乡一体化的推进。但一体化的保障模式基本只适用市场经济繁荣、发展程度较高、有较强地方财政作支撑的发达地区。

2. 江苏省的相关经验

《江苏省征地补偿和被征地农民基本生活保障办法》已于2005年7月21日经江苏省政府第53次常务会议讨论通过，自2005年9月1日起实行。据不完全统计，江苏省部分市、县（如镇江、扬州、徐州、泰州、南京、昆山）将符合条件的被征地劳动力（16周岁至退休年龄）统一纳入基本生活保障体系，而部分市、县（如无锡、苏州、太仓）将被征地劳动力纳入城镇职工基本养老保险体系，还有部分市、县（如常州）采取基本生活保障制度和城镇职工基本养老保险相结合的办法，让被征地劳动力自愿选择。由此可见，失地农民数量较多的苏南地区采用的是多形式并存的养老保障模式。同时辖区内的失地农民享有和城市社区居民同样的福利——以家庭养老为基础，社区养老为辅，补充以商业保险，集体补助在失地农民的养老保障中占比较高。

以南京市为例，它地处经济活跃的长三角地带，近年来，随着经济开发区的大规模兴建与城市规模的扩张，大量的郊区土地被征用，由此导致的失地农民日益增加。有资料显示，1997年以来南京市新增失地农民85～90万人，仅2003年，就有23.73万农民失去土地。

为保障失地农民的基本生活，南京市较早地对失地农民养老保障制度建设进行了探索，并于2004年推出了《南京市被征地农民基本生活保障试行办法》，初步建立起失地农民养老保障。该办法明确规定养老保障的参保对象为16周岁以上的失地农民，在参保缴费水平和待遇方面，设定多个档次的缴费额，参保者在达到法定退休年龄（男满60周岁、女满55周岁）后，依据不同的缴费水平享受相应的养老金待遇。在资金筹集方面，实行社会统筹与个人账户相结合的方式。被征地农民基本生活保障待遇标准，依据南京市经济发展水平适时调整，养老金首先从个人账户中支出，个人账户资金不足时，从社会统筹账户中列支。

区别于目前失地农民养老保障水平普遍较低的问题，江苏经验中缴费和养老保障水平较高，并且强调社区养老与商业养老对社会养老保险的补充，它的成功对经济发达地区的失地农民养老保障有极大的借鉴意义。

3. 浙江省的相关经验

浙江省是全国人均耕地最少的省份之一，人均耕地不到0.5亩。近年来，浙江省经济建设和城镇化进程越来越快，对非农业用地的需要越来越迫切，因此，浙江省较早地出现了大批农民土地被征用的现象。土地作为农民最基本的生产资料，当农民离开土地之后，他们的保障问题也随之出现。浙江被征地农民养老保障制度起源于嘉兴市。早在1998年年底，浙江省嘉兴市就颁布了《土地征用人员分流办法》，为被征地农民开办了基本养老保险，缓解了征地矛盾。

2002年以后，随着被征地农民数量的猛增和征地矛盾的突现，为了缓解征地矛盾，保护农民利益，浙江省的其他地市也纷纷开始了以养老保障为主的被征地农民基本生活保障制度的探索。尤其是宁波市为被征地农民建立养老风险准备金制度和湖州市从土地补偿费中列支养老保险费的做法很有特色。2003年5月，浙江省劳动和养老保障厅、国土资源厅、财政厅、民政厅及农业厅联合颁发了《关于建立被征地农民基本生活保障制度的指导意见》（以下简称"《指导意见》"）。《指导意见》要求各地要高度重视被征地农民的基本生活保障问题，在调查研究、摸清情况的基础上，建立被征地农民基本生活保障制度；重点强调了被征地农民的养老保障问题，并就保障资金的筹集方式予以规定，即采取"政府出一点、集体补一点、个人缴一点"的方式筹集。《指导意见》的出台标志着浙江省在全国率先将被征地农民纳入多形式的保障体系，以制度安排的办法解决被征地农民的生活问题。2003年8月，浙江省人民政府做出了《关于加快建立被征地农民养老保障制度的通知》，对建立被征地农民养老保障的相关政策做了进一步明确的要求。截至2004年3月，浙江省11个地市已经全部就被征地农民的养老、就业和医疗以及相关工作出台了试行办法和实施细则，对解决被征地农民的基本生活、维护农民的合法权益等问题发挥了重大的作用。[1]

从浙江省各地被征地农民基本生活保障制度的内容看，其重点都在养老风险的防范上，而且在养老保障方面做了比较全面和详细的规定。[2]在浙江省各地政府积极探索安置失地农民有效模式和办法的实践中，出现了安置被征地农民的10种形式。[3]

第一，基本生活保障安置。指被征地农民参加基本生活保障，所需经费由政府、村集体经济组织和农民个人共同承担的制度。第二，留地安置。指

---

① 李长远、陈贝贝：《论构建城乡融合的失地农民养老保险制度》，《河北科技大学学报》，2007年第2期，第18—19页。

② 汪柱旺：《农村养老保险中的政府职责分析》，《软科学》，2006年第6期。

③ 张恺悌、潘金洪主编：《政府养老定位研究》，北京：中国社会出版社，2009年版，第250—254页。

政府在征用农村集体所有土地时，按照征用土地面积的一定比例（一般是10％左右），返还给被征地集体经济组织用于发展第二、第三产业，以壮大集体经济实力。第三，货币安置，自谋职业。指对被征地农民实行一次性货币补偿，由其自主择业，获得生活来源。第四，社区股份经济合作安置。指将股份制的机制引入社区集体经济组织，使社区农民获得一定的分红。第五，建标准厂房，产权属村，出租获益。指开发区或园区在征用土地过程中，除地上附着物和青苗补偿费给农民个人外，不再支付土地补偿费和安置补助费，改由征地单位建标准厂房，产权属村，出租获益。第六，两套农民多层公寓保障。指城乡结合部的被征地农民每户获得两套多层公寓，一套用于自己居住，另一套用来出租，以获得稳定的经济收入来源。第七，用地单位安置。指按照法定标准支付土地补偿费用后，由用地单位安置被征地农民，使其就业获得生活来源。第八，调整承包安置。指对人均耕地比较多，被征用土地相对较少的村，调整集体承包土地的数量，保障农民生产生活的需要。第九，技能培训，促进被征地农民就业。由企业开单，政府买单，对被征地农民进行劳动技能培训，促进其就业获得生活来源。第十，实行土地租赁制度，获取土地长期收益。

此外，纵观浙江省各地失地农民的养老保障制度，根据各地制度设计的基点不同，大致可以分为以下四种类型：一是基本生活保障型。这种类型是参照城镇最低生活保障制度设计的，把解决失地农民养老保障的着眼点放在基本生活保障上。保障水平一般设为多个档次，缴费水平与保障待遇挂钩，实行个人账户与统筹账户相结合的模式，保障水平相对较低。二是社会养老保险型。是参照城镇职工基本养老保险制度设计的，强调了权利与义务对等原则，实行个人账户制，享受待遇与缴费时间和缴费指数挂钩，保障水平相对较高。嘉兴市采取这种类型，具体做法是将失地农民大部分土地补偿费（约70％～80％）与全部安置补助费捆绑在一起，直接划入劳动社保部门设立的"安置费"专户，实行全封闭运行，统一用于被征地人员的社会养老保险统筹和生活补助；并由劳动部门与被安置对象签订安置协议，对不同年龄档次人员按6种类型，采取不同的政策，建立社会保险账户。三是双低保险型。主要基于失地农民的收入水平较低，及要与城镇职工基本养老保险制度相衔接两方面的考虑，按照城镇职工养老保险的低缴费水平、低享受水平进行设计的，实行基础养老金和个人账户养老金相结合的模式。如杭州市和龙游县实行的就是这种类型。龙游县对"城中村"被征地农民，在村改居后实行低门槛进入、低标准享受，建立个人账户。规定 25 周岁至 75 周岁人员必须全部参加养老保险，16 岁至 25 周岁、75 周岁以上的人员，可自愿选择是否参保。2001 年参保人员一次性缴纳基本养老保险费，包括丧葬费、一次性抚恤费，合计每人缴纳 1.9 万元。费用主要是个人从征地安置费和集体从土地补偿费中支出，不足部分由村从集体积累中弥补。2001 年符合条件的失地农民每月享受养老金的标准为 226 元。四是基本生活保障与社会养老保险结合型。主要按照失地农民的不同年龄、失地程度及就业程度等因素，实行基本生活保障与社会养老保险两种不同的制度类型。退休年龄段人员实行基本生活保障，劳动年龄段人员参加城镇职工基本养老保险，未到劳动年龄段人员一次性发给征地安置补助费。

从浙江省的经验来看，农民的养老保障制度的设计和建设具有以下几个特点：政府责任显性化；与城镇职工基本养老保险制度衔接的力度较大；建立了比较科学的资金管理模式；各地因地制宜，出现了多种成效显著的特色办法，尤其是嘉兴市和义乌市的做法引起了浙江省政府的高度重视。

(1)嘉兴市的主要做法

嘉兴市失地农民社会养老保险制度建设走在全国前列。1993 年以前，嘉兴市无论是征地的面积还是失地农民的数量都非常少，那时候的政策基本上是谁征地谁安置。自 1994 年起，政府正式规定失地农民由征地单位与劳动部门共同安置，而且之后，嘉兴市的土地征用量迅猛增加，失地农民规模逐年加大。1998 年年底，嘉兴市政府出台的《嘉兴市区土地征用人员分流办法》，规定征地部门必须支付土地价格的一部分为失地农民购买养老保险；失地农民强制进入社会养老保障体系，并按不同年龄阶段划分投保标准和享受待遇。

2004 年 8 月，嘉兴市根据《浙江省人民政府关于加快建立被征地农民社会保障制度的通知》对该市失地农民社会保障做出调整：(1)以城乡统筹发展、消除城乡二元结构为背景，使所有失地农民实行农转非；(2)根据嘉兴市的经济发展水平、待遇标准和支付能力，劳动年龄段以上的失地农民按照每一缴费年度每人 4000 元的标准缴纳，其中 30% 计入个人账户。缴纳年限为 15 年，由征地单位一次性缴纳。这项措施就为未来农保与城市养老保障进行接轨创造了良好的基础。对于不愿意建立养老保险关系的，可以一次性发给征地安置补助费 12000 元；劳动年龄段以下的人员以每人 3000 元为基数，并按照每岁 200 元的标准发放征地安置补助费。

由此可见，浙江省嘉兴市的失地农民养老保障具有较强的强制性和官办色彩，养老资金的筹集由政府、集体、个人三方负担，专款专用。嘉兴模式强调政府的主导作用，具有一定的强制保障性，但保障资金由政府兜底也使得失地农民的养老保障水平与当地生活水平难以完全平衡。

(2)义乌市的主要做法

浙江省义乌市的模式是失地农民养老保障商业保险运作实践的典型代表，十分重视失地农民参保的自愿性。政府征用土地时给予农民一定的货币补偿，按村集体：个人：缴纳养老保险的比例为 2：4：4 进行分配。同时指定商业保险公司为失地农民办理养老保险，村集体从土地补偿费中支付投保商业养老保险，由商业保险公司履行给付失地农民养老金的义务。

虽然大部分的征地行为都是政府行为，在解决失地农民的养老保障问题中政府应责无旁贷，但仅靠政府，很难完善整个失地农民的养老保障体系，在此过程中，商业保险公司的作用不应该被忽视。由村集体统一投保，实行本金村集体经济组织所有、村民受益制，以分红来支付养老金，保障失地农民的生活养老，这种对失地农民采取发放土地补偿款并利用商业保险为失地农民提供养老保障的义乌模式基本上能够解决村内老年人的最低生活费用。此外，该保障模式的有效运行也在一定程度上促进了失地农民意识的转化，激发劳动年龄阶段失地农民在新领域内的创业动力。

除了以上几个地区外，山东省、天津市、安徽省、河北省以及四川省成都市等省市也形成了较为适合当地实际的解决失地农民的安置以及养老保障的做法。

(三)解决城镇化进程中北京市失地农民养老保障的对策建议

1. 加强失地农民养老保障的法制建设

失地农民的养老保障离不开法律的支持，然而现行的北京市失地农民补偿办法却仍沿用 2004 年出台的《北京市建设征地补偿安置办法》施行，未能有针对性地根据不同区域自身发展情况进行补偿安排，尤其在养老保障方面未能与《北京市基本养老保险规定》(2007 年)和《北京市城乡居民养老保险办法》(2009 年)等政策衔接，这也直接导致了失地农民的养老保险缴费比例和其养老保障水平不符。因此，应该通过推动失地农民养老保障立法，进一步明确政府、农村社区以及农民个人在养老保障制度建设中的权利与义务，通过制度的规范性与强制性来保障养老事业的建设，确保失地农民养老保障制度的连续性，使失地农民的养老保障措施都能有法可依，提高失地农民参保的积极性。

2. 强化失地农民的养老保障意识

(1)加强失地农民的自我养老意识

失地农民自我养老意识的增强不仅能够减轻家庭其他成员的负担，也能够进一步巩固家庭养老的作用。一方面，失地老年群体不应该将自己的毕生积蓄，尤其是征地补偿款完全无偿地转移给下一代，而应该通过积极参加社会养老保障或者通过储蓄来强化自身养老的经济支持。另一方面，对失地的年轻一代来讲，应该清醒地认识到"养老是每个人都会面临的议题"，不能为了眼前利益而放弃长远的利益，同时也应该通过鼓励失地农民继续劳动进行自养，增强保障老年生活的主动性。

(2)进一步巩固失地农民家庭养老的重要地位

一定意义上来说，家庭养老仍是人类永恒的养老制度，虽然家庭养老逐渐弱化，但无论是在中国的城市还是农村，社会养老的保障模式仍未能完全替代家庭保障这一养老模式，家庭养老仍然是北京市农村主要的养老方式，在我们的调查中有近9成的调查对象表示：家中老人的养老方式是家庭养老。所以继续宣传与发扬家庭养老的传统优势仍十分必要。

不断完善家庭养老的相关规章制度，是家庭养老由伦理走向法制的重要步骤。随着新的《老年人权益保障法》的出台，子女探望、问候老人已成为法定的义务。失地家庭面临的一个现实的状况则是子女与父母分居的比例增大。所以，要在农村地区深入宣传《老年人权益保障法》以及相关的敬老、助老的政策法规，增强失地农民对家庭养老方面法律责任的认识；健全农村家庭赡养协议和敬老保证的检查兑现；适当将养老问题纳入人口管理范畴，树立其重要性意识。鼓励子女积极承担对家中老人的赡养义务，政府相关部门可通过适当的政策倾斜和补助支持对养老困难家庭进行援助，以调动其家庭养老的积极性。

3. 建立养老保险责任共担机制，构筑多层次养老保障体系

《北京市基本养老保险规定》明确指出，由企业和被保险人共同缴纳养老保险费用，以被保险人上一年的月平均工资为基数，企业负担20%的比例，被保险人负担8%的比例。这样的制度规定，企业和个人共同负担养老保险的费用，共同承担养老的责任，一方面保证养老资金的储备，另一方面减轻个人的养老负担。

按照现行政策，北京市失地农民补缴养老保险的标准是"以依法批准征地时上一年本市职工平均工资的60%为基数，按照28%的比例一次性补缴"，除部分区县试点的政府专项补贴或实施强制补缴政策外，北京市普遍的情况还是由失地农民独自承担这部分补缴费用。在我们的调查中，绝大部分未补缴养老保险的失地农民都认为"一次性补缴金额过高"是最主要的原因。所以，如图1所示，可模仿城市养老保险基金的筹集方式，建立"个人—集体—政府（或征地单位）"的养老保障责任共担机制，由个人、集体、政府（或征地单位）多方共同负担失地农民的养老保险费用，是使失地农民能享受城市基本养老保险的有力保障。政府承担的部分可先从土地出让金收入等政府性资金中列支；村（组）集体经济组织和个人承担的部分，从土地补偿费和征地安置补助费中列支和抵交，并由国土资源部门统一扣缴并及时、足额划转，在办理参保手续时，一次性转入社保专户。

　　加强推进社会支持网络建设，集政府、农村社区和其他组织的共同力量，构建完善的农村养老保障体系。提高失地农民养老金水平，使其与低保的社会救助形成区分，建立包括最低层次的救济救助制度、一般水平的社会养老保险以及较高程度的老年福利。适当引进商业保险参与失地农民养老保障，通过政策激励，鼓励有条件的失地农民参加商业养老保险，并进一步规范商保公司，通过优惠政策引导开展失地农民专项保险业务，合力构建多层次的养老保障体系。

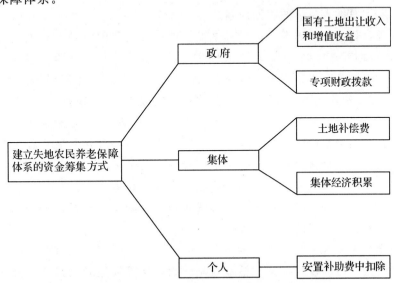

图1　"个人—集体—政府"的养老保障责任共担机制

4. 重视养老服务建设

中华民族具有尊老爱幼的传统美德，赡养老人和孝敬父母是中华传统文化的核心之一。据统计，目前我国大约有 93.8% 的农村老人完全依靠家庭，即依靠儿女或亲属供养。有学者认为，在中国家庭养老的现实可行性是建立在老年人对下一代的"责任伦理"的基础上的，或者说，文化和伦理的因素对家庭养老存在重要影响。在失地农民养老保险制度尚未完善之前，可建立以"村民互助、协议养老"的居家养老新模式，以便更好地解决失地农民的养老问题。为此，2013 年 9 月 13 日，国家发展改革委、民政部对外发布了《国务院关于加快发展养老服务业的若干意见》。在《意见》的主要任务中特别提到要"切实加强农村养老服务"，"健全服务网络、拓宽资金渠道、建立协作机制"。

这里"居家养老"中的"家"不一定是子女或亲属的家，可以是老人所在社区里的老年服务组织。毕竟目前家庭规模逐渐小型化，以及土地征用后青壮年外出务工，失地农民家庭养老功能逐渐减弱，机构养老的作用慢慢凸显。越来越多的失地老人将进入养老机构进行养老，所以加大政府支持力度，在财政允许的范围内，主动承担引导支持责任，加快对北京市农村公办养老院建设的统筹规划，充分考虑失地老人的经济状况和养老服务需要，制定老年服务设施规划，在征用土地的同时预留必要空间，确保养老机构建设的土地供应，并将其纳入整体的建设规划。

另外，作为金融养老、以房养老的方式之一，我国将试点开展老年人住房"反向抵押养老保险"，盘活老人住房资源，让老人快速获得更好的养老服务。因此，北京市也即将出台本地的"加快推进养老服务业发展的意见"。其中，对于"以房养老"的相关政策，在北京市的政策中也有所体现，但是将通过推进"租房置换"的形式来进行。"住房反向抵押贷款"，是指老人将自己的产权房抵押给金融机构，以定期取得一定数额养老金或接受老年公寓服务的一种养老方式。金融机构可以获得房屋产权或者使用权。而"租房置换"则是通过出租房屋获取租金，最终通过租金收入来入住养老院。"租房置换"是对"以房养老"形式的一种拓宽和创新，既可以加强对房产资源的利用，还可以避免老人对失去房产的担心。

那么，为贯彻落实居家养老服务"九养"政策，我们应该重视村内老年服务设施、娱乐休闲设施、文化活动设施建设，保障失地老人共享社会的经济文化成果，丰富其老年生活。此外，重视民情民意表达，及时帮助老人化解家庭生活矛盾，并鼓励失地老人积极参与到社会互动中，鼓励老年农民朋友将自己多年的经验和人生积累传递给下一代，组织村内失地老人进行集体活动，为老年朋友提供发挥自身潜能的平台。

5.进一步完善城乡一体化的养老保障制度

北京市 2009 年开始实施《北京市城乡居民养老保险办法》，符合《办法》参保条件的北京市居民，无论户籍在城镇还是在农村，都纳入统一的养老保险制度，在缴费和待遇方面城乡采取同样的标准。而在此之前，北京市的养老保险体系分为企业职工基本养老保险、新型农村社会养老保险（新农保）、城乡无保障老年居民养老保障（福利养老金）以及机关事业单位退休金制度四部分。北京市率先实施的新农保政策，在全国范围内起了一个示范作用，打破了以往城镇、农村居民各自参加养老保险的二元结构，建立统筹城乡的居民养老保险制度。

从 2009 年《北京市城乡居民养老保险办法》实施后，失地农民在失地前的养老保险按照《北京市城乡居民养老保险办法》执行，失地之后是否要过渡到《北京市基本养老保险规定》中的相关规定，还缺乏具体的政策支持和解释。完善征地补偿的社保政策的相关规定，使之与当前北京市的养老保险制度接轨，确保城乡一体化养老保障制度的顺利落实。

6.探索新模式——土地股份制经营养老模式

土地股份制即在明确农村土地集体所有的前提下，由农户根据自愿、平等的原则，将自己拥有的土地承包经营权以股份的形式交由农村集体经济组织进行统一经营。凭借股份获得一定收益，并具有参与企业管理和重大事项决策的权利。通过土地股份制来解决失地农民的养老问题，并不需要动用失地农民的征地补偿款，而是采用集体留地入股，确定分红依据，并提供固定的回报。失地农民既可以获得年终分红，又能从土地经营中获得收益，这在一定程度上为失地农民提供了长期的保障。土地股份制一方面有助于减轻财政压力，促进集体经济的发展，另一方面也使失地农民有足够的能力进行自我养老以及加入社会的养老保障体系。

在此方面，北京市可以借鉴"让农民以土地权利参与工业化"的"南海模式"：它将土地的级差收益和增值留在集体内部，没有改变土地的集体所有权性质，这与目前国家工业化、城镇化进程中的征地制度有很大差异，但就保护土地被征用后失地农民的土地收益权、保障其基本生活来源来讲，"农民变股民"是可行的。另外，宁波市江东区在不改变集体资产集体所有性质的前提下，创造出了股份经济合作社这种新的经济组织形式，在为失地农民提供进城安居的物质条件方面给了我们有益的启示。

参考文献

[1]李彦军:《中国城市转型的理论框架与支撑体系》,北京:中国建筑工业出版社,2012年。

[2]林家彬、王大伟:《城市病》,北京:中国发展出版社,2012年。

[3]刘传江:《中国城镇化的制度安排与创新》,武汉:武汉大学出版社,1999年。

[4]牛文元:《中国新型城镇化报告(2009)》,北京:科学出版社,2009年。

[5]邓大松、刘昌平:《新农村社会保障体系研究》,北京:人民出版社,2007年。

[6]刘昌平、殷宝明、谢婷等:《中国新型农村社会养老保险制度研究》,北京:中国社会科学出版社,2008年。

[7]宋士云:《中国农村社会保障制度结构与变迁》,北京:人民出版社,2006年。

[8]童星、林闽钢编:《中国农村社会保障》,北京:人民出版社,2011年。

[9]王晟:《失地农民可持续生计问题对策探析》,《中国农业资源与区划》,2007年第3期。

[10]杜陈生:《北京近郊城镇化"失地"农民再就业和社会保障政策研究》,中国农业大学硕士论文,2005年。

[11]杨涛、施国庆:《我国失地农民问题研究综述》,《南京社会科学》,2006年第7期。

[12]倪军昌:《北京城乡结合部征地和失地农民问题研究》,中国农业大学硕士论文,2004年。

[13]雷寰:《北京市郊区城镇化进程中失地农民利益问题研究》,中国农业大学博士论文,2005年。

[14]杨翠迎:《被征地农民养老保障制度的分析与评价——以浙江省10个市为例》,《中国农村经济》,2004年第5期。

[15]董慧丽:《农村养老保险金筹集管理的经验与创新》,《宏观经济管理》,2007年第4期。

首都农村新型城镇化体制创新研究

课题负责人：程世勇（首都师范大学管理学院　副教授）
课题组成员：盖艺腾、赵扬、李英英、刘景栋

正如诺贝尔经济学奖获得者、世界银行首席经济学家斯蒂格利茨所说，影响 21 世纪人类文明进程的两件大事：一是以美国为首的新技术革命；二是中国的城镇化。在当前中国经济转型的特殊时期，农村新型城镇化模式探索不仅具有全局意义，对首都建设世界城市与区域均衡发展意义尤其重大。

城镇化作为工业化的空间载体，不仅有助于培育新经济增长极，促进产业升级，拉动居民消费持续增长，推动经济又好又快发展，从社会建设层面还能加快城乡一体化进程，改善城乡生活环境，推进生态环保、节能减排，促进人与自然和谐共处，实现经济社会的可持续发展。北京作为国家首都，1.7 万平方公里的辖区内共有 182 个乡镇，3944 个行政村，5413 个自然村。16 个区县中有 7 个是山区县，其中山地面积占 62%，平原仅占 38%，山多、地形差异大是北京市农村城镇化的显著特点。① 而水资源匮乏也促使北京要走可持续的新型城镇化道路。北京市人均水资源占有量不足 300 立方米，仅为全国人均占有量的 1/6，世界人均占有量的 1/25。② 作为国家首都，北京地区同全国一样面临着产业结构不合理、地区发展不平衡、城乡居民收入增长缓慢等制约"瓶颈"。究其原因，都与长期固化的城乡二元结构这一突出矛盾有关。主要表现为农村众多，城镇功能弱，形不成生产要素集聚效应，难以带动区域经济的提升。而人多地少、特色且规模化的城镇短缺使大量农村剩余劳动力仍滞留在农村或两栖于城乡，农民增收与内需提升受到阻滞。首都只有大力发展特色城镇，才能为缓解上述矛盾开辟新的出路。北京作为国家首都，"十二五"时期不仅肩负建设世界城市的重任，还要进一步推进首都城

---

① 李绍钝：《新中国成立后北京地区行政区划沿革与研究》，《北京规划建设》，2009 年第 5 期。

② 李九一、李丽娟：《中国水资源对区域社会经济发展的支撑能力》，《地理学报》，2012 年第 3 期。

乡一体化与经济的可持续发展，在首都功能区之外的城市功能拓展区、城市发展新区及以山地为主的生态涵养发展区推进农村新型城镇化，不仅有助于首都城镇化与城镇化双轮驱动，而且最大限度地实现了资源的节约与城乡要素流动的一体化，对推动首都区域均衡发展影响深远。

一、社会经济转型与新型城镇化的相关文献

近代工业革命以后，西方学者开始对城乡关系展开初步的研究。亚当·斯密早在18世纪在其所著的《国富论》中，就从社会分工角度阐述了城乡之间的关系，他指出："城镇居民与农村居民通商是每个文明社会的重大商业，农村以生活物资及手工业产品供给城镇，城镇则以一部分制造品供给农村居民，城镇和农村有着相互关联的利害关系，城镇是农村剩余产品的市场。"农业生产部门存在收益递减规律，而相反，城市工业部门不仅不存在收益递减规律，而且呈现收益递增的趋势。因此，收益递增的城市工业部门能够支付给劳动者更高的工资，城乡发展水平和城乡居民收入必然存在差距。

（一）国外城乡关系理论的演变

1. 工业化与二元经济论

工业化与城镇化是人类社会经济发展过程中的必经阶段。工业化是城镇化的基础和根本动力，城镇化是工业化的空间依托和必然结果，并为工业化的发展创造条件。与工业化和城镇化关系有关的理论主要有二元经济论、钱纳里的结构变革论、托达罗的人口流动模型和巴顿的聚集经济理论等，从不同角度解释了工业化与城镇化之间的关系。

二元经济论最早是由荷兰经济学家鲍埃克在20世纪40年代分析研究荷兰殖民统治下印度尼西亚的社会经济状况时提出的，他发现印尼社会经济主要由两部分组成：一是外来的西方发达资本主义体系；二是本土落后的前资本主义农业体系。他把印尼这一经济结构现象称为二元经济结构。这就存在一个引入的、相对先进的社会制度和土生土长的社会制度之间的冲突。这也决定着二元经济中的工业化是一个由大众发动的小规模进行的缓慢过程。

希金斯在鲍埃克理论的基础上进一步提出了技术二元化体系论。他在实证分析中发现，在二元体系中，先进部门和传统部门有着不同的生产函数，这就对劳动就业产生了巨大的影响。传统部门的资本集约度是伸缩的，其产品可以用不同的生产函数，由于这一部门绝对地缺乏资本，因而会使用劳动集约型技术。而先进部门的生产技术是资本集约型的。当二元经济中的人口

增长时，现代化领域创造就业机会的能力不足以全部吸收增加了的劳动力，剩余劳动力不得不滞留于传统农业领域，形成隐蔽性失业，阻碍传统农业领域向提高资本—劳动比率、提高劳动生产率方面转变。

1954 年，刘易斯首次提出了完整的二元经济发展模型，该模型把发展中国家经济划分为两个部门：一是以传统生产方法进行生产的、劳动生产率极低的非资本主义部门；另一个是以现代方法进行生产、劳动生产率和工资水平较高的资本主义部门。前者以传统农业部门为代表，后者以现代工业部门为代表。刘易斯认为，经济发展依赖现代工业部门的不断扩张，而现代工业部门的扩张需要农业部门提供丰富的廉价劳动力。刘易斯模型的目的是促进不发达经济发展，动力是劳动力转移和城镇化。

1961 年，费景汉和拉尼斯在刘易斯模型的基础上提出了一个新的人口流动模型，将农业部门的发展纳入了分析范畴，在考虑工、农业两个部门平衡增长的基础上，完善了农业剩余劳动力转移的二元经济发展论。他们认为农业对促进工业增长所起的作用不只是消极地输送劳动力，还能为工业部门的扩大提供必不可少的农业剩余。实现经济发展必须以一定的农业剩余为基础。"费—拉"模型将经济增长分为三个阶段：第一阶段，劳动力无限供给阶段。在这一阶段，由于剩余劳动力的大量存在，劳动力的供给曲线是水平的，农村劳动力的流出不会导致农业产出的减少。第二阶段，农业劳动边际生产率大于零而小于农业平均收入水平的阶段。当劳动力流出超过农村剩余劳动力的限制时，劳动力的供给曲线开始上升，这时农业劳动力的边际生产率则会大于零，劳动力的流出则会导致农业产出的减少，农产品短缺，从而工业部门贸易条件恶化。此时，如果不提高农业劳动生产率，工业部门将因为工业利润下降而停止吸收农业人口。第三阶段，农业部门劳动边际生产率大于农业部门平均收入水平阶段。由于工业部门对农业部门剩余劳动力的吸收，在传统农业部门已经不存在隐蔽失业的情况，农业劳动边际生产率进一步提升并大于农业平均收入水平。此时由农业部门转向工业部门的工人的工资水平完全由市场调节，从而农业部门实现了商业化，整个经济完成了由二元经济向一元经济的转变。

乔根森在 1961 年提出了一个新的模型，在新古典分析框架内讨论了农业人口向工业部门转移的问题。因此，乔根森二元经济理论又被称为新古典二元经济理论。与刘易斯、费景汉和拉尼斯等不同，乔根森认为，工业部门发展依赖于农业部门，农业部门在经济发展中起基础性作用。农业人口向非农业部门转移的根本原因在于消费结构的变化，是消费需求拉动的结果。科技进步促使农业生产规模逐渐扩大，人均粮食供给增长率大于人口增长率，因而必然出现农业剩余。人们对农产品的需求是有限的，而对工业品的需求是无限的，当农产品生产已能满足人口需求时，农业的发展就会失去需求拉动，农业人口向工业部门转移。随着越来越多的劳动力转向工业生产部门，国民经济逐步实现一元化。

托达罗在 20 世纪 60 年代末通过对发展中国家劳动力迁移的研究建立了托达罗模型。1969 年，托达罗针对城市失业与农村劳动力向城市转移并存的新现象，提出了预期收入模型。他认为，农业劳动力决定是否入城的原因不仅取决于城乡实际收入差距，还取决于城市的失业状况。这两个因素构成了劳动者的预期收入。即使在城市中存在大量失业人口，但只要城乡间存在实际收入差距，并且在城市里有较好的就业机会，迁移者的预期收入大于农村收入，就会促使农业劳动力转移。发展中国家的二元经济结构决定了较大的城乡收入差距，而这又导致农村人口源源不断地涌入城市，造成城市失业问题越来越严重。因此，他认为，如果只把发展重点放在城市，开创城市就业机会，单纯依靠城市产业特别是城市工业的扩张，无助于解决城市就业问题。解决城市失业问题的关键是重视农业和农村的发展，改善农村的生产生活条件，提高农业生产效益和农民收入水平，缩小城乡收入差距。与刘易斯不同，他提出了促进农村综合开发的政策性建议。这一思想对当前我国建设社会主义新农村战略仍具有重要的指导意义。

2. 结构变革论

在"刘—费—拉"二元经济理论之后，发展经济学家钱纳里又对工业化和城镇化问题做了进一步的实证研究。钱纳里认为，就业结构与城镇化表现出惊人的相似性。"在一个连续均衡的国民经济中，城镇化可能表现为因果链条上的各类事件的最后结果，以导致工业化的贸易和需求的变化为开端，以农村劳动力向城市就业的平缓移动为结果。"1975 年他与塞尔昆合著的《发展的形式：1950～1970》一书中，在对 101 个国家 1950～1970 年的经济结构变动及其影响因素进行分析时发现，在同一时点的不同经济发展水平的截面上，初级产品产业所占比重同经济发展水平成反方向变化。制造业比重则刚好相反，同经济发展水平成正比。通过对经济发展数据时间序列的动态分析表明，制造业对经济增长贡献最大，农业相对较小。这表明一个国家在经济发展水平较低时，经济活动以农业为主，人口主要集中在农村；随着经济的发展，产业向制造业、服务业转移，人口也从农村逐渐转移到城市。后来，钱纳里又在《工业化和经济增长的比较研究》一书中，运用投入产出分析方法、一般均衡分析方法和经济计量模型，通过比较研究，考察了第二次世界大战后发展中国家的工业化进程，剖析了不同发展阶段影响工业化和经济增长的各种因素，完善了自己所提出的理论。

工业化是传统的农业社会向现代化工业社会转变的必由之路，是国民经济实现飞跃的必要条件。德国经济史学家鲁道夫·吕贝尔特(1983)在其《工业化史》中，将"机器时代破晓以后，随着纺织的机械化，随着蒸汽机作为一项新的能源，随着从单件生产过渡到系列生产，过渡到大规模生产"人类社会才开始的这种巨大变化，称之为工业化。Kirkpatrick 和 Nixson(1983)将工业化概括为"专业化和劳动分工，运用技术、机械、电力来补充和代替人的劳动"，也是现代的、一体化的，以城市为基地制造业的建立。库兹涅茨(1989)则认为工业化是"产品的来源和资源的去处从农业生产活动转向非农业生产活动"。《新帕尔格雷夫经济学大辞典》(Bagchi, 1996)认为，工业化是一种过程，一是指国民收入(或地区收入)中制造业活动和第二产业所占比例提高，二是指在制造业和第二产业就业的劳动人口的比例也有增加的趋势。在这两种比率增加的同时，除了暂时的中断以外，整个人口的人均收入也在增加。钱纳里(1996)认为，"工业化是指以各种不同的要素供给组合去满足类似的各种需求增长格局的一种途径"。20 世纪 50 年代关于城乡发展的讨论，最有影响的是"刘易斯—拉尼斯—费景汉"模型，模型的一般对策建议认为经济增长和现代化需要工业快速发展和城镇化，需要将农业剩余劳动力从农村农业部门转移到城市工业部门，因而视城市掠夺农村的资源、资金和劳动力为理所当然。

3. 聚集经济理论

巴顿通过对英国城镇化道路的分析，认为城镇化的产生与发展都离不开工业化，工业化促进了城镇化。城市发展的内在客观规律，是在工业布局的技术因素影响下，通过最大限度的空间集中获得最大的经济效益，其结果是生产趋向于集中。在《城市经济学：理论和政策》一书中，巴顿将城市的聚集经济效益划分为十类，包括：(1)本地市场的潜在规模；(2)大规模的本地市场也能减少实际生产费用；(3)与规模经济效益有关的是，在提供某些公共服务之前，需要有人口限度标准，交通运输业更是如此；(4)某种工业在地理上集中于一个特定的地区，有助于促进一些辅助性工业的建立，以满足其进口的需要，也为成品的推销与运输提供方便；(5)熟练劳动力汇聚和适应于当地工业发展所需要的一种职业安置制度；（6）有才能的经营家与企业家的集聚；（7）金融与商业机构条件更为优越；（8）更为广泛的设施；（9）工商业者可以面对面地打交道；（10）刺激企业去改革。

城镇化（Urbanization）概念最早是由西班牙的工程师 Serda 于 1867 年提出的，他侧重于城市形态的发展及其城镇化过程中建筑景观的规划。经济学对城镇化的定义，主要是从经济与城镇的关系出发，强调的是农村经济向城镇经济转化的过程、动力和机制。城镇化是农业资源非农业化的过程，是使经济从农业向非农业转变、生产要素向城市集中的过程，包括农村剩余劳动力、投资及其技术、生产能力向城市集聚，从第一产业向第二、第三产业转移。城镇化与产业结构的变化相联系。

山田浩之（1978）认为，"城镇化的内容可分为两个方面：一个是在经济基础过程中的城镇化现象；另一个是在社会文化过程（或上层建筑）中的城镇化现象。"巴顿（1984）认为，"城镇化是人口、社会生产力逐渐向城市转移和集中的过程"。美国经济学家沃纳·赫希（1990）认为，城镇化是"从以人口稀疏并相当均匀遍布空间、劳动强度很大且个人分散为特征的农村经济，转变为具有基本对立特征的城市经济的变化过程"。利丹（2001）认为，"城镇化是两个过程同时发生的一种经济社会现象，其本质是乡村城镇化；农业人口向非农业转移，向城镇集中；农村生产、生活质量逐步城镇化。"

4. 马克思的城乡对立融合论

虽然马克思、恩格斯并未就城乡关系问题在某一著作中做过专门集中而系统的论述，但其城乡关系思想蕴藏在马克思、恩格斯博大精深的理论体系中。"马克思、恩格斯城乡关系思想包括坚持社会整体发展观、人的积极主动参与观和以人为本的和谐发展观等内容"，这些理论"既是马克思主义社会发展理论的重要内容之一，也是马克思主义关于未来社会构想的重要组成部分。"马克思断言："城乡关系的面貌一改变，整个社会的面貌也跟着改变。"马克思主义经典作家吸收了空想社会主义者关于城乡关系理论的内核，认为资本主义是造成城乡对立的根源，把缩小和消灭城乡差别视为实现未来共产主义的重要标志。

（1）城乡关系问题是一个自然的历史演进过程。

城市的产生过程，就是生产力发展而使社会分工不断深化的过程，分工必然导致城乡差别，甚至导致城乡对立。因此，城乡差别和对立是生产力发展到一定历史阶段的产物。马克思在《德意志意识形态》中说道："某一民族内部的分工，首先引起工商业劳动和农业劳动的分离，从而也引起城乡的分离和城乡利益的对立。""物质劳动和精神劳动的最大的一次分工，就是城市和乡村的分离，城乡之间的对立是随着野蛮向文明过渡、部落制度向国家过渡、地方局限性向民族过渡开始的，它贯穿着全部文明的历史并一直延续到现在。""城市本身表明了人口、生产工具、资本、享乐和需求的集中，而在乡村里所看到的却是完全相反的情况：孤立和分散。"并认为"城乡之间的对立只有在私有制的范围内才能存在。这种对立鲜明地反映出个人屈从于分工、屈从于他被迫从事的某种活动，这种屈从现象把一部分人变为受局限的城市动物，把另一部分人变为受局限的乡村动物，并且每天都不断地产生出他们利益之间的对立。""城市和乡村的分离还可以看作是资本和地产的分离，看作是资本不依赖于地产而存在和发展的开始，也就是仅仅以劳动和交换为基础的所有制的开始。"在《政治经济学批判》中，马克思写道："古代的历史是城市的历史，不过这是以土地财产和农业为基础的城市。中古代（日耳曼时代）是从乡村这个历史舞台出发的，然后，它的进一步发展是在城市和乡村的对立中进行的；现代的历史是乡村城镇化，而不像古代那样，是城市乡村化。"列宁认为城市对农村的剥削，最终导致城乡对立是商品生产和资本主义的必然产物，"资本主义愈向前发展，经营商业性农业的困难也就愈大。土地所有权的垄断、继承权、长子继承制妨碍着农业的合理化。城市愈来愈重地剥削农村，从农业的业主那里夺走了最好的劳动力，愈来愈多地榨取农村居民生产出来的财富，使农民不能恢复地力"。

（2）消灭城乡对立。

马克思、恩格斯认为城乡对立是可以被消灭的，在《论住宅问题》一文中，恩格斯驳斥了某些资产阶级经济学家在对待城乡对立问题上的所谓自然主义的唯心主义历史观，指出："消灭城乡对立并不是空想，正如消除资本家与雇佣工人间的对立不是空想一样，消灭这种对立日益成为工业生产和农业生产的实际要求。"而要消灭城乡对立，就必须建立无产阶级专政。当国家以社会全体成员具有共同的政治经济利益，不存在阶级压迫和对抗的时候，城乡间的阶级对立就不存在了。而无产阶级专政的建立，必须取得农民的支持，强调没有农民参加，无产阶级革命根本不可能胜利。马克思认为，"在革命进程中把站在无产阶级和资产阶级之间的国民大众即农民和小资产阶级者发动起来反对资产阶级制度，反对资本统治以前，在革命进程中迫使他们承认无产阶级是自己的先锋队而靠拢它之前，法国的工人们是不能前进一步，不能丝毫触动资产阶级制度的";恩格斯认为,"农民到处都是人口、生产和政治力量的非常重要的因素",社会主义工人政党"为了夺取政权,这个政党首先应当从城市走向农村,应当成为农村中的一股力量"。

(3)城乡融合是城乡关系发展的最终方向。

在要求消灭城乡对立的基础上,马克思、恩格斯提出了"城乡融合"的概念,认为未来社会不是固化城乡的分离,而是实现城乡的融合。所谓城乡融合,就是"将结合城市和乡村生活方式的优点而避免两者的偏颇和缺点"。恩格斯指出:"通过消除旧的分工,进行生产教育,变换工种,共同享受大家创造出来的福利,以及城乡融合,使全体成员的才能得到全面的发展。"在这里第一次提出了"城乡融合"的概念。他还指出:"只有按照统一的总计划协调地安排自己的生产力的那种社会,才能允许工业按照最适合于它自己的发展和其他生产要素的保持或发展的原则分布于全国。"同时,马克思、恩格斯也充分认识到,实现城乡融合是一个漫长的社会历史过程,"消灭城乡之间的对立,是社会统一的首要条件之一,这个条件又取决于许多物质条件,而且一看就知道,这个条件单靠意志是无法实现的。"

(二)国内关于农村城镇化的研究

国内关于农村城镇化的研究可以归纳为三个层面。一是叶齐茂(2012)、陈峰(2010)、李潇潇(2010)、解安(2013)等从国际层面对德、日、美、韩等国的农村城镇化历程进行理论梳理。叶齐茂(2012)系统地研究了德国的农村城镇化历程,归结出土地集约利用、可持续发展与基础设施供给的完善是三大典型特征。而陈峰(2010)指出,日本的城镇化则是以"町村"合并为典型特征。"町村"合并使日本的城镇数量迅速上升。解安(2013)通过长期对韩国的"新村"运动的研究,认为韩国的城镇化主要以"新村运动"为标志,并开创了农村向现代化转变的"韩国模式"。通过"新村运动",韩国农民整体脱贫,多年累积的城乡差距迅速缩小,韩国城镇化模式的核心在于政府的扶持与农民主体地位的提升。而美国城镇化模式的不同特点在于,边缘区的小城镇、郊区小城镇和农业地带小城镇是其三种典型的模式。李潇潇(2010)进而指出,美国的小城镇建设表现出四大特征:一是规划科学,强调整体协调和功能分区,将城镇化与区位特点和特色产业相结合;二是注重城镇交通、通讯、排污等公共基础设施功能的总体提升与长远发展;三是推进产业升级,实现城镇化和产业协调发展与小城镇在区域间的平衡发展;四是着力解决住房和就业难题并注重健全社会保障机制。此部分构成本课题的理论基础。

简新华(2012)、肖卫东(2010)、温国勇(2009)、陈甬军(2011)、周毅(2010)等从第二个层面对国内的农村城镇化进行了理论与实证研究。简新华(2012)对城镇化理论进行了学理上的梳理并指出城镇化进程面临五大争论，即城镇化与城镇化的内涵界定之争、道路之争、规模之争、劳动力空间转移去向之争与制度创新之争，而对这些理论难题的解决是我国从传统型城镇化向新型城镇化转型的关键。梁春梅、肖卫东(2010)从计量分析实证的视角运用协整分析、误差修正模型与 Granger 因果检验对城镇化发展与农民收入增长关系进行了实证研究，指出两者间存在长期的动态均衡与双向因果关系。温国勇(2009)则认为，土地资源的非农化配置是我国城镇化进程面临的最为基本的问题。因此，实施国土空间规划管理，培育城乡一体化的土地市场，构建城乡一体化的用地制度与改革城乡土地二元所有制是农村城镇化制度创新的关键。而陆进(2009)则从增加就业的视角，指出城镇化建设能吸引和转移农村人口，扩充和增加新的就业岗位，从而改善就业与民生，实现区域经济的可持续发展。陈甬军(2011)从产业区域转移与城镇化发展的角度，指出目前我国城镇化发展速度趋缓的关键问题不再是体制因素而是经济因素，因此应该通过引导产业区域转移以推动城镇化发展。陈滢(2010)在前者分析的基础上，进一步从区域产业集群与城镇化的互动关系中得出，城镇化使众多的关联企业集中在一定区域内，扩大了与产业集群相关的配套设施的形成规模，推动了产业集群的形成与发展，从而有助于提升小城镇的区域经济质量和可持续发展能力。而周毅(2010)则从新型城镇化建设与区域经济发展方式转变的视角，指出城镇化是城乡区域经济协调发展及经济结构调整的主角，是实现经济发展方式从生产主导型向消费主导型转变的内生动力。国内学者在就业、产业、土地三方面对农村城镇化理论的探讨形成了本文的分析框架。

孟俊杰(2012)、周伟(2010)、周敏(2008)、马同斌(2010)、博崇兰(2010)等人从第三个层面即首都地区的农村城镇化进程进行了理论研究。孟俊杰、董夫超(2008)将北京市郊区农村的城镇化进程归结为被动型城镇化、主动型城镇化、异地迁居城镇化与原地城镇化四种类型。而首都郊区的城镇化进程主要是通过近郊区农村的城镇化、区县新城进入规划范围的农村的城镇化、中心城镇规划区内的农村城镇化与一般农村地区的新村建设或郊区新型社区建设城镇化四种方式。周伟(2010)将此进一步归结为三个一批：城镇化转移一批，城镇化聚集一批，新型农村社区建设提升一批。中心镇与中心村通过整治合并，集中居住聚集城镇化，而位置偏远、资源相对匮乏的农村则通过新型社区建设进行城镇化。对于首都农村城镇化面临的难题，马同斌（2010）认为主要是城镇化未形成优势产业，对城市的依赖性仍较强，资金投入不足，城镇建设落后于形势发展的需要。其根本原因在于实践中受城乡二元结构传统思维方式的束缚，缺乏对城乡统筹的整体谋划和统一指导，在资源配置上偏重城市而对农村有所忽略。周敏（2008）进而将首都城镇化面临的问题概括为四方面，分别是城镇化滞后于工业化和非农化，城镇发展水平低、规模小，城镇产业缺乏特色、建设资金不足，城镇化面临的资源和环境约束逐渐趋紧。面对首都农村如何走新型城镇化道路的问题，王英（2012）指出小城镇建设应坚持六条原则，分别是发展上的特色原则、战略上的层次原则、时序上的持续原则、科技上的支撑原则、空间上的科学配置原则与速度和效益二者相统一的原则。进而首都农村城镇化一是要规划优先、定位准确；二是要以特色农业为主导，大力推进农业产业化；三是优势区域大力发展工业，培育小城镇的支柱产业；四是要以第三产业为龙头，通过延长产业链快速提高城镇经济总量。博崇兰（2010）则指出，当今城乡一体化任务的核心是促进我国城镇化战略"转型"，因此根据目前我国城镇化的发展阶段和特点不应再过激地提倡加快推进城镇化，而应该提出城镇化战略转型，转型的基本途径应是"分散"与"集中"相结合。而城乡一体化的目标应是消除城乡二元结构制度约束，建立促进城乡经济社会一体化的市场制度，尽快在城乡规划、产业布局、基础设施、公共服务等方面取得突破。着力点主要是五个方面，分别是资源转换战略、生态环境战略、自主创新战略、制度创新带动战略与城乡一体化战略。而徐红梅（2012）则认为，要加快北京市郊区城乡一体化进程，一靠政策创新，二靠政府投入，三靠统筹规划。通过建立完善的中心城区、卫星城、中心镇、一般建制镇四级城镇体系，使城镇交通便捷、基础设施完备、生活条件便利，同时明确四级城镇体系中各自的地位。农村城镇化建设要有特色，从当地条件和特点出发，发挥区位优势，以产业为载体致力于发展第二、第三产业，通过调整郊区经济结构和产业布局，在产业融合与服务首都全局的高度调整经济结构与模式创新。综合国内外及首都本地区对农村城镇化的前期研究成果，本课题在设计上以"土地"和"产业"作为联动机制，在城乡一体化与区域协调发展的背景下探索首都农村的特色城镇化建设。

二、国外新型城镇化的典型模式及特征

（一）日本——高度集中型城镇化

日本城镇化改革始于明治维新时期，其模式是政府主导下的高度集中型

城镇化。第二次世界大战后，日本依靠工业化的强力推动，通过市、町、村、合并，走以大城市为核心的高度集中型城镇化道路，迅速迈入高速城镇化的轨道。早在 1973 年，日本城镇化水平就高达 71％，实现了高度的城镇化。日本新型城镇化模式的特征，主要可以归结为以下五方面：

1. 以工业化为推手，有序推进城镇化发展

1868 年的日本明治维新标志着日本近代化的开始，同时也是日本工业化与城镇化的开端。两年后，明治政府在经济领域施行殖产兴业政策，通过政府的扶持与保护推动了日本早期工业革命的发生。在实施殖产兴业政策后，日本在短短 15 年(1870～1885)内大大改变了工业落后的面貌，初步实现了资本主义工业化。日本城镇化进程以工业化为主要驱动力，工业化的快速发展推动了日本正式进入城镇化阶段，并为战后进入快速城镇化发展阶段奠定了基础。20 世纪 50 至 70 年代是日本经济发展的"黄金时代"，日本政府通过向工业部门提供优惠政策刺激工业快速发展，工业化的同时吸引大量被现代农业解放的农民涌入城市，此期间日本城镇化率与人均 GDP 和工业产值均有很高的相关性，城镇化率由 1950 年的 37％提高到 1977 年的 76％，表明城镇化与工业化是互相促进、协调发展的。进入 20 世纪 80 年代后，第三产业逐渐成为日本的主导产业，城镇化率进入稳步增长阶段。

2. 通过市、町、村合并，走以大城市为核心的高度集中型城镇化道路

日本城镇化进程的主要特征是以大城市为核心的高度集中型模式，政府期望通过这种模式实现资源的聚集效应，实现跨越式发展。自明治维新时期开始，日本经历了三次市、町、村合并，分别是明治大合并、昭和大合并及平成大合并。其中平成大合并始于 1999 年，截至 2010 年年底，日本市、町、村的数量从 1999 年的 3229 个降至 1727 个，减并幅度将近五成。日本政府在合并市、町、村的同时集中资源发展大都市城市群。20 世纪 50 至 70 年代日本经济发展的"黄金阶段"推动了东京、大阪、神户三大都市的崛起。而 20 世纪 70 年代后，日本城镇化趋于饱和状态，日本企业和人口开始撤出城市中心地带，向周边的郊区或卫星城市转移，形成"三大都市圈"。东京、大阪、名古屋三大都市圈面积仅占日本国土面积的 14.4％，但集中了日本 49％的人口（东京、名古屋、大阪三都市的市中心 50 公里内的范围）。尤其是首都东京，由东京、横滨、琦玉、千叶所组成的都市圈现已集聚 3722 万人口，占全国总人口的 29.4％。

3. 确立环保立国发展战略，官方与民间共同应对环境问题

20世纪五六十年代是日本环境污染最严重的时期，其典型代表是"四大公害病"：足尾矿毒、四日市哮喘、痛痛病、水俣病，后两种公害病甚至曾经一度震惊世界。这让日本人认识到了环境问题的严重性。四大公害病的诉讼，成为日本环保史的转折点。漫长而艰巨的诉讼过程，引发了日益高涨的民间舆论和席卷日本全国的"反公害"市民运动，并推动了日本行政、司法和立法领域的改革。为保护大气环境、水质，日本政府于1958年制定了《公共水域水质保全法》和《工厂排污规制法》，1962年制定了《烟尘排放规制法》，1967年制定了《公害对策基本法》，1968年制定了《大气污染防治法》，1970年出台了《水质污染防治法》等，基本形成了环境法规体系，为治理环境问题打下了良好的法律基础。除出台相关环保法规之外，日本政府应对环境问题的措施还包括建立完善的水质检测体系、加大对生活污水处理力度、重视地下水资源的保护、充分利用生物技术防治水污染等。

从20世纪60年代后期开始，日益高涨的民间舆论和席卷日本全国的"反公害"市民运动，以及要求损害赔偿和禁止排污的一系列"公害诉讼"正式拉开帷幕。最著名的无疑是被誉为"战后四大公害诉讼"的"新潟水俣病第一次诉"（1967年）、"四日市公害第一次诉讼"（1967年）、"痛痛病第一次诉讼"（1968年）和"熊本水俣病第一次诉讼"（1969年）。20世纪70年代初期，这些诉讼的原告方纷纷胜诉，这无疑在公害防治史上具有指向性的划时代意义。这些公害诉讼让日本确立了一些极重要的法律原则，如"预测污染物对居民健康的危害是企业必须高度重视和履行的义务，忽视这些义务等同于过失"，"只要污染危害超限的既成事实成立，即使无过失，也应承担赔偿责任"等。可以说，在日本治理污染的整个过程中，国会立法、政府重视、市民运动、媒体助推、民间诉讼等都是缺一不可的推动力量。天上不会掉馅饼，世上也没有救世主，面对严重的环境污染和有令不行、有法不依，中国今后的环保也必将有赖于每个人的合力推动，依靠凝聚社会共识来争取。

4. 通过城镇化吸引农业劳动力，发展第三产业，缩小城乡差别

农村劳动力向城市转移不仅减轻了农村人口过剩的压力，而且为工业化的进一步发展提供了所需的劳动力。第二次世界大战后日本国内经济百废待兴，失业人数激增，外加人口补偿性增长及数百万被遣返战俘和平民，日本经济陷入停滞。1955年日本经济恢复到战前水平，20世纪50年代至70年代

成为日本经济发展的"黄金时代"，随着工业的发展，城镇吸引了大量劳动力，加速了城镇化进程。在此期间，农村变化的显著特点是农业人口的急速减少，该过程有两个途径：一是老龄劳动力死亡后，新生劳动力补充减少；二是原农村劳动力向新兴城镇迁移。20世纪五六十年代的日本人口迁移主要是农村迁往城市，尤其是大阪、东京、神户等都市圈，当时农村地区向大都市的人口迁移占国内人口迁移总量的1/3以上。1958~1960年，到非农产业就业的农业劳动力每年为68.6万人，其中有41.1万人流入城市，占59.9%，而流入农村非农产业的仅有27.6万，占40.2%，结果形成了农村地区严重的人口过疏问题。日本在1966年和1999年分别通过《农业基本法》和《新农业基本法》，试图通过超高的关税保护国内农业，但效果并不理想。

虽然日本农业发展上的教训值得我们借鉴，但日本农民收入的增加与城镇化总体上呈正相关关系，只是在不同历史阶段农民纯收入的增长幅度是不同的。这一点，还是值得学习。自明治维新时期城镇化开始至第二次世界大战结束，此期间农民纯收入增长缓慢。在20世纪50至70年代日本经济快速发展时期，农民收入飞速增加。

（二）美国——市场主导下的郊区化城镇模式

美国城镇化的显著特征是以城市为中心、以市郊为外围的蛛网状城市郊区化。美国政府一直崇尚自由市场所带来的高效率，因此美国的城镇化主要建立在资源自由流动的基础上。这样，市场需求成为美国城镇化的主要动力，城镇的兴起成为经济发展的自然选择。从19世纪末到20世纪70年代，伴随着工业化的快速发展和对西部地区的开发，美国的城镇化率在1970年达到73.6%。目前，美国的城镇化水平已经超过90%。[①]

美国城镇化历程可分为三个阶段，初期阶段是1700年到1880年的农业经济时代，城镇人口来源主要是移民，此阶段美国城镇化发展缓慢，在100多年的历史中城镇化水平尚未达到30%；中期阶段是1880~1970年间的工业经济时代，此时期美国城镇化发展较快，城镇化率从1880年的28.2%迅速提高到1970年的73.6%；后期阶段是1970年后的缓慢发展阶段，新的人口流动开始向美国南部与西南部转移，城市发展增速减缓（如表1所示）。

---

① 王海燕：《美国城镇化发展的特点和启示》，《经济研究参考》，2013年第36期。

表1   1790～2010 年美国各时期城镇、农村人口分布情况

年份	总人口（百万）	城镇地区人口及所占比例		农村地区人口及所占比例	
		城镇人口（百万）	所占比例（%）	农村人口（百万）	所占比例（%）
1790	3.9	0.2	5.1	3.7	94.9
1800	5.3	0.3	6.1	5	93.9
1810	7.2	0.5	7.3	6.7	92.7
1820	9.6	0.6	7.2	9	92.8
1830	12.9	1.1	8.8	11.8	91.2
1840	17.1	1.8	10.8	15.3	89.2
1850	23.2	3.6	15.4	19.6	84.6
1860	31.4	6.2	19.8	25.2	80.2
1870	38.6	9.9	25.7	28.7	74.3
1880	50.2	14.1	28.2	36.1	71.8
1890	63	22.1	35.1	40.9	64.9
1900	76.2	30.2	39.6	46	60.4
1910	92.2	42.1	45.6	50.1	54.4
1920	106	54.3	51.2	51.7	48.8
1930	123.2	69.2	56.1	54	43.9
1940	132.2	74.7	56.5	57.5	43.5
1950	151.3	96.8	64	54.5	36
1960	179.3	125.3	69.9	54	30.1
1970	203.3	149.6	73.6	53.7	26.4
1980	226.5	167.1	73.7	59.4	26.3
1990	248.7	187.1	75.2	61.6	24.8
2000	282.2	223.2	79.1	59	20.9
2010	308.7	254.1	82.3	54.6	17.3

（资料来源：王海燕：《美国城镇化发展的特点和启示》，《经济研究参考》，2013 年第36 期。

说明：城镇指人口超过 2500 人的居民点，但自 1950 年起，开始包括极少数的人口在2500 人以下的市镇；自 1960 年起，包括阿拉斯加和夏威夷的城镇；1980 年起，开始包括波多黎各的城镇在内。）

美国特色城镇化的特点可以归纳为以下四点：

1. 以市场机制为动力，自由放任型城镇化模式

按照工业化国家的经验，城镇化率达到 50% 是政府政策调节的最佳切入点①。但由于在城镇化初、中期的美国奉行自由经济理论，主张经济关系应由市场这只"看不见的手"来调节，政府只要当好"守夜人"便可以了。在这种理论的指引下，联邦政府调控手段薄弱，并未及时对以资本为导向的城镇化发展进行理性引导，完全按照市场需求自由放任地推进城镇化，导致了过度的郊区化，造成城镇发展规划结构性失衡、城市扩张无序、土地浪费严重、自然环境恶化等一系列问题。为此，近年来美国政府进行了深刻反思，采取了一些环境保护、城镇规划上的补救措施，试图扭转自由放任型城镇化模式所导致的过度郊区化。

2. 以大城市群为主体，构建多层次城镇体系

自独立战争后，美国城镇化进展迅速，截至 1940 年，大都市区的数量增加到 140 个，大都市区的人口比例占总人口比例上升到 48%，美国已基本成为一个大都市区化的国家。通过发挥中心城市的辐射作用美国逐渐形成了三大城市群：大西洋沿岸城市群、芝匹城市群及波华城市群。大西洋沿岸城市群，北起波士顿，南至华盛顿，200 多个大中小城镇，虽然面积仅为 13.8 万平方公里，占美国国土面积的 1.5%，但人口约 4500 万，占美国总人口的 20%，是美国第一大城市群，城镇化水平达到 90% 以上；芝匹城市群，从密尔沃基开始，经过芝加哥和底特律到匹兹堡，面积为 24.5 万平方公里，人口约 5000 万；波华城市群，又称大西洋沿岸城市群，它北起旧金山湾区，经洛杉矶、圣地亚哥直到墨西哥边境。美国大量中小城镇在上述城市群带动下蓬勃发展，同样对劳动力有很大吸引力，一方面为美国农业规模化创造了前提，另一方面构成了美国多层次的城镇体系。

3. 以郊区化为特色，实现"人的城镇化"

郊区化是美国城镇化的特色，其本质是大都市圈的地域扩张与城市功能的扩大化。郊区化开始于 20 世纪 50 年代，由于战后美国第三产业的壮大，大量被现代农业解放的农民涌入城市，造成地价飞涨、交通拥堵、环境污染等状况。上述由城镇化导致的一系列社会问题引发了公众的普遍不满，进而被美国政府纳入政策议程，美国国会于 20 世纪 60 年代末通过了《新城市开发

---

① 刘恩东：《美国推进城镇化的进程》，《江西农村经济》，2013 年第 4 期。

法》，之后又推行"示范城市"实验计划，为郊区的发展提供了法律依据和政策支撑。交通技术及通讯技术的进步又为郊区城镇化提供了可行性。20世纪70年代开始，大企业开始转入城市郊区，同时郊区人口的增多，使零售业、服务业和教育娱乐设施不断增加，郊区的功能由原来单纯的居住功能向工业园区和商业节点发展，通过郊区产业化实现了"人的城镇化"。

4. 以交通运输设施建设为前提，夯实城镇化发展的基石

交通运输是城镇化建设的先导性和基础性产业。依据美国联邦高速公路管理局所提供的数据显示，截至2012年年底，美国公路里程达440万公里（2734033英里），高速公路8.9万公里。交通运输在美国城镇化历程中起到了促进经济要素跨域流动、实现城镇产业合理布局、协调城镇社会良序运行、完善城镇空间格局形态等重要作用。第二次世界大战后，美国国会于1956年6月颁布《国家洲际国防调整公路法案》，规划20年内投入250亿美元，兴建66000公里洲际高速公路网。后期的投入和建设规模远大于原计划。高速公路网的建成，改变了铁路的骨干地位，带来了人口的大迁移，改变了美国人的生活和消费方式，促进了城市向郊区的发展，同时也带来了美国汽车业的空前发展。如今美国人口有3亿多，而汽车总量已达到2.5亿辆，汽车已经成为国民的主要交通工具，美国成为"汽车轮子上的大国"。

（三）德国的特色小城镇建设

德国约有8200万人口，但国土面积仅为35.7万平方公里，还不及我国四川省大（约48.6万平方公里），是欧洲人口最密集的国家之一。自第二次世界大战后到现在的60余年间，德国城镇化水平从69%提高到96%。其城镇化模式是限制支配性中心城市的发展，通过产业分散政策形成若干功能互补的多极城市群。依据世界银行统计的数据显示，截至2011年德国城镇化率已达91.1%，但却几乎不存在环境污染、交通拥堵等城镇化负效应的影响，其城镇化模式值得我们学习和借鉴。

1. 限制超大型城市发展，促使各城镇的非同质化产业集聚

1871年德意志帝国成立前，几十个各自为政的小邦国和骑士领地在这片土地上星罗棋布，由于这些邦国都有各自的中心城市，所以后来德国的城镇化比较协调地在全国铺开。1960年，联邦德国通过了《联邦建设法》，其宗旨在于限制超大型支配性城市发展，确保所有地区均衡发展和共同富裕。目前，全德国除柏林有340万人口、汉堡有170万人口、慕尼黑有120万人口外，没有其他超过百万人口的大规模城市。据德国城市年鉴的数据显示，截至

2010年，德国共有大、中、小城市 2065 个，其中 79 个 10 万人口以上的行政区生活着 2530 万人，占德国总人口的 30%；其余人口则多数分布在 2000 至 10000 人的小型城镇里。[①]

德国实行产业分散政策。德国政府认为市场竞争是技术进步与经济活力的源泉，为确保市场竞争的公平原则，政府不应选择并扶持某项产业使其成为支柱产业。在产业分散政策的作用下，德国各城市群形成了不同的特色主导产业（如表 2 所示），避免了各地区产业的雷同、重复建设和地区间的恶性竞争，促进了地区间的产业分工与协作，形成了各具特色的城市群。

表 2　德国各城市圈的主要功能对比表

城市圈	主导产业	城市圈	主导产业
1. 莱茵—鲁尔	矿产业与行政管理	7. 莱茵—莱卡	汽车与化学工业
2. 莱茵—美因	银行、金融与化学工业	8. 不莱梅—欧登堡	港口业
3. 慕尼黑	科学研发与高技术部门	9. 汉诺威—不伦瑞克—哥廷根—沃尔斯堡	科学与研发
4. 柏林—勃兰登堡	行政、文化与高新技术产业	10. 纽伦堡	电子和机械工业
5. 汉堡	媒体与港口业	11. 德国中部	机械制造和交通业
6. 斯图加特	汽车制造业、电子和精密仪器		

2. 保持城镇独特风格，形成各具特色的城镇文化

19 世纪后期德国统一前，几十个邦国和骑士领地在这个地区星罗棋布，形成了各自的文化传统和风格。德国城镇化进程中不求"大一统"，力求保持城镇原有的风格和特色，在此原则下修补、改造古旧建筑，更新基础设施，

---

① 王鹏：《德国城镇化建设的经验》，《行政管理改革》，2013 年第 4 期。

使各个城镇历史遗产保存完好，形成各具鲜明特色的城镇文化。特点鲜明的城镇文化有利于提高居民的归属感，增进凝聚力，能够提升城市形象并带动第三产业的发展。由于历史上构成德国的众多邦国各有特色，故现在德国大、中、小城市的发展较为均衡，各地城镇均有魅力独特且五彩缤纷的城镇文化。不同的城市文化催生了第三产业的发展，各城镇均有自己不同的艺术特色："狂欢节"、"慕尼黑啤酒节"、"女人节"、"南瓜节"、"土豆节"等。截至 2009年，德国第三产业产值占 GDP 的比重达 71.3%。德国各城市都有自己的特色文化以及多样的旅游产业，构成了德国各具特色的城镇文化。

　　3. 城镇化的同时，重视环境保护

　　第二次世界大战后，德国依靠重工业和制造业迅速恢复残破的经济，但同时也给德国的地表水源、河流和空气带来了严重污染。随着污染范围不断扩大，以及相关健康问题不断加重，德国政府开始实施强制性控制政策，尤其在空气和水领域。例如在空气保护领域，德国超过 40 个城市设立了"环保区域"，只允许符合环保标准的车辆驶入，同时于 2007 年立法补贴安装微粒过滤装置的柴油发动机汽车，并对未安装过滤装置的车辆征收附加费。在水资源保护领域，主要是采取谁污染谁补偿的原则，同时提出了广泛使用节能生产设备并进行税收优惠的政策。20 世纪 70 年代，德国建立了环境保护部和科学顾问委员会，20 世纪 80 年代开始，德国的环保政策开始从强制性控制转向预防与合作，政府期望从源头上避免污染和废物的产生，并成立了联邦环境部。2001 年又成立了可持续发展委员会，主要由社会知名人士组成，向政府进行报告，除了报告积极的成果之外，还包括可持续发展中存在的问题。随着时间的推移，德国人逐渐树立了很强的环保意识，在城镇化进程中注重人与自然的和谐，甚至一度通过法典使环境保护成为城镇化建设的制约性因素。

三、首都农村新型城镇化的依托条件

（一）首都农村新型城镇化的依托条件

　　首都城镇化的发展经历了三个阶段：第一个阶段(1949～1985 年)，可称之为低速城镇化阶段。第二个阶段(1986～2003 年)，可称之为较快城镇化阶段。此阶段北京市城镇化水平全面持续上升，非农业人口比重为 61.9%，平均 GDP 和平均人均 GDP 分别为 518.78 亿元和 5078 元，居民生活达到全面温饱水平。第三个阶段(2003年至今),可称之为高速的城镇化发展阶段。目前,北京市平均非农业人口比重为71.6%,平均GDP和平均人均GDP分别为3501.19亿元和30773元,平均居民生活达到了富裕水平,北京市城镇化发展进入了全面发达阶段。

1. 首都优势——新型城镇化道路的保障

首都优势,是北京因中国政治中心的特殊定位而获得的优势,表现在地理位置优势、聚集效应优势和人才、教育、科技优势三个方面。在地理位置方面,北京是中国的首都,是政治、文化、科技、信息中心和对外交往的中心。国家经济的宏观决策和调控部门等均在北京。同时其航空和铁路客货流量位居全国第一。这些优势是所有其他城市无法比拟的。在聚集效应方面,很多企业如跨国公司的总部、研发机构、大型企业、外省级办事处已落户北京,从而形成有一定规模的总部经济,产生集群效应,吸引更多的总部进驻。在人才、教育、科技资源方面,北京的优势明显,能够为总部经济的发展提供动力支撑。在国内各大城市之间,北京的人才、科技竞争力指标最高。在每百万人口中,北京的专业技术人员约占10万,广泛分布在经济领域和电子及通信、计算机应用、生物工程等高新技术产业。

首都优势是能够为北京市带来实在利益的战略性无形资产,其显著特点是有非磨损性和无限增值性。北京作为首都,是国家政治主权的化身或象征符号,是国家的心脏和神经中枢系统。首都城市就像一面旗帜,它所代表的不仅是表面的物质内容,而且也反映一个国家的政治意志,表现民众对国家的理想、信念、抱负与期望,是世界了解一个国家的窗口和缩影。这种标志与象征是任何非首都城市都无法取代的。作为国家政治权力的一面旗帜,首都的独特性也成为北京市新型城镇化道路的重要保障。

2. 经济总量与产业结构优势——新型城镇化的动力

北京地区作为国家首都、重点经济区域,属综合性产业城市。目前,综合经济实力保持在全国前列,第三产业规模居中国大陆第一。2012年上半年,北京市生产总值为79820.70亿元,在全国各省(市、自治区)生产总值排名中位于第13位(如表3所示)。

表3 2012年上半年全国各省(市、自治区)生产总值对比表①

排名	地区	总值(亿元)	增长(%)	排名	地区	总值(亿元)	增长(%)
	全国	227098.00	7.8	16	陕西	6116.00	13.0
1	广东	26659.00	7.4	17	天津	5864.94	14.1
2	江苏	25382.80	9.9	18	山西	5785.90	10.1
3	山东	24118.10	9.7	19	黑龙江	5416.69	9.2
4	浙江	15790.40	7.4	20	江西	5403.60	10.5
5	河南	13530.55	10.3	21	广西	5329.54	11.4
6	河北	12219.20	9.5	22	重庆	5307.19	14.0
7	辽宁	11228.10	9.2	23	吉林	4437.97	12.0
8	四川	10603.91	13.0	24	云南	4165.74	11.7
9	湖南	9909.40	11.5	25	贵州	2790.88	14.0
10	湖北	9885.40	11.7	26	新疆	2601.04	10.7
11	上海	9552.24	7.2	27	甘肃	2152.47	13.6
12	福建	8348.60	7.2	28	海南	1370.86	8.1
13	北京	7982.70	11.4	29	宁夏	930.52	11.5
14	安徽	7781.90	12.0	30	青海	797.59	12.3
15	内蒙古	6673.15	12.0	31	西藏	287.21	11.3

2012年北京市人均GDP超过12000美元，按照世界银行划分的各国经济水平的标准，人均GDP在3596美元至11115美元之间为上中等收入经济体，按一般公认的工业化阶段评价标准，北京市经济已经由工业化高级阶段进入到后工业化阶段，即发达经济初级阶段。而一个地区的经济发展状况不仅包括经济总量，还包括经济结果。服务型经济是后工业经济时代占主导地位的经济形态，依据北京市第二次经济普查的数据显示，2008年北京市第三产业在全市经济总量中的比重由年度初步统计的73.2%提升至75.4%，这也是国内各省、市、自治区中的最高水平。2011年北京市三次产业结构比重为1∶23∶76，服务业比重已高达76%。与此同时，依据亚洲开发银行提供的数

① 据国家统计局《中国统计年鉴2013》整理得出。

据显示，在国际大都市北京和天津周围，环绕着河北的 3798 个贫困村、32 个贫困县，年均收入不足 625 元的 272.6 万贫困人口，是为"环京津贫困带"，可谓"一界之隔，贫富云泥"。纵观世界城镇化浪潮，可知工业化是城镇化的直接动力，而后工业化时代的城镇化建设是强调城乡均衡发展，呈"城乡均值化"的发展模式，北京市高度发展的经济一方面能为周边城镇发展提供资金、技术、人才，另一方面可缓解北京城内的交通和环境压力。

3. 大规模高素质的流动人口——新型城镇化依托的人口红利

庞大的流动人口带来持续性"人口红利"。依据北京市统计局所提供的数据，2012 年北京市常住人口（包括户籍人口及在京居住六个月以上的暂住人口）达 2069.3 万人，其中暂住人口为 784.2 万人。在第六次人口普查中，外省市来京人员 704.5 万人，比第五次全国人口普查时增加 447.7 万人，平均每年增加 44.8 万人。外省市来京人员中老人和小孩流入北京的人数相对较少，常住外来人口的年龄集中在 20～39 岁，这部分人口占外来人口的 62.8%，其中 25～29 岁组占 19.1%，对北京市人口年龄结构的变动影响较大，使得北京市常住人口的年龄结构呈现出"两头小、中间大"的特点，表明北京市劳动力资源丰富，处于"人口红利"的黄金时期。这给北京市带来了持续性的人口红利，延缓了北京市人口老龄化的进程。

北京一方面面临"人口红利"，另一方面似乎面临"人口红线"，但这个问题并非是无解的。借鉴日本城镇化进程中应对环境问题"化危为机"的经验，流动人口的压力完全可以成为坚定"新型城镇化"道路的鞭策手段。城镇化是衡量一个国家工业化发展水平的重要标志，也是改善人民生活水平、生活质量，增加内需，提高国民整体素质的重要举措。新型城镇化的提出，主要是与旧的城镇化做对比，突出"新"字：即城乡统筹、城乡一体、产城互动、节约集约、生态宜居、和谐发展，是大中小城市、小城镇、新型农村社区协调发展，互促共进的城镇化。新型城镇化强调以农民为中心，将在一定程度上对农村人口向城镇人口转变提供政策支持。为容纳和吸收流动人口所带来的"人口红利"，北京市要走城乡协调发展的"新型城镇化"道路，为周边城镇吸引流动人口创造基础条件并配合以户籍制度改革，必将刺激周边城镇经济持续发展。

4. 首都郊区的区位特征及交通优势——新型城镇化的奠基石

综观美国、日本等国城镇化的经验，便捷的交通是城镇化的重要条件，美国城镇便是沿着便捷的交通路线绵延分布的。北京市由于人口压力导致了交通拥挤，但其交通网络覆盖范围广、公共交通便捷的优势不容忽略。便捷的交通为首都周边乡镇吸引流动人口、发展经济、走新型城镇化道路奠定了坚实的基础。

随着人口压力的不断增加，北京市逐年加大对交通基础设施的投资力度，2012年北京市交通领域总投资达到190亿元，关于交通基础设施的项目达到110项。2012年年底，北京市开通6号线一期、8号线二期南段、9号线北段和10号线二期等轨道新线。北京市地铁在运里程达到442公里，进一步增加了北京市轨道交通里程，与世界城市平均水平靠近。2013年北京市城市道路建设主要围绕上半年举办的园博会会场，包括京周公路新线、大灰厂东路和梅市口路，均为6车道，已于2013年年内建成通车。

表4　北京市市政设施情况（2009～2011年）

项目	单位	2009年	2010年	2011年
境内道路、公路总里程（公里）	公里	27436	27907	28446
高速公路里程（公里）	公里	884	903	912
城市道路里程	公里	6247	6355	6258
快速路	公里	242	263	263
主干路	公里	805	874	861
城市铺路面积	万平方米	9179	9395	9164
铺装步道	万平方米	1594	1641	1588
城市道路立交桥数	座	393	411	418
城市过街天桥数	座	405	420	489
城市地下通道数	座	200	200	211
备案停车场个数	个	5274	5471	5787
备案停车场车位总数	个	1278129	1394495	1471427
路口电视监视点位	台	752	1131	1216
城八区照明线路长度	公里	5258	5661	5839

数据来源：《北京市统计年鉴2012》，北京：中国统计出版社，2012年版。

（二）"摊大饼"式的空间城镇化发展的弊病

"十二五"规划期间，加快城镇化进程无疑是保持我国经济持续稳定高速发展的主导战略。但是，城镇化虽涉及空间的扩展，更在于人口的增加。改革开放30年来，我国城市的空间扩展速度，远远高于人口的增长速度。今后加快城镇化进程的重点应该从空间转移到人口。

1. 我国城市空间的快速扩张和城市人口低速增长的现状

城市空间的迅速扩张是中国城镇化进程的一个鲜明特征。1990～2008 年，中国城镇建设用地由 1.3 万平方公里扩大到近 3.6 万平方公里，城市用地规模弹性系数（城市用地增长率/城市人口增长率）从 1986～1991 年的 2.13 增加到 2.28，已大大高于 1.12 的合理水平。通过大规模"圈地"，我国城市在空间上实现了"摊饼式"的快速扩张（如表 5 所示）。

表 5　全国城市建成区面积的扩张（2003～2008 年）

变量	2003 年	2004 年	2005 年	2006 年	2007 年	2008 年
建成区面积（单位：km²）	28308.0	30406.2	32520.7	33659.8	35469.65	36295.3
城市空间年增长率	0.08	0.07	0.07	0.04	0.05	0.02

经济发达的沿海地区城市扩张的速度最为惊人。江苏省城市建成区面积从 2003 年的 2119.5 平方公里扩张到 2008 年的 2904.32 平方公里，5 年内增长了 37.3%；浙江省城市建成区面积从 2003 年的 1397 平方公里扩张到 2008 年的 1939.09 平方公里，增长了 38.8%；广东省的速度最快，全省城市建成区面积从 2003 年的 2546.9 平方公里迅速扩张到 2008 年的 4132.63 平方公里，增长了 62.26%。

经济中等发达的中部地区，近年来城市空间扩张的速度也十分迅速。河北、山东、吉林、重庆最为突出。河北省 2003 年的城市建成区面积为 1171 平方公里，到 2008 年便扩张至 1528.33 平方公里，5 年增长了 30.51%。处于东北地区的吉林省，2003 年城市建成区面积仅为 850.5 平方公里，5 年增长了 33.49%，到 2008 年扩张至 1135.36 平方公里。重庆市 2003 年城市建成区面积仅为 523.7 平方公里，到 2008 年便扩张至 708.37 平方公里，5 年增长了 35.26%。山东省的城市建成区面积从 2003 年的 2195.4 平方公里扩张至 2008 年的 3261.03 平方公里，增长了 48.54%。

经济欠发达的西部地区虽然和中东部地区的经济差距在拉大，但近年来城市空间扩张的速度也不容小视。云南省的城区面积 5 年增长了 51.9%，净增 213.16 平方公里。宁夏回族自治区的城区面积 5 年内从 2003 年的 206.1 平方公里，扩张至 2008 年的 310.89 平方公里，增长了 50.84%。

可以看出，中国近年来正在经历着人类历史上规模最为庞大的造城运动。随着城市空间的扩张，大量的农业用地被转为建设用地，在人地矛盾进一步尖锐的同时，城市土地却被大量地粗放利用。早在 2006 年，我国城市人均建设用地就已达 130 多平方米，远远高于发达国家人均 82.4 平方米和发展中国家人均 83.3 平方米的水平。有学者把中国的城镇化称为四大工程："大马路"、"大广场"、"大楼"、"大草坪"。

2. 城市空间扩张与城市户籍人口低速增长二者的反差

在城市空间迅速扩张的同时，人口的城镇化却十分滞后。城市空间扩展了，农村的人口却进不去。大量农村人口不能分享城镇化、工业化的成果。当前主要以非农业人口除以总人口的比例来测量一个地区的城镇化水平，这个通行的指标包括了相当规模的不稳定的城市流动人口。

据相关研究报告①，2009 年我国流动人口数量已达到 2.11 亿人，占全社会劳动力总量的 1/3。今后城镇化发展过程中，人口流动将呈现三种态势。一是流动人口规模还将继续增加。如果我国人口流动迁移政策没有大的变化，预计到 2050 年流动人口规模可达 3.5 亿人左右。二是流动人口的分布逐步从以东部沿海城市带为中心，转为以内陆城市群为中轴，以西部中心城市为集聚点的三重人口流动分布格局。三是人口流动由生存型向发展型转变。流动人口逐步年轻化，受教育程度提高，在流入地长期居住倾向明显。在省会城市，近年来流动人口的规模较大。截至 2008 年年底，厦门市流动人口有 107.16 万人，而市内常住人口为 243 万，二者的比例为 1：2.267。2007 年年底，广州市常住人口中户籍人口仅 773 万人，而全市登记的流动人口已达到 466 万人，常住人口与流动人口的比率达到 1.66：1。

如果除去城市流动人口因素，我国目前城市常住人口（含户籍人口）的增速和规模远远滞后于城市空间扩张的速度，二者已形成巨大的反差。由于我国省级城市流动人口规模较大，地级城市的流动人口规模相对较小，因此可以以地级城市为样本，验证近年来城镇化进程中城市常住人口规模的滞后。

以 2002 年为基期，该年全国地级城市共有 278 个，其中人口在 400 万以上的 10 个；200 万～400 万的城市 21 个；100 万～200 万的城市 71 个，50 万～100 万的城市 109 个，20 万～50 万的城市 63 个；20 万以下的地级城市 4

---

① 国家人口计生委流动人口司编写：《中国流动人口发展报告2010》，北京：中国人口出版社，2010 年版。

个(如图1所示)。地级各类城市数量和人口规模接近于钟形分布。人口在50万～100万的地级城市数量占绝大多数。而截至2008年，全国各类地级城市数量为287个，增加了9个。400万人口以上的13个，比2002年增加了5个；人口在200万～400万的城市是28个，比2002年增加了7个；人口在100万～200万的城市增加了10个，50万～100万的城市为110个，和2002年相比仅增加了1个，而20万～50万的城市由2002年的63个减少到51个；20万人以下的地级城市与2002年的数量持平。通过以2002年为基期的数据对比，可以判断出：2002至2008年的5年间，我国地级城市新增常住人口大约3000万左右，平均每年转移仅600万人。

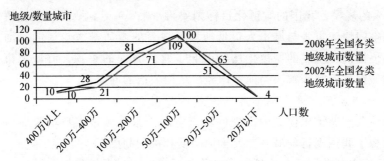

图1　我国地级各类城市数量及人口规模变动趋势(2002～2008年)

考虑到目前我国城镇化水平是以城市人口占总人口的比率测算的，而城市人口定义为"城镇户籍人口＋暂住人口"，暂住人口又是以在城镇有固定工作、居住半年以上为标准的，那么，所谓的45.68％的城市人口中，至少有10％属于进城的务工农民(因为2008年全国农民工总量为2.2542亿人，占全国总人口的16.97％)，而这些农民工并没有真正变成城市居民。由此可见，我国实际的城镇化水平远比官方公布的低得多。①

---

　　①　2008年中国农业和非农业户籍人口分别为8.8亿和4.4亿，若严格按此标准计算，我国城镇化水平只有33％。国家发改委城市和小城镇改革发展中心主任李铁也曾指出：虽然统计上我国城镇化水平已经达到45.7％，但实际上其中绝大部分并没有享受与城镇居民同等的公共服务水平。而在我国统计为城镇人口的居民中，仍有1.6亿人是长期在城镇就业务工的外来农村人口，他们的长期消费趋势在农村。虽然我们城镇化率逐年提高，但真正转变这些进城农民的身份，破解有关制度性的障碍，还要有一个漫长的过程，还需要进一步深化改革。(《人民日报》2009年9月4日)，转引自：http：//www. chinaorg. cn/zggg/2009－09/24/content＿5359022. htm。

根据《2008 年国民经济和社会发展统计公报》的数据显示，我国仍然有
7.2 亿的农村人口，城镇化率仅为 45.7%，推进城镇化进程的压力很大。根据
我国全面建设小康社会中的人口与计划生育工作目标，到本世纪中叶，我国
总人口将控制在 16 亿左右。设定本世纪中叶的城镇化率目标为 75%，则我国
农村人口数在 2050 年必须减少为 4 亿；假定 2008~2050 年全国增加的 2.8
亿人口在城镇和农村之间的分配是按 2008 年的城镇/农村人口比例来进行的，
则在 2050 年我国的农村人口数将增加至 8.73 亿(7.2+2.8×7.2/13.2)。因
而，2008 年至 2050 年期间我国必须转移出大概 4.73 亿的农村人口，平均每
年转移 1126 万农村人口，城镇化的目标才可能实现。而按常住人口每年转移
600 万人的规模，我国的城镇化目标则要再推后 50 年。虽然中国城镇化进程
中城市空间快速扩张与城市人口低速增长二者的矛盾被大规模的流动人口所
掩盖，但当前"虚假"的城镇化已经引起了有关方面的重视。有城无市、有市
无民的城镇化不利于解决当前中国经济结构失衡的问题。

3. 城市空间扩张与人口增长滞后的原因

当前我国城镇化模式中出现的城市空间扩张与城市人口增长滞后这一矛
盾，根源于我国现行的城乡二元土地制度和福利制度。

(1)地方利益驱动与土地制度缺陷是城市空间过度扩张的动因。

城市空间扩张的核心是土地。而我国的《宪法》规定，城市土地属于国家
所有，农村土地属于集体所有，城市的土地需求通过征地的方式取得。地方
政府通过土地的垄断低价和垄断高价，在城市的空间扩张中能迅速积累财富。

一方面是通过强制和垄断低价获得城市空间扩张的土地。根据现行的土
地征用补偿标准，土地被征补偿给集体组织和农民的土地收益不能"超过"土
地农业年产值的 30 倍，平均一亩地的补偿标准基本是 3 万元左右。在土地垄
断低价的制度条件下，城市扩张的土地需求可以无限膨胀。地方政府能够以
极低的征地补偿费获得大量的土地，必然导致城市土地资源浪费严重。地价
双向垄断一方面通过买方双重垄断压低土地价格或征地成本，而另一方面作
为城市建设用地唯一的供给者，则通过卖方垄断提高土地出让价格，进而在
垄断高价下获得超额利润。另一方面是土地批租市场上通过垄断高价获取超
额收益。城市扩张过程中的土地需求，绝大部分用于商业、旅游、娱乐及房
地产开发，由此产生的收益要高于土地原用途的数十倍或数百倍①。

---

① 蔡继明：《中国土地制度改革论要》，《东南学术》，2007 年第 3 期。

表 6　2010 年我国各地地王盘点

城市	北京	上海	深圳	广州	杭州	苏州	济南	厦门	东莞
拿地企业	大龙地产	绿地集团	招商华侨城	广州城建	浙江西子房产集团	绿城集团	中国石化	恒兴置业	龙光地产
土地价款（亿元）	50.5	72.45	5.3	3.45	7.7	36	0.86	10.47	7.03
楼面地价（元）	29859	27231	18875	15324	24295	28057	17800	30940	13088

2011 年，通过土地出让，地方政府获得的出让金收入总计 1.6 万亿元，而同期全国财政收入总额仅 6.8 万亿元（不含土地出让金）①。城市的土地出让金收入接近国家全年税收总额的 1/4。而据工商联 2007 年的内部报告，和土地出让金相关的税收收入②占到全国地方政府财政收入的 40.7%。地方政府土地"招拍挂"获取的出让金与土地补偿费之间的巨大差额，无疑是刺激经营城市的热情不断高涨乃至城市空间不断扩展的直接动因。

中央和地方政府土地出让金收益分配结构的形成，是地方政府实施土地垄断高价的内在动因。而城镇化进程中空间扩张与人口失衡，一是在当前财税体制下地方政府的逐利动机。地方政府一方面通过招商引资，实现财政预算内收入（增值税）的最大化，另一方面通过发展房地产实现预算外（土地出让金）收入的最大化。同时，地方政府还可依托城市空间扩张，构建以"土地"为抵押品的融资平台，为地方基础设施建设进行大额融资。

---

①　通常所指的财政收入是指一般预算财政收入。一般预算财政收入，不包括基金收入。（其中分两部分，一块是社保基金收入，另一块是土地基金收入，即俗称的土地出让金）

②　包括营业税、城建税、教育附加、土地增值税、房地产税、印花税、契税（房地产交易税）。

表 7　2010 年全国土地征用量和地方政府的土地出让金收入

征地用途	宗数（宗）	土地面积（公顷）		成交价款（亿元）	纯收益（亿元）
		总计	新增		
总　　计	160404	234960.59	92390.94	12216.72	4541.42
商服用地	25737	26974.63	8301.32	2349.51	833.27
工矿仓储用地	43477	135628.56	63048.43	2110.20	633.57
公用设施用地	1702	1454.06	466.84	48.28	14.87
公共建筑用地	1507	2120.50	947.92	120.06	43.91
住宅用地	87393	66575.22	18856.52	7530.88	3001.17

资料来源：《国土资源统计年鉴（2011）》。

（2）城乡二元福利制度是城市户籍人口增长滞后的制度障碍。

虽然目前我国城市户籍的福利效应有所弱化，但城市户口比农村户口仍具有更多的含金量，大城市户口比小城市户口所包含的福利效应更强。这种城乡二元户籍制度所具有的不同福利效应，必然造成城市吸纳农民工和城市居民就业的社会成本（企业的用工成本＋政府提供的社会福利）曲线的差异。如图 2 所示，由于城市政府不必为农民工提供城市居民所享有的各种福利，所以，城市吸纳农民工就业的社会成本曲线低于吸纳城市居民就业的社会成本曲线，这无疑是城市政府欢迎农民进城务工但并不情愿让农民工真正转变为城市居民（即城市户籍人口）的主要原因。

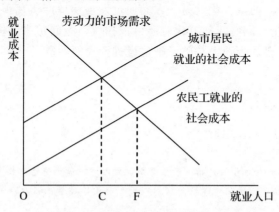

图 2　城乡二元福利制度对农民进城落户的排斥

由于户籍制度的限制所导致的城镇化水平滞后，短期内有利于城市财富的积累和生产功能的发挥。在劳动力要素供给缺乏弹性的条件下，城镇化水平滞后对工业化进程具有加速效应，能够实现低成本的工业化扩张和城市工业资本的原始积累。20世纪80年代中国工业化的快速推进正是得益于此，大量的城市流动人口在低工资、低福利、低保障的条件下从农村流向了城市，带动了中国的整个工业化进程。但从长期来看，在城市空间扩大到一定程度的情况下，人口城镇化率的滞后不仅会制约进一步的工业化，而且将会导致宏观经济的失衡。城市人口频繁流动所导致的用工荒问题、城乡差距和收入差距问题，已经成为中国城市可持续发展和现代化进程的重要制约因素。目前，我国累计进入城市务工的农民已达到2.5亿，这些农民工绝大部分并没有转化为城市户籍人口，他们与农村土地（包括宅基地）的联系并没有割断，他们像候鸟一样往返于城市与乡村之间。农民工的子女入学入托、失业保障、医疗保险等，都不能享受与城市户籍人口同等的待遇，这就进一步拉大了城乡居民的收入差距。2007年我国居民总收入差距中，64.45%是由城乡间居民收入差距造成的①。

四、诱致性体制变迁：以农民自主城镇化推动首都可持续发展

农民自主型城镇化是指乡（镇）村集体组织不通过土地征用，直接在集体建设用地上推进工业化与城镇化的发展模式。长期以来政府主导型的城镇化模式，以土地国有化为路径，加剧了城乡财富分配的失衡与资源的粗放利用。探索农民自主城镇化道路的核心是集体建设用地的流转。

（一）农民自主城镇化的制度空间

1.《中华人民共和国宪法》（以下简称"《宪法》"）对我国社会主义初级阶段的所有制基础及征地制度的规定

《宪法》规定，全民所有制和集体所有制是我国社会主义经济制度的基础。因此，无论是国有土地还是集体土地都是社会主义公有制的实现形式。《宪法》进一步对"公共利益"征地进行了法律规制。明确规定，"国家为了公共利

---

① 国家发改委宏观经济研究院：《促进形成合理的居民收入分配机制》，《宏观经济研究》，2009年第5期。

益的需要，可以依照法律规定对土地实行征收或者征用并给予补偿"。宪法作为国家的根本性的法律框架，认定政府征地行为的法理基础是"公共利益"。公共利益之外的建设用地需求可以不通过强制性征地的方式进行。这为农村集体建设用地入市流转和农民自主城镇化留下了法律空间。

2.《中华人民共和国城乡规划法》（以下简称"《城乡规划法》"）对集体建设用地进入规划区并没有禁止性规定

《城乡规划法》规定，城市、城镇、乡村建设必须编制规划，规划区用地须上一级政府批准。但并没有规定，规划区用地必须使用国有土地。按照"法无规定不可为，法无禁止即自由"的原则，农民在集体建设用地上进行自主城镇化并不违反《城乡规划法》。相反，《城乡规划法》第二十八条还规定，乡规划、村庄规划应当从农村实际出发，尊重村民意愿，体现地方和农村特色。乡、村庄的建设和发展，应当因地制宜、节约用地，发挥村民自治组织的作用，引导村民合理进行建设，改善农村生产、生活条件。

3.《中华人民共和国土地管理法》（以下简称"《土地管理法》"）对农村集体建设用地流转的规定与法律空间

《土地管理法》第四十三条规定，兴办乡镇企业和村民建设住宅经依法批准使用本集体经济组织农民集体所有的土地的，或者乡（镇）村公共设施和公益事业建设经依法批准使用农民集体所有的土地的，可以不使用国有土地。乡镇企业、乡（镇）村公共设施、公益事业、农村村民住宅等乡（镇）村建设，应当按照村庄和集镇规划，合理布局，综合开发，配套建设；建设用地，应当符合乡（镇）土地利用总体规划和土地利用年度计划。同时，乡（镇）村公共设施、公益事业建设，需要使用土地的，经乡（镇）人民政府审核，向县级以上地方人民政府土地行政主管部门提出申请，按照省、自治区、直辖市规定的批准权限，由县级以上地方人民政府批准。

4.《中华人民共和国物权法》（以下简称"《物权法》"）对国有和集体两种产权制度的物权认定

《物权法》总的原则是，在社会主义初级阶段，坚持公有制为主体、多种所有制经济共同发展的基本经济制度，保障一切市场主体的平等法律地位和发展权利。其次，国家、集体、私人的物权和其他权利人的物权受法律保护，任何单位和个人不得侵犯。《物权法》规定："所有权人有权在自己的不动产或动产上设立用益物权和担保物权。"同时规定："农民集体所有的不动产和动产，属于本集体成员集体所有"。因此，国家和集体作为土地所有权的主体，其权利是对等的和无差异的。虽然《物权法》对不同所有权主体的用益物权和担保物权进行了"平等"化的法律认定，但还需要部门法的充实。

除此之外，在政策空间上，党的十七届三中全会做出的《中共中央关于推进农村改革发展若干重大问题的决定》进一步明确了农村的土地产权制度，今后要按照产权明晰、用途管制、节约集约、严格管理的原则进行完善。逐步建立城乡统一的建设用地市场，对依法取得的农村集体经营性建设用地，必须通过统一有形的土地市场，以公开规范的方式转让土地使用权，在符合规划的前提下与国有土地享有平等权益。同时，连续八年的中央一号文件始终在求索"三农"问题的解决思路。这一方面说明了"三农"问题在中国的社会主义现代化时期重中之重的地位。另一方面又说明在解决"三农"问题与加快城镇化进程中，应大力进行制度创新，探索新的模式。

(二)北京市昌平区郑各庄村农民自主城镇化探索

北京市郑各庄村村域面积 4332 亩，原村 576 户、共 1450 口人，1990 年以前是个穷村。近 20 年来，该村结合自身的地理位置、资源禀赋，逐步探索出了一条鲜明的自主城镇化道路。从 1998 年到 2009 年，社区人口从 1400 余人增长到 37000 人，增长了 26 倍。村级资产从 3600 万元增加到 50 亿元，增长了 138 倍。经济总收入从 3500 万元增加到 30 亿元，提高了 85 倍。人均现金收入从 3100 元提高到 35000 元，增加了 10.3 倍。人均福利所得从 109 元增加到 5500 元，提高了近 50 倍。上缴税金从 33 万元增加到 2.2 亿元，增加了 666 倍。安置劳动力就业从 600 人扩大到 9300 人，增加了近 15 倍。预计到 2015 年村级产值要超过 100 个亿，上缴税金不少于 10 个亿，农民人居纯收入突破 5 万元，该地区已在基础设施、公共服务、人居环境、产业支撑、资源配置和功能定位方面基本实现了自主城镇化。其核心经验可以总结为四点：

1. 集体土地实现了资产化

土地是农民最大的财富。通过自主城镇化道路发展成功的集体经济组织，成功的核心经验就是实现了土地与产业的结合，通过土地资源的资本化，将土地的增值收益留在集体组织内部。而集体土地的资本化，首先要合理地设定村庄的产业发展规划，以规划为先导，集约、高效地使用集体土地资源。无论是北方郑各庄还是南方永联村的自主城镇化模式，都是通过土地资源的整合，设置不同的产业功能区，在集约利用土地的基础上实现工业强村。广东省佛山市的"南海模式"，由于集体工业缺乏规划，粗放发展，是有深刻教训的。集体工业发展是以集体土地为依托的，而产业集约规划基础上的集体土地资本化能有效地实现集体经济的财富扩张。

2. 产业实现了特色化

郑各庄村农民的自主城镇化之路，同全国其他地区的农村一样，也是在生产方式落后的经济基础上起步的。核心是科学进行产业规划。村里率先进行了村庄的远景规划，将村里的 4000 多亩辖区划分为生活居住区、文化教育区、科技产业区、旅游休闲区四大板块。以农村集体建设用地的存量调整为基础。大力发展第二、第三产业，通过产业化支撑城镇化。村以建筑产业为龙头，依托区位资源优势，逐步形成集文化旅游、科教、医疗、养老、文化创意及房地产开发于一体的产业立体发展模式。

3. 农民生活方式市民化

农民自主的城镇化，实现了农民福利的市民化。一是身份的转变，农民变为市民。首先是住进了楼房。在郑各庄村，村民上楼后的住房面积是上楼前的 3 倍，达到人均 70 平方米，不仅居住宽裕，而且每家都可有 1～2 套住房对外出租，仅租房收益每年就有 2 万多元。其次是福利制度的完善。郑各庄村不仅推出了农民基本保障与城市居民的五接轨，而且还实施了农民社会保障的"双保险"。农民一方面享受城市的基本保障，同时也享受村集体的基本保障。二是上楼的成本低，农民能低成本地住进楼房并享受城市生活。郑各庄村依据宅基地与楼房的对价，60％的家庭上楼富富有余，30％的家庭资产抵扣基本持平。三是职业的转换，农民转变成了产业工人。郑各庄村通过农民自主城镇化，创造了近 2 万个岗位。通过农民自主的城镇化所创造的岗位，不仅解决了本村居民的就业，而且也解决了附近村民的就业。

4. 农民福利保障实现长期化

农民自主型城镇化的目的，就是期望最大限度地分享城镇化的成果。郑各庄村民，可以享有退休养老金、医保、农龄及工龄津贴，而且家庭还享受子女从幼儿园到大学毕业的全程教育补贴、水电暖燃气等生活费用补贴和粮油实物补助等多项福利。为鼓励村民子弟发奋读书，1993 年村里就实行了小学生奖学金制度。2001 年又建立了从幼儿园到大学毕业全程教育补贴制度，学费等相关费用全部由集体报销。重奖考上高中及以上院校的学生。村委会专门设立了福利保障部，每月将福利金直接打入村民的个人银行账户。

(三)农民自主城镇化的潜在制度需求

城镇化是经济社会发展的客观趋势，目前，我国城镇化已进入快速发展阶段。"十二五"规划中，统筹推进城镇化和新农村建设与探索有中国特色的城镇化道路已经成为今后经济社会转型的重大课题。农民自主城镇化今后主要有以下三种类型：一是村镇的自主城镇化；二是市规划区以外城市郊区的城镇化；三是城中村的城镇化。今后推进农民自主城镇化，在制度建设上要着眼以下几点：

1. 城市规划与世界接轨，改革土地产权差异化的准入门槛

城市国有建设用地和农村集体建设用地作为两种平等的所有权形式，由于已经不存在土地工农业转用的"用途"差异，同地、同权将是首都地区未来世界城市建设的一个趋势。在体制层面要逐步建立与世界接轨的基于不同所有权的平等的土地用途与规划管制制度。

2. 非公益性用地需求通过集体土地进行供给

借鉴成熟市场经济国家的经验，实现土地交易的市场化。要素流动的核心是形成城乡统一的要素流动机制。具体来讲，就是通过体制改革实现国有建设用地和集体建设用地两种产权、一个市场，最终实现同地、同价、同权。同为建设用地，已经不存在"用途"差异，集体建设用地和国有建设用地是两种平等的所有权形式，同地、同价是要素市场配置的必然结果。

3. 从法律制度上完善集体建设用地"经营性"地权和"资产性"地权制度

通过完善农村建设用地"资本性"地权，推动城乡土地金融的发展。土地在中国传统社会通过多样化的交易形式，逐步发展成一项重要的金融产品。"田底权"与"田面权"分离后衍生出的绝卖、活卖、典当、抵当、押租等形式，实现资金的跨时跨区调配，满足着人们多样化的金融需求。随着农村城镇化进程的加速，集体宅基地等建设用地的资产性需求逐步增强，通过集体建设用地资产性地权市场体制创新，建设用地使用权的抵押、质押等证券化的金融产品，能有效增强农村的货币供给与财富总量扩张。

4. 以土地资源整合为核心，加速推进农村城镇化进程

积极稳妥地推进城镇化是"十二五"规划的一个鲜明特色。城镇化进程要按照统筹规划、合理布局的原则，遵循城市发展客观规律，以大城市为依托，以区县城市为重点，大力推进农村城镇化，实现城乡均衡化与可持续发展的城镇化。而农村集体建设用地的资源整合必然客观上加速农村的城镇化进程。因此，今后一段时期城镇化进程的主要任务，不是片面追求城市面积的扩大，而是加快人口的城镇化进程，核心问题是加大城镇化进程的利益分享机制。不仅从产业上要把农业人口越来越多地转移到非农业部门，而且要从福利的分配体制上把农村人口越来越多地变成能够分享经济增长福利的城市人口。

五、首都农村新型城镇化发展的对策建议

(一)首都新型城镇化进程与就业体制改革

1. 改革城乡"二元制"的户籍管理制度

改革户籍制度，剥离附着在户口上的社会保障与公共服务等权益，实行居住地户口登记制，实现农民的自由迁徙，使他们能够在城市获得长期合法居住权。从目前的实际情况来看，大量农村劳动力进入城市，如果马上取消全部的户籍制度，可能在管理上会造成一定的难度，因此户籍制度改革应该是一个渐进的过程。因此，逐步放宽农村户口迁移限制，积极引导农民合理、有序地向城镇迁移流动，凡有稳定收入、在城镇连续居住三年以上、与用人单位签订中长期劳动合同的农民工，都可以转为城镇户口，并享受同等的子女入学、社会保障等权利，促进农村劳动力职业与身份的同步转换，实现农民变市民。

户籍管理的壁垒阻碍劳动力的自由流动。户籍制度是计划经济体制下强化劳动力的社会性和区域性的主要制度，并常常与社会保障、教育、就业、医疗、人事关系等挂钩，这是我国劳动力市场分割的主要原因。随着改革的深入，原有的户籍制度有了较大的松动，但总的来说，城乡分割的户籍制度没有从根本上打破，劳动力仍被分为城镇和农村、本地和外地等不同的层次，与城乡统筹就业所追求的统一、开放、竞争、有序大市场的目标模式相背离。根据公安部提供的户籍统计数字，按城镇非农业人口与总人口之比计算出，2008年中国城镇化率为33.28%；而根据国家统计局的统计，按全国城镇常住人口与总人口之比计算出的数据显示，2008年中国城镇化率为46.99%，两者之间的差值高达13.71%，涉及人口达1.82亿人之多。这意味着，城市的繁荣在很大程度上依靠外来务工人员特别是农民工的参与，但这些人却被排斥在城市之外，即他们在劳动报酬、子女教育、社会保障、住房等许多方面并不能与城市居民享有同等待遇，在城市没有选举权和被选举权等政治权利。这种情况不仅制约着已经进入城市的约2亿农民工的就业情况，也深刻影响着还在农村的2亿剩余劳动力的就业选择。

2. 建立健全统筹城乡就业的劳动力市场体系

按照统一开放、竞争有序的原则，制定城乡统一的劳动力市场总体规划。统筹、整合现时劳动力职业中介和人才职业中介，打破劳动保障部门和人事部门的条块分割，完善市、区、街道（乡镇）、社区（村）城乡一体化的多层次

的劳动力市场体系，逐步形成一种平等竞争的市场环境。充分发挥城乡公共职业介绍机构的就业服务功能，建立和完善以促进就业为目标，以城乡劳动力的就业服务为核心，以职业指导为重点，以劳动力市场信息系统为依托的公共职业介绍服务体系，使就业服务覆盖城乡，促进城乡统筹就业的协调发展。严格落实劳动力供需分析制度，全面掌握劳动力数量、结构、素质、行业分布、岗位需求等劳动力市场供给与需求状况。研究建立劳动力市场景气指数，预测未来就业形势的发展变化，为政府宏观决策提供参考。进一步完善城乡就业网络建设，整合城乡之间、各就业职能部门之间的信息流动关系，真正实现"一点登记、多点查询"、信息共享、互补互促的城乡就业联动机制，整体推进城乡统筹就业。

3. 加强农村劳动力转移的就业技能培训

首先，农村劳动力转移就业技能高低，很大程度上决定了农民转移就业的成功与否。因此要切实加强对农民的转移就业的职业技能培训。要动员和组织社会力量开展对农民的转移就业培训。培训内容要符合转移就业的实际需求，要以劳动力转移的市场需求为导向；政府有关部门对培训机构要进行严格的资质鉴定，对收费高、质量差的培训机构要进行处罚；对质量高、口碑好的培训机构，要进行必要的奖励。

其次，建立农村失业登记制度。要把因土地征用而失地的农民、因各种原因没有分配到土地和其他农业资源的人员纳入失业登记范围，凡劳动年龄段内，有就业愿望的失地农民和其他没有分配给农业资源的人员都要列为失业对象，并作为重点加以关注，优先安排或为其介绍工作。对劳动年龄段内，有转移就业愿望的其他农村劳动力，也要进行求职登记。在此基础上，建立覆盖城乡的社会失业调查制度。

最后，切实维护农民的合法权益。要按照城乡统一的劳动用工管理制度，加强对农民工用工单位的监督和管理。严格监督用工单位按照要求与农民工签订劳动合同，并实行用工备案制度，及时监督用工单位为农民办理保险情况。要保障农民工的合法劳务收入，严格查处拖欠农民工工资行为。劳动保障部门要加大劳动保障的监察力度，及时受理农民工的侵权投诉，仲裁劳动争议，依法查处用人单位侵害农民工权益的行为，保障务工人员的合法权益。要解决进城农民工的住房、医疗、子女就学等问题，逐步改善农民工的工作和生活环境，使他们进城进得来、留得住、能发展，逐步融入城市，成为新市民。

（二）首都新型城镇化进程统筹城乡社会保障的体制改革

2011年，我国城镇化率达到51.27％，"十二五"期末可能接近55％。城镇化率超过50％，加之城乡人口流动成为常态，客观上要求我国社会保障发展进入加快推进城乡统筹的新阶段。但是，首先应该明确的是，统筹城乡社会保障，构建和谐社会，并不是只指城乡社会保障的模式和水平上的整体划一，那些试图把城镇现行的社会保障制度推广、延伸、照搬到农村的做法，是错误的，也是行不通的。任何社会制度的变迁都有一个渐进的过程，城乡社会保障制度要实现一体化，也不可避免地要经历一个漫长的过程。近期社会保障制度改革的目标，应是统筹城乡社会保障制度，促进两者和谐发展。

1. 推进政策衔接

一是农村低保与新农保的衔接。原则是叠加实施，努力实现政策效应最大化。二是新农保、城居保与职工基本养老保险的衔接。部分中青年农民参保率低，有制度实施初期的"观望"因素，但更主要的是"选择的困惑"。中青年农民在城市打工或准备到城市打工，是参加职工养老保险还是参加新农保，应允许他们自己做出选择，政府的责任是开拓"互通"的渠道。因此，今年应研究实行新农保、城居保与职工基本养老保险之间的衔接转续政策，主攻点是缴费年限的认定和换算。三是医疗救助与基本医疗保险的衔接。这一衔接实际上已部分实现——对低收入困难家庭，政府用医疗救助资金补助其参保缴费获得基本医保权益。现在需要研究更深度的有机融合，即把医疗救助与花费巨大的重大疾病救治结合起来，进一步减少因病致贫、返贫现象。

2. 推进制度融合

一是城乡居民社会养老保险制度的融合。这在法律上已无障碍，中央财政对两项制度给予同额补助实际上也预留了接口。目前，有一半省市合并实施了两项制度，随着今年城乡居民社会养老保险制度的全覆盖，应全面推进合并实施。二是城乡居民基本医疗保险制度的融合。中央多次强调城乡统筹的方针，4个省（市）、40多个城市和100多个县的探索也创造了成功经验。目前全国有2.6亿农民进城务工，加上其家属子女，人数更多。及早实现居民基本医保城乡统筹，使城乡居民享受均等化的基本公共服务，有利于促进社会公正和社会和谐。

3. 推进体制整合

从城乡二元格局走向城乡统筹发展，必然要以改革现行体制为条件，通过调整行政机构设置、强化城乡统筹职责以及消除部门利益追求等改革措施突破体制障碍。只有根据社保体系建设的内在规律进一步改革创新社保管理体制，将社会保障城乡统筹发展作为其基本职责，同时消除部门管理与制度实施之间的利益链条，才能为社会保障城乡统筹发展创造条件。一是整合城乡医保管理体制。近年来，有关部门为城乡基本医保制度的建立做了大量工作，但社会的发展客观上要求进一步变革管理体制和整合经办服务资源。这既有利于让广大人民群众获得更加便利的服务，又有利于强化"第三方监管"机制。二是理顺有关社会保障管理体制。中央勾画的我国社会保障体系框架是"以社会保险、社会救助、社会福利为基础，以基本养老、基本医疗、最低生活保障制度为重点，以慈善事业、商业保险为补充"，其中的"补充"应主要调动社会和市场的资源；而作为"基础"和"重点"的制度，如果能够统一行政管理，可能更有利于顶层设计和顺畅实施。

4. 更加重视城乡社保经办服务资源的整合

城乡统筹的效果最终要体现在改善服务上。因此，城乡社会保障政策、体制、机制的改革与完善，应把提升经办服务特别是基层经办服务资源整合水平摆在重要位置，以使人民群众得到城乡统筹的好处。首先，强化基层公共服务平台建设。目前，我国社会保险经办机构工作人员数量不足、素质不高，制约了管理水平和服务能力的提升。解决之道，一是以农村和基层为重点，适当补充社保经办人力资源，特别应注重发挥"三支一扶"、大学生村官等优质资源的作用；二是整合现有的基层公共服务资源，把按险种分设的经办机构逐步改变为按流程管理设置；三是加强职业培训，提高经办管理人员业务素质和职业能力。其次，创新管理服务手段，提高管理效率和服务质量。2012年，人力资源和社会保障部计划增发1.5亿张全国统一、功能兼容的社会保障卡，总量达到3.4亿张，"十二五"期末达到8亿张，覆盖60%以上的国民。最后，充分利用各类社会资源。比如，通过邮局、银行对养老金实行社会化发放，通过金融机构运营补充性保险等。

5. 分类有序推进城乡社保制度一体化

只有实现制度一体化，才能真正实现社会保障城乡统筹发展，真正实现城乡居民同制、同权的目标。因此，制度整合是推进社会保障城乡统筹发展的重要条件。但不同的社保制度有不同路径依赖，因而应在适当分类的基础上积极、有序地推进制度一体化。比如，包括基础教育、公共卫生、社会救助、老年福利等在内的由政府负责的社保项目，宜尽快实现城乡统筹下的制度一体化，越是中央、省级财政负责的保障项目，越应尽快整合制度、整合资源。凡是目标明确、路径清晰的社保项目，均应不失时机地推进制度一体化。如全民统一的医疗保险是我国医保制度的发展目标，其中处于分割状态下的城镇居民基本医疗保险与新型农村合作医疗应当先行整合，尽快实现制度一体化、经办统一化。

（三）首都新型城镇化与城乡财政体制改革

计划经济体制和"城乡分治"治国方略一旦起步，农村落后于城市便成为必然，城乡差别不但不会缩小反而会逐步扩大。近年来，"城乡分治"问题虽然受到政府重视，但由于旧的财政体制和政策壁垒的极大惯性，偏向工业和城市的经济社会政策并没有得到完全的矫正，国民收入分配、再分配仍向工业和城市倾斜。现行的财政体制已经成为一种体制性障碍，极大地挫伤了农民的生产积极性，严重影响了农业和农村经济的发展，在很大程度上制约着城乡统筹的协调发展。统筹城乡财政体制是打破城乡二元结构的重要因素，是统筹城乡发展的客观要求。在这一过程中，一方面要改革现行的财政体制，明确中央和地方政府的责任，一方面要继续加大财政转移支付力度，同时还要加大对农村公共产品的投入力度。

1. 合理明确中央与地方事权和支出责任，进一步完善现行的农村公共财政体制

为使各级政府职能和财政支出责任"既不缺位，又不越位"，适应市场经济客观需要，应按照法律规定、受益范围、成本效率、基层优先等原则，合理界定中央与地方的事权、财权和支出责任。全国性的公共产品和服务以及具有调节收入分配性质的支出责任由中央承担，避免人为形成地区间保障制度和保障水平的差异；区域性的公共产品和服务的支出责任主要由地方政府承担；跨区域的公共产品和服务的支出责任，分清主次责任，由中央与省、市、县级政府按照一定的比例共同承担。中央主要负责国防、外交以及国家重点基础设施建设等事务。地方主要负责辖区内行政机关运行等事务。税费制度、税基配置与事权划分形成合理呼应关系。对农业、教育等关系国计民生的重要事务，尽管具体管辖事权在地方，中央可以通过一般性转移支付和专项转移支付给予地方适当的财力补助支持。由粗到细逐步将政府间事权的划分形成具体的事权明细表，并以立法和规章的形式加以确定和规范。

2. 完善县乡财税体制，实现事权与财权的呼应和财力与事权的匹配

伴随近年"省直管县"改革的较全面推进，中央、省和市县三级架构财政体制的发展前景已越来越清晰。接下来，要适当统一省以下主要事权和支出

责任划分，将部分适合更高一级政府承担的事权和支出责任上移。还应进一步明确县级政府的事权，逐步把市县行政隶属关系转化为区域之间的经济合作关系。这将有利于培育市县政府之间的平等关系，城乡共同发展，从而促使县级政府事权与财权趋于一致。二者最终取消了行政隶属关系后，逐步以区域合作关系为主，有利于各自发挥优势，实行合理分工，而不是强迫以农业服从工业，并有助于农业产业化的发展。合理明确设定与各级事权相呼应的财权、税基，并建立自上而下的财力差异调控机制，强化省级财政调节辖区内财力差异的责任，完善省以下转移支付制度，形成合理的省以下横向、纵向财力分布格局，促进基层财力与事权匹配和基本公共服务均等化。乡级财政管理体制实行分类改革：经济较发达、财政实力较强的乡镇财政可相对独立，大多数经济较落后、收支规模不大的乡则实行乡财县管，最欠发达乡可实行县的统管。乡镇财政不再作为财政的实体层级之后，深化改革的远景，是把一般的乡镇政府层级，演变为县级政府的派出机构，即乡公所、镇公所（类似于城市的街道办事处）。财力由县级安排，中央、省两级转移支付支持。

3. 结合税制改革进一步完善地方税体系，提高地方统筹城乡发展、提供基本公共服务的保障能力

按照税基与事权相呼应，地方以自有财力为先、转移支付补足的思路，应尽可能通过增加地方本级收入、直接用自有财力满足地方特别是中西部地区的标准支出和基本公共服务需要，增强地方特别是中西部地区安排使用收入的自主性、编制预算的完整性和加强资金管理的积极性。可结合税制改革，完善地方税体系，提高地方公共服务的保障能力。重点包括抓紧推进资源税改革，并在统一内外资企业所得税制度、房地产税、城建税和教育费附加等税收制度的基础上，进一步研究物业税的改革方案，公平税负，培育地方支柱财源，增加地方收入，引导地方政府行为合理化。在确定地方税收管理权限方面，发展方向是适当考虑地方情况差别，使不同的地方可根据本地的自然资源、社会经济发展情况，享有一定的税种选择权和税率调整权，远景则还包括针对某些地区性税源的设税权。

应当提到的是，农村区域税制的发展方向应是对种粮的生产活动长期优惠特殊对待，但对多种经营、商业化活动，应使之渐进融入普遍化、城乡一律的增值税、营业税等构成的复合税制（开始阶段某些税种在开征与否和适用税率上可在城、乡区别对待），最终也应形成城乡一律的个人所得税和财产税。

4. 建立以推进公共服务均等化为导向的统一规范的转移支付体制，逐步缩小城乡基本公共服务差距

总体的改革思路是：根据不同类型转移支付的特点，逐步建立以一般性转移支付为主、专项转移支付为辅的转移支付体系，支持促进各地区基本公共服务均等化。完善一般性转移支付测算办法和分配制度，提高一般性转移支付的规模和比例，整合和规范专项转移支付，尽可能按照因素法、公式法科学、合理地分配资金。严格控制设立新的专项转移支付项目，区分不同情况取消、压缩整合现有专项转移支付项目。结合主体功能区规划，以制度化的生态补偿等手段鼓励和支持那些属于禁止和限制开发的区域（即农林区域和生态区域）加强生态建设和环境保护。完善资源枯竭型城市转移支付制度，加大对该类城市的支持力度。增加民族地区转移支付资金，帮助少数民族地区加快发展。中央和省级财政积极采取措施尽可能提前下达转移支付，至少做到提前告知，既便于县乡财政统筹安排，落实配套资金，提高预算编制的完整性，加强支出管理，也便于人大监督。此外，还可适当考虑规范地建立区域间横向财政转移支付制度。

5. 逐步建立城乡统一的公共服务体制和公共产品供给机制，加快实施工农业和城乡协调发展战略

要实现城乡统筹发展，必须加快建立有利于改变城乡二元结构的体制机制，建立城乡统一的公共服务体制和公共产品供给机制。国家应合理调整国民收入分配结构和政策，在公共财政资源配置上，统筹考虑城乡发展，加大对农业、农村、农民发展的支持力度。

首都的新型城镇化建设，首先必须依托新型工业化，在大力发展资金技术密集型产业的同时，发展、改善和提升劳动密集型产业，促进经济发展同保障劳动者就业有机结合；其次，推动城镇化建设，减少农村与农业人口，消除城乡居民在社会经济生活等方面的差距与不平等现象，实现城乡一体化；最后，大力发展市场化建设，建立统一的城乡要素市场，促进城乡资源、资金、商品及劳动力等要素的流通，真正实现城乡融合。

同时，以城镇化发展为核心，构建中心城区、区县、重点镇和重点村庄的城镇村体系，通过城镇村体系建设，加强城市对县市、集镇和村庄的统筹和辐射带动作用。另外，建立城乡统一的生产要素市场，对于在城乡之间均衡配置生产要素至关重要，是调整城乡产业结构，推进城乡产业融合的前提条件。建立健全城乡统一的土地要素市场，按照产权明晰、用途管制、节约集约、严格管理的原则，确立多元化的土地产权制度，实现土地征收的一级市场和土地流转的二级市场的有效衔接，对被征地者采取统一补偿标准，实行"同地同价同收益"，推动土地在城乡之间按照市场经济规律流动，满足城乡发展对土地的需求；建立健全城乡统一的劳动力就业市场，实行城乡一体的平等就业，坚决杜绝城市劳动力人口优先于农村劳动力人口就业的差别性就业现象；建立健全城乡统一的金融市场，通过金融的催化作用，促进城乡产业融合，实现城乡经济与社会的紧密互动和共同发展。

参考文献

[1][印度]阿马蒂亚·森：《贫困与饥荒：论权利与剥夺》，北京：商务印书馆，2001 年。

[2][美]理查德·A. 波斯纳：《法律的经济分析》，北京：中国大百科全书出版社，1997 年。

[3][英]斯密·亚当：《国民财富的性质和原因的研究》，北京：商务印书馆，1974 年。

[4]陈郁编：《企业制度与市场组织——交易费用经济学文选》，上海：上海三联书店，1996 年。

[5]张维迎：《企业的企业家—契约理论》，上海：上海三联书店，1995 年。

[6]周其仁：《产权与制度变迁——中国改革的经验研究》，北京：中国社会科学文献出版社，2002 年。

[7]卢现祥：《西方新制度经济学》，北京：中国发展出版社，1996 年。

[8]张宇燕：《经济发展与制度选择——对制度的经济分析》，北京：中国人民大学出版社，1992 年。

[9][英]弗兰克·艾利思：《农民经济学——农民家庭农业和农业发展》，上海：上海人民出版社，2006 年。

[10]曹务坤：《农村土地承包经营权流转研究》，北京：知识产权出版社，2007 年。

[11][日]关谷俊作：《日本的农地制度》，北京：生活·读书·新知三联书店，2004 年。

[12]沈汉：《英国土地制度史》，上海：学林出版社，2005 年。

[13]杜吟棠主编：《合作社：农业中的现代企业制度》，南昌：江西人民出版

社，2002 年。

[14]蒋玉珉：《合作社制度创新研究》，合肥：安徽人民出版社，2008 年。

[15]胡必亮、刘强、李晖：《农村金融与村庄发展：基本理论、国际经验与实证分析》，北京：商务印书馆，2006 年。

[16]胡豹：《新型农村公共财政体系构建的理论与实证》，杭州：浙江大学出版社，2007 年。

[17]王曙光：《农村金融与新农村建设》，北京：华夏出版社，2006 年。

[18]吴敬琏：《中国增长模式抉择》，上海：上海远东出版社，2006 年。

[19]刘剑刚主编：《城乡统筹发展的新探索：天津实施以宅基地换房的办法推进小城镇和新农村建设》，内部资料(2006)。

[20]北京村庄制度变迁课题组：《集体土地上长出的城市》，内部资料(2008)。

[21]安秀梅：《政府公共支出管理》，北京：对外经济贸易大学出版社，2005 年。

[22]胡宇辰：《产业集群支持体系》，北京：经济管理出版社，2005 年。

[23][美]曼瑟尔·奥尔森：《集体行动的逻辑》，上海：上海人民出版社，1995 年。

[24]张红宇：《中国农村的土地制度变迁》，北京：中国农业出版社，2002 年。

[25]樊明：《种粮行为与粮食政策》，北京：社会科学文献出版社，2011 年。

[26]李燕凌：《农村公共产品供给效率论》，北京：中国社会科学出版社，2007 年。

[27][德]韦伯：《工业区位论》，北京：商务印书馆，2010 年。

[28]王婷：《浙江省城乡统筹与经济发展关系实证研究》，《重庆工商大学学报（西部论坛）》，2008 年第 3 期。

[29]杨振宁：《城乡统筹发展评价指标研究——基于时间序列》，《农村经济与科技》，2008 年第 11 期。

[30]李岳云、陈勇、孙林：《城乡统筹及其评价方法》，《农业技术经济》，2004 年第 1 期。

[31]吴永生、高珊、杨晨：《江苏省城乡统筹空间格局动态研究》，《地域研究与开发》，2007 年第 4 期。

[32]张华瑛：《成都城乡统筹发展的实证研究》，《重庆工商大学学报（西部论坛）》，2008 年第 1 期。

[33]许玉明：《城乡统筹评价体系的构建：重庆市九龙坡区实证》，《重庆社会

科学》，2008 年第 4 期。

[34]曾磊：《我国城乡关联度评价指标体系构建与区域比较分析》，《地理研究》，2002 年第 6 期。

[35]杜茂华、刘锡荣：《城乡统筹发展评价指标体系构建及其应用——以重庆市区县统筹为例》，《西南大学学报(社会科学版)》，2010 年第 5 期。

[36]吴先华、王志燕、雷刚：《城乡统筹发展水平评价——以山东省为例》，《经济地理》，2010 年第 4 期。

[37]葛丹东、华晨：《城乡统筹发展中的乡村规划新方向》，《浙江大学学报(人文社会科学版)》，2010 年第 5 期。

新型城镇化推进过程中的社会治理创新研究
——以北京市怀柔区为个案

课题负责人：李水金（首都师范大学管理学院　副教授）

课题组成员：张泽昊、张照龙

城镇化是现代化的必由之路，是破除城乡二元结构的重要依托。党的十八届三中全会指出：要坚持走中国特色新型城镇化道路，推进以人为核心的城镇化。2014年李克强总理在《政府工作报告》中也指出：要坚持走以人为本、四化同步、优化布局、生态文明、传承文化的新型城镇化道路；今后一个时期，着重解决好现有"三个1亿人"问题，促进约1亿农业转移人口落户城镇，改造约1亿人居住的城镇棚户区和城中村，引导约1亿人在中西部地区就近城镇化。近年来，随着农业人口的转移，新型城镇化已经成为一个政府与学者普遍关注的热点问题。这里的新型城镇化即是要把生态文明理念和原则全面融入城镇化全过程，走集约、智能、绿色、低碳的新型城镇化道路。北京市在新型城镇化方面，已经走在了全国的前列，但是也面临着一系列问题，特别是新型城镇化推进过程中社会治理如何相应地创新，更是北京市新型城镇化进程中必须解决的迫切问题。本项目以北京市怀柔区为个案，对北京市新型城镇化进程中的基本做法、基本经验、存在问题进行深入分析，并提出了新型城镇化推进过程中社会管理治理创新的对策，以便为整个北京市甚至全国在新型城镇化进程中的社会治理创新提供理论支撑和经验支持。

一、新型城镇化理论的提出和社会治理创新的基本内涵

(一)新型城镇化理论的提出

1. 从城镇化到新型城镇化理论的演变

国外学者普遍认同的城镇化定义，即农村人口向城镇转移。早在18世纪，由于工业革命导致了世界城镇化加速发展，城镇作为先进生产力的组成形式，渐渐取代农村，成为社会生产和生活的主导力量，1867年西班牙工程

师赛达(A. Serda)提出了城镇化的概念。19世纪，马克思和恩格斯对城市的起源、城乡对立及城乡差别的消灭进行过深刻的研究。

到了20世纪后期，西方发达国家的产业结构和全球的经济组织形式发生了巨大的变化，信息经济社会和知识经济社会的概念相继成为时代特征，城镇化出现了新的景象，学术界开始了全球城市(Global Cities)、网络城市(Network Cities)、世界城市体系(World Urban)等主题的崭新研究。

而我国国内最早提出城镇化的理论，是从1979年开始的。由于传统思维的束缚，理论界普遍认为城镇化是资本主义的特有规律，因此社会主义经济不存在城镇化现象，随着经济的发展，具有中国特色的城镇化建设也开展了起来，理论和实践普遍认识到，城镇化是社会发展的一般规律，工业化必然会带来城镇化，中小城镇建设在我国社会主义建设中占有重要的地位和作用，走出了一条与西方传统城镇化不同的"城镇化"研究路子。

随着研究的深入，国内的学者开始创造出了适应我国国情的理论，同时也努力将实现了西方城镇化的理论本土化。另外，同年国家对土地制度进行了改革，土地使用从行政划拨转变为有偿使用，因此大量的可用资金和土地可以用于城市建设，促进了城镇化理论的实践。

国内的城镇化研究在随后的阶段中逐渐兴起，学者们对城镇化的内涵进行了探讨，高佩义第一次提出了国内理论界比较全面的城镇化内涵，即是变一个传统落后的乡村社会为现代先进的城市社会的自然历史过程，这个定义比较准确地反映了城镇化的本质特征，抓住了城镇化与现代化的关系，揭示了城镇化的原因和经济特征，基本确定了国内城镇化的研究内涵和基调。同时，学者们也通过对城镇化发展历程的观察，试图从中总结出我国城镇化发展的特点和趋势，向实践性理论进行突破，并对中外城镇化进行比较分析，对城镇化道路进行了持续的讨论。

通过学术界的研究，使得城镇化的概念得到普及，城市不仅有规模差别，更有功能上的不同，大城市为主、中等城市为干、小城市为基的"大、中、小"都要发展的思路得到认可。城镇二元化的发展战略也逐步在实践中推广，通过城镇体系规划推动，部分学者提出了城市地域外延扩展与农村地域城镇集聚相结合的思路(辜胜阻，1991；孙自铎，1995；宁登，1997)，与此类似，也有学者将乡村工业独立出来提出中国经济"三元结构"(李克强，1991)或"双重二元结构"（路遇、赵锋，1994）。①

实践与理论相互促进，随着实践的发展，进入 21 世纪以后，国内的城镇化研究将焦点转向了城镇化道路和战略选择、城镇化的社会学意义、城镇化与工业化发展的辩证关系、城市竞争力、城镇化的可持续发展、城镇化的体制和政策研究等方面。初步出现了新型城镇化思想的萌芽，使得传统城镇化理论所存在的不足日益得到学术界和政府管理层面的重视。

提出新型城镇化，至少有两个方面的原因。

一方面，城镇化在我国经济社会发展中的作用和地位进一步凸显。近年来，中国发展面临的外部环境和内部条件都发生了很大的变化。在国际经济外需不振的情况下，必须牢牢把握住扩大内需这一战略基点。积极稳妥地推进城镇化，促进国内经济增长无疑是一个重要选择。因此，李克强总理强调，"城镇化是扩大内需的最大潜力"，"是我国经济增长的巨大引擎"。

另一方面，我国城镇化也出现了一些亟待解决的问题。

通过创新性研究，有学者提出了我国在以往城镇化进程中存在的四个"剪刀差"，也就是对农村居民民生的四种剥夺：第一个"剪刀差"是农产品价格剪刀差，用廉价的农产品和农业税，通过统购统销的方式，侵蚀和剥夺农民的民生；第二个"剪刀差"是通过将城市大量过剩人口推向农村，与农民争资源、争工分，直接对农民进行实物上的掠夺，降低农民的民生水平；第三个"剪刀差"是城市对农村人才的剥夺，农村中的优秀人才通过高考进入大学，大批青壮年劳动力进入城市，人才剪刀差使农村的人才空心化；第四个"剪刀差"是城市对农村土地的剥夺，进一步削弱农民民生的改善和发展。②

综合来看，传统的城镇化造成了我国社会现状中存在着的几大问题：

一是农业人口转移，形成了规模庞大的农民工阶层，与城市居民构成了"城市二元结构"问题。有关统计表明，在 2.6 亿农民工中，大约有 1.59 亿在城市工作半年以上的农民工及其家属处于"半市民化"状态。绝大多数农民工没有充分享受到城镇的公共服务和社会保障。城乡二元结构还没解决，又出现城市二元结构，使得问题更加复杂。

① 本部分主要参考了何念如：《中国当代城镇化理论研究(1979—2005)》，复旦大学博士学位论文，2006 年；胡际权：《中国新型城镇化发展研究》，西南农业大学博士学位论文，2005 年。

② 唐任伍：《中国 60 年城镇化进程四次剥夺农民民生》，载新浪财经网专栏，http://finance.sina.com.cn/column/china/20130626/172015926451.shtml。

二是人口过于向大城市集中，城市规划和建设盲目向周边摊大饼式的扩延带来的"城市病"问题。城市建设"重面子轻里子"、"重地上轻地下"、"重短期轻长期"问题突出。近年来，污染加剧、交通拥堵、房价高涨等弊端在一些城市日益突出，制约了城镇化健康发展。高速的城镇化给我国的生态环境和居住环境提出了严峻的考验，已到了刻不容缓必须加以改变的关头。

三是大量的农民工进城造成的农村"空心村"和土地撂荒问题，以及诸如土地占用过多、利用粗放，"土地城镇化"快于"人口城镇化"的问题；"大拆大建"、"千城一面"，破坏城市文化和历史的问题等。

总的来看，传统的城镇化路径可以总结为以下四大特点："以物为本，不全面，不协调，不可持续"。而随着研究的进一步深入，生态文明和农业人口转移等很多问题逐步引起人们的重视，新型城镇化的概念呼之欲出。2006 年3 月全国人大会议通过的《中华人民共和国国民经济和社会发展第十一个五年规划纲要》（以下简称《"十一五"规划纲要》）提出"要把城市群作为推进城镇化的主体形态"，党的十七大第一次将"形成辐射作用大的城市群"写进党代会报告。在新实践和新探索的基础上，党的十七大报告明确做出"走中国特色城镇化道路"的新概括。随着经济形势的发展，我国城镇化站在一个新的起点上，在城镇化率不断提高的同时更加重视城镇化的质量和水平，在多年探索的基础上，适应发展需要，"新型城镇化"的理念和要求应运而生。

2011 年制定的《中华人民共和国国民经济和社会发展第十二个五年规划纲要》（以下简称《"十二五"规划纲要》）提出：坚持走中国特色城镇化道路，科学制定城镇化发展规划，促进城镇化健康发展。新型城镇化的概念就此确立。

经过理论研究的深入和管理实践的铺垫，最终形成了本届政府提出的以人为核心的新型城镇化理论。

2. 新型城镇化的基本内涵

2012 年 12 月 16 日，中央经济工作会议指出，城镇化是我国现代化建设的历史任务，也是扩大内需的最大潜力所在，要积极引导城镇化健康发展。在随后的中央农村工作会议和《中共中央　国务院关于加快发展现代农业进一步增强农村发展活力的若干意见》中，更是明确提出，打造高质量的新型城镇化，推进产城融合，将城镇化作为拓展农民就业的重要空间。中央强调，新型城镇化核心是人的城镇化，关键是提高城镇化质量，目的是造福百姓。

2013 年年初，《全国促进城镇化健康发展规划（2011～2020 年）》编制完成，并上报国务院。规划由国家发改委牵头，十多个部委共同参与编制，这项规划将成为指导我国新型城镇化发展的总体纲要。

2013 年 3 月 17 日，在十二届全国人大一次会议闭幕后，新就任的李克强总理也在新闻发布会上强调，城镇化是本届政府的工作重点。

李克强总理表示，新型城镇化，是以人为核心的城镇化。同时也特别强调，新型城镇化要防止"城市病"，不能一边是高楼林立，一边是棚户连片。既要解决城市内部的二元结构，也要降低城镇化的门槛。

本届政府执政以来，李克强总理也一直在强调新型城镇化的工作要点。一方面，现在大约有 2.6 亿农民工，使他们中有愿望的人逐步融入城市，是一个长期复杂的过程，要有就业支撑，有服务保障。另一方面，城镇化也不能靠旧有的摊大饼的方式，还是要大、中、小城市协调发展，东、中、西部地区因地制宜地推进。

因此，在新型城镇化的实践中，可以这么认为，新型城镇化将会以人口城镇化为核心，实现职业上从农业到非农业、地域上从农村到城镇、身份上从农民到市民的转换。这需要两个基础，一个基础是为农民提供更多并且稳定的职业，意味着每个城市要建立产业平台；另一个基础是，为进城农民提供市民应享有的一切福利和保障。

从数据上来看，我国的城镇化率从 1978 年的 18％已经上升至了 2012 年的 53％，尤其是在过去的十年，出现了加速。但目前来看，过去的城镇化主要是土地的城镇化，而非人的城镇化，显然是一种"旧型"的城镇化。反映出的弊病，主要表现在一线城市人口暴涨，出现"大城市病"；人口和产业优势相对较弱的三、四线城市，则大规模建设基础设施与住房，出现空城现象。此种"旧型"的城镇化，主要意义在于拉动了经济增长，而非促进农业人口向城市转移，非但没有促进人民群众生活水平提高，反而造成了群众的幸福感指数降低。

针对现有的城镇化进程，中央适时提出了新型城镇化的理论。新型城镇化的核心特征在于四个词："集约、智能、绿色、低碳"，针对过去的传统城镇化的弊病，新型城镇化更加强调以人为核心，注重保护农业、农村、农民的利益，使城镇化与农业和产业的现代化相辅相成。要求不再以简单的城市人口比例增加和规模扩张为目的，而是着重加强在产业支撑、人居环境、社会保障、生活方式等方面实现由"乡"到"城"的转变，实现城乡统筹和可持续发展，最终实现"人的无差别发展"。

树立了新型城镇化"人的城镇化"概念，我们就可以认识到，新型城镇化不同于以往的土地城镇化，不等于新一轮的造城运动，也不是忽视民生需求的"摊大饼"拆迁式的城市占领农村，更不是"小城镇房地产开发计划"。而是兼顾生态、民生等广泛内容的科学城镇化，要求在扭转土地财政的基础上，建设以人为本的城镇，为民生建设城镇，实现由农村居民转变为城镇居民的"人的城镇化"。

在新型城镇化的认识上，我们必须要避免四个误区：一是城镇化不等于遍地开花的城乡一体化，农村变城镇并不只是多盖楼房，而是需要提高城镇的辐射功能，提供集约化的公共服务，同时城乡有别，各有其自身的定位和功能，不能一律将农村建设为城镇；二是城镇化不等于千城一面的无差别化，城镇化一定要有特色，尽量保留自身的传统地域特征和历史文化，城镇与城镇、小城镇与大城市要有差异，体现特点；三是城镇化不等于房地产化，房地产只是城镇化的表现，而不是城镇化的本质，新型城镇化的目的是为了实现人的城镇化，目的在于提高人民的生活水平，建设安居乐业的生活环境，不能本末倒置；四是城镇化也不等于落户口化，基本社会保险、最低生活保障、保障性住房和下一代的教育权利等，是目前城镇户口对农村居民吸引力最大的地方，城镇化显现出落城镇户口的倾向，这与新型城镇化的目的是不契合的，新型城镇化的要求是建设出一座座宜居的城镇，只有生活在其中的人融入了城镇，才是新型城镇化的真正内涵。

综上所述，我们认为，可以把新型城镇化的基本特征归纳如下：

(1)新型城镇化是"以人为核心"的城镇化。

以人为本是贯彻落实科学发展观的核心立场，也是推进城镇化必须坚持的核心原则。新型城镇化的核心或本质是农民市民化。农民市民化，就是农民不仅仅进入城镇，或变为城镇户籍，而且要与市民平等地分享公共资源，即公共资源均等化。

(2)新型城镇化是"四化"同步的城镇化。

这是党的十八大报告明确提出的新要求。党的十七届三中全会提出要"统筹工业化、城镇化、农业现代化建设"；《"十二五"规划纲要》提出"同步推进工业化、城镇化和农业现代化"，即"三化"同步。在科技创新日新月异、我国工业化现代化加速发展的今天，推进城镇化必须把信息化放在更加突出的位置，努力促进工业化与城镇化良性互动，城镇化与农业现代化相互协调，任何一方面都不可偏废。

(3)新型城镇化是"质量明显提高"的城镇化。

这是党的十八大提出的全面建成小康社会目标的新要求之一。城镇化不是简单的人口比例增加和城市面积扩张，更重要的是实现产业结构、就业方式、人居环境、社会保障等一系列由"乡"到"城"的重要转变。习近平总书记强调，推进城镇化过快过慢都不行，"要推动城镇化向质量提升转变"。

(4)新型城镇化是体现生态文明理念的城镇化。

党的十八大将生态文明建设纳入中国特色社会主义建设事业的总体布局，对推进城镇化提出了新的要求。2012年年底的中央经济工作会议提出：要把生态文明理念和原则全面融入城镇化全过程，走集约、智能、绿色、低碳的新型城镇化道路。

(5)新型城镇化是"以城市群作为主体形态"的城镇化。

这是2006年《"十一五"规划纲要》就明确的方针。《"十二五"规划纲要》进一步规划了"三纵两横"的城镇化战略格局，并据此提出推动相关城市群的发展；要求科学规划城市群内各城市功能定位和产业布局，推进大中小城市基础设施一体化建设和网络化发展。

具体到北京市的具体情况之中，北京市委针对农村建设和新农村改造，下发了纲领性文件《关于统筹城乡经济社会发展，推进社会主义新农村建设的意见》，北京市农村工作委员会制定鼓励发展都市型现代农业的政策措施，北京市发改委出台提高农村项目审批效率的办法，等等。据统计，北京市财政局、市卫生局、市教委等35个部门独立或联合制定有关新农村建设的政策性文件百余项，一百余项新农村建设工程陆续启动。2009年，在《北京城市总体规划(2004~2020年)》的宏观指导下，北京市就启动了新农村"三起来"工程建设，"三起来"分别是亮起来、暖起来、循环起来。具体工作包括：在京郊推广太阳能路灯、节能灯具；推广高效节能卫生吊炕、太阳能公共浴室、农户既有住房保温改造、新建住房采用新型保温节能建设；开发利用生物质能，建设大中型沼气、户用沼气、生物质压缩成型及气化工程，推广生物质炉具，开展养殖场粪污治理，兴建雨洪利用工程等。

在我们此次的调研中，可以看到，北京市近年来的新农村建设工程做出了实效，对改善农村居民民生，推动新农村和新型城镇化，实现"人的城镇化"确实起到了一定的推动作用。

(二)社会治理的基本内涵

1. 社会管理的基本内涵

相比城镇化的漫长的历史，社会管理理念诞生的时间并不长。

在西方国家的研究中，并没有哪个概念能够与中文的"社会管理"恰好吻合。因此，对西方社会管理创新理论进行梳理必须要从近似的研究领域和相关社会管理实践中去寻找能对我国加强社会管理创新有所启发的因素。

从理论上看，支撑社会管理的代表性理论有新公共管理理论、治理和善治理论、"整体性"服务理论。从实践上看，西方国家的社会管理包含但不局限于西方发达国家政府的社会管理，具体领域各不相同。在具有长期自治传统的美国，政府社会管理的范围较窄；而法国政府则施行更多的社会干预和管制政策；新兴的发达国家如新加坡在社会管理中甚至奉行严酷的"家长制"。虽然各国情况差异明显，但是综合梳理发达国家的政府管理实践还是可以归纳出这样一些共同的主要社会管理创新领域：社会公共安全管理、生态环境管理、就业管理、食品药品管理、人口管理、社会保障体系管理、社会组织管理、公共交通管理等。

国内学者对加强社会管理的研究起源于 20 世纪 80 年代，主要源头是科学社会主义学科对马克思经典文献的解读和苏联及东欧社会主义国家变革的实际需要。近些年来，社会管理的研究主要表现为从单纯的概念引进逐渐转向为社会管理机制、社会管理技术等多元化创新方向，学科研究也由科学社会主义学科转向社会学学科、政治学学科、经济管理学科和公共管理学科。国内学者对社会创新管理研究较为深入的权威主要有李学举、陈振明、俞可平、丁元竹等。[①]

2004 年 6 月，在党的十六届四中全会上，胡锦涛总书记提出了要深入研究社会管理规律，加强社会建设和管理，推进社会管理体制创新。2007 年党的十七大提出要"建立健全党委领导、政府负责、公众参与的社会管理格局"。2011 年颁布的《"十二五"规划纲要》中，"社会管理创新"单独成篇，并以重要篇幅写入了《政府工作报告》，同年 7 月，国务院出台了《中共中央、国务院关于加强社会创新管理的意见》，是我国第一份关于社会管理创新的正式文件。社会管理创新的内涵更加丰富，胡锦涛总书记在中央政治局会议上强调，加强和创新社会管理，提高社会管理科学化水平，事关国家长治久安，事关人民根本利益，事关中国特色社会主义事业兴衰成败。

---

① 本部分主要参考了罗光华：《城市基层社会管理模式创新研究——以广州市新一轮基层社会管理创新为例》，武汉大学博士学位论文，2011 年；袁建伟、李生校：《地方政府社会管理创新的路径与机制》，《企业经济》，2013 年第 5 期，第 151—154 页。

胡锦涛总书记强调，社会管理是人类社会必不可少的一项管理活动。在我们这样一个有13亿人口、经济社会快速发展的国家，社会管理任务更为艰巨繁重。我们加强和创新社会管理，根本目的是维护社会秩序、促进社会和谐、保障人民安居乐业，为党和国家事业发展营造良好社会环境。社会管理的基本任务包括协调社会关系、规范社会行为、解决社会问题、化解社会矛盾、促进社会公正、应对社会风险、保持社会稳定等方面。做好社会管理工作，促进社会和谐，是全面建设小康社会、坚持和发展中国特色社会主义的基本条件。

党的十八大以来，习近平总书记曾反复强调，加强和创新社会管理，基础性、经常性、根本性工作是做好群众工作。要进一步创新工作理念、方式方法和体制机制，把社会管理寓于为群众服务之中，在服务中实施管理、在管理中体现服务，不断提高社会管理和群众工作的针对性和有效性。

李克强总理也多次提到，要简政放权，转变政府职能，创新社会管理。本届政府的工作，要创新公共服务提供方式。加强社会管理和公共服务，是政府的重要职责。在经济领域简政放权的同时，为人民群众提供优质公共服务的职责必须加强。

因此，我们认为，国家发展对现今社会管理发展提出的内涵主要包含两个方面：创新和民本。

所谓"创新"，就是社会管理要与时俱进，正确把握国内外形势的新变化、新特点，针对当前社会管理中的突出问题，着重研究加强社会管理、做好新形势下群众工作的思路和举措。这其中，首先是理念的转变，从传统的"整治命令"思维，到"寓管理于服务之中"；从政府"包打天下"，到注重运用社会力量，形成社会合力；从习惯"灭火"，到突出源头治理；从青睐硬性行政手段，到重视运用经济、行政、道德、科技等手段综合管理。

所谓"民本"，说到底是对人的管理和服务，涉及广大人民群众的切身利益，必须始终坚持以人为本、执政为民，切实贯彻全心全意为人民服务的根本宗旨，不断实现好、维护好、发展好最广大人民的根本利益，把群众满意不满意作为加强和创新社会管理的出发点和落脚点，着力解决好人民最关心、最直接、最现实的利益问题。加强社会管理，归根结底也是为了更好地服务群众、维护群众利益。

因此，社会管理的内涵，既是管理也是服务，融群众工作和民生工作于一炉。社会管理要搞好，必须以人为本贴近群众，必须加快推进以保障和改善民生为重点的社会建设，完善保障和改善民生的制度安排，加快发展各项社会事业，着力解决当前群众反映强烈的教育、就业、收入分配、社保、医疗、住房等民生问题，使发展成果更好地惠及全体人民。①

而党的十八届三中全会提出：全面深化改革的总目标是完善和发展中国特色社会主义制度，推进国家治理体系和治理能力现代化。因此，我们认为社会治理创新的提法比社会管理创新更符合改革方向。

2. 社会管理向社会治理的转变

管理与治理，既有联系也有区别。管理一般是指自上而下的纵向管理、单向管理、垂直管理。而治理则包括各方面的科学管理，也包括法治、德治、自治、共治等内涵，它更加注重社会多元主体的共同管理。加快从社会管理向社会治理转变，必须着眼于维护最广大人民根本利益，最大限度增加和谐因素，增强社会发展活力，提高社会治理水平，维护国家安全，确保人民安居乐业、社会安全有序。

当前，我国已经进入了工业化和城镇化的中期，但社会管理体制仍处在工业化和城镇化的初期，与管理的现实需要存在着巨大的落差。具体来看，主要表现有：社会组织缺乏活力、公共服务水平不高、执政能力需要加强、社会工作者队伍建设薄弱，各级领导干部对社会管理的认识仍处在"管制"和"处理"之上，缺乏创新和服务的意识。同时，随着社会的发展，社会阶层更加丰富，利益诉求更加多元，城镇化导致的人口流动也更加频繁，社会领域也出现了一系列的尖锐问题，医疗和教育改革、社会保障、管理考核评价、社区治理、城镇化进程、建设拆迁等，加剧了本就复杂的社会管理的重要性、严峻性和艰巨性。传统的社会管理已不适应新形势的需要，亟待改进。

早在 2011 年 2 月，在中共中央党校举办的"省部级主要领导干部社会管理及其创新"专题研讨班上，胡锦涛总书记就提出了社会管理创新的理念。随后，《人民日报》载胡锦涛总书记《扎扎实实提高社会管理科学化水平》，指出当前我国既处于发展的重要战略机遇期，又处于社会矛盾凸显期，社会管理领域存在的问题还不少。从总体上看，我国社会管理领域存在的问题，是我国经济社会发展水平和阶段性特征的集中反映，要扎扎实实提高社会管理科学化水平，建设中国特色社会主义社会管理体系。当年 7 月出台了《中共中

---

① 江晓军：《社会管理创新研究：基于公共治理的视角》，中南大学硕士学位论文，2012 年。

央、国务院关于加强社会创新管理的意见》。

社会管理创新,为社会管理向社会治理的转变奠定了良好的基础和充分的理论支持。在社会管理创新的实践中,人们逐渐认识到,社会的管理制度、结构或关系,不完全只是政府的管理范围,还包括社会部门的管理和结构。政府对于公共事务的影响只是众多因素中的一个,政府并非具有全面事务的管理能力,也并不是"大而全"的,事情越复杂,政府的局限性越明显。因此,实践向管理界的理论研究展示出一个课题:公共关心的重要问题,大到生态环境问题,小到社区卫生和物业管理等问题,非常复杂,以至于不能仅仅依赖政府单独决策。所以,一个好的社会运行方式,还必须包括社会的广泛参与,即以社会治理替代社会管理,只有这样,才能充分调动社会积极性,既节省成本、提高效率,又能提高效能、促进社会和谐。

正因如此,党的十八届三中全会对社会管理的问题做了进一步的升华。改变了过去加强社会管理以及社会管理创新的提法,提出"推进社会领域制度创新,推进基本公共服务均等化,加快形成科学有效的社会治理体制,确保社会既充满活力又和谐有序"、"推进社会事业改革创新,创新社会治理体制,加快生态文明制度建设"、"创新社会治理,必须着眼于维护最广大人民根本利益,最大限度增加和谐因素,增强社会发展活力,提高社会治理水平,维护国家安全,确保人民安居乐业、社会安定有序。要改进社会治理方式,激发社会组织活力,创新有效预防和化解社会矛盾体制,健全公共安全体系"等社会治理的全新理念。

二、新型城镇化对传统社会管理的挑战

(一)新型城镇化对传统社会管理理念的挑战

在传统的城镇化进程中,城市、乡镇的数量和面积大幅增加,但增加的通常只是数量,而不是质量。对于社会整体治理能力,基层政府通常更关注的是经济发展水平和经济管理职能,而忽视了对社会进行综合管理和多元治理,致使城镇化进程中出现了大量的问题,甚至产生了不稳定的因素。而基层政府在农村进行了城镇化建设以后,自身服务能力建设无法跟上,面临城镇化后居民流动增加、环境综合治理等新情况无有效的应对之策,传统的社会管理的观念,更多的是针对城镇化进程发生后出现的问题和解决方法进行研究,或者是对早已形成的管理难题进行研究,而较少从简政放权、注重制度层面的预防进行的社会治理视角的研究。因此,新型城镇化对传统社会管

理的理念提出了新的挑战，首要的任务即是将社会管理的理念变革到社会治理的角度上来。

不同的社会管理理念有着不同的管理决策和行为，从而产生不同的社会管理效果。在社会管理理念中，是"管"和"整治"，所要求的是依靠政治权力对作用对象的强制性，缺乏沟通和协商，作为管理对象的公民难以形成主体意识，抑制了创新的能力。而社会治理强调的是以人为核心的治理与服务，将人的观念始终放在治理行为的出发点上，公民更易产生主体意识和社会归属感，这一点，也是新型城镇化所强调的以人的城镇化为核心的理念。

同时，在传统的社会管理的思想下，新型城镇化很可能变成为新一轮行政规划下的造城运动，导致耕地持续减少，粮食危机的压力增大。另一方面，如果不能有效改善社会管理的能力，新型城镇化导致的城市规模扩大，将进一步加剧资源紧张，环境恶化。由于城市规模无节制的扩大，使得生态环境受到了严重的破坏，城市空气污染，沙尘天气频繁，PM2.5值不断升高；城市建筑日益侵占老百姓的活动空间，绿地缩减，森林减少，到处呈现的是钢筋水泥林；垃圾日益增多，城市边缘被垃圾包围，形成垃圾围城的局面；电力供应告急，停电停气的现象不断发生。社会管理理念中的生态、绿色、低碳意识，也是新型城镇化对社会管理理念的巨大挑战。

此外，过去的农村社会管理，以政府为主体，公共产品和公共服务的提供范围较小，公共服务供给不足，对生态文明重视不够。最为突出的表现即是政府重管理而轻服务，而且不重视生态环境的保护。政府包揽了一切必要的管理活动，对于城镇化，也是如此，在农村进行了改造之后，公共产品和公共服务的供给仍然停留在农村的水平，与真正意义上的城市有着很大的差距，城镇化主要是土地和住房的城镇化，而远远不是现代意义上的人民群众生活方式的城镇化，即人的城镇化和生态环境的城镇化。

随着新型城镇化的提出和发展，农村居民在城镇化进程中"人的城镇化"这一理念越来越受到重视，这也必然要求在分工合作的氛围下，引入政府、社会、企业等各组织共同参与服务的社会治理局面，也要求在社会治理的思想中，深深根植着生态文明、绿色低碳等可持续发展的文明理念，一改过去"造城"的做法。长久的社会管理理念的路径依赖，使得基层政府难以迅速转变管理重于服务，管理当是"管"字当头的思路习惯，因此社会管理向社会治理理念转变是新型城镇化对政府管理层面提出的第一个挑战。

（二）新型城镇化对传统社会管理方式的挑战

社会管理的方式影响着社会管理的成效。在新型城镇化的理念下，传统的社会管理理念既已不符合需要导向，那么传统的社会管理方式自然也不再适应治理需要了。

从目前的社会管理方式来看，新型城镇化带来的挑战主要是如何将社会治理和包括生态文明在内的理念融入进具体的可操作的治理方式之中。根本原则应在于，从过去强管理轻服务的防范控制，向人性化、服务型进行转变，从偏重行政手段向综合运用多种手段、多种主体解决社会问题进行转变。

首先，从管理的方式来看，是居民的生活方式未融入城镇化的生活，政府的综合治理能力欠缺。通过城镇化的过程，农村地区转变为城镇以后，原本的农业人口变为了城市人口，然后，很多农业人口虽然住房、土地、居住环境等方式有了改变，但生活方式、生活理念并没有产生很大变化，很难融入城镇化的生活里，同真正意义上的城市居民有着很大的差距。尤其是在片面追求土地城镇化的过程中，经济条件不成熟，社会发展也没有达到所需要的程度，居民在城镇化的政策主导下，实现了土地和居住条件的城镇化，但人的生活权益和发展权益没有受到重视，城镇化后维持生计的能力受到影响，只能是被动地实现自己的城镇化。而另一方面，在实现了城镇化地区的现实管理中，普遍存在着公共设施不健全、维护保养不及时、卫生和环境较差等问题，政府自身的管理能力没有在城镇化进程中得到提高，不能满足城镇生活的新需要，综合治理能力的提升，需要进行重点关注，新型城镇化对此提出了重大的挑战。

其次是社会治理的方式要加快落实到推进以保障和改善民生为重点的建设上来。社会治理归根究底是为了确保人人共享经济发展的成果，因此，社会治理方式的根本思路就是群众路线，关键在于民生工程建设。把民生优先作为社会治理的本质方针，使城镇化的成果更好地惠及每一名身处其中的农业人口。同时，社会治理方式的变革要落实到基层的基础工作中，健全基层组织的社会服务体系。社会治理的难点在基层，重点也就在基层，因此，在新型城镇化的过程中，将社会治理方式变革用于整合基层服务资源，增强治理能力，具有十分重要的意义。

此外，随着城镇化建设的深入，社会治理理念的延伸，目前政府专业能力不足、管理人才缺乏的问题也日益严重。城镇化之后的农村地区，城镇建设、居民协调、社会保障、文化娱乐等方面的职能越来越多，政府的工作量和发挥的作用也越来越大，然后，在城镇化之前，这些基层政府的中心工作基本都是以管理农村和农业生产为主，大部分仍然是传统的干部，对城镇化后的社会治理方式的经验和专业理论能力都相对缺乏，人才的引进和培养也较为不足，在面对城镇化新生活和新需要时，创新能力薄弱。另一方面，社会治理强调的是政府与社会各组织的沟通和合作，是一个大的系统工程，需要政府、非营利组织、企业、基层自治组织、公民个人等多主体统筹协调，共同参与，传统政府所熟悉的管、控、压、罚等社会管理的方式亟须改变，更多地采用民主协商、社会服务、平等对话等新型的社会治理方式。

(三)新型城镇化对传统社会管理制度的挑战

新型城镇化对管理制度的挑战，包括很多方面的内容，例如社会保障、公共医疗、子女教育、社会合作协商、土地流转等。

一方面，由于现存户籍制度，形成了城乡二元的对立，进城的农业人口享受不到同等的公共服务，这也是社会保障、医疗教育等问题的根源所在。农业人口在通过城镇化转变为城镇人口以后，长期在城镇工作却不能享受到与城镇居民同等的子女教育、公共医疗、社会保障等基本的公共服务，处于"半城镇化状态"，由此引发了各种突出的社会矛盾。

推进新型城镇化建设，就是要改变城乡分割的二元社会结构，其重要标志是要实现产值结构、城乡结构、就业结构的三大转变。采用国际上比较常用的英格尔斯提出的指标体系衡量，实现现代化就要求农业产值的比重降低到国民生产总值的15％以下，城市人口在总人口中的比重上升到50％以上，农业就业人口在总就业人口中的比重降低到30％以下。①

另一方面，新型城镇化的"新"之所在，就在于"人的城镇化"更重视民生。在制度上，城镇化后的农民是城市的市民，而不再是脱离城市居民身份的特殊管理对象。必须以人为本，分类指导，依据制度设计改变农业转移人口自身的关系。首先，要完善人力资源和社会保障体系，消除城镇对农业转移人口的歧视，健全工资支付、劳动保障、集体协商等制度，同时土地制度也面临着新型城镇化的挑战，目前，进城务工或落户的农业人口在农村的土地承包权和宅基地使用权一直是在探讨中的课题，而城市中捆绑在户籍之上的社会福利又是进城的农业人口无法享受到的。进一步，医疗福利、社会保障体制等受到了新型城镇化的挑战。

由于社会管理制度没有随着城镇化的发展而及时与时俱进，传统管理制

---

① 吴九占：《论城镇化与社会结构调整》，《广州大学学报(社会科学版)》，2003年第4期，第38—40页。

度下城市规模逐渐扩大、人口逐渐增加，往往会导致吃穿住用、衣食住行等基本生活品价格上涨、质量下降、供应困难，房价飙升等问题出现，特别是城市交通拥堵现象加剧，通勤困难，每天花费大量的时间和精力在路途上，食品安全受到威胁，教育医疗、生老病死等基本民生活动日益艰难。

此外，新型城镇化不仅表现为农村人口地理位置的转移和职业的改变，这是看得见的实体变化。它还表现为由此引起的生活方式的演变，这是精神文化方面的无形转变。城镇化是现代化进程中最富活力和生气的形态之一，这是因为城镇是现代生活的综合体。只有社会结构发生了实质性的变化，才能认为是实现了农村的新型城镇化，实现了真正意义上的全面小康。在现今社会管理的体制下，出现的情况是，大批的农民被城镇化的浪潮裹挟着进了城，远离了乡土文化，却又没有真正地融入城市生活，情感上仍然没有被城市接纳，无所归依，仍然漂浮在那些色彩斑斓、光怪陆离的城市"边缘"，成为"被城镇化"、"伪城镇化"的一群人，仍然是一群民生权利被蚕食、不完全的"乡下人"、"土老帽儿"。①

（四）新型城镇化对传统社会管理结构的挑战

目前，我国社会仍然主要是政府管理社会的一元化社会管理结构，而社会管理结构在新型城镇化的深刻影响下，必然需要建立起一套以政府管理为主导，社会各部门、各群体参与，民众自我约束和管理的一种多元化社会治理结构。在这样的治理结构中，实现国家权力和社会团体、个人权利的和谐共生，从而促进社会整体及其各部分之间的可协调发展。

一直以来，我国政府在社会管理中的角色，都是发挥着全能型政府的作用，是养老、医疗、教育等社会公共领域的唯一承担者。一方面，政府财政面临巨大的压力，使得政府的各项工作经常面临经费不足、管理缺位等诸多难题；另一方面，政府在很多不应该参与的领域获得了过多的控制权，不利于相关社会组织群体充分发挥能动性，降低了管理的效率和针对性，甚至造成了一种政府管理越位的情况。在传统的农村管理中，管理环境相对来说并不复杂，政府的管理基本能应对有效，而实现了城镇化以后，政府管理过大、过多的缺陷就暴露了出来。

因此，新型城镇化建设必须打破原有的社会一元管理模式，打破政府作

---

① 唐任伍：《中国60年城镇化进程四次剥夺农民民生》，载新浪财经网专栏，ht-tp：//finance.sina.com.cn/column/china/20130626/172015926451.shtml。

为社会公共管理唯一主体的地位，广泛吸收社会群体参与社会公共建设，使得社会公共性的主体朝着多元化的方向发展。在具体事务中，政府要主动地、有选择地逐步退出一些领域，引导相关的社会群体积极地进行自我治理。

三、北京市怀柔区新型城镇化推进过程中社会治理创新的典型做法及成效

2013 年夏季达沃斯经济论坛上，李克强总理强调中国经济已经进入提质增效的"第二季"，明确了继续改革绝不动摇的观点，提振了市场信心。由此看来，改革成为当代中国经济发展的最大红利，而新型城镇化则是最大潜力，以改革创新推进新型城镇化是摆在我们面前的重要任务。截至 2012 年年底，中国城镇人口达到 7.12 亿，人口城镇化率提高到 52.7%，已达到世界平均水平。北京市是城镇化速度发展最快的地区之一，城镇化水平较高（列全国第二位）。目前，北京市城镇化率高达 83.62%，已经达到了国际发达国家的水平，城镇化速度平均每年增长 1.5% 左右，但仍面临许多严峻的问题和挑战。这些问题包括：城乡居民收入差距拉大，贫富差距显著；农村土地问题、农民土地流转问题尚未得到根本解决；户籍和社会保障制度改革滞后，尚不能有效保护和发展郊区农民和农村集体组织的权益；人口规模已接近甚至超过环境资源的承载极限，人口增长与有限的资源、环境承载力之间矛盾尖锐等，这些问题影响和制约着城镇化的水平和质量。要解决好这些问题，就需要政府积极发挥职能，做好相关社会治理方面的工作，化解社会矛盾①。怀柔区作为新型城镇化的重要试点地区之一，以创新的思路和举措推进新型城镇化，注重城乡联动、民生为先、民资建城、产城融合和制度创新，通过社会治理创新，走出了一条符合怀柔区实际、富有怀柔区特色的新型城镇化道路，可以为我国新型城镇化提供经验借鉴。

（一）怀柔区新型城镇化的基本情况

怀柔区位于北京市的北部远郊，地处燕山南麓。周边环绕有密云县、顺义区、昌平区和延庆县，北与河北省赤城县、丰宁县、滦平县交界。怀柔区总面积 2128.8 平方公里，全区人口为 37.7 万（2012 年），辖泉河、龙山 2 个

---

① 陈福今：《推进社会治理创新 提高社会治理水平》，《领导科学》，2007 年第 1 期，第 4—5 页。

街道，怀柔、雁栖、庙城 3 个地区，北房、杨宋、桥梓、怀北、汤河口、渤海、九渡河、琉璃庙、宝山 9 个镇，长哨营满族乡、喇叭沟门满族乡 2 个民族乡。根据 2012 年怀柔区 2% 人口抽样调查工作统计结果，怀柔区城镇全区总人口为 25.8 万人，城镇人口占全区总人口的比重为 68.4%，属于城镇化进程较前列的地区①。

新中国成立后，由于经济的发展和人口政策的宽松，怀柔地区的人口增长迅速，至 20 世纪 70 年代普及计划生育工作后，人口增长速度趋于平稳，自然增长率远小于全国平均自然增长率，但由于经济发展状况良好，多年以来的人口机械增长率均高于自然增长率，显示出较强的区域人口引力。开始城镇化进程以后，怀柔区在 20 世纪 80 年代的城镇化水平仍较落后，非农业人口由 1980 年的 11.5% 增至 1999 年的 29.8%，整体来看，当时的怀柔县城镇化水平较低，低于 1999 年全国平均 30.9% 的城镇化水平。随后，怀柔区的城镇化明显加快，至 2010 年，怀柔区的城镇化水平已经达到 45%，预计到 2020 年约为 52%～60%，2030 年时约为 59%～74%，2050 年在我国进入中等发达国家行列时，怀柔区的城镇化将基本完成。怀柔区南部平原七个城镇——怀柔、杨宋、庙城、桥梓、北房、雁栖、怀北，平均每个城镇占地约 45 平方公里，但集中了全区 64% 的人口，形成了一个城镇群②。

1. 经济总量不断扩大，产业实力明显增强

"十一五"期间，地区生产总值年均递增 11.2%，2010 年已经达到 145 亿元，常住人口人均 GDP 达到 3.8 万元；地方财政收入年均递增 20%，2010 年总收入为 18.2 亿元；全社会固定资产投资累计完成 397 亿元。

汽车零部件、食品饮料、包装印刷等传统产业规模进一步扩张，农业特色产业加快发展，影视文化、高新技术、科技研发等新兴产业进入了规模扩充、加速集聚的发展阶段，显现出强劲的增长活力，全区经济综合发展优势和核心竞争力显著提升。

2. 城乡建设稳步推进，服务功能显著提高

"十一五"期间，新城规划建设全面启动实施，以新城、重点镇、特色镇组成的三级城镇体系日趋清晰。深入推进实施 111 国道改造等一批重大基础

---

① http://www.moa.gov.cn/fwllm/qgxxlb/bj/201303/t20130305_3238973.htm.

② 张建东：《加强和创新农村社会管理服务——北京市怀柔区的实践与探索》，《北京农业职业学院学报》，2012 年第 5 期，第 41—44 页。

设施建设工程，城乡道路、供水、污水、供暖、供电等服务功能不断提高。全面完成新农村五项基础设施建设，城乡一体化建设进程不断加快。

3. 社会事业全面发展，居民生活持续改善

教、科、文、卫、体事业全面发展。教育改革不断深化，教育设施水平和教学质量显著提高，通过积极发展职业教育、成人教育和社区教育，教育结构不断优化，有效促进了农民科技文化素质和社区居民文化素质的整体提高。"科教兴区"取得实效，科技进步对经济增长的贡献率不断提高，全区高新技术企业数量呈现稳中有升的发展态势。文体事业全面发展，文体设施建设稳步推进。深化卫生体制改革，加大卫生事业投入，公共卫生服务基础设施不断完善，社区卫生服务体系初步建立，医疗急救体系基本形成。

劳动和社会保障体系不断完善，全区城镇登记失业率始终控制在3%以下，基层就业保障体系初步建立，城乡养老保险制度基本实现衔接。全区三级社会管理服务网络初步形成，对城乡社会公共服务实行统筹化社区式管理，初步实现了社会公共服务一站式解决。社会治安保持稳定态势，全社会文明程度和社会和谐程度明显提高。城乡居民收入稳步增加，人民生活质量明显改善。2010年，城镇居民人均可支配收入达到23000元，年均递增8%；农民人均纯收入达到12100元，年均递增10.9%。

4. 生态建设步伐加快，环境治理成效显著

生态建设步伐加快。"十一五"期间实施了百公里生态富民一条川、京津风沙源等一批重大生态工程，全区林木覆盖率不断提高，水土流失得到有效控制，成功打造了"白河湾"、"银河谷"等一批沟域经济示范区。

环境治理成效显著。水环境治理稳步推进，地表水水质主要指标基本符合水环境功能区标准，地下水水质达标率为100%。大气污染防治力度不断加大，大气环境质量逐年上升，全区空气质量二级和好于二级的天数占全年的比重达到85%以上。积极推广循环经济和清洁生产，加大污染源监管和治理，有效减少环境污染。大力推广使用清洁能源，积极开展生态创建工作。"十一五"期间，创建全国生态乡镇8个，北京市生态乡镇4个，市级生态文明村46个，顺利通过"国家级卫生区"验收。

(二)怀柔区新型城镇化进程中社会治理创新的典型做法

社会治理作为一种新的公共管理模式，是西方国家在现有政治制度的基本框架内，在政府部分职能和公共服务输出市场化以后所采取的一种社会管理范式。它打破了政府对公共管理的垄断，使政府不再是唯一的公共服务提

供者，有利于促进公共服务创新①。怀柔区在社会治理创新过程中，积极发挥政府和基层党组织的模范带头作用，并与社会各界积极建立合作伙伴关系，鼓励老百姓也积极参与到社会治理的过程中来。为了更好地了解怀柔区社会治理中的典型做法和基本经验，我们课题组在 10 月对怀柔区杨宋、庙城、雁栖等镇进行了实地调研，发放问卷 300 份，实际收回 260 份，并对这些镇的干部、群众进行了相关访谈，获得了大量的一手资料。经过整理，我们得出了怀柔区在社会治理过程中的典型做法。

1. 社会治理理念的转变

胡锦涛同志曾在庆祝中国共产党成立 90 周年大会的讲话中提出，"要加强和创新社会管理，完善党委领导、政府负责、社会协同、公众参与的社会管理格局"，这为怀柔区当下社会管理的改革提供了一种全新的思维。从传统的简单的社会管理走向新型的社会治理，不仅仅是简单的手段创新和转变，更是理念的创新。在社会治理过程中，怀柔区一改以往社会事务政府主管的模式，在一些公共事务中逐渐引进社会企业和第三部门参与进来，形成了政府组织、社会组织和民间公民组织多主体共同治理的和谐局面。例如在养老公共服务中，怀柔区面向首都及周边区域的老年人及康复期病人的康复医疗需求，积极引入社会资本，促进投资主体多元化，大力发展康复医疗事业，依托区域环境优势，结合养老设施建设，大力引进和配套建设高水平的康复医疗机构，加快构建以区康复医疗中心为龙头、社区卫生服务中心为骨干的多元化康复医疗体系。

2. 社会治理机制的创新

2008 年年底，全区 14 个镇乡和 284 个行政村全部成立了社会治理服务中心和社会治理服务站。镇乡级社会治理服务中心实行敞开式办公，对群众的各种利益需求实行"统一受理、归口办理、部门落实、中心督办、限期办结"，为群众提供全方位服务。村级社会治理服务站设置"一站五组一室"，主要帮助一家一户解决办不了的事以及弱势群体急需办的事。"一站"就是镇乡在每个行政村内设立一个驻村工作站，每周至少驻站工作一天；"五组"就是村级社会治理服务站将全村党员和各类协管员组织起来，成立 5 个村级服务组，为村民提供生产生活服务；"一室"就是区司法局、镇司法所在每个行政村设

---

① 康之国：《社会治理创新与地方政府治理的路径选择》，《中共天津市委党校学报》，2007 年第 2 期，第 63－65 页。

立一个法律服务室，定期入村解答群众法律咨询、承担法律援助等事项。

3. 社会治理手段的创新

在我们的实地调研中，当被问及"您认为社会治理创新的做法有哪些"时，有54%的人认为政府注重了环境治理，生态文明建设得很好；有72%的人认为政府在教育、医疗改革方面做了很多的工作；有49%的人认为政府在民生改善方面做出的努力也是值得肯定的。

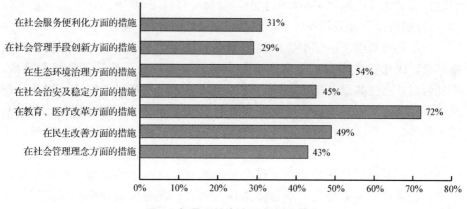

图1　怀柔区社会治理创新的做法

（1）加快医疗体制改革和创新。

多年来，怀柔区始终坚持以深化医疗卫生改革为核心，以满足居民健康需求为导向，提高公共卫生和基本医疗服务能力，全面提升居民健康水平。怀柔区根据自身的区位优势，加快医疗服务机构基础设施和硬件设施建设，完成区域医疗中心——北京市怀柔区医院及特护中心建设，引进市级"三甲"医院来进行合作；并建设高素质的医疗工作队伍，全面提高医疗服务水平；加快医疗救治体系信息化建设，逐步推行全区医疗卫生"一卡通"；建设远程医疗系统，完善疫情、病情监测和预警、管理等公共卫生信息系统建设，实现卫生机构信息资源的整合与共享。

（2）完善生态环境的治理创新。

怀柔区在环境治理方面以可持续发展为原则，通过生态防护与建设、环境保护与治理、推动节能减排与资源集约利用、发展低碳循环经济、推广绿色生活方式等手段，进一步改善生态环境质量，强化生态涵养功能，提升城乡环境品质，全面提高区域生态文明程度，加快实现创建全国环保模范城和国家生态区目标。近年来，怀柔区实施潮白河水系主要河道生态治理和综合整治工程，加强治理汤河、怀九河、白河流域的河床生态破坏，确保辖区水环境质量达到相应功能区标准。并且，怀柔区在社会治理创新中还加大了城乡环境综合整治力度，积极推动农村"绿化、净化、美化、亮化、改水、改厕"等一系列治理措施，不断提高农村环境质量。积极开展镇乡生态示范创建活动，"十二五"期间，全区80%的乡镇成为全国生态乡镇，累计建成12个国家级生态乡镇，100个市级生态村。大力实施小城镇与新农村绿化美化建设，创建首都绿化美化园林式小城镇3个，首都绿色村庄10个。

（3）创新社会公共服务体系。

在社会治理创新中怀柔区以提高城乡居民生活水平为目标，加强基础设施建设，优化城乡布局，全面推进各项社会事业发展，提升公共服务品质，并且创新社会公共服务供给模式，鼓励主体多元化和投融资渠道多样化，统筹城乡社会公共服务发展，增强基层社会公共服务功能，促进基本社会公共服务均等化。全区积极推进职业教育实习实训基地、成人教育基地建设，采用联合办学、外聘专家等多种模式，提高职业培训的水平和档次。重点面向高新技术产业、现代制造业、会议会展、影视文化、休闲旅游等产业的发展需求，加强骨干专业建设，培养高素质劳动者，满足区域发展对实用型、技能型人才的需求。规范、引导发展民办教育，使之成为公办教育的有效补充。提高存量资源使用效率，积极发展社区教育，推进和完善老年大学，进一步加强终身教育体系建设，打造学习型怀柔。到2015年，全区从业人员平均受教育年限超过12年，新增劳动力平均受教育年限达到15年以上，社区教育达到市级标准。

4. 社会治理模式的改革

构建和谐怀柔，就要推进社会治理模式的创新，建立适应怀柔区位发展的全新社会治理模式。发达国家的社会管理模式基本上是"强政府、大社会"模式："强政府"指政府承担了建设福利社会的主要功能，政府以社会性公共支出弥补市场失灵与社会失灵，政府以一个强大的公共部门作为社会发展的支持；"大社会"指同时也拥有一个自治程度高、力量强大的社会，非政府组织发达，社会自治普及，民间实力雄厚。在过去，怀柔区一直未走出"大政府、小社会"，"强国家、弱社会"的治理方式，抑制了区域的发展，使怀柔缺乏自主管理、自我发展的能力。在怀柔区"十二五"规划当中，怀柔区政府正式提出建设"强政府、强社会"的独特发展模式，利用自身的区位优势，深入贯彻落实科学发展观，加快转变经济发展方式，加速实现"京郊经济强区"战略目标。在这个过程中，区政府不再是社会治理的主体，而是形成了政府、企业、社会组织、公民共同治理社会事务的典型模式。政府在这个过程中主要起宏观政策制定、项目监督等职能，而一些政府失灵的领域则放手交给市场和社会组织去做，减缓了政府的社会压力，并激发了社会治理的活力。例如，对科技、教育、文化、卫生、体育等事业单位进行分类改革；培育扶持和依法管理社会组织，支持、引导其参与社会管理和服务；改革基本公共服务提供方式，引入竞争机制，扩大购买服务，实现提供主体和提供方式多元化；推进非基本公共服务市场化改革，增强多层次供给能力，满足群众多样化需求。

(三)怀柔区社会治理创新的成效及经验

根据已有的十年发展数据显示，在 2000 年至 2012 年的时间里，怀柔区充分实现了落实区县功能定位，经济和社会事业全面、健康发展。全区经济水平持续增强，特色产业快速发展；民生工程稳步推进，居民生活逐步改善；文化建设成效明显，社会治理水平进一步提高；生态建设步伐持续加快，生活环境治理成效显著。这些成效为怀柔区的发展带来了新的活力。

1. 把生态建设放在突出的位置

生态建设是新型城镇化建设中重新提出的战略目标，是实施可持续发展的重要保障。怀柔区在社会治理过程中首抓生态建设，打造绿色怀柔，并取得了积极的效果。例如，怀柔区在大气治理方面严格控制空气污染物排放，重点加大区域供暖、汽车尾气、工业废气、施工扬尘的防治力度。实施集中供暖整合工程，积极改善以煤炭为主的供暖能源结构，逐步推进锅炉房实施清洁能源改造。严格机动车排放标准和尾气治理，加强燃油油品质量管理，加快黄标车及高耗能运输车辆的淘汰更新，鼓励使用混合动力汽车、电动汽车等，控制城市机动车尾气污染。严格控制工业废气污染，保证工业企业燃煤锅炉脱硫、除尘净化装置的正常运转，实现工业废气的达标排放。加强施工扬尘和裸地扬尘污染综合整治，有效抑制扬尘污染。始终以建设资源节约型和环境友好型社会为目标，加快调整产业结构，切实推进现代服务业发展，积极引导工业高端化升级，严格限制高消耗、高排放、低效益的项目，重点发展高技术、高价值、环境友好型产业，逐步构建符合低碳、绿色、循环理念的新型产业体系。按照"减量、循环、低碳、高效"的原则，积极推广节约资源和低碳排放的新技术与新材料，大力推进企业清洁生产。鼓励食品饮料、包装印刷、汽车制造企业建立从项目建设到产品开发设计、生产经营、销售服务的全过程绿色管理体系，鼓励企业资源、废物的减量化。支持发展循环农业，持续加强生态旅游和生态农业基地建设。

2. 加大民生建设，化解社会矛盾

在实地调研中，当被问及"您认为新型城镇化带来的好处是什么"时，有69％的人选择了居民的生活水平得到了提高，70％的人选择了生态环境得到了改善，56％的人选择了社会治安得到了保障，57％的人选择了公共设施趋于完善。可见，新型城镇化确实是一件利国利民的好事，既带动了民生事业的发展，更促进了社会治理的创新，在一定程度上化解了社会矛盾。

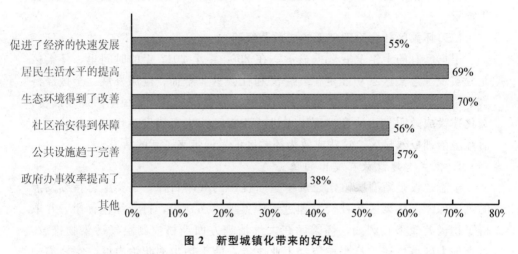

图 2　新型城镇化带来的好处

(1)完善就业保障，提升就业服务。

在就业服务建设方面，怀柔区积极创新，完善全区三级就业服务体系，制定畅通、灵活的人才引进政策，促进就业服务的制度化、专业化与社会化。着力抓好城乡劳动力职业教育与职业培训，全面提升城乡劳动力职业技能素质水平。充分发挥市场作用，建设统一规范的集职业介绍、职业指导、职业技能培训、就业援助、人才引进、劳动保障事务代理等职能于一体的人力资源综合市场，为全区劳动者及用人单位提供全方位的公共就业服务。完善政策环境，加大创业扶持，简化审批流程，鼓励多样化创业。

(2)统筹城乡就业，保障重点人群。

怀柔区多年来努力统筹城乡就业制度，逐步实现城乡劳动者就业政策统一、就业服务共享、就业机会公平和就业条件平等。重点抓好建设征地转非劳动力、农村劳动力、零就业家庭、"4050"等就业困难群体就业以及青年就业；建立和完善多渠道、多形式的就业鼓励机制，"十二五"期间，城镇失业人员登记失业率控制在 3.2％之内；到 2015 年，全区实现城镇新增就业20000 人以上，农村劳动力转移就业 15000 人以上。

（3）加大社会救助，保障弱势人群。

首先，全区加大社会救助，加快统筹城乡社会救助，推动城乡低保标准并轨，完善覆盖城乡低收入困难家庭的社会救助体系。适度提高保障标准，扩大救助范围，加大临时救助力度，建立快速救助信息报告和审批机制，努力做到社会救助无盲点全覆盖。积极支持慈善事业发展，推进社会救助能力的整体提升。

其次，全区保障弱势人群，完善残疾人服务体系建设，有效保障残疾人的基本生活、受教育权利和工作机会；大力兴办专业的残疾人托养和康复机构，加强无障碍设施建设，加大重点康复工程实施力度。进一步加强养老服务设施建设，建成区级老年服务中心，加快对镇乡敬老院进行设施改造，计划到"十二五"时期末，全区每百名老人拥有床位数达到 4.5 张。完善城乡养老保险体系，建立社会扶持与家庭养老相结合的老年居民生活保障机制。积极吸引社会力量参与养老服务设施建设，推进投资主体多元化、运营方式市场化，大力发展养老康复产业，加快建立以家庭养老为基础、以社区服务为依托、以机构养老为补充的养老服务体系。关心下一代成长，积极发展儿童福利事业，构建以家庭养育为基础、儿童福利机构为保障的儿童福利服务网络，重视儿童身心健康、个性发展，建设多功能儿童社会福利服务中心。深入贯彻男女平等基本国策，践行尊重妇女社会风尚，不断优化妇女发展环境，有效保障妇女在政治参与、平等就业、素质提升、卫生保健、社会保障、法律保护等方面的合法权益，充分调动和发挥妇女的积极性和创造性，努力推动妇女事业与全区经济社会同步发展。

3. 社会事业得到持续发展

社会治理创新强调人的全面发展，经过近几年的努力，怀柔区基本上实现了教、科、文、卫、体事业的全面发展。教育改革不断深化，教育设施水平和教学质量显著提高，通过积极发展职业教育、成人教育和社区教育，教育结构不断优化，有效促进了农民科技文化素质和社区居民文化素质的整体提高。"科教兴区"也取得实效，科技进步对经济增长的贡献率不断提高，全区高新技术企业数量呈现稳中有升的发展态势。文体事业全面发展，文体设施建设稳步推进。深化卫生体制改革，加大卫生事业投入，公共卫生服务基础设施不断完善，社区卫生服务体系初步建立，医疗急救体系基本形成。此外，怀柔区的劳动和社会保障体系不断完善，全区城镇登记失业率始终控制在 3％以下，基层就业保障体系初步建立，城乡养老保险制度基本实现衔接。全区三级社会管理服务网络初步形成，对城乡社会公共服务实行统筹化社区式管理，初步实现了社会公共服务一站式解决。社会治安保持稳定态势，全社会文明程度和社会和谐程度明显提高。

4. 经济建设和城乡建设稳步发展

随着新型城镇化的进一步发展，怀柔地区生产总值年均递增 11.2％，2011 年达到 145 亿元，常住人口人均 GDP 达到 3.8 万元；地方财政收入年均递增 20％，2011 年达到 18.2 亿元；全社会固定资产投资累计完成 397 亿元①。此外，怀柔区的汽车零部件、食品饮料、包装印刷等传统产业规模进一步扩张，农业特色产业加快发展，影视文化、高新技术、科技研发等新兴产业进入了规模扩充、加速集聚的发展阶段，显现出强劲的增长活力，全区经济综合发展优势和核心竞争力显著提升。此外，怀柔区在"十一五"规划实施期间，新城规划建设就已经全面启动实施，以新城、重点镇、特色镇组成的三级城镇体系日趋清晰。深入推进实施 111 国道改造等一批重大基础设施建设工程，城乡道路、供水、污水、供暖、供电等服务功能不断提高。全面完成新农村五项基础设施建设，城乡一体化建设进程不断加快。

四、北京市新型城镇化推进过程中社会治理创新存在的问题

新型城镇化的发展为北京市社会治理创新既带来了机遇，也带来了挑战。通过新型城镇化的发展，社会治理创新的理念和政策得以推广和实施。反过来讲，社会治理的创新又保证了新型城镇化发展的正确方向，有效地解决了社会发展中出现的问题和矛盾。但是，由于社会治理理念在我国刚刚兴起，加之受传统计划经济的影响，社会治理创新在实际执行过程中遇到很大的阻力②。北京作为全国首善之都，认真分析好当前社会治理创新中的阻力和问

---

① 萧有茂：《农村社会管理型人才成长规律研究——以怀柔区优秀农村党组织书记为样本》，《北京农业职业学院学报》，2013 年第 2 期，第 77—82 页。

② 邵光建：《和谐社会建设中的社会治理创新》，《中共南京市委党校南京市行政学院学报》，2005 年第 S1 期，第 30—32 页。

题，对于实现"三个北京"具有很重要的现实意义。

(一)社会治理中以人为本的理念有待深入

社会治理创新满意度是衡量社会治理水平高低的重要指标，满意度指数高，说明群众积极拥护社会治理的各项措施，相反，则表明政府没有站在群众的立场上为群众办实事。北京市在社会治理创新中虽然采取了各种措施确保社会和谐发展，提高人民生活幸福水平，但是在实地调查中，我们了解到一些政策只是"空头文件"，没有真正实施下去，在怀柔区的实地调研中，结果如下：

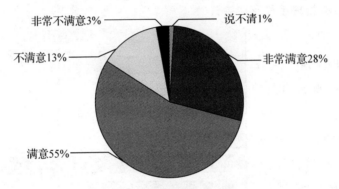

图3 社会管理创新满意度

当被问及"您对社会治理创新是否满意"时，只有28%的人选择"非常满意"，55%的人选择"满意"，13%的人选择了"不满意"。可见，社会治理创新并没有真正落实到老百姓的现实生活中去，这给社会治理的后续工作带来很大的隐患。

(二)社会治安与外来人口管理难度加大

北京市作为全国人口最多的地区之一，在2012年实际常住人口已达到1972万，提前10年突破国务院批复的北京市常住人口规模。而人口快速增长主要拉动力来自流动人口，全市流动人口已超1000万。这给社会治理创新带来了很大的阻力，社会管理难度加大，社会不稳定因素逐渐增多。此外，北京市虽然作为全国经济最发达的地区之一，经济速度发展很快，但是贫富差距也相对较大，大量的棚户区遍布在北京市郊区，加之北京市土地财政紧缺，使得棚户区改造工作面临巨大挑战。这就使得绝大多数人享受不到社会治理创新带来的好处，不能为社会治理创新做出贡献。虽然北京市在社会治安管理方面采取了积极的措施，如朝阳区网格化社会治安管理，但是北京市的整体社会治安水平还存在一定的隐患。社会流动人口大、经济发展水平不平衡等都在一定程度上增加了社会治安的风险。此外，由于长期的城乡二元发展体制，北京市外来人口很难在北京取得城市户口，户籍制度的长期二元化给北京市社会治理带来挑战，使得在北京居住的人群不能公平地享受城市的医疗、教育等带来的福利。还有就是外来人口在北京的就业形势也不乐观，大部分外来人口在北京从事的都是最底层的工作，工资收入也是最低的，生活水平不能得到保障。这不仅影响了北京市社会治理的整体水平，更使得社会治理创新不能很好地贯彻到发展的方方面面。

(三)社会治理手段有待完善

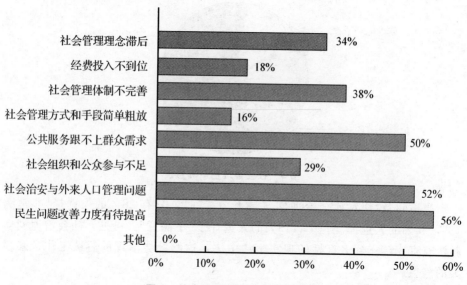

图4 社会治理创新中存在的问题

在怀柔区的实际调研中，当被问及"您认为社会治理创新中存在哪些问题"时，有56%的人选择了"民生问题改善力度有待提高"；52%的人选择了"社会治安与外来人口管理存在问题"；50%的人选择了"公共服务跟不上群众需求"；38%的人选择了"社会管理体制不完善"；16%的人选择了"社会治理方式和手段简单粗放"。由此可以看出，社会治理虽然已经发展这么多年了，可是社会治理的手段并未得到创新，在一些领域依然存在着相当多的问题。

(四)社会组织参与社会治理创新的动力不足

在我国，社会治理主体正由一元走向多元，社会组织已成为社会有效治理不可或缺的主要力量。党的十六届三中、四中、五中、六中全会和党的十七大，都对社会组织工作提出了明确要求。特别是党的十七大郑重提出，"重视社会组织建设和管理"，"发挥社会组织在扩大群众参与、反映群众诉求方面的积极作用，增强社会自治功能"。但是，北京市社会组织参与社会治理工作的动力却相对不足。一是当前社会组织的总量相对不足，无法满足社会需求。根据相关部门统计，2009 年北京市每万人社会组织数量不到 3.5 个。然而，上海市每万人社会组织数量为 9.5 个，深圳市每万人社会组织数量为 13 个。与其他省市相比，北京市社会组织数量处于下游水平，总量相对不足，尚不能满足人民群众日益增长的物质文化需求。二是在形成模式上，社会化程度低。北京市社会组织在形成模式上，"官办模式"依然是主流，从而导致社会化程度较低。从调研情况看，政府力量介入成为社会组织创建的一种惯性延续。例如延庆县 202 个注册登记的社会组织，55% 以上属于官办，其法人代表也大多由行政官员兼任，行政色彩较浓。三是在管理机制上，限制约束机制较强，培育、扶持机制较弱。目前北京市社会组织采取"双重管理"体制，限制约束机制较强，培育积极性不高，扶植力度不够①。

五、新型城镇化推进过程中社会管理创新的对策建议

从我们此次的问卷调研来看，怀柔区的城镇化现状基本上是北京市在新型城镇化建设中进行社会管理创新的典型状况，同时也反映出了全国范围内新型城镇化进程中进行社会管理创新探索的共通问题。针对问卷结果，我们从理念创新、战略创新、路径创新、方式创新、制度创新、结果创新六方面，提出相应的对策建议。

(一)理念创新：树立协同治理的新思路

党的十八届三中全会对社会治理的理念进行了重大的变革，社会治理替代了社会管理。作为"京郊明珠"的怀柔地区，在社会治理和新型城镇化的过程中，自然理应先锋模范地落实党中央的决议精神，传统"管理"的方法也应由"治理"所取代，这也就是创新中首要的一点：理念的创新。

党的十八大提出了经济建设、政治建设、文化建设、社会建设和生态文明建设"五位一体"的概念，政治、经济、文化、社会和生态建设都是中国特

---

① 赵国均：《发挥社会组织优势 促进怀北镇信访工作——北京市怀柔区怀北镇农村事务服务协会调查》，《社团管理研究》，2011 年第 2 期，第 42—45 页。

色社会主义建设的重要一环，不可偏废，为社会管理的实践提出了整体性和协同性治理的新要求。整体性治理，意指在社会管理的过程中，跨越部门与部门、事务与事务之间的鸿沟，建立协调与整合的协同联动机制，从整体着眼，将管理看成是动态的连续而又密切关联的过程，而治理的思想，在其中又扮演了重要的角色。

治理的理念，不再是政府一家统管所有事物，而是管理其职能范围内的原则性、方向性事务，提纲挈领，把握社会治理的宏观脉搏。本该由市场和社会自行处理的事务，则放手交由社会、企业、公民进行处理。协商、合作、自主管理等新方法，将取代传统管理的思路，因此，在下一步建设中需要理清思路，将新理念纳入治理之中来。

在现有的社会管理中，我们可以看到，怀柔区已参照借鉴和自主创新，建立了很多优秀的模式，例如群访群治、纠纷调解等，变过去被动的问题发生后的处理机制为问题的预防和事中的排解。优秀的理念应该将更多的资源投入到预防之中，而不是进行治疗。

社会治理和社会管理，关键在于理念的变革和创新，而不是全盘否定已有成果。现有的社会管理的传统模式正在发生变化，但过去行之有效的良好措施在社会治理中也可以继承，创新基于传统，不能脱离实际。

治理的理念，除参与方多元之外，还强调不仅仅是被动地对事务进行管理，而应该是主动对事务进行服务，不仅仅是对应的措施，而应该是制度化的机制，从源头和基础上对社会公共事务进行统筹。同时整体性和协同性治理也在强调着，工作的中心不仅仅是经济或社会某一方面的事务，而是需要采取整体性的观点，协同解决"五位一体"中的各方面问题，破解经济、政治、文化、社会、生态等领域政策措施各自为政的难题，并对未来的可能进行预见。

从调研来看，基层工作是社会治理的重点和难点，长期以来，社会管理就存在着这样的弊端，街道办事处职能"错位"、村民委员会职能"越位"、政府服务"缺位"。据调研访谈的介绍，在基层工作中，本来农村的基层组织是最基层的自治组织，但是又承担了大量的行政性事务，成为另一个"小政府"，自身本来的功能被弱化到一个无关紧要的地步，成为办事和完成任务的一个部门。

因此，针对这一现状，在社会治理中，需要做的是将工作力量下沉、工作中心下沉，人财物向基层倾斜，减少基层组织政府工作的任务，将注意力专注到人民群众需要什么服务上来。当前工作中，应当重点完善社会治理中的四个重要环节：利益协调、诉求表达、矛盾调处、权益保障，这是社会治理理念变革的重要突破口。

(二)战略创新：进一步结合怀柔特色，完善"农业文化"的城镇化道路

从怀柔地区的宏观规划上看，积极找准了自身的定位，不是一味追求建设成为新城市，而是从实际出发，提出建设成为北京市"京郊明珠"的美丽卫星城。这是从社会治理宏观层面的创新，对新型城镇化的一个方向性指导，正确的城镇化战略促进了当地城镇化的健康发展。

城乡二元体系和二元政策是我国旧型城镇化的固有缺陷，使得以往城镇化进程中一直存在着急功近利的"城市偏向"，以牺牲农村为代价谋求片面快速的城镇化发展。这在新型城镇化的建设中是必须要转变的。从怀柔地区的实践来看，社会治理的创新战略核心在于对城乡关系和发展目标进行重新的认识，更新定位城乡之间的应有关系，以实现城乡社会的和谐有序共存和发展。这是社会治理理念对新型城镇化的一个创新之处。怀柔区紧紧抓住自身特点，不断扩展农业的功能，加深第一、第三产业融合，摸索出一条怀柔特色的新型城镇化道路。

我们认为，在新型城镇化的建设过程中，怀柔地区特色的社会管理战略，体现出了以下两点基本特征：

1. 结合本地区特点，建立符合实情的城镇化管理体系

城镇化和农村建设需要正确认识，城市和农村固然有差别，但这样的差异存在着价值。城镇化建设，首先要肯定差别，由于城乡在自然资源、生活环境、生产方式等方面具有客观的差别，形成了合理的差异，应当承认和保护，而不是一味蛮干，追求整齐划一的城镇化。其次要正确认识差别，遵循城乡各具特色的发展规律。现代化的城市和农村都有其存在的意义和功能，不可能相互取代，因此必须认识到，新型城镇化不是要求城乡一体化，更不是由城镇同化农村，而是在生产、生活、生态等方面发挥自身应有的功能，发展差异价值，多样化地平衡发展。

这一点，怀柔地区在社会管理上已经树立了全面的认识，根据怀柔地区所属乡镇的管理实践调研，我们看到，怀柔区并没有一味追求全区域无差别的城镇化，而是立足于"京郊明珠"的定位，从自身的实际出发，针对不同的地区采取了不同的城镇化管理方式，例如集体迁移、就近安置等，初步建立了怀柔特色的城镇化管理体系。

2.调整结构，建立平等协调的管理布局

目前来看，怀柔地区农村管理的不足之处，主要存在于发展、功能和层次三大方面。发展意指农村居民无法享受到与城市人口同等的自我发展的权利；功能层面意味着由于城市与农村功能定位的不同，造成就业聚集度、人口承载力和发展拉动力不匹配，生产、消费、知识、效率以及生活质量、发展效益等方面无法相互一致；层次结构失衡则表现在城镇化进程中城市与农村的发展不匹配，广大农民的权利得不到充分保障。

从怀柔地区实际来看，加快调整结构的途径主要是从社会管理的战略入手，将传统的农业经济升华为农业文化休闲经济，扩展农业的功能，丰富农村居民的盈利渠道，促使"文化农业"唱起经济发展的主角。第一产业对接上第三产业，进一步形成怀柔区新农村改造、山区搬迁、文化新村、环境整治等多项工程的经济基础。通过政府与非政府组织合作、政府购买、市场化等方式，合理分配管理资源，创造出更加丰富的公共产品和服务，减少原有管理体系跟不上城镇化建设所形成的需求缺口。同时在城镇化建设规划的层面采取配套措施，合理规划城镇和农村的结构布局，构建现代化的城、镇、村体系，建立起有效的、完善的管理体系。

(三)路径创新：把生态治理融入社会治理的整个过程

在调研的问卷发放中，我们与当地居民进行了深入的交谈。经过交谈我们了解到，不同的居民对本地城镇化改造的评价不一，但有一项却获得了绝大部分居民的肯定，那就是居民的生活环境在城镇化进程中得到了很大的改善。居民的居住环境、村容村貌和周边自然环境的不断美化，是居民们有目共睹的，居民们对此感到十分满意。

从城镇化的理论上来说，城镇化的效用有正有负。在近些年的实践中，随着各地环境的恶化，城镇化的负面效应正日益严重地展现在我们面前。因此，谈到新型城镇化和社会治理的创新，则必须要重视其目标的创新。是继续走过去城镇化的老路，还是创新以生态文明为目标？是社会治理创新中需要解决的首要问题。

在新型城镇化的新理念中，生态文明是目的之一，城镇化是手段和工具，手段和工具是为目标服务的，而不是改变目标为适应手段和工具服务。故此，社会治理的目标也需要调整改变，从管理的宏观角度上对城镇化的负面效应加以限制。其中的关键就在于社会治理要以基于生态文明的新型城镇化为核心，使我国城镇化的速度、规模、强度和环境承载力的程度相适应，保证城

镇化的发展不是建立在对环境的毁坏之上。

在实践中，将生态文明的理念融入社会管理的整个过程，应当树立两个基本观点：(1)基本的价值观，要重视人与自然的和谐关系；(2)基本的发展观，只有引导城镇化的健康发展，才有可能达到稳定与和谐，并最终达到生态文明的目标。因此，健康和和谐应是衡量社会治理质量的重要特点，与扭转传统社会管理、进行创新管理有着密切的关联。

怀柔地区已经进行的城镇化，为实践社会治理的创新提供了丰富的经验。社会的基层管理者和研究者可以从以下几方面入手进行创新研究，包括：(1)从城镇化发展中社会改革的国外经验和历史规律着手进行借鉴，如欧洲国家对环境生态的整治历程；(2)从本地城镇化特征的角度展开，例如，怀柔区分区定位，建设国际会议城、影视城的创新实践；(3)从生态经济层面实施，在农村经济实现经济现代化的同时，实现经济的生态化和生态的现代化，如怀柔地区的农业文化休闲产业。

相对城市来说，农村地区在进行城镇化建设时面对的生态环境问题相对较小，而怀柔区由于地理位置位于北京市北部近郊，因而也有着自身的特点，受到了北京市所面临的突出问题的影响，因此在进一步的城镇化进程中必须认真对待，统筹安排，在空气污染、外来人口、农业生态等方面，加强管理，积极吸收北京市区形成的先进经验，同时览己之长，营造出一个资源节约、环境改善和城镇化建设同步进行的生态文明城镇建设环境。

(四)方式创新：借力社会组织提供更为广泛的公共服务

根据回收问卷的结果，我们可以看到，当地居民对公共服务跟不上的问题感受最为强烈，具体来说，由于一些原因，整个村庄尚未通公交，是居民们集中反映的一个问题。发现具体的问题固然重要，然而从理论和实践层面对产生问题的根本原因进行对症下药，才是治根治本之策。因此，我们认为，强调以保障和改善民生为重点的公共服务能力建设是新型城镇化建设中农村居民最为关注的问题之一。

李克强总理提出，政府可以向社会力量购买公共服务，加快基础设施和基本服务建设。因此，我们认为这一方向将是下一步社会治理方式创新的趋势，通过此次调研，我们认为加强公共服务能力建设可以从以下两方面进行：

一是公共服务能力不仅可以依靠政府自身建设，还可以充分发动群众自主建设。在实践中我们可以看到，由于乡镇基层政府确实存在着困难，不能满足人民群众对公共服务的需要。同时，在调研的过程中我们也看到，人民群众具有自发创新的动力和活力，在政府的公共服务不能覆盖的领域，群众积极进行着自我服务。因此，在明确政府在公共服务提供的主体责任的前提下，可以充分发动群众进行自主服务，形成公共服务的合作组织。例如政府提供宏观的指导，建立起完整的规章制度和办事流程，而让居民自发参与管理，组建起符合自身需求的服务合作社，将公共服务的功能延伸到每一位居民。

二是建立现代化的社区管理体制，利用私营部门提供服务。在城市中，很多基础的服务并不是由政府提供，而是由清洁公司、物业管理公司这类专门的机构和人员进行服务的，这也是私营部门提供公共服务的典型范例。从我们调研的实际情况来说，调研地的村庄基本上都实行了集中管理，有专职的社会工作和公共服务人员，具备建立起社区管理体制的基本条件。而在城镇化进程中，随着乡镇的发展，必然会产生居民集中的各种类似于城市中社区的生活单位，在社区管理中引入物业公司，可以提高社区内居民的生活质量，同时也解决一部分农民在城镇化进程中由于各种原因失去生计能力而产生的就业问题。此外，物业公司的实质是市场中的经济主体，改善了新型城镇化进程中产生的管理问题的同时，也为农村经济的发展提供了新的途径。

目前来看，怀柔地区已经基本建成了完善的供电供气体系、安全饮用水体系，在接下来的公共服务建设中，需要着重加强的是交通体系、基层环境卫生体系、农业服务体系的建设，同时，在有条件的地区，可以尝试推广农村信息化建设，实现网络和信息产品的入户，缩小农村与城市的信息化鸿沟。

（五）制度创新：建设基层政府和公民参与的治理制度环境

此次调研中出现的不少问题，是由于制度改善与城镇化进程不匹配所造成的，因此在整体范围内，具有一定的普遍性，而制度作为现代管理理念中的顶层设计部分，对新型城镇化以及社会管理创新的影响又并非单独发挥着单方面的作用，可谓是牵一发而动全身的关键点。谋定而后动，在制度的层面为社会合作参与治理营造良好的环境，社会组织和群众自发能迸发出创新的活力。

1. 简政放权，强调服务文化，建立基层组织和公民共同参与的制度环境

简政放权是本届政府的核心工作之一，相应的，在新型城镇化进程中，简政放权也应是对各级政府的要求。政府部门在业务指导的集中之下，可以给村组织、社会组织、公民个体适当的分权，给予非政府组织在合法的前提下参与社会管理行为的自由。管理和服务一体化的机制也需要在新型城镇化的过程中确立，强调服务。通过已有的社会管理创新，基层政府针对农村公共产品的供给不足创造了"以钱养事"的制度，实行政府采购，花钱购买农村公益服务。虽然在创新中出现了一些问题，但思路是正确的，可以在新型城镇化进程中继续深化推行，逐步完善。

2. 照顾特点，制定差别化、层次化的政策框架

制度是管理中对行为的基础性约束，作用范围广泛。良好的宏观政策环境对社会主体的参与行为具有激励作用，而反之约束的政策环境也有着消极的作用。宏观的制度设计适用于大范围的政策指导，而怀柔地区下属的不同乡镇的发展条件有着显著的差异，各个乡镇针对自身地域的特点，走上了不同城镇化的道路，例如整体搬迁、会议城、影视城等，因此必须在基本原则的管理下，照顾到各地特点，制定出差别化的政策，分类指导，放手为各地区提供大胆创新的空间。

3. 进一步探索城镇化后的农民户籍制度改革

户籍的自由转变，可以激发农村人口自发城镇化的热情，加强公民在新型城镇化进程中的主动性，为新型城镇化提供不竭的动力。在现有的户籍制度框架下，有不少地区对户籍制度进行改革探索，例如推行以居住证为手段的管理体系，重庆市在这方面的创新典范为新型城镇化的农村人口户籍问题提供了参考。其主要精神在于：为防止进城农民难以融入城镇生活，但又因农村土地使用权已交出而无法回到农村生活的现象，努力构建转户农民的宅基地、承包地的弹性退出机制，即创建一个合理的过渡期，使农民进城后获得一定城镇生活能力和生活质量以后，逐步退出宅基地、承包地，由农民在一定时期内，视自身情况决定，以此保障农民合法权益。同时，将基本社会保障如养老、就业、医疗、教育等同户口脱钩，且与农地权利分开，使农民进城后享受同等基本福利待遇，在融入城镇生活后，再选择将土地流转或出租，若土地在这一阶段被国家征收，将有权利获得补偿。这种做法实际上是"梯度赋予权利"的手段，减轻农民进城压力，渐进式地完成身份转换，对北京地区城镇化进程中的户籍转变具有重要的参考价值。

4. 建设维护和可持续发展农业人口生活水平的收入制度

李克强总理反复强调，新型城镇化是以人为核心的城镇化，是尊重农民意愿、保护农民权益的城镇化。故此，农村的城镇化务必树立农村权益的概念。新型城镇化不是为了实现城镇化的目标而进行的城镇化，城镇化只是手

段，最终的目标在于使全体人民共享经济发展的成果，实现农村居民长期以来被忽视的发展权。对于城镇化进程中的农业人口来说，发展权首先表现为转变为城市人口后的可持续的生计能力，也就是城镇化后的农民拥有谋生和改善自身生活状况的能力，包括有收入、资产和有利润的经营活动。一般来说，资产不仅包含有存款、土地经营权、住房等有形资本，还包括有知识、技术、人脉社交、社会关系等无形财产。

以怀柔地区为例。怀柔地区的城镇化主要是以地理位置位于北京市周边的大城市经济圈带动，这种以大城市带动的城镇化发展，形成了越来越庞大的"农民工"群体，促进了城镇化的快速发展，但也成为城镇化发展亟待解决的难题。这种庞大的难题不仅带来了农村人口空心化、"三留守"现象，也带来了社会层级、财富分配的压力，村民在城镇化后的生计能力得不到保障，怀柔地区也不例外。

因此，传统的城镇化路径，实际上是一种农民"被城镇化"的行为，在城乡共同发展上还没有建立起成果共享机制的"被城镇化"农民，很难在城镇化进程中自主决策，自谋发展，只能被动接受城镇化带来的益处和损失，实际上，传统的城镇化致使农民的发展权缺失，相当于城市对农村的一种吞并。因此，社会治理创新的核心问题在于给予农业人口在新型城镇化进程中的自由和动力，解决农民的发展权问题。

根据已有的研究，社会治理层面为推进城镇化进行的创新确定可行的模式，主要包括有五种：一是以"代内发展＋代际转移"为特征的人力资本推动型；二是以"资产建设＋个人账户"为特征的金融资本推动型；三是以"文化认同＋组织重构"为特征的社会资本推动型；四是以"住宅资本化"为特征的物质资本推动型；五是以"留地安置＋产权改革"为特征的自然资本主导型。[①]

提纲挈领地来看，目前在怀柔地区的新农村改造和新型城镇化进程中，农民的发展权问题尚未得到足够的落实。从我们此次的调研结果可以看到，农民对城镇化进程中的土地、保障和就业问题格外关注。可以这么认为，土地是传统农村经济中农民最重要的生计资产，土地产出的财富是农民获得发展的重要途径，如果在城镇化进程中农民失去土地资本，则其他的所有生计要素都受到严重的影响。因此，目前需要对农村土地进行全面的确权登记，

---

① 刘嘉汉、罗蓉：《以发展权为核心的新型城镇化道路研究》，《经济学家》，2011 年第 5 期，第 82—88 页。

赋予农民对土地产权的完整保障，使得农民减少对城镇化的顾虑和抵触。在进一步的发展中，参考前文提到了五种创新模式，结合地区实际，采取其他措施跟进，加强农业的产业化建设，继续将传统农业对接现代农业休闲产业，逐步使得农民的生计来源由传统的土地转变为就业收入、社会保障、土地租赁等多元化生计要素产生的收入。

在新型城镇化的过程中，既然强调土地经营和农业的现代化，促进农业的产业化经营，那么对农民的地权确认和保障制度进行完善是非常有必要的。一方面，强化国家对耕地的保护必不可少，另一方面，落实农民对土地和房屋的财产权，势必有利于市场发挥应有的作用，完善和巩固农村市场经济的微观主体，激发农民增收致富的热情和活力，从而在实践中探索出一条由依靠土地收入转变为依靠资产收入发展生计的农民致富路子。

(六)考核创新：强化社会治理的绩效评估

党的十八大报告在论述"大力推进生态文明建设"中指出："要把资源消耗、环境损害、生态效益纳入经济社会发展评价体系，建立体现生态文明要求的目标体系、考核办法、奖惩机制。"这表明，评价体系、考核办法、奖惩机制对于生态文明的状态乃至建设绩效具有重要的意义和作用，也是社会治理创新的政策表达。因此一套合适的社会治理考核体系显然具有至关重要的实际意义。

强化绩效评估的第一点，就在于建立起一套合理可行的考核指标。从我国目前的管理层面来看，尚无投入到实际考核中的全面综合考核指标，一般仍停留在专家学者的理论研究阶段。根据已有的研究成果，有专家提出包含"生命活力度"、"生态环境稳定度"、"生态环境改善度"、"发展强度/环境条件协调度"等概念构建，从"价值观新型度"、"要素新型度"、"关系新型度"三方面来衡量新型城镇化的指标体系。

从我们此次调研的成果来看，新型城镇化的评价体系应侧重于城镇的综合协调承载能力的评估，主要包含经济、环境、资源和社会等要素系统。四川省城乡规划设计研究院的有关专家提出了3大系统、8项子目标、45个指标构成的评价指标体系，[①] 我们在此基础上，结合北京地区的实际情况，进行了一定的调整，建立起一套粗略的逻辑框架，有待进一步的调查研究，以

---

① 田静：《新型城镇化评价指标体系构建》，《四川建筑》，2012 年第 4 期，第 47—49 页。

便指标体系能更切合实际。

我们认为，对新型城镇化和社会管理创新进行评价的指标体系，应包含如下内容：

1. 城镇化水平

(1)经济能力。这是社会治理和城镇化发展的根本动力和基础。产业结构的不断优化和发展方式的转变，将对经济的发展提供日趋优良的宏观环境条件，从而推动新型城镇化建设和社会治理的创新。由 7 个指标构成：①人均GDP；②人均地方财政收入；③地方财政收入增长速度；④城镇工矿建设用地产出率；⑤第二、三产业增加值占 GDP 的比重；⑥高新技术产业增长率；⑦恩格尔系数。

(2)城镇化水平。直接体现城镇化发展水平和速度，反映城镇集聚发展水平。由 5 个指标构成：①城镇化水平；②城镇化增长速度；③城区城镇人口增长率；④城镇固定资产投资完成额占 GDP 比重；⑤第三产业从业人员比重。

2. 社会治理质量指标

(1)服务功能。由 7 个指标构成：①城镇居民人均道路面积；②万人拥有公交车辆；③城镇用水普及率；④城镇燃气普及率；⑤互联网普及率；⑥人均市政基础设施投入；⑦城镇居民人均住房面积。

(2)资源节约。由 5 个指标构成：①万元 GDP 用水量；②万元 GDP 能耗；③资源环境效率；④城镇新建建筑节能标准实施率；⑤人均二氧化碳排放量年均值。

(3)环境友好。由 6 个指标构成：①城市人均绿地面积；②城市建成区绿化覆盖率；③城市空气质量优良天数；④城市污水处理率；⑤城市生活垃圾无害化处理率；⑥环保投入占 GDP 的比重。

3. 和谐共享指标

(1)成果共享。由 5 个指标构成：①城镇居民人均可支配收入；②农村居民人均纯收入；③城乡居民收入比；④农村居民养老保险参保率；⑤农村新型合作医疗覆盖率。

(2)社会和谐。由 6 个指标构成：①城镇养老保险参保率；② 城镇医疗保险覆盖率；③高等教育入学率；④万人高等学历数；⑤千人拥有医护人员数；⑥城镇登记失业率。

(3)管理有序。由 5 个指标构成：①社会治理政策执行情况；②群众对社会治理满意情况；③综合环境整治情况；④公共设施运行情况；⑤民生工程保障情况。

从理论和实践层面上来看，这套评价指标的框架对于研究新型城镇化的评价考核是合适的，因此可以在实际工作中进行推广，结合怀柔区的具体情况，进一步细化和做出适应性的调整，分析城镇化的状况，打造出简单易行、适合地方的新型城镇化评价指标体系，加强社会治理的绩效评估，推动城镇化发展由规模向品质转变。

参考文献

[1] 胡锦涛：《坚定不移沿着中国特色社会主义道路前进　为全面建成小康社会而奋斗——在中国共产党第十八次全国代表大会上的报告》，《求是》，2012 年第 22 期。

[2] 何念如：《中国当代城镇化理论研究(1979—2005)》，复旦大学博士论文，2006 年。

[3] 胡际权：《中国新型城镇化发展研究》，西南农业大学博士论文，2005 年。

[4] 罗光华：《城市基层社会管理模式创新研究——以广州市新一轮基层社会管理创新为例》，武汉大学博士论文，2011 年。

[5] 袁建伟、李生校：《地方政府社会管理创新的路径与机制》，《企业经济》，2013 年第 5 期。

[6] 江晓军：《社会管理创新研究：基于公共治理的视角》，中南大学硕士论文，2012 年。

[7] 于澄：《湖北省新型城镇化的制度支撑研究》，华中科技大学硕士论文，2011 年。

[8] 仇保兴：《新型城镇化：从概念到行动》，《行政管理改革》，2012 年第 11 期。

[9] 沈清基：《论基于生态文明的新型城镇化》，《城市规划学刊》，2013 年第 1 期。

[10] 林聚任、王忠武：《论新型城乡关系的目标与新型城镇化的道路选择》，《山东社会科学》，2012 年第 9 期。

[11] 夏悦瑶：《新型城镇化背景下地方政府公共服务研究》，湖南大学硕士论文，2012 年。

[12] 郝玉林：《新型城镇化背景下农村集体建设用地管理制度创新研究》，山

东师范大学硕士论文，2013年。

[13]黄亚平、陈瞻、谢来荣：《新型城镇化背景下异地城镇化的特征及趋势》，《城市发展研究》，2011年第8期。

[14]彭红碧、杨峰：《新型城镇化道路的科学内涵》，《理论探索》，2010年第4期。

[15]张占斌：《新型城镇化的战略意义和改革难题》，《国家行政学院学报》，2013年第1期。

[16]王承强：《新型城镇化进程中城镇综合承载能力评价指标体系构建》，《山东商业职业技术学院学报》，2011年第3期。

[17]田静：《新型城镇化评价指标体系构建》，《四川建筑》，2012年第4期。

[18]刘嘉汉、罗蓉：《以发展权为核心的新型城镇化道路研究》，《经济学家》，2011年第5期。

[19]吴九占：《论城镇化与社会结构调整》，《广州大学学报（社会科学版）》，2003年第4期。

[20]王小刚、王建平：《走新型城镇化道路——我党社会主义建设理论的重大创新和发展》，《社会科学研究》，2011年第5期。

[21]陈福今：《推进社会治理创新 提高社会治理水平》，《领导科学》，2007年第1期。

[22]康之国：《社会治理创新与地方政府治理的路径选择》，《中共天津市委党校学报》，2007年第2期。

[23]肖文涛：《社会治理创新：面临挑战与政策选择》，《中国行政管理》，2007年第10期。

[24]肖文涛、李松锦：《社会治理创新面临的挑战与应对思路》，《福建政法管理干部学院学报》，2007年第4期。

[25]刘振国：《中国社会组织的治理创新——基于地方政府实践的分析》，《经济社会体制比较》，2010年第3期。

[26]周红云、刘铎：《以大社会模式推动社会治理创新》，《杭州（我们）》，2010年第11期。

[27]邓玮：《社区安全治理创新中社会工作的价值与介入策略》，《科学社会主义》，2012年第6期。

[28]周红云、刘铎：《构建"大社会模式"实现社会治理创新——杭州政府创新实践的启示》，《杭州（我们）》，2012年第3期。

［29］中央编译局调研组：《"社会治理"——杭州治理创新的启示》，《杭州（我们）》，2010 年第 12 期。

［30］孙涉：《新农村建设中的农村基层社会治理创新》，《中共南京市委党校学报》，2008 年第 2 期。

［31］李军鹏：《和谐社会建设与社会治理模式创新》，《国家行政学院学报》，2005 年第 4 期。

北京市常住外来人口社区基本公共服务问题研究
——以海淀区为例

课题负责人：冯　跃（首都师范大学政法学院　副教授）
课题组成员：曲德豪、赵彦鹏、杜思雨

一、研究意义

当前，农业转移人口逐渐成为挑战城市城镇化进程的重要任务之一。他们长期生活于城市空间，在城市发展，但限于户籍制度等多重原因，依然处于城市公共服务的边缘。

党的十八大报告明确指出，在今后党的工作中要"加快改革户籍制度，有序推进农业转移人口市民化，努力实现城镇基本公共服务常住人口全覆盖"。这一工作部署如能有效落实，将对中国建成全面小康社会产生重要影响。党的十八大报告以"农业转移人口"这个概念替代过去惯用的"农民工"概念，将他们看作是与城镇原住民一样的城镇"常住人口"，并要求城镇基本公共服务覆盖全体城镇居民，反映了决策层对中国发展趋势的深刻把握。

2013年11月，党的十八届三中全会公报正式提出，城乡二元结构是制约城乡发展一体化的主要障碍。必须健全体制机制，形成以工促农、以城带乡、工农互惠、城乡一体的新型工农城乡关系，让广大农民平等参与现代化进程、共同分享现代化成果。要加快构建新型农业经营体系，赋予农民更多的财产权利，推进城乡要素平等交换和公共资源均衡配置，完善城镇化健康发展的体制机制。

农民工群体在城市城镇化建设中发挥着重要作用，"他们中的大多数虽然户籍在农村，但长期在城市就业，在社区生活，既是社区建设的参与者，也是社区建设的受益者，为推动经济社会发展、促进城市发展繁荣做出了重大贡献"。① 目前，受城市户籍制度、公共资源管理、城市发展历史沿革等多重

---

① 民发[2011]210号文件《关于促进农民工融入城市社区的意见》，民政部，2012年1月4日。

因素的限制，在大批农业转移人口中，尤其是以新生代外来务工青年为主，在劳动就业、住房保障和继续教育等方面都存在诸多限制，以属地管理模式为主的社区管理与社区服务依然较少惠及该群体。而"鼓励农民工积极参与社区自治，维护好农民工合法权益，促进农民工与城市居民和睦相处，尽早尽快融入城市生活，既是加强和创新社会管理、深化和谐社区建设的重要任务，也是维护社会公平正义、构建社会主义和谐社会的迫切需要"（民政部，2012）。

作为全国首善之都的北京，更应当从改革、发展、稳定的全局与统筹城乡发展、有序推进城镇化建设的高度，重视城市社区对农业转移群体的公共服务水准与管理方式，以期把城市社区建设成为开放包容、文明和谐的新型社区，让他们同城市居民一道共享我国改革发展和社会建设的成果。

二、研究背景

(一)城市外来人口基本公共服务问题

1. 人口迅速膨胀与资源紧缺间的矛盾

伴随全国城镇化进程的加速进行，城乡人口间的转移流动构成影响城乡发展布局与规划的主线。北京市作为重要的人口流入地，其整体发展进程与所面临的困惑问题与城镇化发展背景息息相关。在城市人口总体结构上，如表1所示。①

表1　北京市常住人口变化表(2000~2011年)　　　（单位：万人）

年份	常住人口	户籍人口	流动人口
2000	1363.6	1107.5	256.1
2001	1385.1	1122.3	262.8
2002	1423.2	1136.3	286.9
2003	1456.4	1148.8	307.6
2004	1492.7	1162.9	329.8
2005	1538.0	1180.7	357.3

---

① 《北京市2012年国民经济和社会发展统计公报》，北京市统计局，2013年2月7日，http://www.bjstats.gov.cn/xwgb/tjgb/ndgb/201302/t20130207_243837.htm。

续表

年份	常住人口	户籍人口	流动人口
2006	1601.0	1197.6	403.4
2007	1676.0	1213.3	462.7
2008	1771.0	1229.9	541.1
2009	1860.0	1245.8	614.2
2010	1961.9	1257.2	704.7
2011	2018.6	1264.4	742.2

2000 年，北京市常住人口 1363.6 万人，户籍人口 1107.5 万人，流动人口 256.1 万人，占常住人口比重仅为 18.8%；2010 年，全市常住人口 1961.2 万人，其中外来人员 704.7 万人，占常住人口的 35.9%。

此外，根据 2013 年北京市统计局发布的《北京市 2012 年国民经济和社会发展统计公报》中的数据显示，目前，全市人口加速增长态势明显，2012 年年末全市常住人口达 2069.3 万人，比上年年末增加 50.7 万人，其中，外来人口 773.8 万人，比上年年末增加 31.6 万人，占常住人口的比重达 37.39%。13 年间，全市人口总量增长 705.7 万人，年均增长近 60 万人，其中，流动人口从 2000 年的 256.1 万增加到 2012 年的 773.8 万，而户籍人口从 2000 年的 1107.5 万增加到 2012 年的 1295.5 万，可见流动人口增长是北京市人口总量迅速增长的主要原因，如表 2 所示。

表 2　北京市 2012 年年末常住人口及其构成

指标		年末人口数（万人）	比重（%）
常住人口		2069.3	100
按城乡分	城镇	1783.7	86.2
	乡村	285.6	13.8
按性别分	男性	1068.1	51.6
	女性	1001.2	48.4
按年龄组分	0~14 岁	194.5	9.4
	15~59 岁	1588	76.7
	60 岁及以上	286.8	13.9
	（其中：65 岁及以上）	190.4	9.2

城市人口的大量增加致使人口总量快速膨胀，给城市正常运转带来了巨大压力，如截至 2012 年年底，全市总用水量 36.5 亿立方米，比上年增长1.4%，其中生活用水增长 1.3%，工业用水与上年持平，农业用水下降2.8%；全年客运总量比上年增长 2.4%；自来水销售量比上年增长 3.2%，居民家庭用水 4.9 亿立方米，增长 2.1%；用电量比上年增长 6.4%；全年液化石油气供应总量比上年增长 1.7%，天然气供应总量增长 20.6%；全市集中供热面积 5.1 亿平方米，比上年增长 1%。①

从全市 2012 年与 2011 年发展统计情况中不难看出，与流动人口总量增长 4%的比率相比，整个城市的水资源、天然气以及供热面积的涨幅都远远滞后于人口增长的幅度，这也使得城市管理、公共服务、基础设施、资源环境、交通等方面不堪重负，尤其在一些城乡结合部的流动人口聚居区，其住房、环境、教育、治安等问题十分突出，这也为城市社区公共服务与管理提出了新的挑战。在此问题上，清华大学社会学系专门进行的北京市城市人口预测研究（2012）指出，目前 386.6 万流动人口一天的生活用水达 84 万吨、每日市内交通客运量达 258 万人次、垃圾清运量达 5.2 万吨。在制约城市人口规模的众多自然因素如土地资源、能源、环境因素中，作为北方缺水型特大城市的北京，有限的水资源成为最为关键的一个因素。②

《北京城市总体规划（2004～2020 年）》提出，北京市常住人口规模到 2020年计划控制在 1800 万人，其中户籍人口 1350 万人左右，居住半年以上的外来人口 450 万人左右，总体规划中的城市基础设施等相关指标按 2000 万人预留。这意味着，规划极限的人口承载力规模已经提前 10 年被突破。③ 大批农业剩余劳动力涌入城市成为普遍现象，而伴随人口流动的限制性条件逐渐减少，也为外来人口在流入地的生活、工作提供了诸多可能，当然，也为属地化的社区公共服务提出了新的任务与新的挑战。

---

① 以上数据节选自《北京市 2012 年国民经济和社会发展统计公报》，北京市统计局，2013 年 2 月 7 日，http://www.bjstats.gov.cn/xwgb/tjgb/ndgb/201302/t20130207_243837.htm。

② 清华大学社会学系课题组：《北京市人口预测研究》，《北京规划建设》，2012 年第7 期，第 69—75 页。

③ 李永浮、鲁奇、周成虎：《2010 年北京市流动人口预测》，《地理研究》，2006 年第 1 期。

2. 基本公共服务均等化的必要性与迫切性

我国公共服务均等化理念的提出及实践并不是一个顺畅的过程，其中包含了十分复杂的时代因素、社会因素及政治因素。公共服务均等化既是一个社会经济问题，也是一个伦理与政治问题，是人类社会发展到一定阶段的产物。[①] 从我国公共服务的发展进程上看，经历了由"低水平的平均"到"非均等"，再到"均等"的变迁过程。党的十六届五中全会通过的《中共中央关于制定国民经济和社会发展第十一个五年规划的建议》(2005)首次提出要"按照公共服务均等化原则，加大国家对欠发达地区的支持力度，加快革命老区、民族地区、边疆地区和贫困地区经济社会发展"。《中华人民共和国国民经济和社会发展第十一个五年规划纲要》(2006)正式提出"逐步推进基本公共服务均等化"；2007 年 10 月，党的十七大提出了"围绕推进基本公共服务均等化和主体功能区建设，完善公共财政体系"的战略部署，指出"缩小区域发展差距，必须注重实现基本公共服务均等化"；2012 年，党的十八大再次将"公共服务均等化"这一改革命题摆在重要的战略地位，并明确提出了基本公共服务均等化总体实现的更高目标，并在效率与公平的关系上，提出了更加"注重公平"的理念。这为我国进一步推进基本公共服务均等化建设给出了更加清晰的指引。

无论是公共服务均等化还是基本公共服务均等化，都关涉社会公平正义原则如何落实到对社会成员的整体供给与服务过程中，这也是保障人们生存和发展最基本条件的均等，是我国经济社会和谐发展的重要目标。而从现有的城乡发展、区域发展差异性的角度来审视，的确存在公共产品以及公共服务的不均等化分配现象，无论是制度正义、分配正义[②]，还是关系正义[③]，都在不同程度上强调社会产品分配对底层弱势群体的关照，从而最大限度地消除社会成员在机会和权利上的不平等。当然，"基本公共服务均等化"并不意味着平均主义，而是一种底线上的均等，也并不是要彻底抹杀社会差异，而是从机会和权利意义上消除不平等的公共产品分配机制。

从现实角度考虑，我国基本公共服务的确存在供给总量不足、区域差异

---

① 田旭、张传庆：《我国基本公共服务均等化理念的逻辑变迁及启示》，《四川行政学院学报》，2013 年第 3 期，第 24—27 页。

② [美]罗尔斯：《正义论》，北京：中国社会科学出版社，2009 年版。

③ 钟景迅、曾荣光：《从分配正义到关系正义——西方教育公平探讨的新视角》，《清华大学教育研究》，2009 年第 10 期，第 14—21 页。

显著等问题，以城市养老保险为例，巨大的缺口与区域差异直接导致基本公共服务供给不足等两难境地。从表3中可以看出，北京市人均教育支出、社会保障和就业支出及人均医疗卫生支出远高于其他省市①。而随着农业劳动人口大规模向城市转移，他们的公共服务需求又与常住人口的公共服务存在明显的制度壁垒，大批流动人口被排斥在城市医疗卫生、养老、教育等基本公共服务门槛之外，城市资源的制度保护主义直接拉大了他们与流入城市的距离。对很多人来说，属地化的服务制度直接导致很多服务事项名存实亡或空有虚名，这其中包含着大量城市人口与外来人口间无法调和的矛盾，如果不通过有效的中观制度改变，将引发一系列无法预知的后果，笔者将在调研环节详细论述这一调研过程。

表3　我国2010年人均基本公共服务支出地区分布　（单位：元）

地区 / 公共服务项目		人均教育支出	人均社会保障和就业支出	人均医疗卫生支出	人均住房保障支出	基本公共服务支出合计
东部地区	北京（最高）	2294.79	1406.29	952.26	233.49	4886.83
	山东（最低）	803.56	434.68	261.55	36.76	1536.56
	东部地区平均	1026.63	555.47	361.97	85.81	2029.88
中部地区	山西（最高）	919.35	767.92	318.57	149.13	2154.96
	河南（最低）	647.89	490.38	287.29	82.14	1507.69
	中部地区平均	699.93	579.24	301.95	120.55	1671.68
西部地区	青海（最高）	1464.77	3365.96	691.62	1085.05	6607.39
	广西（最低）	795.74	470.87	358.98	127.84	1753.44
	西部地区平均	909.81	737.24	394.08	234.48	2275.61
东北地区	辽宁（最高）	926.62	1325.37	345.97	191.53	2789.48
	黑龙江（最低）	780.36	798.41	352.64	284.19	2215.60
	东北地区平均	871.51	1039.96	362.81	255.20	2529.48

数据来源：根据《中国统计年鉴2011》的数据整理计算获得。以2002年"振兴东北老工

---

① 黄莹：《我国基本公共服务均等化问题研究》，《经济纵横》，2012年第7期，第64—66页。

业基地"和 2004 年"中部崛起战略"为依据,本文东部地区包括北京、天津、河北、上海、江苏、浙江、福建、山东、广东和海南 10 个省(市);中部地区包括山西、安徽、江西、河南、湖北、湖南等 6 省;西部地区包括四川、重庆、贵州、云南、西藏、陕西、甘肃、青海、宁夏、新疆、广西、内蒙古 12 个省(区);东北地区包括辽宁、吉林、黑龙江 3 省。

3. 户籍人口与流动人口间的推拉张力

当前城镇化进程的加速进行带来了人口流动的高度活跃,同时也直接引发出户籍人口与流动人口间在城市生存方方面面的推拉张力。2010 年,根据第六次全国人口普查的数据,我国城镇人户分离已达 2.26 亿人,占城镇总人口的 33.7%①,而在大量的进城务工人口中,农民工的数量约为 1.5 亿,约占全部流动人口的 57%,占跨地区流动人口的 70%左右(如图 1 所示)。

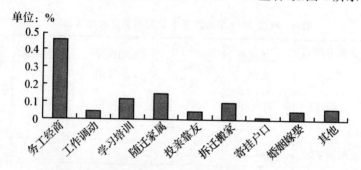

图 1　2010 年各类流动人口占总流动人口的比重

数据来源:2010 年第六次人口普查数据

常住在城镇的农业转移人口虽然被统计为城镇人口,但"有其名而无其实",由于户籍障碍和"农民"身份,他们在民主权利、劳动就业、子女教育、社会保障、公共服务等方面长期不能与城镇居民享受同等待遇,难以真正融入城市,市民化进程严重滞后,而与户籍挂钩的各项权利和福利达 20 多项,包括民主权利、就业机会、子女教育、社会保障、计划生育、购车购房、义务兵退役就业安置、交通事故人身损害赔偿和各种补贴等。

城市人口迅速膨胀引发种种社会问题并不是一个新鲜话题,工业化与城镇化进程让全球很多国家和地区都面临相似境况。尹德挺与张子谏(2013)从人口膨胀的国际视野详细回溯了城镇化进程带给世界主要城市的压力与应对

---

① 魏后凯:《加快户籍制度改革的思路和措施》,《中国发展观察》,2013 年第 3 期,第 15—17 页。

措施①：包括人口膨胀问题、城市移民问题、贫困问题、环境问题在纽约、伦敦、巴黎、东京等几个主要城市都有不同程度上的表现，同时也给这些地区带来极大的发展挑战。在应对策略上，主要包括以下几个方面：以法律、税收等手段作为成本杠杆，实现人口准入及分类管理；以城市总体规划及市场机制为导向，疏解城市中心区人口压力；以"福利引导、责权统一"为动力，建立流动人口主动登记的工作机制；以公共住房建设为契机，发挥政府在解决贫民窟问题中的主导作用；以环境立法、清洁技术和民众参与为依托，通过综合配套措施来解决城市环境问题。

上述策略集中围绕制度变革而展开，主要涉及人口管理体制、财税体制、社会融合政策、市场机制建设、土地流转机制、政策协调机制、文化建设等方面的制度创新，从城市人口问题产生的根源上入手，逐步解决人口问题。

有别于国外主要城市在城镇化进程中所面对的主要问题，我国的城乡流动主要体现为政府宏观干预力度较大、受结构化的制度因素影响较深、社会性力量干预较弱等特点。

在这一问题上，北京社科院社会学研究所冯晓英（2008，2011，2012，2013）教授详细反思了户籍人口与流动人口分流管理机制在我国尤其是北京地区的存在现状、政策演绎、焦点及制度改革等问题。面对流动人口的冲击，我国城市流动人口管理在实践中探索，先后经历了限制流动、粗放管理和控制管理等阶段。② 而关于农民工在流入地城市中的角色定位是"拾遗补阙"还是"不可或缺"这一话题一直争论不休。多年来，人们习惯用农民工对城市发展产生的正面和负面作用来评价农民工，其结果在各个城市如出一辙："经济正面、社会负面"，尤其是近些年来，对农民工"挤占公共资源、加大社会成本"的质疑声不绝于耳，在一定程度上影响了政府的决策。③

考察了香港移民的流入对本地人工资和就业的影响后，冯晓英（2013）指出，移民对本地劳动力市场的工资和就业影响甚微，长期的影响肯定就更微不足道。北京市的外来农民工与北京市民从职业上讲是互补的，即他们所从

---

① 尹德挺、张子谏：《首都人口问题的国际比较及其启示》，《数据》，2013 年第 9 期，第 68—71 页。

② 冯晓英：《改革开放以来北京市流动人口管理制度变迁评述》，《北京社会科学》，2008 年第 5 期，第 66—71 页。

③ 冯晓英：《香港新移民社会融入的经验与借鉴》，《人口与经济》，2013 年第 2 期，第 29—34 页。

事的工作大多是北京市民不愿做的；从作用上讲是离不开的，即是城市发展不可或缺的。自 2004 年以来，北京市人力资源供给一直呈现"供给短缺"的状况，2011 年四个季度的求人倍率都在 3 以上，且需求大于供给缺口最大的十个职业中，多年来一直是以传统服务业为主。① 由于户籍制度的门槛限制，外地农民工既没有资格在失业后享受北京市城市居民最低生活保障待遇，也无法纳入公租房的配给计划。可见，在现今的制度框架下，简单地将农民工视为城市的"包袱"予以排斥，既无理论依据，更无实践检验。相对而言，进入北京市的农民工基本是农村的精英，是北京市经济发展中不可或缺的力量，即使需要调控人口规模，也应该从产业结构调整入手，而不能带有标签地指定调控某一社会群体。

4. 社区公共服务"软"与"硬"间的张力

（1）以社区为载体的农业转移人口服务管理依然以约束控制方式为主。

当前农业转移群体在城市的生存与发展依然以"熟人关系"为主，亲戚朋友、乡亲好友依然是他们来到城市发展的直接动力（周大鸣，2005）。而城市社区出于社会秩序保障及维稳等因素考虑，对这一群体的管理依然是刚性的，而不是以他们的需求为导向。而农业转移群体在城市社区中的参与需求是多方位的、立体的、动态的过程，随时随地都会有新的方式与内容，这也为城市社区对该群体的管理与服务不断带来新的挑战。

（2）农业转移群体社区就业服务流程依然不够完善。

目前在配合农业转移群体就业政策咨询、信息发布、职业技能培训和职业介绍服务等方面的配套政策依然十分有限，依然是自上而下的管理方式，事实上，每个外来人口集中的城市社区因其人口构成类型、习俗与生活方式等的不同，在就业机会的获取方面都有不同模式，以笔者曾经调研过的家政服务行业为例，同乡会、亲朋好友推荐、同行交流等成为主要的就业途径，而社区对农业转移群体在择业方面的管理依然显得不够弹性灵活，自主管理的空间也比较有限，而面对部分劳动纠纷、用工矛盾等事件，农业转移群体的合法权益也常常受到侵害。

（3）农业转移群体的城市居住水准亟待改善与提高。

受限于城市高额的房租问题，相当一部分农业转移群体，尤其以外来务

---

① 姚先国、赖普清：《中国劳资关系的城乡户籍差异》，《经济研究》，2004 年第 7 期。

工人员为主，受限于户籍制度、经济收入等多重壁垒，选择在城乡结合的边缘地带，居住在廉价的平房院落，且随时都有被拆迁的可能。而目前对处于农业转移群体聚居区的社区管理依然集中于隐患防治、人口流动控制等方面，他们常常被看作是城市社区的存在诸多隐患的棘手问题，如燃气问题、垃圾管理、噪音问题、物品堆放等。在这一方面，很多基层社区工作人员常常陷入一种"越堵越堵"的两难境地，且无法找到良性疏通的策略，而城乡居住方式与生活方式的差异，也牵涉很多工作视角转换的问题。

在当前的社会大背景下，研究流动人口的基本公共服务问题，对于统筹解决人口问题，缩小城乡差距、区域差距，维护流动人口合法权益，促进人口与经济社会协调和可持续发展，具有十分重要的意义。

(二)概念界定

基于上述背景呈现，本次研究集中锁定城市常住外来人口依托社区所引发的多项公共服务内容而展开，在概念界定上，考虑到情况的复杂多样与问题的聚焦需要，特对以下概念加以专门化界定：

1. 常住外来人口

一般意义上的外来人口包括所有非本地户籍的人口。本次研究集中锁定在来京居住半年以上无本地户籍的农业转移人口，而对驻京部队、在社会上散居未登记的和短期来京探亲、旅游、来京就医等流动人口不列入考察范围。因此，在行文过程中，本次研究的对象更倾向于是常住进城务工人员。

2. 公共服务

按照公共权力及公共资源使用的类型，通常意义上的公共服务，指的是政府使用公共权力及公共资源所提供的各项服务，这也是基于公民权利与国家责任之间互惠式的公共关系的一种良性体现。基于这一界定，不难看出，公共服务是以国家行为介入为主的一种服务活动。

3. 社区公共服务

社区公共服务主要指为了满足社区成员需求而由政府直接提供或引导社会力量提供的社区服务项目或服务设施。

社区作为社会的基本单元，是政府履行社会管理和公共服务职能的重要平台，也是社会公众获取基本公共服务的重要场所。随着城乡居民对社区公共服务的需求日益凸显，对社区公共服务要求的标准也不断提高，社区公共服务的供给能否满足百姓需求直接关系民生，关系社会和谐稳定，可以说事关重大。①

本次研究集中锁定与社区常住外来人口日常生活息息相关的几个主要服务事项，包括社会保障服务、就业服务、文教体服务、安全服务、就业服务、卫生与计划生育服务以及便民服务等。

4. 基本公共服务

按照《国家基本公共服务体系"十二五"规划》中的界定，基本公共服务是建立在一定社会共识基础上，由政府主导提供的，与经济社会发展水平和阶段相适应，旨在保障全体公民生存和发展基本需求的公共服务，其中包括基本公共教育、劳动就业、社会保险、基本社会服务、基本医疗卫生、人口计生、基本住房保障、公共文化体育、残疾人基本公共服务等九大领域，确定了 44 类 80 个基本公共服务项目。

2011 年，北京市颁布了《北京市社区基本公共服务指导目录（试行）》②，根据北京市政府各部、委、办、局的职能和职责，梳理出 10 大类 60 项社区基本公共服务项目，基本上是与民生密切相关的服务，涵盖就业、社会保障、社会救助、卫生、计划生育、文教体育、出租房屋、社区安全、环境美化、社区便利等服务内容。

其中与城市流动人口有直接关系的事项包括：为居住、工作、生活在社区内的流动人口提供信息采集登记、有关法规政策宣传、开具在本社区居住的有关证明等服务，并结合实际为其提供就业和维权服务信息、计划生育和服务流程告知等服务；对社区内出租房屋进行信息采集登记，宣传房屋租赁有关法规政策，告知房屋出租人依法履行纳税义务，并可受房屋出租人委托代办出租房屋税收缴纳。此外，在社区特殊群体帮扶服务中，专门提到对社区困难家庭、优抚对象、未成年人、残疾人、流动人口等特殊群体提供帮扶救助服务。

三、研究内容与框架

基于对上述问题现状的认识，本研究计划以构建"需求导向"的农业转移群体社区公共服务为目标，在北京市海淀区五个街道中分别选取 2～3 个不等

---

① 周冲：《北京社区公共服务趋向丰富与均等》，《数据》，2013 年第 9 期，第 28—29 页。

② 北京市社会建设网：《关于实施〈北京市社区基本公共服务指导目录（试行）〉的意见》，2011 年 2 月，http://www.bjshjs.gov.cn/86/2010/10/18/23@3576.htm。

的社区为调研对象，着重探究以劳动就业、住房保障和社区教育为核心的基础公共服务流程的优化设计方案与相配套的社工服务模式。通过基础调研，挖掘农业转移群体的问题困惑、需求类别，从而有针对性地设计高效便捷的服务流程及与之相适应的社会工作服务模式。让他们与当地居民互帮互助、和谐相处，加快其融入社区的步伐。具体研究框架如下：

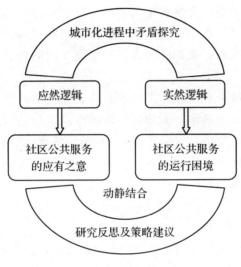

图 2   研究框架

四、研究方法

本次研究团队由项目负责人与首都师范大学政法学院社会学与社会工作系的三名本科生组成，经过调研初期的设计、组会讨论、调研培训等多个环节的磨合，调研团队初步形成了较为一致的调研方案设计，考虑到研究对象的主要场域集中锁定在社区居委会层面，在具体研究方法选择上，主要选取了质性研究的策略，具体方法包括文献研究法、德尔菲法、参与式观察法、访谈法、焦点小组访谈法五种。

五、社区公共服务模式探究：应然的逻辑

关于社区公共服务模式的探索问题，尤其是针对城市流动人口的社区公共服务模式，在我国存在较为复杂的争议性看法，大量研究或是从国际比较的层面，检索批评国内的单一、管控弊端；或是简单站在户籍人口或流动人

口的一端，强调各自立场。究其原因，一方面，我国城市社区公共服务水准与模式的发展与国家社会整体格局的发展与水平息息相关，因此，大量研究虽然从理论层面检索反思了国内社区公共服务现状，但很大程度上恐怕受制于城市社区的整体运行格局与发育程度的现状，因此有必要综合反思城市公共资源与公共问题现状，加以系统评论；另一方面，针对城市流动人口的属地化社区公共服务问题，又存在相当多的"两派"讨论，一派站在城市空间资源的分配视角，强调以严格的管控策略，限制流动人口的资源分享，另一派从社会公平与均衡视角，强调流动人口对城市发展的意义作用，从而提供相应策略。

总之，针对社区中常住外来人口的公共服务问题，依然存有大量争议性的应然问题有待进一步破解，而如何结合城市发展与运行现状，分阶段地逐层递进式地推出相应策略，的确是当前有待破解的重要难题。

以下针对上述体会，集中从理论争鸣、模式与机制探讨、策略探讨三个层面，进行应然逻辑的概括式陈述：

(一)理论研讨

1.公共资源占有问题

大批以务工经商为主要内容的农村人口进城，让相当一部分人(尤其是城镇居民)持有恐慌心态，且认为是对城市公共资源的侵占以及大批社会问题出现的主因。如张兴杰等人(2001)在肯定了"民工潮"的积极作用后，也不无侧重地指出民工潮的消极影响，如滋生了新的人口问题，成为"超生游击队"的隐蔽所；农村主要劳动力进城务工，对农业生产产生不利影响；"三无"人员的增加，滋生了一些违法犯罪活动；"能人外出打工"，使不少农村基层政权近于瘫痪或解体等。①

张黎明(2012)也侧重描述了流动人口带来的城市社会问题，包括交通拥堵、社会治安、医疗卫生、教育、计划生育等方面②。在文中，作者详细描述了激增的人口与北京有限的资源、环境承载力之间的尖锐矛盾；这也令公共服务和社会管理的压力巨大，"对流动人口的社会管理和公共服务滞后，带

---

① 张兴杰、王骝：《论"民工潮"的积极作用和消极影响》，《经济体制改革》，2001 年第 4 期，第 55—59 页。

② 张黎明：《加强流动人口服务与管理，努力实现人口均衡发展——以对北京流动人口服务与管理为例》，《前进论坛》，2012 年第 3 期，第 52—53 页。

来许多社会矛盾；由于考虑实际生活成本，流动人口的居住相对比较集中，这又带来了严重的交通拥挤问题；目前青年流动人口同居比例高，避孕节育服务压力大；流动人口在北京违法生育数量较大，且由于与流出地难以协同等体制和政策原因，管理和处罚都非常困难；大量的流动人口使北京的就业压力更大，行业分布主要集中在建筑、制造、住宿餐饮、批发零售及居民服务等行业；而据估计，其他未登记的流动人口就业状况更不乐观，北京本来就有较多的'海归'成为'海待'，更有较大量的大学毕业生就业困难，再加上流动人口的就业和务工困难，使北京的劳动就业形势更加复杂，竞争也更加激烈；在一些流动人口聚居地，居住环境恶劣，安全缺少保障，一部分流动人口因工作不稳定，生活没保障，增加了社会不安定因素，由于外地来京人员的大量涌入，一些不法分子混迹其间，对首都社会治安造成了严重危害"。

　　大段引用上述分析与描述，是因为它极其经典地代表了目前一部分人的普遍心态。然而，城市资源真的是被大批进城农民工抢占了吗？是否有准确的调研数据有力支撑了这一判断？在这一问题上，相当多的学者也从社会融入、资源占用率的实证研究、人口结构等角度反驳了"资源抢占论"。

　　田雪原(2006)基于对世界主要城市在城镇化进程中的应对模式，强调中国的城镇化进程需要警惕"拉美陷阱"。① 所谓的拉美陷阱，指的是以墨西哥城、里约热内卢、布宜诺斯艾利斯以及孟买、德里(旧德里)等为代表，以拉丁美洲国家最为突出，其基本特征可用"三个畸型"并存概括，一为畸型先进与畸型落后并存，这些超大城市，有先进的科学技术、现代化的产业、高档住宅和相应的现代化设施；同时存在着原始手工作坊式的生产、缺少最基本公共设施的贫民居住区、被边缘化到城乡结合部的大量贫民窟。二为畸型富裕与畸型贫困并存。大企业家、银行家、高级职员等收入丰厚，可谓腰缠万贯；而生活贫困特别是生活在贫民窟内的居民，几乎是一贫如洗，相当多的贫民不得不以乞讨为生。三为畸型文明与畸型愚昧并存。教育、卫生、文化等资源主要被富人占有，他们的现代文明与发达国家没有什么两样；穷人却与这些资源无缘，上不起学，看不起病，不能享受这个时代应当享受的文明生活。拉美国家的人口城镇化是贫富高度两极分化的城镇化，这种城镇化的

---

① 田雪原：《警惕人口城市化中的"拉面陷阱"》，《宏观经济研究》，2006年第2期，第12—17页。

畸型发展，不仅没有给城市的健康发展注入活力，也没有给农村和农业经济的发展创造新的生机，而且成为整个城乡经济发展的绊脚石、国家财政的累赘、社会发展的障碍。

李梅香（2011）在对绍兴地区农民工群体的实证调查基础上，得出结论：目前我国新生代农民工基本公共服务均等化总体水平偏低，综合指数不及城市居民的一半，其中社会保障公共服务均等化程度最低，政府应通过加大服务的供给以及改革基本公共服务模式，逐步让农民工享受与城市居民无差别的就业、社会保障、义务教育和医疗卫生等基本公共服务。①

李璐（2011）在对农民工需求的一项调研中也得出，外来人口的增加的确挑战了城市公共服务的格局与服务水准，当然也折射出城市公共服务存在诸多问题，远远不能满足这些城市新居民的需求；此外，公共服务资源结构不能适应农民工的要求。②

根据程名望等人（2012）对上海市和江苏地区的测算，在考察了农民工在流入地的居住与出行、就业与子女教育、生活消费与城市认同以及相关政策执行等六个方面内容后，他们认为，大量涌入城市的农民工确实占用了部分城市公共资源或公共服务，使得城市公共资源更加稀缺，但这种占用是有限的，农民工并没有大量占有或公平享有城市的公共资源或公共服务，并不是"大城市病"的罪魁祸首。农民工的公共服务享有水平与流入地居民有比较大的差距，究其原因，城乡二元制度安排是决定性因素。二元经济条件下的歧视性制度或政策使得农民工被排除在部分城镇公共服务之外。一方面，这使得农民工在城镇的生存状态和就业环境都比较恶劣，形成农民工进城务工的重要障碍，不利于农村劳动力持续平稳地向城镇转移；另一方面，在公共服务享有上存在的社群差异，加剧了贫富差距，很容易激化成为社会矛盾甚至阶层冲突，这已经成为我国社会和谐发展过程中的突出问题。③

综上所述，作为公共产品的城市公共资源应具有较好的排他性特征，在

---

① 李梅香：《基本公共服务均等化水平评估——基于新生代农民工城市融合的视角》，《财政研究》，2011 年第 2 期，第 58—60 页。

② 李璐：《对农民工城市公共服务需求的调研》，《宏观经济管理》，2011 年第 5 期，第 41—42 页。

③ 程名望、史清华、张帅：《农民工大量占用城市公共资源了吗——基于上海市1445 个调查样本的实证分析》，《经济理论与经济管理》，2012 年第 8 期，第 21—30 页。

当前经济体制改革以及社会转型的加速进行期，伴随城市人口流动速度的增加，的确面临诸多公共资源的分配不公与分配不均现象，无论如何，任何有效的良性运转的城镇化进程，都不能依靠虚弱的既得利益阶层排斥新居民对资源的占有，而应通过合理的开放式的激励机制，依循社会公平与正义的原则，设计良性改革途径。

2."刘易斯拐点"的启发

有关"刘易斯拐点"是否到来，是当下经济领域热烈探讨的争议性话题。本部分主旨并不在于进一步跟进对刘易斯拐点是否出现的争议，而是借此话题，讨论基于城市用工问题与配套的公共服务供给模式问题而产生的农业人口的城镇化流动趋向转折。

概括来说，美国经济学家刘易斯于 1954 年提出著名的二元经济模型。[1]二元经济分为现代部门和传统部门，现代部门以工业为代表，传统部门则以农业为代表。在他看来，二元经济模型分为两阶段，第一阶段，劳动力处于无限供给状态，此时只要工资可以使农民购买维持其生活所需的生活资料，农民就会向工业部门转移，因此工资就取决于农民维持生活所需的最低工资；第二阶段，当工业部门将农业部门的剩余劳动力吸收完毕之后，劳动力不再处于无限供给状态，而是处于短缺状态，此时的工资也就不再等于农民维持生活所需的最低工资，而是等于劳动的边际生产力，工资水平开始不断提高，人们将第一个阶段和第二个阶段之间的转折点就称为"刘易斯拐点"。

1972 年，刘易斯在他的另一篇论文中对他前面的观点进行了深化，提出了"两个转折点"的概述，我们将其称为"刘易斯第一拐点"和"刘易斯第二拐点"。"刘易斯第一拐点"即我们前面提到的"刘易斯拐点"，"刘易斯第二拐点"则是指当经济发展进入第二阶段后，随着农业劳动生产率的提高，农村的剩余劳动力又得到了释放，工业部门的发展也使得工人的工资处于上升的状态，最终将会进入农业与工业部门的边际产品相等、农业部门和工业部门的工人工资基本相同的这样一个状态，随着这个状态的到来，二元经济模型也就走到了尽头，转而进入新古典学派所指的一元经济状态，二元经济与一元经济之间的转折点即是"刘易斯第二拐点"。

国内有关"刘易斯拐点"是否出现的文献相当丰富，如以蔡昉(2007)、张

---

① ［美］刘易斯：《二元经济论》，北京：北京经济学院出版社，1989 年版，第 23 页。

墨宁(2011)等为代表认为,"刘易斯拐点"就在眼前,过去30多年,农村劳动力转移和劳动人口所占比例持续上升不仅为中国经济发展提供了充足的劳动力供给,也通过高储蓄率保证了资本存量的不断增加,但2004年以后这一增长动力开始弱化,目前中国或将出现劳动力短缺时代[1];当然,也有学者认为判断中国是否已经越过"刘易斯拐点"还为时甚早(张宗坪,2008),"民工荒"现象背后更多的是中国农村劳动力政策、工业化政策、城镇化政策等经济社会政策存在的缺陷,可以说近年出现的"民工荒"有各种结构性原因。[2]

无论"刘易斯拐点"是否到来以及是在哪个拐点上到来,一个不争的事实是,城市为安顿农民工就业与生活所提供的配套公共服务保障显得供给过于不足,这背后依然是潜在的一种观念预设,他们是流动的、不固定的。在工资水准有所增长的情况下,物价水平也在以更高水平不断增长,而城市招工就业信息服务的不通畅,也依然从另一侧面导致农民工用工时同时出现紧缺与富余并存的局面。

冯晓英(2012)的调研也证实了这一点,流动人口服务管理尚未纳入城乡统筹发展的制度轨道。在城乡统筹发展的政策、制度安排上都很少见到与流动人口服务管理相关的内容。一个可能的解释是,地方政府在资金、资源条件有限的情况下,只能优先考虑户籍人口的发展问题。但是在北京,一个不可回避的现象是,伴随着"城中村"改造的推进,"城中村"改造周边地区因社会问题的"复制、外推",面临着更深的发展困境,流动人口首当其冲成为"城中村"改造的利益受损者。[3]

基于上述分析,引起劳动力不足或富余同时并存的矛盾局面依然与城市若干制度性壁垒的区隔化设置有关,无论是从预防为主的角度,还是从有效引导的角度,都十分有必要对城市大批流动人群的职业流向加以系统探究,以保证劳动力的有效成长,规避因经济结构转变带来的结构性失业或劳动力紧缺局面。

---

[1] 蔡昉:《"刘易斯转折点"近在眼前》,《中国社会保障》,2007年第5期,第24—26页。

[2] 钱文荣、谢长青:《从农民工供求关系看刘易斯拐点》,《人口研究》,2009年第2期。

[3] 冯晓英:《城乡统筹视野中的流动人口服务管理问题——京渝成三市城乡统筹发展的比较与启示》,《北京社会科学》,2012年第1期,第44—49页。

3. 流动中的安置问题

当前的人口流动格局依然显得"有其名而无其实"。传统户籍制度下所特有的福利分配体制让人口流入地在对待流动人口问题上，只愿意接受其劳动，不愿意为其提供相应的公共服务，在流动的刚性约束上似乎在逐渐减弱，空间地域的界限显得越发淡化，但在流动的隐性制约上，依然显得问题重重。目前整体公共服务的主要提供者依然是自上而下的行政管理体制以"约束"和"控制"为主要方式。由户籍制度壁垒引发出一系列亟待解决的城市社会公共服务问题。具体来看，流动人口的迅速演绎转变，让他们无论是从流动的空间分布、流速、流动阶段、流动方向等，都有了很大程度上的变化：

首先，在人口的空间流动速度上看，逐渐呈减弱趋势。2007 年翟振武等人的调查数据显示，流动人口居住过的城市个数平均有 1.56 个①；2013 年，段成荣等人依据最新的第六次全国人口普查资料以及其他相关数据资料调查显示，70.3％的人只流动到过 1 个城市，18.32％只更换过 1 个城市，6.83％只更换过 2 个城市，更换过 3 个及以上城市者更是寥寥无几(仅占 3.77％)②。可见，流动人口的流动并没有人们通常想象的那样频繁而不确定，只要找到了合适的工作领域，他们是会在城市稳定地居住生活下去的。因此，准确地说，这一群体更像是没有城市身份与地位的产业工人或是服务行业从业者。

其次，推动他们流动的内在力量不是他们自身，而是城市对他们的安置与接纳状态。"根据国家人口计生委 2011 年全国流动人口动态监测数据计算，全部流动人口中，在流入地居住 5 年以上者所占比例达 37.45％，其中 10 年以上者占 15.41％，15 年以上者占 4.97％，此外，在 1995 年已外出流动的 7073 万人中，到 2010 年仍在外流动者占到 33.3％"，其中 1980 年后出生的新生代流动人口已经超过流动人口的半数，占全部流动人口的 53.64％(段成荣等，2013)。从上述两组数据不难看出，早年以个人外出打工，到安居落户，甚至子女成长起来依然在城市生存的群体已经相当庞大，在这一比例中，让他们的下一代(新生代农民工)依然毫无身份改观地重复父辈身份在城市漂泊的比例也十分庞大，这显然是与城市对他们的接纳度与制度设置有直接关

---

① 翟振武、段成荣、毕秋灵：《北京市流动人口的最新状况与分析》，《人口研究》，2007 年第 2 期，第 30—40 页。

② 段成荣、吕利丹、邹湘江：《当前我国流动人口面临的主要问题和对策——基于 2010 年第六次全国人口普查数据的分析》，《人口研究》，2013 年第 2 期，第 17—24 页。

系的。

正如段成荣等人所指出的，当前我国流动人口展现出规模持续快速增长、流动性减弱、家庭化进程已完成第二阶段并开始向第三阶段过渡、流向仍呈现向沿海地区集中但已展现出分散趋势、新生代流动人口逐渐成为流动人口的主体等一系列明显特征。而城市的公共服务以及相关制度壁垒如果再不为久已习惯于城市生活但无城市身份的新生代农民工提供妥当的上升空间与发展渠道的话，恐怕将直接导致一系列无法避免的社会问题的出现。

(二)模式与机制探讨

回应上述观点探索的一个重要途径在于制度创新，这其实牵涉大量体制、模式与机制方面的深度变革与探索，如人口管理体制、财税分配机制、社会融合政策、市场机制建设、土地流转机制、政策协调机制、文化建设等方面。

从现有我国社区公共服务的发展模式上看，逐步经历了提出与探索阶段、以效率为导向的社区服务产业化阶段以及公平与效率并重的社区服务均衡发展阶段①。2006年颁布的《国务院关于加强和改进社区服务工作的意见》中，首次将社区公共服务领域的立法从部委规章的层面上升到国家法规的层面，提出要通过努力，逐步建立与社会主义市场经济体制相适应，覆盖社区全体成员、服务主体多元、服务功能完善、服务质量和管理水平较高的社区服务体系，努力实现社区居民困有所助、难有所帮、需有所应。这一时期社区服务的重点领域和内容分为社区就业服务，社区社会保障服务，社区救助服务，社区卫生和计划生育服务，社区文化、教育、体育服务，社区流动人口管理和服务，社区安全服务七个方面。

在社区公共服务的主体方面，该政策重点论及社区居委会和社区服务民间组织的作用；在社区服务经费和运作机制方面，该政策要求地方各级人民政府和有关部门要帮助社区落实开展公共服务的资金、场所和人员，对社区组织开展的互助性服务、志愿服务和社会力量兴办的微利性商业服务给予政策和资金扶持；对社区营利性商业服务要积极引导向产业化、市场化方向发展，充分发挥行政机制、互助机制、志愿机制、市场机制在社区服务中的作用。

---

① 李春：《我国城市社区公共服务模式的发展历程与启示》，《理论导刊》，2013年第2期，第26—28页。

　　2007 年，国家发改委和民政部颁布了《"十一五"社区服务体系发展规划》，阐明了中国社区服务体系建设与发展的指导思想和基本原则，首次提出"社区服务体系"一词，是指以各类社区服务设施为基础，以社区居民、驻区单位为服务对象，以满足社区居民公共服务和多样性生活服务需求为主要内容，政府引导支持，多方共同参与的服务网络及运行机制。在社区服务主体方面，提出要以社区服务站为重点，构建社区、街道、区（市）分工协作的社区服务网络；资金筹集方面，提出由社会资金、地方财政资金、中央财政资金等多渠道筹措安排，应加大地方财政投入，并逐步提高社会资金所占比重。政府投入应成为社区公共服务所需资金的主要来源。①

　　上述文件的颁布实际上是从宏观层面，对社区公共服务进行了重新定位，具体来说，是产业化、市场化向着公益化、公共化方向过渡；从原有的以行政层级体制为管理主体逐步走向多方参与的服务格局；从单一的资金筹集渠道向着多元化的筹资渠道发展。2011 年民政部在《城乡社区服务体系建设"十二五"规划》中明确提出，"构建以居民需求为导向、以政府为主导、社区参与的多元化供给机制"。

　　此外，在有关流动人口公共服务模式的问题上，丁群晏、林闽钢（2013）详细分析了国内几个有代表性地区（包括北京、上海、东莞和苏州）的运行模式，并进行了归类与比较分析，（如表 4 所示）：②

表 4　流动人口居住地社会服务管理的四大模式比较

维度及指标		北京模式	上海模式	东莞模式	苏州模式
经济发展（2011年）	人均 GDP(元)	80394	82560	57470	100286
	流动人口(万人)	742.2	928.1	637.23	409.54
	户籍人口(万人)	1276.4	1419.36	184.77	642.33
	总人口(万人)	2018.6	2347.46	822	1051.87

---

　　①　国家发展改革委、民政部：《"十一五"社区服务体系发展规划》，2007 年 5 月 14 日。

　　②　丁群晏、林闽钢：《我国流动人口居住地的社会服务管理》，《东岳论丛》，2013 年第 7 期，第 15—19 页。

续表

维度及指标		北京模式	上海模式	东莞模式	苏州模式
运行体制	管理机构	流动人口管理委员会（对原有政府机构的协调机构）	流动人口管理领导小组（对原有政府机构的协调机构）	新莞人服务管理局（新建专门协调机构）	外管工作领导小组（对原有政府机构的协调机构）
	管理层级	市、区、街道、社区4级	市、区、街道、社区4级	市、镇、村3级	市、区（县）、街道（镇）3级
	社区管理	"新居民之家"等	治安防范，初步搭建起社区服务管理平台	新型社区接纳新东莞人	"外来人员之家"等
运行机制	筹资方式	政府公共财政	政府公共财政	政府公共财政	政府公共财政
	运作方式	多部门联动机制	多部门联动机制	社区管理机制	信息管理机制分类管理机制
社会服务	基本公共服务	基本均有	基本均有	基本均有	基本均有
	个性化服务	凭居住证享受阶梯式公共服务	综合社会保险	积分入户	凭居住证、管理服务卡享受服务
	主要特征	治安拓展"以房管人"、防范型社会管理，从依托普通证照到居住证的阶梯式社会服务	"大人口"综合调控，"统筹型"社会管理，全面、细致、人性化的社会服务	专门服务管理机构，打造新型社区接纳型社会管理，城乡统筹、综合性社保卡式社会服务	依托流动人口信息管理，探索流动人口居住地管理新手段，"一证多用"、省级统筹的居住证式社会服务

以北京市为例，该文详细描述了属地化管理的思路和举措，包括：

1. "以房管人"制度

将流动人口和出租房屋管理合并，建立党委政府统一领导，专门机构统一协调，各部门分工负责，条块结合、以块为主的属地管理工作体制。2007年以来成立了包括公安、卫生、计生等20多家职能部门参与的"流动人口管理委员会"，并建立市、区、街道、社区的四级流动人口和出租房屋服务管理体系，在基层通过社区流动人口和出租房屋服务站进行服务管理①。

2. 居住证制度

以居住证为基础提供阶梯式社会服务，在流动人口办理居住证后，根据居住年限、社会保险、参保年限以及纳税情况等，享受阶梯式的公共服务。以居住证为载体建立全市联网、部门联动的"全员人口信息系统"，按照"来有登记、走有核销"的基本要求加强流动人口基础信息采集，进行实时动态监控，提高人口管理的信息化和精细化水平。居住证将集纳个人基本情况、住房情况、就业情况、计划生育等方面的信息，并附加一定的社会服务功能，以吸引流动人口主动办证，并且居住年限越长、社会保险参保年限越长、纳税越多，相应可享受的公共服务会更多。

与上海市的统筹型、东莞市的接纳型以及苏州市的居住证式社会服务模式相比，北京市的阶梯式社会服务在针对流动人口的服务的开放力度以及成熟度上依然显得较为保守，未来首都在流动人口公共服务上的开放步伐，依然是城市公共资源供给与人口实际状态间的动态博弈的结果。

(三)当前社区公共服务相关政策

对以社会保障、教育、公共卫生、计划生育事项在社区层面的相关政策规定问题上，北京市近些年来先后出台了一系列相关政策，保证公共服务各项内容的进一步落实。

1. 社会保险政策

自2010年《中华人民共和国社会保险法》正式通过，并于2011年7月1日起施行以来，作为新中国成立以来我国第一部社会保险制度的综合性法律，《中华人民共和国社会保险法》从立法层面对城镇职工基本养老保险、基本医疗保险、工伤保险、失业保险、生育保险以及新型农村社会养老保险等方面都进行了专门规定。

以下集中从2011年北京市出台的《关于落实社会保险法有关问题的通知》中简要解读该政策对城市外来人口有关政策的变化。

"本市行政区域内的用人单位和职工应当参加基本养老保险、基本医疗保险、工伤保险、失业保险及生育保险。无雇工的个体工商户、未在用人单位参加基本养老保险的非全日制从业人员以及其他灵活就业人员可以参加基本

---

① 张真理：《社区流动人口服务管理》，北京：中国社会出版社，2010年版，第56—57页。

养老保险和基本医疗保险。上述用人单位包括企业、机关、事业单位、社会团体、民办非企业单位、基金会、律师事务所、会计师事务所和有雇工的个体工商户等组织。公务员和参照《中华人民共和国公务员法》管理的工作人员参加养老保险按照国务院的规定执行。"

解读：这实际上是扩大了北京市社会保险的范围，如非北京市户籍的外地职工也可享受生育保险等。

"参加基本养老保险的被保险人，未达到法定退休年龄时因病或非因工致残完全丧失劳动能力的，从基本养老保险基金中向其支付病残津贴；被保险人因病或非因工死亡的，从基本养老保险基金中向其遗属一次性支付丧葬补助金和抚恤金。病残津贴、丧葬补助金及抚恤金的支付标准按照国家的有关规定执行。"

解读：明确了基本养老保险基金承担丧葬补助金和抚恤金（北京地区首次增加了抚恤金），减轻了用人单位的负担。

"失业人员在领取失业保险金期间，参加职工基本医疗保险，享受基本医疗保险待遇，其应当缴纳的基本医疗保险费从失业保险基金中支付，个人不缴纳基本医疗保险费。具体办法另行制定。"

解读：本条明确了失业人员的医疗保险费用由失业保险基金承担，个人无须缴费。

"按照社会平均工资 60% 的 1% 缴纳医疗保险费的农民工，其缴费比例统一调整为 12%，与城镇职工缴费标准一致，即职工基本医疗保险费由用人单位和个人共同缴纳，其中用人单位按照 10% 的比例缴纳，个人按照 2% 的比例和每人每月 3 元缴纳。参加职工基本医疗保险的农民工按照本市职工基本医疗保险规定，建立个人账户、享受医疗待遇、计算缴费年限。具体办法另行制定。"

解读：本条规定了农民工的医疗保险缴纳和城镇职工一样，享受同等的医疗保险缴纳制度。

"参加城镇职工基本医疗保险的灵活就业人员，其生育医疗待遇纳入城镇职工医疗保险支付范围；参加城镇居民医疗保险的人员，其生育医疗待遇纳入城镇居民医疗保险支付范围。具体办法另行制定。"

解读：本条规定了参加城镇职工基本医疗保险的灵活就业人员和参加城镇居民医疗保险的人员的医疗报销支付的范围。

2. 教育及升学政策

进城务工人员随迁子女在流入地接受教育以及升学问题逐渐受到社会各

界的广泛关注(袁贵仁,2012)。《国家中长期教育改革和发展规划纲要(2010年—2020年)》中明确进城务工人员随迁子女可以平等接受义务教育,各地要研究制定进城务工人员随迁子女接受义务教育后在当地参加升学考试的办法。2012年8月30日,国务院办公厅在《关于做好进城务工人员随迁子女接受义务教育后在当地参加升学考试工作的意见》中明确要求各地有关随迁子女升学考试的方案原则上应于2012年年底前出台。在此政策影响下,北京市教委于2012年12月29日出台了《进城务工人员随迁子女接受义务教育后在京参加升学考试工作方案》,具体举措包括:

(1)自2013年起,凡进城务工人员持有有效北京市居住证明,有合法稳定的住所,合法稳定职业已满3年,在京连续缴纳社会保险已满3年,其随迁子女具有本市学籍且已在京连续就读初中3年学习年限的,可以参加北京市中等职业学校的考试录取。其中来自农村的学生和学习涉农专业等符合相关规定的学生享有北京市中等职业教育免学费和国家助学金政策。学生从中等职业学校毕业后,可按照有关规定参加高等职业学校的考试录取。

(2)自2014年起,凡进城务工人员持有有效北京市居住证明,有合法稳定的住所,合法稳定职业已满6年,在京连续缴纳社会保险已满6年,其随迁子女具有本市学籍且已在京连续就读高中阶段教育3年学习年限的,可以在北京参加高等职业学校的考试录取。学生从高等职业学校毕业后,可以参加优秀应届毕业生升入本科阶段学习的推荐与考试录取。

(3)自2014年起,凡进城务工人员持有有效北京市居住证明,具有合法稳定职业及合法稳定住所,其随迁子女具有本市学籍且已在京连续就读高中阶段教育3年学习年限的,可选择在京借考高考。北京市按教育部相关文件规定、经学生户籍所在省同意后为学生提供高考文化课在京借考服务,学生回户籍所在省参加高校招生录取。

(4)凡进城务工人员持有有效北京市居住证明,其随迁子女均可按照有关规定,和户籍学生同等待遇报名参加北京市成人高等教育、高等教育自学考试、网络高等教育、开放大学的考试录取。

与此同时,按照北京市教委的要求,实施义务教育的公办小学和初中,对外地来京人员随迁子女在京借读,按照《北京市人民政府关于贯彻国务院做好免除城市义务教育阶段学生学杂费工作精神的意见》规定办理,不收借读费。但是外来人员申请公立小学入学需要符合一定的条件,如2012年北京市海淀区要求要有父母双方的在辖区内登记的有效《暂住证》,在京实际住所证明，父母在京务工就业证明，户籍地政府出具的孩子在当地没有监护条件的证明等。

3. 医疗卫生政策

2006 年 1 月，北京市人民政府办公厅转发市卫生局等部门《关于加强流动人口公共卫生和医疗服务工作意见的通知》，将流动人口公共卫生服务纳入常态管理。按照"公平对待、合理引导、完善管理、搞好服务"的原则，结合流动人口卫生防疫管理工作面临的新形势和新任务，逐步将流动人口中的务工经商人员及其家属的卫生防病、妇幼保健和医疗服务等纳入部门和社区职责范围，切实加强管理，做好服务，具体包括：

"加强流动人口疾病监测，实施严格预防控制措施；进一步提高流动人口免疫接种水平；做好对流动人口结核病和艾滋病病人的治疗和服务；不断改善流动人口食品、饮水卫生和居住、生活环境；充分发挥社区卫生服务中心作用，为流动人口提供基本医疗服务。"

从文件全文来看，虽然对流动人口的公共卫生服务已经有纳入常态管理的思路，但从具体内容的规定上，依然侧重陈述流行病、传染病等的预防、干预与控制，而没有从常态工作的具体实施细节上有更多规定，这一点在同年印发的《北京市社区卫生服务中心（站）设置与建设规划》文件中也体现出来，也就是说，并没有在对社区中的流动人口服务方面有专门关照。

自 2006 年开始，相应推出了系列具体措施，从制度层面保证了部分公共资源为流动人口所均等享有，如流动人口中的适龄儿童与北京市儿童享有同样的预防接种政策，免费发给流动儿童预防接种证，免费享受卡介苗、麻疹疫苗等接种服务，每年开展 1 次强化免疫接种服务、对适龄儿童进行龋齿预防等。对流动人口中的新发结核病人开展督导化疗工作，对发现的结核病人，免费进行半年以上的抗结核病药物治疗。北京市艾滋病初筛实验室免费为流动人口提供艾滋病自愿血液初筛检查服务和咨询服务。2011 年起为在北京市居住半年以上的常住外来孕产妇和儿童免费建立《北京市母子健康档案》，为 0—6 岁父母均为北京市常住外来人口的儿童免费提供健康体检，按照儿童的不同年龄设定不同的体检时间和次数。55 岁以下的已婚女职工不限户籍均可预约参加北京市总工会组织的妇科病和乳腺疾病的免费体检。[1]

---

[1] 刘颖：《北京市流动人口基本公共服务研究》，吉林大学硕士学位论文，2013 年，第 5 页。

4. 计划生育服务政策

计划生育本质问题似乎是管理问题，是宏观调控人口结构的重要举措。我国从 1991 年以来提出对流动人口计划生育的"共同管理"原则，1998 年提出"共同管理、以现居住地管理为主"的原则，由于没有具体明确双方的管理职责和管理措施，造成双方在理解上的不一致、工作中的不同步。①

2004 年北京市人口计生委会同市财政局、市公安局等八部门联合出台了《北京市人口与计划生育现居住地为主管理办法》，进一步明确了属地管理服务相关部门的职责。在内部工作规范方面，市人口计生委先后出台了区（县）、街道（乡镇）、村（居）三级工作规范、经费支出和责任书签订、婚育证明查办、孕检及免费技术服务等工作规范和工作制度。各区县也制定了与市级规章相衔接和配套的管理服务规范。从 2006 年开始在全市开展了流动人口在京出生监测工作，掌握流动人口在京出生状况；与劳动和社会保障部门协调，把《北京市外地来京人员生育服务联系单》作为办理生育保险必备证明材料之一；与流管部门的协作，将查验、登记、代办婚育证明及告知孕检等计划生育工作内容统一纳入社区（村）流动人口、出租房屋服务站和管理员的职责任务中，从体制上保证了流动人口计划生育工作的开展。

2004 年以来，北京市正式把流动已婚育龄妇女的计划生育技术服务纳入财政预算，进一步扩大孕检及免费技术的惠及面，如为已婚育龄妇女提供避孕节育、生殖健康、优生优育咨询服务，指导育龄妇女知情选择安全、有效、适宜的避孕节育措施，适时提供随访服务。育龄妇女一年享受不低于两次的免费生殖健康检查。免费获得避孕药具，免费享受国家和北京市规定的基本项目的计划生育技术服务。晚婚晚育或施行计划生育手术的享受休假。2011 年起开始对在北京市居住半年以上的常住外来人员免费实施孕前优生健康检查，2012 年在全市范围推广。

六、社区公共服务调研反馈：实然逻辑

前文对社区公共服务的应有之义进行了理论以及政策执行层面的检索，反观应然逻辑，无论是充满争议性的看法，还是现有的政策规定，都是在应对迅速变化的实际问题中进行的探索性尝试。本部分从实地调研出发，尝试

---

① 转引自天津市人口和计划生育委员会，http：//www.tjrkjs.gov.cn/ArticleView.aspx? id=1549。

对基于社区参与式调研的观察与体会，详细梳理流动人口基于社区公共服务层面的现实困境及问题。

(一)调研概述

本次调研经历了前期规划、地点筛选、预调研、正式调研等环节，出于时间、精力、人力、物力等方面的综合考量，本着方便性原则、有效性原则以及充分性原则，调研团队围绕这一探索性的调研任务，基于对现有调研资源的掌控，分别选择几个有代表性的社区，进行专门探究，在反复沟通并联系相关线索人的基础上，初步打算按照"有特点、有特色、关注差异、考虑覆盖面"的标准筛选社区，对本辖区的流动人口具体分布状况、生存状态、服务事项、特色服务、问题及策略等进行专门调研。在此基础上，针对部分流动人口较为集中的社区进行专门调研，包括运用访谈法、焦点小组法等。

通过与社区居委会主任、书记的专门座谈，与流管办工作人员及社区居民的访谈及聊天，召开专门的主题座谈会、走访社区住宅、参与社区组织的卫生检查等方式完成了调研工作。

考虑到每个社区具有各自的特色及相关问题，调研团队分别结合不同社区的实际情况，开展不同方式的调研工作，下文对几个社区的调研，在深度、广度等方面都有所差异，主要针对社区具体特点进行问题式调研。

表 5　针对不同社区的调研

	主要特征	调研方式
H 社区	城市街道，社区人员结构复杂，问题矛盾较多	主任座谈、工作实习、流管办访谈、社区日常工作、居民走访
S 社区	位于城乡结合部，外来人口聚居现象较为有特点	主任座谈、社区走访、居民访谈、流管办访谈
Z 社区	城市街道，社区高层次外来人口较多，社区资源与服务水准较高	主任及书记座谈会
Q 社区	位于城乡结合部，在新居民服务方面有特色，是市级示范单位	主任座谈、流动人口公共服务需求座谈会

(二)H 社区

H 社区位于城市北部的繁华地段。社区构成较为复杂，既包括单位家属住宅楼、城中村，林林总总的商店、饭店、旅店，还包括回迁住宅、写字楼、棚户区等，属于典型的混合型中小型社区。根据最新的实有人口统计数据，该社区常住人口是 3114 人，户数 1447 户（其中系统登记常住人口户数为727），另有流动人口 1582 人，人户分离人数为 444（户数 205 户），此外，社区居民还包括农转居 63 户，人在户在的 20 多户，其余为出租房。

1. 社区行政管理格局

社区居委会（活动站）目前有 6 名工作人员（包括主任和流管办的常驻工作人员），收集网格内居民的实际需求，负责社区内对应网格的工作（分配情况见表格）：

格长	居委会主任（1人）
副格长	居委会（1人）、派出所（1人）、城管监察分队（1人）
成员	交通队（1人）、工商所（1人）、卫生监督站（1人）、房管所（1人）、律师事务所（1人）、流管队（1人）、巡防队（1人）、物业公司（2人）

在实际调研工作中，我们特别留意了这一细节：网格上列了 13 个人，但其实居委会只有 6 名工作人员，在具体工作分工问题上，通过专门询问居委会主任，我们得知：

"实际上不存在所谓重叠部分的工作，因为所列的 13 个人中只有 3 个是社区居委会的工作人员，其他的全都是其他机构的人，由于西城区有个社区提出来了，市里就推广所有社区都要按这种体制运行，这不就跟过去农村分各组组长、各生产负责人是一个道理吗，不过就是换了个有点技术含量的新鲜名字。我们跟他们几乎没什么来往，其中好几个人我们根本都没见过面，也没通过电话。

但是这种模式的好处在于，哪方面出了问题，社区可以直接找到相关的人来负责此事，而不是由社区自己解决，因为有些方面并不是社区的责任和义务。比如说有一次有一块电路出了问题，社区处理不了，就打给物业公司的人，这样通知了物业公司，不管它来不来修，责任人就由社区转移到物业公司头上了，就是这么一个道理。"

具体到居委会的工作人员分工，6 个人中，有 1 人被派到流管办，其余 5人留在居委会，除了主任负责两个委员会之外，其他 4 个人每人负责一个委员会，工作无交叉，各司其职。

有关六大委员会，详细工作内容包括：①环保卫生委员会。组织楼道清洁工作，组织社区内卫生清洁工作，组织灭鼠灭蟑行动，给树木喷洒灭虫药，修剪树枝等卫生与环境相关工作；②文体委员会。组织社区青少年教育活动，组织孩子们寒暑假期社区活动，组织居民参与旅游活动，组织开展各种社区会议，检查食品的安全问题；③计划生育委员会。本市居民及流动人口的生育手续办理，发放计生用具，给育龄妇女开出证明，以及独生子女费的管理；④民政委员会。慰问离退休老干部，办理老年证，离退休人员的相关手续办理，对残疾人的慰问与帮助；⑤社会治安委员会。主要负责民事调解，打击邪教，比如法轮功，维护社区的治安问题；⑥失业管理委员会。由劳动协管员负责，对下岗失业的劳动者提供一些就业参考，办理保险（一老一小）。

关于上述工作开展的程度，主任表示凡是提到的工作都能够开展，"因为提供服务的是居委会"，而在落实具体的工作中，几乎是不存在阻碍的，因为这些工作大多都是居民有求于居委会，而不是居委会对居民有所要求，所以行使起来很顺利。唯一的困难是"敲门难"问题，主任提到在进行检查时有些居民会不配合，比如假装不在家，不给开门，这样的情况，可以理解。通常遇到这种不配合的情况，也不强求。

从上述关系考量来看，居委会与居民间的这种"服务提供者"与"被服务人"之间"来去自由"的关系，是我们调研几个社区以来的一种普遍心态，因为是公共服务，似乎又带有很多被泛化与责任解构的"搭便车效应"，以至于具体考察某些公共服务的水准、程度与问题时，很多行政执行人员可以轻易找到"与自己无关"的说法，而让服务本身流于形式，我们在具体访谈一些流动人口时，常常听到的抱怨是，"办证不知道该找谁"、"去哪个部门要走一圈才弄明白"。

2. 社区服务站

关于社区服务站的职责，社区服务站由以下工作站、服务站构成，也就是说履行对应的职能。但是具体工作中没有对应数量的工作人员，操作中分为六部门开展工作，计划生育部门、文体部门、环保卫生部门、民政部门、社会治安部门、失业管理部门（主要是考虑到目前的失业现状，对相关人员进行帮扶，促进就业）具体负责相关工作，以下为服务站的具体名称：

社区劳动和社会保障工作站	社区文体活动服务站	社区计划生育服务站
社区妇女儿童维权工作站	社区青少年教育工作站	社区志愿者服务站
来京人员和出租房屋服务站	社区消费者维权工作站	红十字会服务站
社区文明市民学校	社区城管监察工作站	社区残疾人康复站
社区党(团)员服务站	社区捐助工作站	

上述达14站之多的服务事项的确显示出社区工作的繁杂，用工作人员的话来表达："说实话居委会应对的就是一些突发事件，生活嘛，谁也不知道什么时候发生什么事，那遇到什么事情需要我们社区签字啊，开证明啊，我们就给他们开呗。"

当然，服务领域的广杂有时也会对具体服务内容、方式、策略带来影响，领域多未必是服务全的表现，领域多也未必意味着服务的便捷简单，依然需要按照行政流程有时也会显得刻板地执行，如调研期间遇到一位婆婆带儿媳妇过来办生育证明，婆婆是本社区居民，儿媳妇不是，社区居委会就会建议儿媳妇到她自己居住的那个社区先办理暂住证，再到本社区办理后续的其他手续，而且还要出示诸如结婚证、房产证、身份证等证件信息，这些对于怀有身孕的妇女来说，总归不够便捷。

日常社区工作，除例行工作(如档案的管理维护，又如低保金的按月发放等)之外，工作人员比较重要的工作内容是解决居民到服务站的具体问题。如为困难家庭申请廉租房，为申请人解释具体的流程、需要的手续，提供需要填写的表格，在信息收集完成后按规定张贴公告予以公示，通过后建档管理。类似这样的情况不属于固定的工作内容，居民有问题就要予以及时解决，浮动性较强，弹性也较大。

此外，社区一直在建设"一刻钟服务圈"，即十五分钟之内，可以在社区内去到自己想去的店，买到想买的生活用品。我们在社区中走动观察的过程中发现，社区内各种生活日杂用品一应俱全，但价格显得并不够亲民，而是以承包方式租给试图做该生意的人，因此这样的项目，有时很难判断是在方便百姓还是具有其他功能。

3. 流管办工作

有关流动人口的日常管理主要由流管办负责，在 H 社区挂牌为新居民服务中心，也是社区治安管理的主要负责部门。流管办由街道居委会与派出所共同管理。该机构由周边各社区居委会各自委派一名工作人员组成，集中办公，工作人员的归属仍然属于各自工作的社区居委会，在工作上也主要负责本社区的流动人口管理。具体工作流程如下图所示：

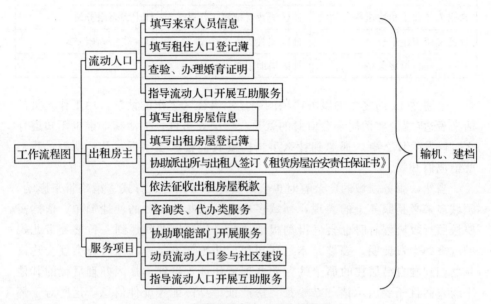

图 3 新居民服务中心工作流程图

图 4 新居民服务中心机构设置

按照流管办室内宣传栏中的定位，新居民服务中心是流动人口管理服务组织体系的根基和触角，是各乡镇、街道党（工）委、政府（办事处）直接为流动人口和出租房主要提供服务的窗口，同时也是流动人口实现自我管理、自我服务、开展互助活动、参与社区管理的平台。新居民服务中心具体工作由

乡镇、街道流动人口和出租房屋管理委员办公室负责。其主要职责有：①

(1)负责本地区流动人口和出租房屋登记、检查和统计(汇总上报)工作，定期进行巡视，及时变更信息，全面掌握本地区流动人口和出租房屋基本情况，为政府决策和职能部门管理提供基础支持与服务。

(2)及时发现和上报社区(村)内流动人口和出租房屋中的各类违法问题和安全隐患，并对存在安全隐患的予以督促整改。

(3)受当事人委托提供代办暂住登记、暂住证件，办理房屋租赁登记，查验、登记流动人口婚育证明，代办临时流动人口婚育证明，依法代征个人出租房屋税等。

(4)告知流动人口办理计划生育免费技术服务，随行子女入学、预防接种等事项的规定和流程，增强流动人口和出租房主遵纪守法和自我保护意识。

(5)负责流动人口和出租房屋管理政策法规和安全防范等宣传工作，提供维权服务信息，提高流动人口和出租房主遵纪守法和自我保护意识。

(6)协调有关职能部门为流动人口开展计生、卫生、民政、劳动保障、教育、维权等服务项目。

(7)负责指导、动员和引导流动人口参与社区管理和建设，为流动人口开展自我服务提供便利条件。

(8)完成上级管理部门交办的其他工作。

管理员工作职责也有详细规定：

(1)信息采集。负责流动人口和出租房屋基础信息的采集、登记、录入工作，并定期检查巡视，动态维护；

(2)检查督促。检查督促流动人口按规定办理《暂住证》及相关证件，检查督促房屋出租单位或个人按规定办理登记备案手续，检查督促雇用、留宿流动人口单位(个人)按规定办理相关登记手续；

(3)代办办理。代办暂住证件，协助有关部门查验、登记流动人口婚育证明，办理临时流动人口婚育证明，依法代理征收出租房屋税款；

(4)收集报告。收集并报告影响社会稳定的情况信息，检查出租房屋治安、安全隐患，及时发现和报告违法犯罪行为；

(5)宣传教育。开展政策法规、安全知识、精神文明等宣传教育活动，经

---

① 下文中笔者以横线勾勒出"应然"层面之职责，配合后文讨论"实然"层面之状态。

常向流动人口雇用、留宿单位（个人）及房屋出租单位（个人）宣传流动人口和出租房屋管理法规、规章和有关政策措施；

（6）提供服务。协助有关职能部门积极为合法从事务工经商等活动人员提供服务，收集群众对流动人口和出租房屋管理服务方面的意见和建议；

（7）支持帮助。动员和引导流动人口参与社区管理和建设，为流动人口开展自我服务提供支持和帮助；

（8）完成上级管理机构交办的其他工作。

在与流管办相关工作人员的进一步访谈中，我们得知：

首先，居委会会在流管办派驻一个人，各社区居委会都会派出一个人到街道流管办，组成办公室，管理流动人口有关问题。流管办是街道的一个部分，街道相当于一级政府，但其实是个派出机构，街道负责把上级提出的政策、文件、告知传达给下属各社区委员会，至于落实政策文件的内容，基层工作全都是由居委会来做的。流管办的主要职责是"协调有关职能部门为流动人口开展计生、卫生、民政、劳动保障、教育、维权等服务项目"，实际上在前面介绍社区居委会所履行的工作内容中都已经列举，按照居委会工作人员的介绍，"流管办只负责办暂住证、信息登记，其他具体工作还是由居委会的六大委员会落实下去的"。

流管办的管理员也表示，目前工作的重点在于登记，上级要拿到的是外来人口的相关信息，但是对于流动人口的实际生活状况、就业状况等，其实并没有深入地关心，因为居委会的工作职责当中，并没有具体说明要对外来人口有专门考虑，流管办表面上覆盖范围很大，实际工作内容只能覆盖很有限的部分。流管办的工作需要按照上级的工作要求来开展，他们也不敢擅自开展工作，因此工作方面的改进还需要自上而下地实施。

其次，日常流管办的工作流程更像是管理检查，而不是服务。如每天会安排定期检查巡视环节，当然形式、内容不尽相同，主要关注街边商户的变动情况，包括哪些商户为新开商户、哪些商户有易主的情况，都要对照既有的登记信息进行核对并且进行更新。入户的巡查由管理员上门登记变动情况。遇到关键时期，如入冬取暖期，要上门检查取暖设施的使用情况，对错误的使用行为进行纠正，同时与其签订安全告知责任书。这一点上，管理员表示有些外来人口在取暖设施的使用上确实存在盲区，很多不会使用，如果不及时检查告知，很可能会出现比较严重的后果。上门巡查的内容会更加详细，包括目前的实际人口居住数、工作状况、婚否、是否有小孩在北京等。另外上级部门有时会下达巡查任务，要求对某重点问题进行集中突击检查等，则相应调整巡查的内容及方式方法等。

我们调研期间还组织了一次夜查，管理员也表示夜查能够反映出一些白天探查不到的状态，有时候更能反映出真实的情况。同时夜查会与其他部门联动，可包括派出所、社区工作人员等。另外，管理员对于本工作的理解里还包括巡查的震慑作用，即对于某些可能发生的违法行为，由于管理员的定期巡查，也使得相关人员不敢轻举妄动（害怕被查到），从而将其扼杀于摇篮中。

4. 社区常住流动人口访谈要点

以下从社区里寻找到一名居住了十多年的安徽年轻人 H，在社区靠近活动站的位置有一间打印店，独自一人自芜湖来京的十余年间，一直在附近开店、居住，以下以自述的方式从对其访谈的内容中提炼出其大致的生活状况及主要体会：

这边挺好的，挺方便的。像咱们社区居委会办事什么的都挺方便的，我感觉还是比较满意。暂住证就是要身份证复印件、一寸照片，交给他们那边的办公室的（指流管办）就行了，还挺方便的，也不要钱啥的。以前办暂住证都要钱，挺贵的呢，现在改革的就好办多了。我们一般也不怎么（生病）哈，要是有一般就是自己看，打打点滴什么的呗。虽然有保险，但是我没上。当时听说好像怎么着就能弄，怎么说的也没太明白。完了我没弄就是。社保都在老家那边，关系都还在那边没动。开店办执照是找居委会开证明。小区里有组织活动。去年还组织我们去的延庆……什么地方来的你看我还真想不起来了，去那边玩，都可以报名，人家也来宣传什么的。以后嘛，你像现在这个户口，我们就还是跟（本地）不一样。听说最近暂住证要改什么居住证，具体我们也不清楚，就是希望打破界限，待遇什么的能好点，现在外来的好多其实都很辛苦的，真的很辛苦，赚点钱不容易。像什么孩子上学，他们说是你可以在这上什么的，其实还是有很多门槛儿之类的，还是不好弄的。

在与 H 的交流中，调研人员进一步验证了之前调查的很多细节信息，如暂住证的办理、相关手续证明的情况、社区组织活动的情况等。交流过程中，H 特别提到暂住证的改革以及其他的一些希望，流露出来很强的对于本地生活的期望，当然也流露出很强的戒心，如跟不熟的人不愿意说太多等，即便是和本社区的老住户，也不愿透露太多信息，担心遇到不良用心的人"惦记"上自己。这一点让调研人员不由得感慨，在外来流动人口如此众多的社区里，即便居住了十余年的"老居民"，由于身份、生计等原因，也很难与本社区建立充分的信任关系，社区居民的参与与融入过程的确显得复杂而漫长。

(三)Q社区

按照展示在社区服务站门口的橱窗内的介绍：

Q社区面积0.056平方公里。社区共有楼房15栋，平房院落2个。社区常住人口总户数1471户。社区设有居民活动室、图书文化室、市民文明学校、体育锻炼场地等，方便社区居民和中小学生活动。社区有2个文体团队，有3支志愿者服务队伍。社区居委会依法实行居民自治，社区服务站实行"一窗式"服务，代理公共服务，开展公益服务，提供便利服务，不断满足社区居民的物质文化需求。在社区居民和驻区单位的积极参与下，共建我们的和谐社区。

1. 社区结构与服务内容

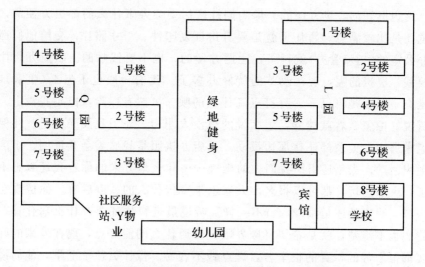

图5　社区辖区平面图(展示在社区服务站门口橱窗内)

Q社区居委会由4名工作成员和一名协管员组成。如表6所示。

表6 网格化社区服务管理体系负责人一览表

网格职务	单位	姓名	联系电话
格长	社区居委会	对应人名此略	对应电话此略
副格长	社区居委会、派出所、城管监察分队		
成员	交通队、工商所、卫生监督站、房管所、律师事务所、流管队、巡访队、物业公司		

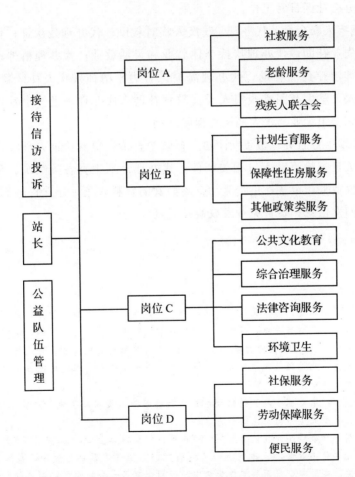

图6 社区服务站岗位职责架构图(社区服务站内墙面上展示窗内可见)

接待信访投诉
站长
公益队伍管理

岗位A
社救服务
老龄服务
残疾人联合会

岗位B
计划生育服务
保障性住房服务
其他政策类服务

岗位C
公共文化教育
综合治理服务
法律咨询服务
环境卫生

岗位D
社保服务
劳动保障服务
便民服务

　　Q 社区服务站服务内容(社区服务站内墙面上的展示窗内可见,下文中我们尝试从其关键性的动词用语中对其服务理念及角度进行分析,并分别以脚注方式加以探讨):

　　(1)社救服务:受理①申请城市最低生活保障;受理低收入家庭认定;受理低保、低收入家庭医疗救助;受理低保、低收入家庭临时救助;受理低保、低收入家庭高等教育新生入学救助;受理低保、低收入家庭孕产妇救助;受理初审爱心救助;受理伤残军人,参战、参事、烈属人员的增减;承办慈善、捐赠街道分会社区日常工作。

　　(2)残疾人联合会:代办理②残疾人临时救助;代办理残疾证;代办理残疾人长期失业补助;代办理扶持个体就业和灵活就业;代办理精神残疾人免费服用精神治疗药品补助;代办理海淀区智力、精神残疾人社区就业补贴;代办理残疾人学生及困难残疾人子女教育补助;代办理一老一小残疾人大病医疗保险和城镇无业居民大病医疗保险补助。

　　(3)计划生育服务:负责③计划生育政策宣传;负责协助办理计划生育相关证件;负责查验流动人口相关证件;代办理计划生育各类奖励、帮扶金的申请、发放业务、审核;负责流动育龄妇女的资料收集;建立育龄妇女卡片、采集育龄妇女信息;负责免费发放避孕药具。

---

　　① "受理"的原意是指人民法院接受原告起诉,立案受理的诉讼行为。办理,可以是自己办理,也可以是对方办理,基本上提出要求的人和办理的人是平等的;受理在语气上带有请求的意味,相当于"接受要求办理的请求",一般都是上级或者政府机构对下级或者个人说话时使用。此处频繁使用"受理"一词,可以看出工作人员对待居民日常事务依然是定位在管理者的身份。

　　② "代办理"本意似乎是委托办理,针对社区残疾人提供此项服务的确十分人性化,但代办到什么程度又是另当别论的一件事。

　　③ 计划生育事项此处被认为是"服务"事项,但从内容上看,又以"负责"为主,似乎又显得十分必要且不容妥协,事实上,从我们对部分工作人员的访谈中,也印证了这一点,也就是说,在居委会层面的工作业绩中,计划生育是十分重要的一项评估制度,且实行"一票否决制",这显然与"服务"的意涵有所区别,即便是针对流动人口,也是用"负责"字眼,可以看出,计生工作的重要意义可见一斑。

(4)社保工作：开展①有关就业、社会保障和劳动维权方面的法律、法规和相关政策宣传、咨询服务；进行失业登记，建立失业人员动态管理服务台账；开展就业服务，为失业人员提供求职登记、职业介绍等服务。开展就业援助，建立就业困难人员再就业援助台账，提供就业服务信息。

配合社保所开展就业"托底"安置人员认定工作；受理"零就业家庭"申报；入户核实"零就业家庭"劳动力状况，了解就业服务需求，填报《"零就业家庭"情况表》；建立"零就业家庭"就业服务台账，配合社保所录入"零就业家庭"及其劳动力信息；对"零就业家庭"劳动力开展一对一帮扶；开展基础性社会保障服务，协助社保所做好社会化人员管理工作；协助完成社保所交办的相关工作。

(5)公共卫生文化教育②：社区公益电影放映；援助、救护献血工作；红十字会募捐救助；办理流动人员子女在京居住借读手续；配合社区卫生服务站做好居民卫生保健；重大动物疫病登记、管理、宣传。

(6)保障性住房服务③：政策咨询；指导填写核定表；组织社区评议工作；代发放各类通知、信息、单据业务等工作。

(7)老龄服务④：受理申请老年优待证；受理申请老年优待卡；受理申请特殊老年人服务补贴券；受理申请老年人高龄补贴；受理申请养老服务券；宣传国家各项惠民政策，落实街道民政部门有关规定等相关工作。

有关社区服务站的主要工作职能，也清晰展示在社区服务站办公室的墙面上，由于与前面 H 街道有所相似，此处不再一一赘述。需要指出的是，上

---

① 社保方面，似乎是作为一项工作来开展，"开展"的潜在含义恐怕会有程度上的区别，而不是强制性的执行，在与"社保所"的关系用语上，"协助"、"配合"此类的用词居多，暗含的意思是，从居委会层面，社保工作是一项辅助性的不带有强制性约束力的工作。在针对外来人口方面，据工作人员介绍，如果有来找他们帮忙找工作的，他们会尽量帮忙，但帮助到什么程度，依然无法量化考核，而只是一项弹性服务。

② 公共卫生及教育问题上，可供施展的事项应该相当广泛，在这方面，社区似乎从中选择了可以实施的具体事项加以介绍描述，我们的问题是，社区常住外来人口比例如此之高，后文还将专门讨论本地人与外地人之间不可调和的若干纠纷事件，但在此处只有一项子女上学的事项，似乎还需要有更加细致化、专门化的改观。

③ 保障性住房方面，此次常用语为"咨询"、"指导"、"组织"、"代发"，可见依然是以间接管理为主要的运行方式。

④ 老龄服务方面，最常见的词汇依然是"受理"，其次是"宣传"、"落实"，说明目前的服务依然以自上而下的刚性规定为主要事项。

述工作职责分工明确，任务详细具体，可以直接指导日常服务的若干事项及问题，从而说明基层行政部门的管理体系权责分明、分工翔实，当然，正如前面对存在问题的诸多讨论，在"硬规定"背后潜藏的是另一套管理大于服务的内涵，有必要通过进一步的调整重新树立服务与管理并重的社区工作理念，而在针对社区中占近半数的常住外来人口方面，并无专门化的特色服务，这也是亟待解决的专门性问题。

2. 流管办服务流程

外来人口(非京籍居民)由派出所、街道、社区服务站、流管办、城管等相关单位共同负责。此处以流管办(社区新居民服务中心和流管员职责任务)为重点进行阐述。有关流管办的具体工作内容与职责任务，前文已有专门论述，此处不再赘述。

流动人口管理员职责任务①：(1)负责流动人口和出租房屋基础信息的采集、登记、录入工作，并定期检查巡视，动态维护；(2)检查督促流动人口按规定办理《暂住证》及相关证件，检查督促房屋出租单位或个人按规定办理登记备案手续，检查督促雇用、留宿流动人口单位(个人)按规定办理相关登记手续；(3)代办暂住登记、暂住证件，办理普通地下室登记备案，查验、登记流动人口婚育证明，办理临时流动人口婚育证明，依法代理征收出租房屋税款；(4)收集并报告影响社会稳定的情况信息，检查出租房屋治安、安全隐患，及时发现和报告违法犯罪行为；(5)开展政策法规、安全知识、精神文明等宣传教育活动，经常性宣传流动人口和出租房屋管理法规、规章和有关政策措施；(6)主动为合法从事务工经商等活动人员提供服务和方便，收集群众对流动人口和出租房屋管理服务方面的意见和建议；(7)动员和引导流动人口参与社区管理和建设，为流动人口开展自我服务提供扶持和帮助；(8)完成上级管理机构交办的其他工作。

---

① 关于流管办工作人员的聘用，这里专门向居委会工作人员询问，据介绍，这一队伍主要是街道居委会在辖区内以吸纳下岗、失业人员的本市居民为主，有时也会扩大到退休人员等群体，每月工资相对固定，没有太多额外补贴。这一人员结构不由得让我们似乎明白，为什么在对工作人员的工作职责、具体工作内容以及服务流程上规定的如此详细(甚至近乎刻板)的原因，似乎在于潜在的预设思路是，这一群体的工作不需要更多自主性或弹性的展开，只要按部就班完成上级交代的任务就可以，因此，也不难理解，为何对待外来人口的公共管理方面，流管办人员可以"一丝不苟"地刻板执行而不会有任何弹性的自主空间。

社区服务流程分解调研(流管办内墙面上的展示牌处可见):(1)办理暂住证(一年有效)。个人办理需携带本人身份证(原件或复印件)、房主身份证或户口簿(原件或复印件)、本人一寸免冠照片 3 张,送派出所办理。单位办理暂住证需携带本人身份证(原件或复印件)、单位证明信、本人一寸免冠照片送派出所办理。(2)办理出租房屋登记(流管办内墙面上的展示牌处可见)。个人办理需携带户主身份证或户口簿(原件或复印件)、房产证原件,单位办理需携带单位法人身份证或户口簿原件或复印件、房产证原件,由工作人员绘制出租房屋平面图,出租人签订出租房屋租赁合同、租赁房屋治安责任保证书,最后留档。(3)生育证办理。需要提供婚育证(证明已婚还是未婚),可以进行免费体检,每年审一次,街道就可以审。(4)借读证办理。需要提供出生证明、暂住证、户口簿,以及居委会证明此人在此居住的相关证明。①

3. 主要问题

Q 社区常住总人口为 3706 人,流动人口 1700 多人,其中有 240 多户的房源已经由二房东作为出租、家庭旅馆等用途,② 如此多的临时出租用房给社区日常管理带来了很大的难度和挑战,与前面介绍过的 H 社区有所不同,Q 社区虽然以居民小区为主,但是其居民构成却十分复杂,由于临近三甲医院,吸引了大批来京就医的外地患者,这使得小区内临时房屋出租现象十分普遍,在与居委会工作人员的聊天中,也常常感受到他们的抱怨情绪,如半夜噪音扰民、用火用电安全隐患、楼道内乱扔垃圾等现象。

从与居委会工作人员的访谈中我们发现,对上述纠纷与危机事件的处理在其日常工作中占据六成时间,其工作人员多有抱怨:

我们这个小区不大,可问题一点都不少,就没有闲着的时候。整体的除了邻里纠纷,还是邻里纠纷,你说那么多外地人跑过来干吗啊?搞得人家居民总投诉,晚上下夜班叮叮当当地在楼道里嚷嚷,出租房隔三岔五就换人,一换完马上楼道里扔一堆没用的东西,也不知道扔到楼下,都得我们收拾。

---

① 此处要求必须居住在楼房,地下室一类的地方不准办理。调研组专门了解了这一情况,居委会给出的理由是,目前小区依然有一定数量的地下室作为出租用房,由于存在一定的安全隐患,现在正在收回。但我们了解到的情况是,地下室收回工作进展十分缓慢,这直接与"二房东"的利益相关,而居委会的这一规定本身实际上是变相排斥了那些收入微薄的外地人享受社区公共服务的机会。

② 访谈过程中,主任介绍的数据是 1448 户单元房,而其中的临时出租用房比例很高,已经被市公安部门列入挂账单位。

有时你看街面上那些门脸房，还总有些打架斗殴的。反正和人家大社区比起来，我们这儿该管的事儿一件都没少，这比起十来年前可麻烦多了，那时候哪有这么多外地人呐。

Z主任(Q社区居委会主任)这不针对这些问题提出成立居民自律协会，我是觉得太理想了，他们管都不听呢，都想着自己，根本不成。我们这儿有七个大爷大妈当协管员，一个月300(元)，他们都经常吵架，怎么管人？①

Q社区存在的主要问题既如此，是谁来办给谁办，不知道的人可能就享受不到社区服务。比如那些上班的白领阶层，他们对社区服务了解的相对较少。来这里的多数是老居民。

对于这个问题他们并没有考虑怎么解决，甚至社区工作人员觉得居民不来就是不需要服务。对于要求外来人口办理的暂住证，流管办的人去催过，很多人不配合，他们的解决办法是去催流动人口办，希望上级硬性要求，用人单位硬性规定必须有暂住证，多方配合，专人管理应该会有更好的效果。

在信息传播与沟通方面，居委会也时常能感受到这种抱怨：

我们经常要在小区里贴些标语，他们(流动人口)看了也不当回事，有时贴些禁止群租或者禁止随地大小便什么的单子，他们(流动人口)觉得是说自己，就全给撕了扔一地。我们那天一起去贴一个通知，有的老居民直接过来问是什么通知，外地人没怎么见着。我觉得不是我们宣传不够，确实很多外地人就是没想配合社区工作，就没有这个意识。我们也知道他们的想法，来北京就是挣钱来的，别的顾不了那么多。

的确，"他们是挣钱来的"，这句话既让人感到实在，又让人感到无奈。当经济利益主导了社区关系的主干逻辑，很多人际间的互动显得冷漠而无情，信任关系成为重建社区邻里关系的重要部分。我们调研期间，恰逢全市范围内开展"实有人口"统计工作，统计范围包括社区内所有住户，其中"四个实有"表格(个人信息表格、违章建筑表格、出租房表格和房客表格)成为重点，以从宏观层面对全市流动人口有最为准确的掌控。而从社区的执行状况来看，虽然居委会工作人员为此进行了大量的准备工作，但依然存在统计难度，很多外地人不愿告诉统计人员准确信息，而社区统计人员人数达不到要求、统计的专业性不够强等也是诸多原因之一。

---

① S大姐，Q社区居委会返聘阿姨，在居委会中负责日常事务性工作。

(四)D 社区

1. 社区概况

位于 S 街道的 D 社区成立于 1999 年，目前人口总数约为 8000 人，其中约 3000 人是本地人，4200 多人为外来人口，可以说是位于城乡结合部的较为典型的流动人口聚居区。社区有 16 栋楼，其中约有 700 户外来人口，27 套出租公寓(与附近的唐家岭十分类似)，外来人口中四分之一流动性较大，其余大部分居住较为稳定，短则居住二三个月，长则居住三到五年。

据介绍，社区居委会 2011 年对辖区内所有出租房进行过一次系统调查，大部分为北漂大学生，约有 60% 在附近软件园工作(从事如秘书、行政管理、保洁等职业)，另有 20% 从事和 IT 有关的职业，平均薪资在 6000 元以上，有些月薪在 12000 元以上，绝大部分是单身、独自来京打拼的年轻人。社区典型的出租房 10～15 平方米，带上厨卫，大约 1000 元的月租，再加上水、电、网费三四百元，对于这些年轻人来说，还算是可以接受的价格。当然，近两年来房租也在逐年递增。

由于是城乡结合部，近些年来，有一部分房子转为公寓对外出租，迎合了来京打拼的外来人员的需求，逐渐形成了几块流动人口较为集中的聚居区，连带着附近的小商店、饭店、车行等生意慢慢展开，有了小型聚居区的雏形。当然，还有一些是违章建筑(存在防护设施老化、火灾隐患等问题;部分大队的集体用地被改成出租公寓，没有合法经营证明)。一些改建楼房，基础设施较为简陋，只能满足最基本的居住需求。

选择在此居住的"外地人"对居住的环境要求不是很高。我们走访了附近的几个公寓，很多人表示是通过朋友、亲戚等关系来到这里居住，与社区居委会工作人员没有太多往来，除非出于办理证件需要，才偶尔有些联系，平时只是单纯的居住。

从社区常住人口情况来看，人员构成较为单一，20 世纪 80 年代是单位职工用房，后来有一部分为经济适用房，现在也有一部分房源被外地人购买，当然，留京在此买房的居民不超过 30 户。由于租房人员构成较为单一，很少存在邻里纠纷问题。据社区工作人员介绍，很多居民工作十分忙碌，常常清晨才回来休息，小区里与社区保持联系的主要是本地退休老人、低保户以及来京帮子女带孩子的外地老人。偶尔会出现宠物饲养纠纷，比如宠物随地大小便或乱跑等问题;此外，还有幼儿看管问题，如白天孩子在小区里玩耍会影响到加班或下夜班的员工。总体来看，小区治安环境稳定，日常工作运行也较为平稳。

2. 社区青年汇

由于社区人员构成里有相当比例的来京打工青年，共青团北京市委员会在 D 社区试运行了大约一年时间，并于 2013 年成立了社区青年汇，由居委会主任分管，用以联系附近青年，建立密切的青年交友圈。居委会为这里的青年人建立了 QQ 群，群里大概有 500 人。

青年汇的起步活动主要是通过网络和其他途径发海报进行宣传与推广，如第一次活动是组织小区五十多名年轻人去凤凰岭种树，由市里提供经费，活动开展得较为顺利。当然，大部分经费不是事先给的，而是要上报活动项目，经过审批再发下来，这一流程让经费下拨过程显得十分烦琐。团市委希望青年汇结合附近地域特点，寻求与周边机构合作，但这一进程进展缓慢，有些企业明确表示没有经费支持，只有适当的人员支持。而上级为青年汇下达的每年进行不少于 48 次的活动要求，对青年汇工作人员来说，也是个不小的工作压力。

日常活动中，参与社区青年汇的青年比较固定，新人来得较少。活动开展方面，团市委要求每个月活动两次，密切联系 1000 个青年，如举办中年人教年轻人跳交谊舞、开设支援老年电脑培训班等活动。青年汇两三个月活动一次，当然活动参与人员较少，主要由附近居住的中老年人参加。

3. 流动人口日常工作

社区内的流动人口归流管办、派出所、居民纠纷调解委员会三个部门共同管理。自网格化管理模式在全市范围内铺开运行以来，D 社区于 2012 年 7月正式启动了网格化管理机制。从某种程度上说，网格化管理是有其实效性的，特定区域的特定问题都可以联系到相关工作人员负责，但有时候也存在，不能及时处理的现象。一方面，网格员都是经过培训的社区工作人员，在电脑操作方面难免会存在反馈不够及时、信息登记缓慢等问题；另一方面，一个网格员同时管理着三四个社区，对问题的反馈不能特别及时，这也让网格化管理有时会流于形式。

总体来说，流管站的设立对于开展基层工作还是比较有帮助的，能够掌握比较扎实的数据和社区的一些基本情况。但其对社区内占相当比例的外地年轻人的流动状况掌控力度显得有些不够。社区流管办的管理流程是每两个月入户一次进行调查，只要租户换人就登记，但只能做到大概了解。产生这一现象的主要原因是，流管办同时负责附近若干个社区流动人口的管理，流管员比较少，且大部分流管员是下岗失业人员（为解决就业问题在本地区招募的高中毕业人员），月工资大约有 1450 元，且没有更多额外收入。因此，对流管员来说，这份工作的意义恐怕仅限于维持现状，服务显得比较被动，日常工作仅限于登记流动人口信息、检查暂住证。

通过考察 D 社区居委会若干公共服务的细节，可以发现其总体程序与其他社区没有太多区别。我们专门注意到的一个细节是，由于辖区内存在大量集体用地被改建成公寓对外出租的现象，使很多外来务工人员在办理居住证明时很不方便。按照居委会要求，外来务工人员需要去大队或村委会盖章，但由于公寓负责人通常是二房东或临时代管人员，经常找不到"管事儿"的人，这让很多房客感到头疼，常常是跑了很多次也找不到关键人，而少数没有拿到资质就开始营业的房东更是敷衍了事。

4. 公寓房客访谈

通过走访附近的几个出租公寓，我们了解到的情况是：出租公寓一般类似筒子楼，住房面积在 10～15 平方米之间的单居室，租金为 950～1000 元/月。公寓带独立厨房、卫浴。加上水电费、宽带、暖气费等，一个月大概需要 3000 元。这一开销对于很多月薪 2000～4000 元的打工者来说，的确显得偏高。因此，我们走访的几处公寓中，好几户年轻人都采取合租的办法分担房租，把一居室的小床换成大床或是另加床，以增加房屋利用率。这也无形中增加了防火隐患，成为流管办的重点工作之一，每年都要花大力气检查防火设备。

在走访的房客中，我们调研了从湖北孝感来京从事餐饮服务工作的五位女孩，刚好赶上饭店调休，她们分别从不同的饭店聚到一起。五位女孩年纪大约在 20～25 岁之间，但在京打工平均都有四五年时间。当被问起在北京的生活时，一位女孩这样回答：

这边生活还蛮好，冬天蛮舒服，不过下个月我是要回家了，回家结婚。不会再来了……不过也不好说，生了娃以后可能还会再过来，打工嘛，只能挣些自己花的钱，想干别的肯定不够啦！房租每年都涨一点，压力也还是蛮大，不过北京蛮热闹，这几年和她们逛了好些地方，你让我一下子再也不来了，还真是……和我男朋友……我们是同乡啦，一直都认识，后来他在上海打工，见得少了，后来就又……要想一起过，肯定是要回老家了……不过以后可能还会一起出来打工，我嘛，肯定还是想来这里，可能得说服他……和社区吗？没什么接触，也没什么事啊，就办那个暂住证时去过，生病就去药房买药啊，不过也很少生病。找工作，你像我们，都是一个地方来的，大家有自己的圈子，都在上地这边，就给推荐一下了……以后，我想不太可能在这里吧。东西很贵，房子很贵，挣点钱还可以，不过那个，还是不会在这里……

作为调研人员，听到这里时，我们不由得感慨，究竟是哪些原因让年轻的湖北女孩欲言又止地感到"不会在这里"？作为城市里的打工一族，他们似乎依然依靠原有的种种关系和年轻的生命维系着在城市的生存命脉，城市的意义似乎也只有遥不可及的种种想象和现实中的打工压力。

(五)M 社区

M 社区位于城铁站西南侧，面积 0.16 平方公里，楼房 37 栋，总户数 3401 户，常住人口 9190 人，流动人口 1500 多人(其中 300 多人为帮助子女带孩子的家属)，外籍人口 1553 人，涉及 40 多个国家，素有"联合国小区"之称，是典型的新建混合型社区。此外，M 社区也是民政部第一批全国社会工作人才队伍建设试点单位、北京市社区服务体制改革试点社区、社区青年汇基地、北京高等学校市级校外人才培养基地。社区内有小学 1 所、幼儿园 2 所。① 社区组织机构包括社区党组织、居委会、服务站、东升园业主委员会、物业服务企业。

1. 外来人口基本构成

M 社区的外来人口结构较为多样，其中既包括 500 多名为子女购买高昂学区房的"实力派"，也包括 700 多名来京务工并租住地下室的年轻人，此外还包括 1500 多名外籍人士和 500 多名来京帮助子女带孩子的老年人。在这些外地来京人员中，买了房子的人员居住情况非常稳定，老年人也基本稳定，地下室居住的年轻人流动性很大，外籍人员中只有个别稳定，不过住得短的也有一年左右(为了读书)。另外，这些外籍人员，有些是为了融入本地区而选择长期居住，比如有来自韩国的一家三口都在社区里住；也有部分留学生觉得住社区方便一点儿而选择在本社区居住。目前，社区内共计有来自 46 个国家和地区的外籍人士，情况比较复杂，居住 10 年以上的外籍人士也有不少。由于位于城市中心地段，社区房屋租金较高，单租平均为 13000 元，合租也在 3500～3800 元。最近几年由于房价提高，单租的情况减少，群租增加，还有很多租房者向周边地区流动，寻找低价房源；或者选择相对小一点

---

① 文字引自"Z 街道 1 刻钟服务区圈：M 社区便民手册"。

的房子。另外，有些为了子女教育而居住在此地的外来人员会在子女小学毕业后选择卖房或是出租房屋。

2. 社区服务机构基本情况

社区居委会目前有 2 名中级社工师（书记和主任），5 名助理社工师。2002 年前为两个独立的居委会（M 居委会和东升居委会），后来合二为一。2005 年以前归属于 X 街道，后划归为 Z 街道管辖。由于社区服务站发展情况比较好，目前社区居委会和社区服务站为分地办公状态（本社区的社区服务站与其他社区的相比规模较大）。流管办设流动人口管理员 2 人，另有 3 人负责开票等日常工作。

3. 社区活动情况

由于地理位置优越，加之资源整合机遇较多，社区在管理与服务的模式、水准与创新性等方面都有高水平的表现，当然，限于外地人口的类型和需求多样化，社区在活动开展方面也划分出不同的类别。

如常态化的社区活动既有针对节日等特殊时段的短期活动，也有常态化、日常化的活动。这些活动为居委会和服务站共同设计开展，同时有来自附近高校与专业社工的智力支持（活动建议、方案设计等方面），有些活动还会与部分社会机构合作（如社会工作事务所、Q 幼儿园及其他非政府组织等）。需要特别提到的是，居委会、服务站与××高校自 2007 年起开始建立合作关系，目前社区爱心编织社的母亲节义卖活动即由××高校的社工建议开展，坚持了五年时间，共捐献了 3700 多元（建设了一口母亲水窖，也有其他方面的捐款）。

针对本社区的外来务工青年，社区青年汇为他们开设了青年学堂，主要做成人高考的培训工作，目前参加活动的有 30 多人；此外，也进行安全逃生教育、爱国主义教育等，由专业社工提供服务。

针对外籍人员的活动有大话汉语活动，目的是由志愿者教外籍人员学习汉语。志愿者的人员构成，最初由高校学生（来自"二外"的优秀学生代表等）组成，后由于学生来往交通不方便等实际问题，转向通过张贴招募广告在社区内招募志愿者。对外籍人员的招募主要通过社区内张贴海报以及与外籍人员服务窗口合作宣传两种招募形式，活动的形式为一对一。

4. 社区外来人员服务情况

在外来人口服务方面，社区居委会与流管办合作，坚持入户日常化，服务的主要阵地在流管办。按照有关规定，持工作居住证的外地来京人员可享受市民待遇，不过开具的条件比较多，比如要求工作要与高新产业相关、在本地工作达一定年限等。2013 年针对外地来京的老年人群体，有了一个政策上的改观，可以享受与北京市本地老年人相同的待遇政策，目前本社区已办理 200 名左右外来老年人优待手续。

子女教育方面，目前外地来京人员子女上学需要提供本地产权证和户口簿等相关证明（且必须是直接监护人的相关证件），门槛相对有所提高。由于目前北京市的基础教育以学籍为基础，义务教育学校的确定由居住地决定，导致这些孩子的入学依然存在身份壁垒，很多家长把子女送入附近的民办小学及打工子弟小学。

目前，居委会正在联合相关部门，规范出租房。如建立与物业合作的爱家托管，有出租房屋意向的居民可以将房屋托付给物业而不是中介，由物业来承担相关的出租工作，并在一站式服务大厅设专门的宣传平台。

总之，目前的居委会工作在流动人口管理上依然存在诸多局限，对很多人口流动的状况缺乏更为专门集中的掌控与支持，因此还需要想办法化被动为主动，用真诚的服务吸引外来人口在附近工作生活。

（六）X 社区

X 社区于 2012 年 3 月由 Q 街道辖区中的两个社区合并而成，位于 Q 街道东南部。辖区总面积 0.78 平方公里，有常住居民 2497 户，4860 人，流动人口 5200 余人。社区内有平房、楼房、商业街、高档别墅等，也属于典型的混合型社区。社区有房东管理协会、老年合唱队、舞蹈队、志愿者队等群体社会组织。社区办公及活动用房 350 平方米，基本实现办公自动化、"五位一体"社区工作平台，实现了处理日常管理事件与受理居民服务申请的有机结合。① 社区居委会依法实行居民自治，依据居民户数划分 21 个居民小组，有居民代表 42 名。社区党支部现有党员 112 名，下设 6 个党小组，党员借助网格化平台，实现党建网络化与社会服务管理网格化激励互动。

1. 社区基本情况

作为一个流动人口超过本市居民的社区，Q 街道的 X 社区在海淀区流动人口服务方面是走在了前列的，同时也先后承接了民政部、市民政局、市社工委若干示范建设项目。在针对外来人口管理方面，开展了大量试验性的工作，后文将有专门表述。

---

① 文字引自 Q 街道 X 社区党支部及居委会编制的《新居民服务指南》。

让我们调研团队感受到的一个明显的不同之处在于居委会对待这些外来人的反应上，的确表现出与其他街道相区别的接纳态度。比如，在对待外来人口的称呼上，X 社区转变得很彻底，"新居民"的称呼得到大家的一致认同，虽然这一概念提出两年，未在全市范围内铺开，可是在 X 社区却一直保留下来，并成立新居民服务中心。

据介绍，社区中的常住外来人口较多，有些人居住时间已达 10～20 年，以来自河南、安徽的较多，多为老乡关系介绍而来，相互投靠。这里面有做生意的、打工的，还有考研的大学生，其中做生意的居住时间长，相对稳定；大学生租住的时间一般不长，多为考上研就走，但也有工作后还回到此地继续租房子的。由于本地区交通便利，与一些高校的距离较近，又有著名景点，所以租房子的人比较多。其中，社区经常联系的外来人口大约有几十人，这些人居住时间较长，对社区的情况比较了解。

2. 社区基本公共服务

限于篇幅，以下只简要介绍居委会的概括性回答要点。

(1)社会保险：目前依然没有妥当的解决策略，有工作的外来人口的社保比较好解决，但是无工作或者个体户目前只能靠购买商业保险。

(2)退休金：目前只能回原籍领取，不过需要现居住地开具证明，但由于担心邮寄有丢失的可能，很多老年人还是不得不年年回老家认证。这一问题存在很多制度漏洞，但是有关部门考虑到每年都有人冒领养老金，对很多退休后离开老家与子女同住的老人来说，要想领取养老金，每年都要回原工作地办理相关手续，进行资格认证后(证明本人依然健在)，才能在居住地正常领取养老金。这里的确存在成本高、效率低、周期长、人性化较差等问题。

(3)子女入学：今年已办理 26 个外来人口子女上学的手续。按照规定，只要五证齐全(居住证明、工作证明、老家无人看护证明、暂住证、户口簿)，同时满足教育局规定的人均租住面积达 15 平方米以上的①，就可以办理，目前称为"直升"。

(4)就业培训：目前只培训北京籍失业人员，对于外来人口的培训依然不到位。外来人口的培训现在还是以私人关系的师徒传授方式为主。

---

① 调研人员专门询问了这一规定的理由，给出的解释是，工作人员也不太清楚这一规定的原因，不过按照他们的说法，这一问题是比较好解决的，如快到孩子上学时，找个大点的房子来租，开出居住证明后，再搬到小点的房子里去。这一解释让调研人员不由得感慨制度本身的约束力与效力又在哪里？

(5)治安问题：社区几年前治安案件较为多发，高的时候平均每月两起，还不包括抢劫。最近几年加装了门禁、监控系统，案件数量下降明显。配合巡逻、宣传，目前社区内几乎没有治安案件。

(6)其他一些日常性的问题：如污水、垃圾处理等问题，这类问题一般是随时解决，不积压。

3. 社区特色服务

在流动人口社区公共服务方面，Q街道的X社区的确开展了大量探索性尝试，包括印刷新居民服务指南、社区居民服务手册、Q地区出租房屋服务管理协会宣传手册等，定期召开座谈会，探索制度化的服务机制与模式等，以下列举几种富有社区特色的代表性举措。

(1)房东协会

整个Q地区平房较多，处于城乡结合部，流动人口也较多，外来人口达6万，本社区出租房屋近200户，包括楼房、平房空房以及自留地自建房。其中自留地自建房有2～3层的，也有4～5层的；出租房一部分通过中介出租，一部分是相互介绍招揽房客(这也是很多来京务工新居民的主要居住途径)。

考虑到社区中存在大量的出租用房，时常发生邻里纠纷与房客纠纷，社区居委会于2010年年底筹办X社区房东协会，并于2011年年初正式成立，发动房东对流动人口进行辅助性质的管理工作。协会负责制定章程，房东自律，解决争房客、不清查等问题，日常生活中遇到房东与房客的冲突矛盾，由房东协会(第三方)协助解决，发挥老街坊的优势，是解决出租房矛盾的新措施、新办法。遇到拖欠房租的情况，房东协会也会给房主提供支持。有些房客一拖再拖，到实在交不起了就一走了之，对外声称为了还租金出去赚钱，一些简单的家具、生活用品放在出租房内，但是一直都找不到人。在没有房东协会时，房主往往束手无策，不得不面对租金的损失，又无法处理屋内物品以继续出租。现在由房东协会出面，依据出租房屋时签订的协议(依据章程)，出租房内物品由房东协会封存，以备物主(原房客)回来时领取，而房东可以继续出租房屋。

发挥集体优势，与相关部门协商供水、供电、宽带上网等问题。以用水为例，房屋出租后，对于用水的需求有较大提高，原有的设计无法满足需要，房东集体与供水部门联系供水改造问题(包括管线改造、水价议定等)。通过改造，基本满足出租房日常用水需求。当然，由于目前部分出租房屋无法做到一户一表，只能根据总表大致收取各户一定的水费，使得用水量无法得到有效的控制。对此，社区加强对节约用水、错峰用水的宣传工作，提醒各位房客在用水困难时及时反映协调，以保证用水量的节制均衡。房东协会定期还会评选优秀房东、优秀新居民。

(2)党员孵化器

很多新居民的政治要求一直都没有得到很好的解决。来京前没有入党的，来京后也无法入党；来京前就是党员的，因为组织关系无法落地导致与党组织之间缺乏充分连接。在政治参与的问题上，外来人口的要求并不高。通常这种情况下，他们入党的手续只能回老家办理，而很多外来人口针对这一问题在社区里提出并多次讨论过。针对这一问题，由街道提出，在社区试点，请外来人口中的党员参加非公党建，并提出党员孵化器的概念，以给他们提供一个入党考察的机会和途径，目前社区已收到4份入党申请书。当然，在选举方面社区依然存在着制度限制，很多人一般都是参加老家的选举，不过也可以参加本地区的选举，前提是不参加老家的选举。

(3)新居民主任助理

设立新居民主任助理的举措首先由社区居委会提出，经过一段时间的运行，取得了很好的示范效果，现在已经在整个街道的8个平房社区都推开运行。具体做法是，这一职务由一名新居民代表担任，主要负责联系沟通的工作。目前，对新居民主任助理的奖励以精神支持为主，比如评选为优秀新居民，颁发相关证书等。

在与本社区目前的新居民主任助理P先生聊天中，我们得知，P先生在居委会辖区已经居住了十余年，一直从事美容美发行业，现在独立开了一家美容店，具有十分广泛的人脉关系与社会交往。以P先生的美容店为联络点，目前居委会的很多工作都通过P先生进行联络宣传，比如发放冬季防火宣传单，提供新居民服务手册，寻求就业帮助支持等。可以说，通过新居民内部关键人的联结，极大地促进了居委会与他们的沟通了解程度，同时也让居委会工作得以更为扎实、有针对性地开展。

当然，目前限于诸多制度限制，对新居民主任助理的支持力度还十分有限，比如在座谈中，我们得知P先生本人也有诸多烦恼，如子女上学、政治参与、房租上涨等。

(4)内部积分制的探索尝试

目前，社区设想在本社区内部实行积分制，虽然只是小范围实施，存在局限性，但是可以给予外来居民精神上的鼓励与支持。居住证与积分系统挂钩，而积分系统的设计、准入制度等最为核心的依然是公平问题。这一举措与目前北京市的构想有诸多一致之处，但还有待通过进一步的尝试分阶段推出。

（七）调研结果总结

行文至此，本文在设计整体框架之处，试图以"应然"、"实然"的区分详细勾勒理想模式与现实运作之间的差距或鸿沟。在理论梳理与调研过程逐一呈现之余，这一差异与不同表现得越发明显。以下总结基于在调研基础上提炼出的部分"实然"层面的要点：

1. 管理还是服务？

前文在社区调研表述中已经反映出我们对社区公共服务整体现状的一个顾虑，"管理过多，服务过少；刚性约束过多，人本激励过少；社区控制过多，灵活发挥较少"，这在某种意义上，也代表了目前我国基础社区公共服务的整体现状。北京社工委统计发现，居委会有 70% 以上的工作量是应付政府工作[①]。张欢等人（2013）基于对四川省德阳市的社区实际调研分析也指出，"社区服务要'便民'，根本上必须解决政府的行政职能如何落实到社区，再由社区递送给居民的'服务递送'问题"。[②]

如果社区服务的体制不能很好解决，则会使服务递送系统出现分割性、不连续性、缺乏问责性以及服务的不可及性等问题。[③] 对于综合性的社区服务站，由于承担着多种不同的服务职能，则更可能在避免了多部门提供服务的分割性的同时，加剧自身服务职能的失调，从而造成与其他专项职能部门之间权责冲突更为突出。这种冲突的直接后果或者是专项职能部门的资源和服务"沉不下去"，或者是综合性社区服务站缺乏有效的激励机制提供令居民满意的服务，更大的可能是两种现象并存。[④]

2. 规范化与人性化

当刚性的制度约束达到了规范与约束的底线要求时，是否可以赋予基层

① 杨丽：《社会管理创新的北京实践：宋贵伦访谈录》，《中国非营利评论》，2012 年第 1 期。

② 张欢、蔡永芳、胡静：《社区服务创新的制度性障碍及体制挑战——以德阳市×社区服务站为例》，《四川大学学报（哲学社会科学版）》，2013 年第 2 期，第 103—111 页。

③ N. Gilbert, Dimensions of Social Welfare Policy, Allyn&Bacon, Inc., 2004.

④ 张欢、蔡永芳、胡静：《社区服务创新的制度性障碍及体制挑战——以德阳市×社区服务站为例》，《四川大学学报（哲学社会科学版）》，2013 年第 2 期，第 103—111 页。

社区更多的自主发挥空间，以利于服务的人性化开展呢？比如我们对部分弱势群体，是否可以提供一些上门服务的举措？面对人均居住面积达到 15 平方米以上的家庭才能为子女办理借读证的规定，是否可以灵活调整？当社区公告栏里大段出现近乎法院术语一样的"受理"字眼时，我们的社区"服务"站又体现在何处？

我们在调研期间，遇到一位在外语培训学校当教师的外地单亲妈妈，偶然中向我们说起一段寻找保姆的经历：

那个社区里到处贴着 96156 的社区服务热线，我照着号码打过去，留了居住地址和对保姆的要求后，过了一天，真有人给我打电话推荐保姆，可是一问，还是家政公司的，比较了一下，比我自己在附近家政公司找的保姆还要贵好多，真不知道他们的热线到底是服务我们还是服务中介公司的？

这段话的确流露出对北京市社区公共服务热线的抱怨与不满，我们为此专门检索到 2013 年 8 月 22～23 日召开的北京市社区服务年中分析大会中的一些政策导向，这里部分转引如下：①

北京市社区服务中心组织召开 2013 年北京市社区服务工作年中分析会，王红武副主任总结了 2013 年上半年 96156 北京市社区服务平台工作情况，从小呼叫工作、服务支撑体系建设、96156 平台绩效考核工作、服务资源彻查及地图应用工作、社区网移机工作、社区管理信息系统升级工作、手机应用服务、社区志愿者工作和 96156 品牌服务推广工作九方面重点工作对 2013 年下半年平台业务工作进行了安排部署，明确了实施步骤和具体要求。

以 96156 平台建设为抓手，进一步推进社区服务中心主动承接公共服务惠民，组织公益服务活动利民，开展便利服务便民，规范引入社区服务终端设备，扎实推广应用社区服务品牌，提升 96156 知晓率、利用率，实现社区服务中心业务转型发展、创新发展。

上述两段话的引用，已经清晰呈现出问题的症结。也许我们的政策制定部门的确有必要从政策的落地角度再深入思考如何让政策与制度变成百姓能够感受到的实实在在的便民服务。

---

① 北京市社区服务信息网，2013 年 8 月 22 日，http://www.bjcs.gov.cn/wps/portal/!ut/p/c4/04_SB8K8xLLM9MSSzPy8xBz9CP0os3h3E39LZzdTEwN_XxNHA08zN8_gICcnQwNnI_1I_SjzeG9nYz8XT0tjA38TXwugvHNAoHOAq4G7uYF−CMjExGSSQafqReanlxS6pJYmZOSDRzBT9SENzCwsLE1P9guzEpCpHRUUAKi0wMQ!!/。

3. 差异化与特色化

从对上述五个社区的调研中，我们也发现，每个社区都各有自身的居民构成特征，社区发展运行现状也不尽相同。而从对社区常住流动人口的规范化服务要求来看，并无太大区别，在全市各社区统辖划一地展开制度规范化的同时，我们不由得反思，究竟该是制度设计的初衷与结果间的衔接与内在一致性的问题还是其他？在这一点上，我们认为，有必要系统思考差异性的社区发展现状与制度保障问题。

从调研中我们看到，H 社区面临的焦点矛盾来自于社区常住流动人口相对复杂的构成（如餐饮老板、小商贩、暗娼等），以及由此形成的城中村错综复杂的利益关系，由此引发出"管制"大于"服务"的矛盾；Q 社区的外来人口的流动性较强，由此带来的是过强流动性引发的邻里纠纷频繁；D 社区是较为典型的流动人口聚居区，这些流动人口自发建立起依靠关系网维系起来的小社会，需要社区服务人员专门思考生活服务圈的系统建立问题；M 社区作为覆盖了上、中、下三个社会阶层以及大量外籍人士的多层次流动人口聚居区，又走在了社区多样化、多元化发展模式探究与改革的前列；X 社区在所有社区中，应该说，是最符合我们调研定位的社区，而社区中针对新居民群体展开的种种探索性的服务尝试，也的确让我们看到了未来北京市针对常住流动人口的种种政策可能；同时，我们深感社区公共服务依然是需要整体规划的系统工程，仅仅依靠社区居委会，所能发挥的力量的确十分有限。

七、对策及建议

（一）转变基本公共服务理念

2013 年 11 月 22 日，民政部下发了《民政部、财政部关于加快推进社区社会工作服务的意见》，针对切实加强社区社会工作专业人才队伍建设，积极发展社区社会工作服务，进一步促进和谐社区建设提供了若干意见。这里，笔者特别注意到以社区为依托，承担社区弱势群体的社会工作服务职责：①

以社区为依托，着力做好城市流动人口、农村留守人员、老年群体、困难群体、特殊人群的社会服务工作，坚持专业引领、融合发展。从整体上看，我国社区社会工作服务基础还比较薄弱，还存在社区社会工作专业人才数量

---

① http://www.mca.gov.cn/article/zwgk/fvfg/shgz/201311/20131100549962.shtml.

不足、素质不高、结构不优，社区社会工作服务平台不宽、服务机制不完善、服务标准不健全、规模范围较小等问题，与中央促进社区发展、加强社区服务体系建设、创新基层社会管理的要求以及广大社区居民不断增长的专业社会工作服务需求相比尚有较大差距。

整体来看，我们在前文理念的梳理部分，已经大篇幅讨论过社区公共服务的若干观点争鸣、模式与机制探究以及现有公共服务的政策导向，实际上，从调研社区的运行现状来看，我们依然发现，宏观政策导向的公共服务理念在基层社区实际运行过程中，往往会因为执行人员对服务本身的理念认识发生种种错位与误解，当然，这也与社区角色定位在我国的变化过程有关。如面对社区中的常住流动人口，有些基层工作者扮演的是政策执行者、信息传递员、服务的代理人，或服务的受理者角色，还有些认为自己是处于夹缝中的人。对公共服务理念的不同认识直接导致一系列政策推行的方式、角度、程度等都有所不同。

在目前政府部门及学界为解决农民工问题提出的众多对策和方案中，"基本公共服务均等化"应成为解决农民工问题的基本原则、普遍标准和行动框架[1]。如何从和谐社区建设、夯实党执政基础的战略高度，充分认识加快推进社区流动人口公共服务的重要意义，切实增强责任感和紧迫感，建立服务化的基层社区公共服务运行机制，的确是首先要考虑的问题。

(二)改善供需关系与服务机制矛盾

目前，城乡基本公共服务的供给决策机制主要是"自上而下"型，基本公共服务供给由政府主导，行政色彩过浓，尤其是涉及流动人口时更多的是约束型、限制型的服务供给局面，造成供需关系的不平衡。

而在以社区为单位的多样化服务模式探索方面，实际上可以通过市场机制的介入、社会组织的介入满足多元化的服务需求，在这一点上，所调研的几个社区存在很大差异与矛盾。首先，发展基础较好的城市社区，在服务理念、模式探索方面都走在前列，社区内的流动人口对公共服务的需求也以精神层面的发展需求居多，服务更多为"锦上添花"；其次，对于处于发展状态中的城乡结合部社区，外来人口聚集现象明显，但社区服务的理念、方式与模式探索却相对滞后，导致更多为约束型、限制型服务；最后，处于示范区

① 程名望、史清华、张帅：《农民工大量占用城市公共资源了吗——基于上海市1445个调查样本的实证分析》，《经济理论与经济管理》，2012年第8期，第21—30页。

建设区的社区，在模式探索方面，逐步采取多样化的服务探索模式，但已经触及矛盾症结的内核，这一瓶颈性的发展问题有待于从顶层设计上打开新的工作思路。

当然，从目前的调研情况看，通过市场机制调节公共服务供需关系，让一些公共服务可以通过企业运作实现，利用市场手段进行配置的探索在很多社区都没有得到有效体现。现有的大量中介性质的服务机构依然是民间的、自发的、逐利导向的，而政府在构建多元化的参与机制方面实际上还是大有可为的。让企业或第三方参与公共服务的提供，通过财政补贴、特许经营、贷款贴息、优惠政策等方式给予支持。在政府的统筹规划和宏观调控下，由企业、个人或其他社会力量提供公共服务，可以通过市场调节供需关系，更及时、有效地满足人们的多样化需求。

(三)统筹安排，系统规划，探索城市流动人口的动态服务格局

在科学规划和动态调整的基础上，政府有关部门有必要从资源配置效率的角度对公共服务资源进行科学规划，综合考虑基层社区发展规划、设施规模、人口密度、交通距离等因素建立指标体系，做好结构性均衡配置。着重考虑流动人口聚居区、城中村等社区的公共服务资源配置。

1. 实现社会保障的全国统筹

有数据显示，74.7%的流动人口其养老保险尚未转移到工作城市，84.5%的劳动年龄人口没有接受过职业培训。目前，流动人口的流动致因正逐渐由生存型流动转向发展型流动，因此，实现社会保障的全国统筹，使个人账户部分能够体现个人收入和地区消费的差距，同时对社会统筹部分进行全国性统筹，不仅可以有效缓解地方政府提供社会保障的财政压力，推进基本公共服务均等化，而且有利于缓解发展型人口流动压力，实现地区间资源配置的均衡化。①

2. 重点探索城市常住外来人口的居住与就业问题

居住和劳动是农民工进城最基本的两大需求，也是维持劳动力再生产的基本条件。以社区为单位，帮助他们解决在城市生活中的基本要求，是城市对他们的接纳的底线条件。而我们通过调研发现，多数社区依然存在居住刚性管制、就业优先考虑本地居民的局面，因此，有必要下大力气改变这一

① 黄莹：《我国基本公共服务均等化问题研究》，《经济纵横》，2012 年第 7 期，第 64—66 页。

现状。

3. 尝试探索居住卡制度、积分制度等在流入地的运行模式

目前，这两项制度正在社区层面热烈讨论，但也存在较大争议，依然有必要从宏观设计层面，提供制度规划方向；从中观层面，探索多层级的制度实施格局；从微观层面，选好试点社区，进行分阶段的实验性尝试。

（四）运用财政调解杠杆缓解公共服务经费压力

根据程名望等人（2012）的调研，城市流入地的常住人口多于户籍人口，但对公共资源的占有是非常有限的；而流出地的户籍人口要多于常住人口，却面临相对较高的人口负担比，在国家财政支出比上也具有很大调整空间[1]。刘尚希（2012）也同时指出，我国现行财政转移支付制度主要建立在户籍人口基础上，是以人口不流动为假定前提，从而成为财政转移支付均等化效果不理想的重要因素。[2] 陈仲常、董东冬的研究（2011）也证实，基于税收，人口流动使得中央对东部地区的转移支付力度远大于西部地区，从而加剧了非均等化。[3]

目前，各地政府财政是分割的，输入地政府若允许农民工均等地享有本地区的公共资源，将意味着本地区的财政支出增加。所以，各地政府对农民工均等享有本地区的公共资源持排斥性态度。基于此，只有加快财政体制改革，解决财政分割的困局，才能从根源上破除农民工公共服务发展中的障碍。因此，要明确进行跨地区、跨部门的联动合作时的财政分配原则。目前，地方政府财政收入的稳定分配性与农民工流动性之间的矛盾造成了农民工公共服务资金的缺位，要打破这种资金缺位的局面，就需要建立农民工公共服务的转移支付制度。例如，建立中央统筹的农民工公共服务财政体系，并以财政专款的形式，通过专项转移支付的途径分配给为农民工提供服务的地方政府；通过为农民工派发"技能培训券"、为农民工子女派发"教育券"等形式，提高地方政府为农民工提供公共服务的动力和积极性。

我国现阶段转移支付制度不完善，以财政供养人口为主的资金分配方式

① 程名望、史清华、张帅：《农民工大量占用城市公共资源了吗——基于上海市1445个调查样本的实证分析》，《经济理论与经济管理》，2012年第8期，第21—30页。

② 刘尚希：《我国城镇化对财政体制的"五大挑战"及对策思路》，《地方财政研究》，2012年第4期，第4—10页。

③ 陈仲常、董东冬：《我国人口流动与中央财政转移支付相对力度的区域差异分析》，《财经研究》，2011年第3期，第71—80页。

导致财力越强的省份得到转移支付资金人均值也越多。而且，部分专项转移支付项目要求地方提供配套资金，这也造成了资金流向财力较强地区。税收返还多以各地一定税收金额为基数，而经济发达地区基数相对较高，其得到的税收返还额比欠发达地区多。同时，经济发达地区获取预算外资金的能力要远高于经济落后地区，这也加剧了区域财政不均等。要改革以财政供养人口为主的资金分配方式，打破户籍制度限制，在均等化区域范围内就人均可支配财力真实度计算求得一个标准尺度，通过财政资金横向转移，按真实的常住人口实现政府间财力均等。根据国际经验，要扩大因素评估法在转移支付资金分配中的应用。在客观因素评估基础上，科学确定转移支付数额，减少转移支付中的盲目性和随意性。①

(五)具体问题具体分析，探讨特色化社区公共服务模式

在普遍性的制度安排下，还是有一些人群的特殊公共服务需求不能得到有效满足，如农民工子女的教育问题、基本医疗服务问题。对于这些问题，在制度设计时应做特殊考虑，在现行制度中留出一定的空间，来满足特殊人群的需求，包括成立社区自律协会等举措。此外，针对农民工子女的打工子弟学校、针对流动人口的惠民医院，这些制度安排在一定程度上发挥着社会安全网的作用。在现行制度无法满足社会需求的情况下，应允许其在一定时间内作为过渡性的制度安排而存在，政府应调整和完善相应的准入、监管、财政投入、社会捐助等方面的政策。

参考文献

[1] [美]奥斯特罗姆等：《公共服务的制度建构》，上海：上海三联书店，2000年。

[2] 陈振华：《城乡统筹与乡村公共服务设施规划研究》，《北京规划建设》，2010年第1期。

[3] 郭秀云：《大城市外来流动人口管理模式探析——以上海为例》，《人口学刊》，2009年第5期。

[4] 邓恩远、赵学昌：《社区建设政策与法规》，北京：中国轻工业出版社，2006年。

① 周幼曼：《一些发达国家推进基本公共服务均等化的经验与启示》，《理论建设》，2013年第4期，第8—13页。

[5] 樊继达：《统筹城乡发展中的基本公共服务均等化》，北京：中国财政经济出版社，2008年。

[6] 冯晓英：《改革开放以来北京市流动人口管理制度变迁述评》，《北京社会科学》，2008年第5期。

[7] 李璐：《对农民工城市公共服务需求的调研》，《宏观经济管理》，2011年第5期。

[8] 杨昕：《影响农民工享有公共服务的若干非制度因素分析——以上海为例》，《社会科学》，2008年第11期。

[9] 李梅香：《基本公共服务均等化水平评估——基于新生代农民工城市融合的视角》，《财政研究》，2011年第2期。

[10] 郭小聪、刘述良：《中国基本公共服务均等化：困境与出路》，《中山大学学报》，2010年第12期。

[11] 陆军、宋吉涛、汪文姝：《世界城市的人口分布格局研究》，《世界地理研究》，2010年第9期。

[12] 胡国军：《新农村建设过程中基本公共服务均等化问题刍议》，《中小企业管理与科技》，2010年第6期。

[13] 林广：《20世纪纽约移民与社会重构》，《华东师范大学学报（哲学社会科学版）》，2003年第9期。

[14] 孙姗姗、张京祥、李志江：《基本公共服务设施布局均等化研究进展》，《经济论坛》，2011年第3期。

[15] 李雪萍：《城市社区公共产品供给研究》，北京：中国社会科学出版社，2008年。

[16] 李凤琴：《中国城市社区公共服务研究评述》，《城市发展研究》，2011年第10期。

[17] [美]莱斯特·M.萨拉蒙：《公共服务中的伙伴——现代福利国家中政府与非营利组织的关系》，北京：商务印书馆，2008年。

[18] 蔡昉：《中国人口与劳动问题报告》，北京：社会科学文献出版社，2007年。

[19] 田雪原：《警惕人口城镇化中的"拉美陷阱"》，《宏观经济研究》，2006年第2期。

[20] 肖望兵：《论服务型政府公共服务职能的有限性》，《湖南科技大学学报（社会科学版）》，2011年第6期。

[21] 翟振武、杨凡:《世界城市人口调控的政策措施及启示》,《北京社会建设论坛》(2010),北京:中国人民大学出版社,2010 年。

[22] 郭江平:《20 世纪 70 年代以来发达国家城乡人口流动的新特点及其启示》,《华中农业大学学报(社会科学版)》,2005 年第 1 期。

[23] 张真理:《社区流动人口服务管理》,北京:中国社会出版社,2010 年。

[24] 王颖:《城市社会学》,上海:上海三联书店,2005 年。

[25] 徐小青、郭建军:《中国农村公共服务改革与发展》,北京:人民出版社,2008 年。

[26] 钟造雄:《社会主义新农村建设中农民聚居问题研究》,北京:国防科技大学出版社,2008 年。

[27] 詹成付:《加强和改进社区服务工作读本〈国务院关于加强和改进社区服务工作的意见〉解读与讲解》,北京:中国社会出版社,2007 年。

[28] 王霄:《农村社区建设与管理》,北京:中国社会出版社,2009 年。

[29] 陈振明:《公共管理学:一种不同于传统行政学的研究途径》,北京:中国人民大学出版社,2003 年。

[30] John Knight, Ramani Gunatilaka. Great Expectations? The Subjective Well-being of Rural-Urban Migrant in China. World Development, 2010, 38(1).

[31] D. Davis, R. Kraus & B. Naughton (eds), Urban Spaces in Contemporary China, Cambridge: Cambridge University Press, 1995.